Ina Hunger & Renate Zimmer (Hrsg.)

Bildungschancen durch Bewegung – von früher Kindheit an!

hofmann.

Bibliografische Information der Deutschen Nationalbibliothek
Die Deutsche Nationalbibliothek verzeichnet diese Publikation in der Deutschen Nationalbibliografie;
detaillierte bibliografische Daten sind im Internet über http://dnb.d-nb.de abrufbar.

Das Buch zum 6. Osnabrücker Kongress
Bewegte Kindheit
2009

Bestellnummer 8620

© 2010 by Hofmann-Verlag, Schorndorf

www.hofmann-verlag.de

Reinschrift und Layout: Hofmann-Verlag, Schorndorf
Redaktionelle Mitarbeit: Brigitte Ruploh
Titelbild: Imke zur Lage
Titelgestaltung: Nadine Vieker
Gesamtherstellung: AZ Druck- und Datentechnik GmbH, 87437 Kempten
Printed in Germany · ISBN 978-3-7780-8620-9

Inhalt

III Ansätze und Konzepte zur Bewegungsförderung

IV Vom Kleinkind zum Schulkind

V Erkennen und Fördern

VI Bewegen und Wahrnehmen

Einleitung

Bewegung birgt vielfältige Chancen für das Kind, für seine Gesundheit, aber auch für seine Entwicklung und Bildung. In der aktiven Erkundung der Umgebung, dem selbstständigen Ausprobieren von Bewegungsmöglichkeiten und der bewegungsintensiven Auseinandersetzung mit Mitmenschen oder Gegenständen macht das Kind sinnliche, emotionale, soziale, materiale Erfahrungen. Es *lernt* in seiner Bewegungstätigkeit etwas über die Welt, sich selbst und andere. Den Kindern diese Bewegungs- und damit auch nachhaltige Bildungschancen zu ermöglichen und sie pädagogisch sinnvoll zu nutzen – und zwar von *früher* Kindheit an – das ist die übergeordnete Botschaft dieses Buches.

Das Buch stellt eine Dokumentation des 6. Osnabrücker Kongresses „Bewegte Kindheit" dar und gibt einen großen Teil der hier gehaltenen Vorträge, Seminare und Workshops wieder. Der Kongress wurde von 2500 Teilnehmerinnen und Teilnehmern aus unterschiedlichen pädagogischen und therapeutischen Berufsfeldern besucht und zählt damit zu den größten Veranstaltungen dieser Art in Deutschland.

In über 120 Einzelveranstaltungen befassten sich namhafte Referentinnen und Referenten in Theorie und Praxis mit den Bildungschancen, die von Bewegung, Spiel und Sport ausgehen. Im Vordergrund standen dabei aktuelle Themen, die die derzeitige Diskussion um die Konzeption von Bildungsprozessen für Kinder in den ersten 10 Lebensjahren bestimmen. Dazu gehören z.B. Fragen, wie die Entwicklung von Kindern unter drei Jahren begleitet und unterstützt werden kann, welchen Beitrag Bewegung zur Förderung sprachlicher Kompetenzen leistet, worin die besonderen Chancen des Sports zur sozialen Integration liegen, welche Rolle Spiel und Sport in der Ganztagsschule haben und an welchen Kriterien eine kind- und bedarfsgerechte Spielraumgestaltung ansetzen sollte. Die Beiträge eröffnen auch neue Einsichten in die kulturelle Bedingtheit der motorischen Entwicklung und in die geschlechtsspezifische Bewegungssozialisation von Jungen und Mädchen.

Der interdisziplinäre Zugang zum Thema Bewegung wird insbesondere in den Beiträgen, die neue wissenschaftliche Erkenntnisse der Frühpädagogik, der Neurowissenschaften, der Entwicklungspsychologie, der Sportwissenschaft und der Sportmedizin aufzeigen, deutlich. Sie belegen, welche übergeordnete Rolle den körperlich-sinnlichen Erfahrungen gerade in den ersten Lebensjahren beigemessen werden können.

Eine nicht weniger wichtige Rolle nehmen in diesem Band die eher praxisorientierten Beiträge ein. Sie zeigen mit vielen Praxisideen auf, wie z.B. durch Bewegung, Tanz und Rhythmus die Sprachförderung unterstützt werden kann, wie in

Bewegung gelernt, mit Spannung gespielt, die Ausdauer verbessert oder Entspannung genossen werden kann.

Das Buch soll wie der Kongress dazu beitragen, den Stellenwert von Bewegung im Rahmen elementarer Bildungsprozesse zu begründen und darüber hinaus Anregungen und Hilfen zu geben, wie Bewegungsangebote für Kinder lustvoll und kreativ gestaltet werden können.

Ina Hunger
Renate Zimmer

I
Entwicklung und Bildung

GERHARD ROTH

Die Entwicklung der Persönlichkeit im Kindesalter aus Sicht der Hirnforschung

Die heutige Hirnforschung geht davon aus, dass sich die Entwicklung der Persönlichkeit des Kindes im Gleichklang mit der Entwicklung des kindlichen Gehirns vollzieht. Für den Neuro- und Psychobiologen ist dies eine Selbstverständlichkeit, da mentale und psychische Zustände als Hirnfunktionen angesehen werden. Dies bedeutet aber keinen neurobiologischen Reduktionismus, denn die neuronalen Strukturen und Funktionen bedingen die mentalen und psychischen Prozesse genauso, wie diese und ihre Beeinflussung durch die Umwelt die neuronalen Strukturen und Funktionen verändern. Vielmehr liegt ein multi-faktorielles Geschehen vor, in dem genetische, hirnentwicklungsbedingte, frühkindlich-psychische und spätere psychosoziale Faktoren gleichermaßen wirksam sind, wie im Folgenden dargestellt wird.

Neurobiologische Grundlagen von Kognition und Emotion

Sitz der kognitiven Funktionen im menschlichen Gehirn ist der assoziative Cortex, der sich in parietale, temporal-okzipitale und frontale Bereiche gliedert. Der posteriore parietale Cortex (PPC), hat mit Raumwahrnehmung, -orientierung und -vorstellung zu tun. Hierzu gehören die Konstruktion einer dreidimensionalen Welt und die Lokalisation der Sinnesreize, des eigenen Körpers und seiner Bewegungen in der Umwelt. Weiterhin betreffen die Leistungen des PPC das Wissen über den eigenen Aufenthaltsort, das Erfassen räumlicher Perspektive sowie das Umgehen mit abstrakten Raumkonzepten einschließlich des Erkennens, Deutens und Benutzens von Karten und Zeichnungen. Andere Funktionen des PPC umfassen Lesen und Rechnen und allgemein das Erkennen von Symbolen und den Umgang mit ihnen. Der *temporale Assoziationscortex* (TC) umfasst Teile des *oberen, mittleren* und *unteren (inferioren) temporalen Cortex*. Im oberen und mittleren temporalen Cortex werden komplexe auditorische und sprachbezogene Informationen verarbeitet; hier findet sich – meist linkshemisphärisch – das Wernickesche Sprachzentrum, das für einfaches Sprachverständnis (Semantik) zuständig ist. Im ITC und im Übergang zum Okzipitalcortex werden komplexe visuelle Informationen verarbeitet, z. B. das Erkennen von Gesichtern und ihrer Mimik (rechtsseitig), das Erfassen bedeutungshafter Szenen usw. Ein besonderer Bereich ist der obere temporale Sulcus und Gyrus (STS bzw. STG), der mit Ich-Wahrnehmung, Empathie und der „Theory of Mind" zu tun hat.

Der *frontale Assoziationscortex* umfasst den *dorsolateralen* präfrontalen Cortex (dlPFC), den *orbitofrontalen* Cortex (OFC) und den *ventromedialen* frontalen Cortex (vmPFC). Im *dlPFC* liegt linksseitig die Brocasche Sprachregion, die mit der *zeitlichen Organisation* von Sprache (insbesondere mit Syntax und Grammatik) zu tun hat. Der dlPFC ist mit zeitlich-räumlicher Strukturierung von Sinneswahrnehmungen befasst, mit planvollem und kontextgerechtem Handeln und Sprechen und mit der Entwicklung von Zielvorstellungen. Er ist auch Sitz des Arbeitsgedächtnisses. OFC und im vmPFC hingegen haben mit sozial korrektem Verhalten, Einschätzung sozialer und individueller Risiken, Belohnung und Bestrafung besonders im Kontext sozialen Verhaltens und dem Erkennen emotional-kommunikativer Signale und Empathie zu tun.

Affekte und Emotionen als *Erlebniszustände* sind der bewusst gewordene Ausdruck der Tätigkeit des *limbischen Systems*. Dieses System durchzieht das gesamte Gehirn. Der *Gyrus cinguli* stellt zusammen mit dem insulären Cortex und dem bereits beschriebenen dlPFC und vmPFC den corticalen Teil des limbischen Systems dar. Er spielt neben dem somatosensorischen Cortex bei der Schmerzwahrnehmung eine wichtige Rolle. Zusammen mit dem vmPFC übt der vordere cinguläre Cortex eine Fehlerüberwachungsfunktion aus, wie sie beispielsweise bei der Steuerung komplexen, fehleranfälligen Verhaltens notwendig wird. Der *insuläre Cortex* repräsentiert und verarbeitet Geschmacksempfindungen sowie viszerale und viszeral-emotionale Zustände und ist an bewusster Schmerzempfindung sowie der Empathie (also dem Mit-Leiden) beteiligt.

Der *Hypothalamus* ist das wichtigste Regulationszentrum des Gehirns für vegetative Funktionen wie Atmung, Kreislauf, Nahrungs- und Flüssigkeitshaushalt, Wärmehaushalt, Biorhythmen und immunologische Reaktionen. Er beeinflusst lebens- und überlebenswichtiges Verhalten, wie Flucht, Abwehr, Fortpflanzung und Nahrungsaufnahme. Die *Amygdala* nimmt eine zentrale Rolle beim Entstehen und der Steuerung von Emotionen, emotionaler Konditionierung sowie dem Erkennen emotionaler kommunikativer Signale wie Mimik und Gestik ein. Zumindest beim Menschen ist die Amygdala auch an nicht furchtbedingten oder gar positiv besetzten, appetitiven Zuständen beteiligt, u. a. im Zusammenhang mit Lernen und Gedächtnisbildung. Der *Hippocampus* ist der Organisator des bewusstseinsfähigen, *deklarativen* Gedächtnisses, d. h. er legt fest, was wie in welcher „Gedächtnisschublade" und welchem Kontext abgespeichert wird. Umgeben wird der Hippocampus vom entorhinalen Cortex, dem wiederum der perirhinale und parahippocampale Cortex benachbart sind.

Ein „Gegenspieler" der Amygdala ist das *mesolimbische System* mit der *Substantia nigra*, dem *ventralen tegmentalen Areal* und dem *Nucleus accumbens*. Dieses System dominiert bei der Registrierung und Verarbeitung natürlicher Belohnungsereignisse, und zwar über den Neuromodulator Dopamin. Die dopaminergen Erregungen des mesolimbischen Systems beeinflussen die Ausschüttung endogener Opiate und damit die hirneigene Belohnung. Die Aktivität des mesolimbischen Systems stellt einerseits ein direktes Belohnungssignal dar, andererseits repräsentiert die Aktivität von Dopaminneuronen eine Belohnungserwartung oder die Vorhersagbarkeit von Belohnung.

Die Entwicklung des menschlichen Gehirns

Das menschliche Gehirn entwickelt sich wie alle Wirbeltiergehirne aus einem Neuralrohr, dessen Hohlraum später den Zentralkanal des Rückenmarks und die vier

Hirnventrikel bilden wird. Nervenzellen und Gliazellen entstehen durch Zellteilung an der Wand des Neuralrohres, der *Proliferationszone,* und wandern dann zu ihrem Bestimmungsort. Die Bildungsrate von Nervenzellen beträgt während der gesamten Schwangerschaft im Durchschnitt 250000 Neurone pro Minute. Während die Zellteilung zum größeren Teil in der zwanzigsten Schwangerschaftswoche abgeschlossen ist, dauert die Zellwanderung bis zum Ende der Schwangerschaft, nach einigen Autoren noch weit über die Geburt hinaus.

Das Entstehen und das Wachstum von Dendriten sind wesentliche Voraussetzungen für die Bildung von Synapsen. Diese beginnt schon früh während der Schwangerschaft, steigt aber zusammen mit der Ausbildung von Dendriten erst *nach* der Geburt massiv an, verläuft jedoch unterschiedlich in unterschiedlichen Teilen des Gehirns. In der visuellen Großhirnrinde findet eine Verdopplung der Synapsendichte zwischen dem zweiten und vierten Monat nach der Geburt statt, die Maximalzahl wird mit etwa 8 Monaten erreicht. Nach einem kurzen Plateau reduziert sich die Zahl der Synapsen ab dem zweiten Lebensjahr wieder, und das erwachsene Niveau wird mit ungefähr elf Jahren erreicht. Im Frontalcortex wird die maximale Synapsendichte ebenfalls mit einem Jahr erreicht, allerdings ist dabei die Zahl der Synapsen doppelt so hoch wie im visuellen Cortex; die Synapsenreduktion beginnt hier erst mit fünf bis sieben Jahren und kommt erst im Alter von fünfzehn bis sechzehn Jahren zu einem gewissen Stillstand.

Es werden also im Gehirn anfänglich mehr, zum Teil sehr viel mehr Synapsen ausgebildet, als später vorhanden sind. Überproduktion von Synapsen mit anschließender drastischer Reduktion ist ein universelles Mittel, um im Gehirn ein Höchstmaß an geregelter Verknüpfung zu erreichen. Man nimmt an, dass es unter den Milliarden und Billionen von Synapsen (die Synapsenzahl im erwachsenen Gehirn liegt bei ca. 1015) lokal zu einem Wettkampf um Nähr- und Wachstumsstoffe kommt, aber auch um ein Mindestmaß an neuronaler Erregung. Erhält eine Synapse zu wenig von beidem, dann stirbt sie ab. Dies führt dazu, dass zuerst diffuse, d. h. unspezifische synaptische Verknüpfungen angelegt werden, die anschließend über den Konkurrenzkampf zwischen Synapsen selektiv und adaptiv reduziert und dadurch effizienter gemacht werden. Bei der Versorgung mit hinreichender neuronaler Erregung spielen sowohl intern generierte als auch aus der Umwelt stammende Reize eine große Rolle.

Neben der Überproduktion und anschließenden Reduktion von Synapsen ist auch die *Myelinisierung der Nervenfasern* für das Ausreifen der Hirnfunktionen bedeutsam. Ohne Myelinisierung im Gehirn würden die Prozesse der Erregungsverarbeitung viel langsamer ablaufen, insbesondere würde dies die Großhirnrinde mit ihren Billionen an axonalen Verbindungen stark beeinträchtigen und viele komplexe Leistungen unmöglich machen.

Die Myelinisierung von Axonen im Gehirn beginnt nach Abschluss der Zellwanderung und findet erst mit Erreichen des Erwachsenenalters allmählich ihr Ende. Dabei gibt es einen deutlichen Gradienten. Vor der Geburt werden die Axone von Zellen im Rückenmark und Verlängerten Mark myelinisiert, unmittelbar nach der Geburt die Axone von Zellen im Mittel- und Kleinhirn. Im ersten und zweiten Jahr folgen Axone im Thalamus und in limbischen Zentren des Endhirns und in den Basalganglien und dann solche in den primären sensorischen und motorischen Arealen der Großhirnrinde. Dann werden die sekundären sensorischen und motorischen Areale myelinisiert. Noch später erfolgt die Myelinisierung in den oben genannten assoziativen Arealen. Diejenigen Teile des Assoziationscortex, deren Fasern zuletzt myelinisiert werden, sind der präfrontale und insbesondere der orbitofrontale Cortex (s. o.). In diesen Arealen kann sich die Myelinisierung über das 20. Lebensjahr hinaus erstrecken.

Mit dem Dendritenwachstum, dem Synapsentod und der Myelinisierung einher geht die Feinverdrahtung corticaler Areale. Hierbei spielen die Neuromodulatoren Dopamin und Noradrenalin eine wichtige Rolle, insbesondere was die Ausreifung des präfrontalen und orbitofrontalen Cortex angeht. Störungen in diesen Reifungsprozessen können in Kombination mit bestimmten Lebensumständen und einer vorhandenen „Vulnerabilität" zu massiven kognitiven und psychischen Fehlentwicklungen führen, wie dies zum Beispiel bei der Schizophrenie angenommen wird.

Bedeutsam ist die Entwicklung des Hippocampus als Organisator des deklarativen Gedächtnisses, das wiederum eine wichtige Grundlage für die Ausbildung des autobiographischen Ich bildet. Der noch unreife Hippocampus beginnt sich im zweiten Drittel der Embryonalentwicklung in charakteristischer „seepferdchenartiger" Weise einzukrümmen, und die Verknüpfungen zwischen den drei Hippocampus-Teilen (Ammonshorn, Subiculum, Gyrus dentatus) sowie mit dem entorhinalen Cortex bilden sich ab der zwanzigsten Woche aus. Die ersten Verknüpfungen der Hippocampus-Formation mit dem Isocortex treten nicht vor der zweiundzwanzigsten Woche auf. Die Ausbildung des Cortex mit seinen Windungen und Furchen beginnt in nennenswertem Maße in der vierzehnten bis siebzehnten Woche im Bereich des Gyrus cinguli und im Hinterhauptscortex sowie im angrenzenden Parietallappen. Dann folgen in der achtzehnten bis einundzwanzigsten Woche die Zentralfurche und die obere Temporalfurche, gefolgt von weiteren Furchen und Windungen im Parietal-, Temporal- und Okzipitallappen. In der sechsundzwanzigsten bis neunundzwanzigsten Woche kommen frontale und orbitale Furchen und Windungen hinzu. Den Abschluss bildet zwischen der 30. und 37. Woche, also kurz vor der Geburt, die Ausbildung sekundärer temporaler, frontaler und orbitaler Furchen und Windungen.

Das Gehirn des Neugeborenen besitzt alle Furchen und Windungen des ausgereiften Gehirns. Es wiegt zwischen 300 und 400 Gramm und enthält bereits die endgültige Zahl von Neuronen (bzw. sogar wesentlich mehr, denn es sterben nachgeburtlich Zellen ab), die allerdings noch relativ unreif sind. Die anschließende Massenzunahme des Gehirns auf durchschnittlich 1300 bis 1400 Gramm geht vornehmlich auf das Längenwachstum der Dendriten und die Myelinisierung der Axone sowie auf die Zunahme an Gliazellen und Blutgefäßen zurück. Die „Verdrahtung" des Cortex findet also im Wesentlichen erst nach der Geburt statt.

Innerhalb der Sinnesorgane entwickelt sich der Gleichgewichtssinn am frühesten; er ist bis zum Ende des 5. Schwangerschaftsmonats ausgebildet, gefolgt vom Geruchs- und Geschmackssinn. Es wurde vor einigen Jahren nachgewiesen, dass das Ungeborene den Geschmack und den Geruch des Körpers, insbesondere der Haut, des Schweißes und der Tränen der Mutter über das Fruchtwasser erlernt. Das Wiedererkennen vermittelt dem Neugeborenen das Gefühl der Geborgenheit und ist eine der Grundlagen der intensiven Bindung zwischen Säugling und Mutter. Ebenfalls vorgeburtlich liegen die Anfänge der visuellen Wahrnehmung. Schon im Mutterleib kann das Kind hell und dunkel unterscheiden. Allerdings geschehen das Sehen und Hören pränatal offenbar subcortical, denn der auditorische Cortex entwickelt sich erst in den ersten zwei Jahren nach der Geburt.

Die Grobmotorik ist zusammen mit dem Gleichgewichtssinn weit vor der Geburt vorhanden, ebenso spezifischere Arm- und Handbewegungen, zum Beispiel das Daumenlutschen. Zielgerichtetes Greifen tritt ab dem 4. nachgeburtlichen Monat auf, die Feinmotorik (der so genannte „Pinzettengriff") zwischen dem achten und elften Monat, das Loslassen des ergriffenen Gegenstands ab dem 13. Monat. Das Laufenlernen vollzieht sich zum Ende des ersten Jahres, und zwar dann, wenn die motorischen Rindenfelder für Beinbewegungen ausgereift sind. Dieses relativ späte Ausreifen erklärt sich dadurch, dass die Myelinisierung und Feinverdrahtung dieser Rindenfelder vom Kopf zum Fuß voran schreitet.

Ab der zweiten Hälfte des ersten Lebensjahres werden die Bereiche des Frontallappens langsam funktionsfähig. Es erhöht sich deutlich die Zahl der Synapsen, und dies geht beim Säugling mit differenzierteren Wahrnehmungen und Gefühlen ab dem 10. Monat einher. Mit zweieinhalb Jahren findet ein weiterer Reifesprung des präfrontalen Cortex hinsichtlich des dendritischen Längenwachstums und der synaptischen Feinverknüpfung statt, insbesondere was den dlPFC und das Broca-Areal betrifft. Dies wird als Grundlage für die Ausbildung des reflexiven Denkens und anderer höherer kognitiver Leistungen, der syntaktisch-grammatikalischen Sprache und des Ich-Bewusstseins angesehen.

Die *Entwicklung der Sprache* beginnt mit dem Erfassen der affektiven und emotionalen Tönung der Sprache und der Sprachmelodie. Dies geschieht bereits vor der Geburt in der rechten Hemisphäre, die auch in den ersten Monaten nach der Geburt dominiert. Erst dann beginnt die linke Hemisphäre mit der temporalen Region, d. h. mit dem späteren Wernicke-Areal, aktiv zu werden. Das dem Broca-Areal gegenüberliegende rechtsfrontale Areal ist in seiner neuronalen Feinstruktur (z. B. der Dendritenlänge) bis zum 12. Monat voraus. Zwischen dem 12. und 15. Monat nimmt die Dendritenlänge linkshemisphärisch schneller zu, und zwischen dem 24. und 36. Monat entwickeln sich rechte wie linke frontale Areale gleich schnell. Zwischen drei und sechs Jahren hingegen dominiert das linke frontale Areal, d. h. das Broca-Areal. Dies stimmt mit der dann stattfindenden Entwicklung einer syntaktischen Sprache gut überein.

Zusammengefasst sehen wir, dass das limbische System und das subcorticale System der Verhaltenssteuerung (d. h. die Basalganglien) sich embryonal sehr früh und weit vor dem hippocampo-corticalen System ausbilden, nämlich bereits ab der fünften Embryonalwoche. Das corticale System als Träger des bewussten Ich reift hingegen erst nach der Geburt aus, und dieser Reifungsprozess ist erst mit dem Ende der Pubertät abgeschlossen. Es ergibt sich damit eine beeindruckende Parallelität zwischen der motorischen, perzeptiven, emotionalen und kognitiven Entwicklung des Säuglings, des Kindes und Jugendlichen auf der einen und der Entwicklung ihrer Gehirne auf der anderen Seite.

Die Entwicklung des Ich

Die erste Etappe der Ich-Entwicklung vollzieht sich im Mutterleib, vor allem während der letzten Wochen vor der Geburt. Die Sinnesorgane und primären Sinneszentren des Gehirns sind zu dieser Zeit bereits aufnahmefähig; ebenfalls hat das limbische System als zentrales Bewertungssystem des Gehirns seine Arbeit aufgenommen. Gleichzeitig stehen Körper und Gehirn des Fötus über den Blutkreislauf noch in engster Verbindung mit Körper und Gehirn der Mutter, und mütterliche Botenstoffe beeinflussen das sich entwickelnde fötale Gehirn. Hierüber gelangen auch Informationen über emotional-affektive Zustände der Mutter in das Gehirn des Fötus. Ob solche Informationen gerichtet oder ungerichtet auf das sich entwickelnde Gehirn einwirken, ist unklar, doch kann es keinen Zweifel daran geben, dass diese Einwirkungen nachhaltig sind. Bekannt ist, dass das ungeborene Kind bereits im Uterus die Stimme seiner Mutter erlernt, insbesondere deren emotionale Tönung. Auch die Geschehnisse bei der Geburt, insbesondere den damit verbundenen Stress und die entsprechenden Hormonausschüttungen, können wir in ihrer Bedeutung für das Gehirn des Ungeborenen schwerlich überschätzen.

Den Beginn der Ich-Entwicklung beim Kleinkind stellt die Unterscheidung des eigenen Körpers von der belebten und unbelebten Umwelt (körperliches Ich vs. Nicht-Ich) dar. Wahrnehmungen von körpereigenen Zuständen werden anders erfahren als Wahrnehmungen von Dingen und Geschehnissen außerhalb des Körpers. Wenn wir mit unserer Hand einen Gegenstand ergreifen und die Hand gleichzeitig ansehen, dann gibt es eine Parallelität zwischen den Motorkommandos der Großhirnrinde, den somatosensorischen Rückmeldungen der Erregungszustände der Haut, der Muskeln, Sehnen und Gelenke *(Propriozeption)* und der visuellen Wahrnehmung, die beim bloßen Anblick eines externen Gegenstandes nicht auftritt. Ganz eindeutig wird der Unterschied zwischen Körper und Nicht-Körper, wenn wir – was der Säugling ja ständig tut – uns selbst berühren; dann haben wir nämlich eine zweifache Parallelität zwischen Motorkommandos und Propriozeption, was beim Ergreifen eines Gegenstandes nicht der Fall ist.

Während in den ersten Wochen nach der Geburt für den Säugling Gesichter von Menschen und von Tieren gleichermaßen interessant sind, kommt es mit drei Monaten zu einer deutlichen Bevorzugung menschlicher Gesichter. In diesem Zusammenhang vollzieht sich auch die Unterscheidung des eigenen Gesichts von fremden Gesichtern. Ab dem fünften Monat unterscheiden Kinder eigene und fremde Gliedmaßen. Der eigene Körper wird in seiner Wahrnehmungsperspektive erlebt; er spielt bei Verdeckungen und Drehungen eine besondere Rolle als „Mittelpunkt der Welt". Hieraus ergibt sich ein primäres, *egozentrisches* Weltbild.

Die zweite Entwicklungsphase besteht in der Wahrnehmung der eigenen Handlungen als Auswahl aus einer Vielfalt von Möglichkeiten. Die Entwicklung zielgerichteter, d. h. *intentionaler* Handlungen beginnt ab drei bis vier Monaten. Dies schließt zum Beispiel das Abschätzen der eigenen Reichweite, das Erkunden der Umgebung und die (wahrscheinlich erst rudimentär bewusste) Wahrnehmung der eigenen Handlungspläne ein. Eine weitere frühe Phase betrifft die Wahrnehmung des Selbst in der Kommunikation. Bereits wenige Stunden nach der Geburt kann es beim Säugling zu Imitationen einfacher Handlungen anderer Personen kommen, etwa des Zunge-Herausstreckens; dies verliert sich allerdings schnell. Es kommt auch zum erstmaligen Fixieren der mütterlichen Augen. Mit zwei bis drei Monaten treten unterschiedliche Lächelreaktionen gegenüber Personen und gegenüber unbelebten Objekten auf (die Unterscheidung zwischen „belebt" und „unbelebt" ist dem Kind wahrscheinlich angeboren). Das Lächeln wird auch als Vorhandensein konkreter Kommunikationserwartungen wenige Wochen nach der Geburt gedeutet.

Mit drei bis vier Monaten zeigt das Kind erstmals situationsgebundene Verhaltenserwartungen, und es folgt der Blickrichtung der Bezugsperson. Es unterscheidet menschlich-intentionale Bewegungen, zum Beispiel Zeigen und Greifen, von künstlichen Bewegungen. Es beginnt, sich und anderen Personen Wahrnehmungen, Gedanken, Intentionen zuzuschreiben. Auf dieser Basis bildet sich während einer Periode zwischen 9 und 12 Monaten (der „Neunmonatsrevolution", wie Tomasello sie nennt) die Fähigkeit aus, das, was ein anderer denkt, bei den eigenen Plänen und Absichten in Rechnung zu stellen und andere Menschen als intentionale Akteure zu verstehen. Es entsteht das, was man inzwischen allgemein „Theory of Mind" nennt.

Besonders aussagekräftig für die Ich-Entwicklung ist der Zeitpunkt, ab wann sich Kinder im Spiegel erkennen können. Nach Butterworth entwickelt sich diese Fähigkeit beim Kind in folgender Weise: (1) Bevorzugung des Anblicks fremder Personen gegenüber dem eigenen Anblick (0 bis 3 Monate); (2) Erkennen des Zusammenhangs zwischen Eigenbewegung und der Wahrnehmung beim Betrachten der eigenen Person (3 bis 8 Monate); (3) das Bewusstsein, dass die eigene Person auch außerhalb der unmittelbaren Spiegelwahrnehmung eine dauerhafte Existenz hat (8 bis 12 Monate); (4) die Unterscheidung zwischen dem Anblick der eigenen Person und dem anderer Personen aufgrund charakteristischer Merkmale der äußeren Erscheinung (12 bis 15 Monate); (5) Bestehen des „Rouge-Tests": Dem Kleinkind wird, für es unbemerkt, ein roter Klecks auf die Nase aufgetragen, und es wird überprüft, ob das Kind dem Spiegelbild oder sich selbst den Klecks abzuwischen versucht. Ein Kleinkind tut letzteres zwischen 15 und 24 Monaten, im Mittel um 18 Monate.

Die vierte Phase, oder besser der vierte Strang der Ich-Entwicklung, umfasst die Entstehung des sprachlichen Ich. Die mütterliche Stimme wird bereits im Mutterleib erlernt (s. o.). Schon drei Tage nach der Geburt zeigen Neugeborene bei entsprechenden Tests eine Präferenz für die mütterliche Stimme, und zwar für das verfremdete Klangbild, das diese Stimme für den Fötus hat. Während der ersten zwei Monate nach der Geburt entwickelt sich die Fähigkeit zum Erfassen der *Prosodie*, d. h. der Sprachmelodie, etwa im Zusammenhang mit der so genannten Ammensprache. Kinder sind in ihren ersten Lebensmonaten in der Lage, zwischen einer Vielzahl auch nicht-muttersprachlicher Laute zu unterscheiden. Zwischen dem zehnten und zwölften Monat geschieht die Einengung der Sprachlaute auf die Laute der Muttersprache.

Mit etwa sechs bis acht Wochen beginnen die Kinder einfache sprachliche Laute zu produzieren. Zwischen dem sechsten und zehnten Monat beginnt die Phase des *Plapperns*. Die erste Nachahmung mütterlicher Intonationsweisen tritt im Alter von sechs Monaten auf, gelegentlich eher. Es werden erste Konsonanten gebildet, dann die Phase des Lall-Stadiums mit Zwei-Silben-Lauten (dada, mama usw.) setzt ein. Ihre ersten Worte produzieren Kinder mit ca. einem Jahr. Mit achtzehn Monaten ist die 50-Wörter-Marke erreicht, ab dann beschleunigt sich die Sprachentwicklung (Vokabelspurt). Zwischen dem 18. und 25. Monat beginnt das Kleinkind Wörter zu kombinieren und Zwei-Wort-Sätze zu bilden. Zwischen dem 22. und dem 24. Monat verfügt das Kind über ca. 200 Wörter, und jeden Tag kommen durchschnittlich neun Wörter hinzu. Diese Phase ist durch starkes Eigenlernen und eine schnelle Zuordnung von Wörtern und Bedeutungen charakterisiert, was meist aufgrund von Versuch und Irrtum geschieht. Mit zwei Jahren besteht die Sprache der Kleinkinder aus Zwei- bis Drei-Wortsätzen in einem „telegraphischen" Stil, jedoch in korrekter Reihenfolge; dies wird als Anzeichen für eine bereits vorhandene Grund-Syntax gedeutet.

Gegen Ende des zweiten Lebensjahres kommt es zur Formulierung der Wörter „ich", „mein" usw. (was nicht bedeutet, dass die Kinder bereits genau wissen, was damit gemeint ist!). Im dritten Jahr beginnen Kleinkinder Singular und Plural zu gebrauchen und stellen die berühmten Fragen: „Was ist das?" bzw. „Warum ist …?". Mit zweieinhalb Jahren werden Sätze mit mehreren Phrasen gebildet. Mit vier bis fünf Jahren werden die hauptsächlichen Satzkonstruktionen der Muttersprache beherrscht. Mit acht Jahren ist ein explizites Sprachwissen vorhanden; Kinder korrigieren sich in ihrer Sprache und begründen ihre Fehler.

Zweifellos spielt die Ausbildung einer syntaktischen Sprache für die Ich-Entwicklung eine entscheidende Rolle. Mithilfe der Sprache können Wörter wie „ich", „mein" in Kombination mit Zuständen und Handlungen zu Zentren von Erlebnis- und Gedächtnisassoziationen und damit so etwas wie überdauernde Objekte werden. Vergangenheit und Zukunft werden dadurch ebenfalls sprachlich vermittelbar.

Die geistige Entwicklung des Kindes beginnt nach neuesten Befunden viel eher als zuvor im Anschluss an Piaget angenommen. Die Übertragung von Sinneserfahrungen von einer Modalität in die andere und die Kategorisierung des Wahrgenommenen tritt bereits ab der 4. Woche auf, bald gefolgt vom Verständnis für einfache Addition und Subtraktion. Mit drei Monaten ist der Säugling fähig, zwischen möglichen und unmöglichen physikalischen Erscheinungen zu unterscheiden, z. B. dass losgelassene Gegenstände zu Boden fallen und nicht etwa aufsteigen. Ab dem zweiten Monat bildet sich ein Arbeitsgedächtnis aus, das allerdings noch wenig leistungsfähig ist und nur eine Spanne von drei Sekunden umfasst. Dies steigert sich dann ab neun Monaten auf neun Sekunden. Zusammen mit der bereits erwähnten „Neunmonatsrevolution" entstehen ein erstes echtes Begreifen der Welt und das Nachvollziehen von Motivation und Aufmerksamkeit anderer. Vergleichsweise spät, nämlich erst mit vier bis fünf Jahren, entwickelt sich eine verlässliche Unterscheidung zwischen Schein und Wirklichkeit – damit wird die „Traumwelt" des Kleinkindes verlassen. Ab dem sechsten Lebensjahr zeigen Kinder die ersten „Vernunftleistungen" und die ersten deutlichen Anzeichen einer willentlichen Kontrolle ihres Verhaltens.

Störungen in der psychosozialen Entwicklung und ihre neuronalen Korrelate

Anhand von Störungen im kindlichen Verhalten soll der enge Zusammenhang zwischen neurobiologischer und psychosozialer Entwicklung verdeutlicht werden. Als Beispiel werden externale Verhaltensprobleme und aggressives beziehungsweise gewalttätiges Verhalten bei Kindern herausgegriffen. Für das Erwachsenenalter wurden Zusammenhänge zwischen Aggression und Gewalt und beispielsweise der Funktionalität neurophysiologischer Systeme bzw. bestimmter Hirnstrukturen gefunden. Die Frage stellt sich nun, ob sich auch für das Kindesalter solche Zusammenhänge nachweisen lassen und worin ihre Ursachen liegen.

Einige Studien setzen dabei schon in der Schwangerschaft an. Wie weiter oben verdeutlicht, laufen wichtige Schritte der Hirnentwicklung bereits während der Schwangerschaft ab, so dass schädliche Einflüsse die „normale" Hirnentwicklung empfindlich stören können. Als besonders kritisch wird ein Zusammentreffen von pränatalen Störungen und Geburtskomplikationen mit ablehnendem mütterlichen Verhalten angesehen.

Bezüglich eines Zusammenhangs mit aggressivem und gewalttätigem Verhalten wird die Rolle von Serotonin (5-HT) diskutiert. Serotonin gehört zu den vornehmlich hemmenden Neurotransmittern, seine Wirkung ist jedoch „modulatorisch", d. h. Serotonin beeinflusst – ebenso wie Dopamin, Noradrenalin und Acetylcholin – im Gehirn die Wirkung der „schnellen" Neurotransmitter Glutamat, Glycin und Gamma-Aminobuttersäure (GABA). Insofern besteht die primäre Funktion des Serotonin-Systems sowohl in der Begrenzung als auch in der Stabilisierung des Informationsflusses, so dass ein Organismus in der Lage ist, auf veränderte Umweltbedingungen mit kontrolliertem kognitiven und emotionalen Verhalten zu antworten. Allgemein hat Serotonin eine beruhigende und „entwarnende" Wirkung auf die Psyche.

Entsprechend kann ein Defekt in diesem System ein Gefühl des Bedrohtseins hervorrufen und als Folge zu einer unkontrollierten und exzessiven Verhaltensweise führen, die sich in Form von übersteigerter Aggression, Selbstmord oder Alkoholismus äußert. Im Erwachsenenalter findet sich bei Männern ein signifikanter *negativer* Zusammenhang zwischen Gewalttätigkeit bzw. Gewaltbereitschaft und Serotonin-Spiegel bzw. dessen Abbauprodukt 5-Hydroxy-Indol-Essigsäure (5-HIAA). Ein niedriger Serotoninspiegel geht somit mit einer erhöhten Aggressivität einher. Die Funktionsweise des Serotonin-Systems wird durch verschiedene Faktoren bestimmt. Ein wichtiger Faktor ist die genetische Ausstattung einer Person: für zahlreiche Komponenten des serotonergen Systems werden unterschiedliche Genvarianten (so genannte Polymorphismen) beschrieben, die in Abhängigkeit von sozialen Umweltfaktoren eine Prädisposition für antisoziales und gewalttätiges Verhalten darstellen können. Für erhöhte Aggressivität scheint insbesondere ein Polymorphismus des so genannten Tryptophan-Hydroxylase-Gens, das für die Serotonin-Synthese notwendig ist, sowie des Serotonin-Transporters (5-HTT) eine wichtige Rolle zu spielen.

Von besonderer Bedeutung ist die Tatsache, dass Defizite im Serotonin-Haushalt nicht nur genetisch bedingt, sondern auch die *Folge negativer Umwelteinflüsse* sein können. Vorgeburtliche Störungen des Serotonin-Haushalts, z. B. aufgrund eines chronischen mütterlichen Stresses oder Drogenkonsums während der Schwangerschaft, können schwere Entwicklungsstörungen hervorrufen. Der spätere Serotoninspiegel wird ebenso von schädlichen frühkindlichen Umwelteinflüssen wie Vernachlässigung, Gewalt und Missbrauch beeinflusst. Entsprechend scheint es auch in der Kindheit einen Zusammenhang zwischen niedrigem Serotonin-Spiegel, Aggressivität von Kindern und gewalttätiger Familiensituation zu geben.

Aggressivität könnte in diesem Zusammenhang mindestens zwei Ursachen haben, die beide mit einem niedrigen Serotoninspiegel verbunden sind, nämlich erstens ein primäres affektiv-emotionales Defizit, das zu einer generellen Fehleinschätzung von Umweltereignissen führt, und zweitens ein Gefühl der Bedrohtheit und Unsicherheit als Folge frühkindlicher sozialer Isolation. Für eindeutige Aussagen über den Zusammenhang zwischen Serotonin und Aggression bei Kindern fehlt jedoch bisher eine klare Datenbasis, dies wird jedoch gegenwärtig intensiv untersucht. Aber wie u. a. die oben beschriebenen Studien belegen, gehen die Bestrebungen in der letzten Zeit in die Richtung solche Zusammenhänge verstärkt zu untersuchen und auch für die Kindheit aufzudecken.

In Risikokinderstudien zur kindlichen Entwicklung, die die Entwicklung von ca. 350 Kinder über mittlerweile 16 Jahre verfolgten, wurde beispielsweise der Zusammenhang von Testosteron und der Entwicklung externaler Verhaltensprobleme betrachtet. Man fand eine positive Korrelation zwischen Testosteron und seiner aktiven Form 5α-Dihydro-Testosteron (DHT) und externalen Verhaltensproblemen. Allerdings beschränkte sich dieser signifikante Zusammenhang auf Jungen. Die höchsten Werte von Testosteron und DHT wiesen Jungen auf, die über mehrere Messzeitpunkte hinweg durch verstärktes externales Verhalten aufgefallen waren.

Des Weiteren liegen Untersuchungen über den Zusammenhang zwischen aggressivem Verhalten bei Kindern und deren *Cortisol*-Spiegel vor. Die Cortisol-Ausschüttung stellt eine neurohormonale Reaktion des Organismus auf Stress dar. Die Ergebnisse der vorliegenden Untersuchungen verweisen einerseits auf einen Zusammenhang zwischen erhöhtem externalisierendem Verhalten und relativ niedrigen *Ruhe*-Cortisolwerten, andererseits auf eine erhöhte durch Stress verursachte Cortisol-Ausschüttung. Die Datenlage zum vergleichsweise niedrigeren Ruhe-Cortisolspiegel bei aggressiven Kindern im Vergleich zu nicht-aggressiven ist allerdings nicht eindeutig. Dagegen zeigen sich in verschiedenen Untersuchungen hohe Cortisol-Antworten auf Stress bei Kindern mit unsicherer Bindung, frühkindlicher Misshandlung und mütterlicher sozial-emotionaler Nichtverfügbarkeit.

Die Ergebnisse der beispielhaft angeführten Untersuchungen zeigen, dass sich frühkindliche Interaktionen in neurophysiologischen Entwicklungsmerkmalen der Kinder niederschlagen können. Dabei weisen die vorhandenen Daten vor allem auf eine Störung des Testosteron-, Serotonin- und Cortisol-Haushalts hin. Dies lässt vermuten, dass der für Erwachsene charakteristische enge Zusammenhang zwischen neurophysiologischen Störungen und aggressivem Verhalten bereits im Kindesalter angelegt ist. Die Entwicklung neurobiologischer Defizite und Verhaltensstörungen läuft hierbei parallel.

Zusammenfassung und Diskussion

Die Basis für eine gesunde, aber auch eine defizitäre psychische Entwicklung bilden sowohl psychische als auch biologische und soziale Faktoren. Es wirken vier Arten von Faktoren zusammen: (1) die genetische Prädisposition des Kindes, (2) die anatomische und physiologischen Entwicklungsbedingungen des Gehirns, (3) frühe psychische Erfahrungen wie z. B. Bindungserfahrungen zur Bezugsperson und (4) die psychosozialen Erfahrungen mit der Umgebung, wie Familie, Verwandtschaft, Spielkameraden, Schule usw. All diese Faktoren beeinflussen die Anatomie und Physiologie des wachsenden Gehirns. Dabei spielen das Serotonin-System und die Stress-Achse eine herausragende Bedeutung.

Wichtig sind dabei die *Wechselwirkungen* zwischen den verschiedenen Faktoren, denn diese können sich gegenseitig verstärken oder abschwächen. Gerade im Hinblick auf die Entstehung von emotionalen Störungen oder Verhaltensproblemen kann davon ausgegangen werden, dass nur das Zusammenspiel ungünstiger Faktoren das Entwicklungsergebnis bestimmt. Dabei können sowohl individuelle als auch soziale Faktoren auch Schutzfunktionen übernehmen, in dem sie ungünstige Einflüsse der jeweils anderen Seite zumindest zum Teil abschwächen können. Beispielsweise könnte hohes elterliches Engagement, liebevoller Umgang und hohe Erziehungskompetenz den Einfluss eines schwierigen Temperaments als Risikofaktor für die weitere Entwicklung eines Kindes auffangen. Wichtig ist es, früh den Teufelskreis zwischen ungünstigen individuellen und psychosozialen Risikofaktoren zu unterbrechen. Darin liegt die Chance der Therapie – je früher und je umfassender sie einsetzt, umso erfolgreicher wird sie hinsichtlich des Abwendens von defizitärer emotionaler Entwicklung und damit schwerwiegender psychischer Probleme sein.

Heidi Keller

Die motorische Entwicklung aus kulturvergleichender Perspektive

Die Betrachtung der motorischen Entwicklung in der Psychologie, aber auch anderen Entwicklungswissenschaften wie der Pädiatrie, folgt überwiegend einem Standardmodell, das in der Sichtweise von Gesell und Armatruda (1947) niedergelegt wurde und sich seitdem wenig verändert hat. Danach wird angenommen, dass die Verhaltensmuster aller Spezies die Tendenz haben, einer vorgegebenen, geordneten, genetischen Sequenz des Auftretens zu folgen. Der Ablauf der „normalen" motorischen Entwicklung im ersten Lebensjahr vom Liegen zum freien Gehen wird in der Regel in zehn Schritten beschrieben, die folgendermaßen definiert sind:

– Liegen
– Drehen von Rückenlage in die Bauchlage – von der Bauchlage in die Rückenlage
– freies Sitzen
– vom Liegen ins Sitzen ziehen
– Kriechen oder Robben
– Krabbeln
– zum Stehen hochziehen
– Stehen mit Unterstützung
– Gehen mit Unterstützung
– freies Gehen

In der WHO-multizentrischen Wachstumsreferenz-Untersuchung, die Daten aus Ghana, Indien, Norwegen, Oman und USA enthält, wird beispielsweise für das Sitzen ohne Unterstützung als frühestes Auftreten der vierte Lebensmonat angegeben und für freies Gehen etwa der neunte Lebensmonat. Diese Abfolge wird mit Reifungsprozessen in Zusammenhang gebracht, die – wie gesagt – endogen gesteuert sein sollen. Die Sichtweise ist in Entwicklungstests ebenso abgebildet wie in den Normvorgaben, mit denen der Kinderarzt die Entwicklung beurteilt. Die individuelle Realität sieht allerdings anders aus. Der Tübinger Pädiater und Entwicklungsneurologe Richard Michaelis hat hier wegweisende Arbeiten vorgelegt, indem er individuelle Entwicklungsverläufe von Kindern über die zehn oben genannten Entwicklungsschritte dokumentiert hat, wie sie ihm von Eltern berichtet worden sind und wie sie sich bei pädiatrischen Entwicklungskontrollen zu finden sind (vgl. Michaelis, 2003).
In Abbildung 1 sind zwei Beispiele solcher individuellen Verläufe berichtet. Im ersten Fall ist dokumentiert, dass ein Kind vom Drehen im fünften/sechsten Lebensmo-

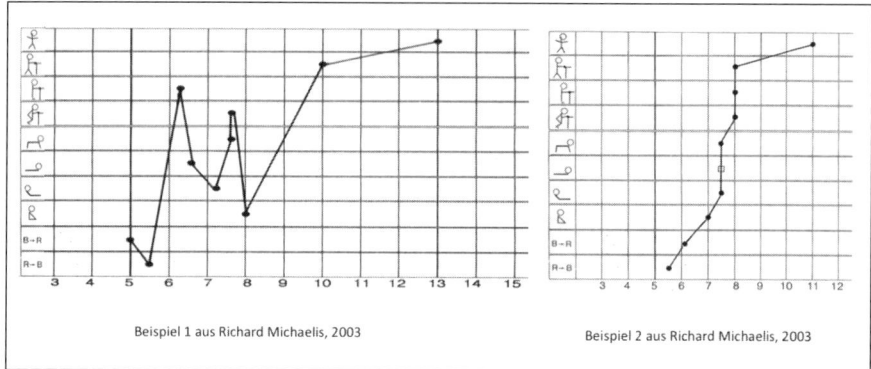

Beispiel 1 aus Richard Michaelis, 2003   Beispiel 2 aus Richard Michaelis, 2003

Abb. 1: Individuelle motorische Entwicklungsverläufe nach Michaelis (2003)

nat einen rapiden Entwicklungssprung zum Stehen mit Unterstützung zwischen dem sechsten und siebten Monat macht, um dann jedoch wieder „zurückzufallen" und davor liegende motorische Fertigkeiten in sein Repertoire aufnimmt, bis zum Aufrichten zur Sitzposition aus dem Liegen zwischen dem siebten und achten Monat. Im selben Zeitraum lernt es sich aus dem Sitzen in den Stand hochzuziehen, um danach wieder eine angeblich früher datierte Fähigkeit, nämlich das freie Sitzen zu erwerben. Zwischen dem zehnten und dreizehnten Monat lernt es dann das freie Gehen.

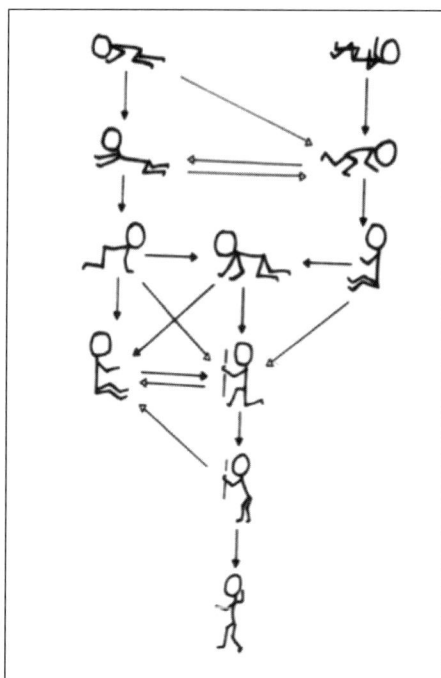

Abb. 2: Variante, normale Entwicklungsverläufe vom Liegen zum freien Gehen (vgl. Michaelis, 2003)

Das zweite Beispiel zeigt einen ganz anderen Verlauf. Hier fängt das Kind zwischen dem fünften und sechsten Lebensmonat an, sich zu drehen und erreicht dann in einer steilen Entwicklungskurve innerhalb der nächsten zwei Monate das Gehen mit Unterstützung und kann mit dem elften Monat schließlich frei gehen.

In Abbildung 2 ist die von Michaelis vorgefundene Realität zusammengefasst. Es zeigt sich, dass es den postulierten linearen Entwicklungsverlauf nicht gibt, sondern dass individuelle Entwicklungsverläufe eine Vielzahl von Mustern darstellen können, die schließlich alle im Gehen mit Unterstützung und dem freien Gehen ihren natürlichen Abschluss finden.

Der Schweizer Entwicklungspädiater Remo Largo (vgl. Largo, 2007) hat im Übrigen ähnliche Verläufe für Schweizer Kinder aufgezeichnet. Die wichtige Information, die in diesen Daten enthalten ist, bedeutet, dass die motorische Entwicklung ein in hohem Maße plastischer umweltlabiler Prozess ist, denn grobmotorische Fähigkeiten sind offensichtlich akzelerierbar, d. h. kann beschleunigt werden und retardierbar, d. h. kann verzögert/verlangsamt werden. Im Folgenden werde ich mich ausschließlich auf diesen Teil der motorischen Entwicklung beschränken: die Entwicklung grobmotorischer Meilensteine im ersten Lebensjahr.

Die ungeheure Plastizität der motorischen Entwicklung hat schon Myrtle Mc Graw, übrigens eine Schülerin von Arnold Gesell, die jedoch mit seinen Vorstellungen nicht übereinstimmte, in den 1930er Jahren demonstriert (vgl. Mc Graw, 1935). Sie bekam Informationen über ein Zwillingspaar, das in eine arme New Yorker Familie hineingeboren worden war. Sie bot der Familie Geld an, wenn sie die Zwillinge bestimmten experimentellen Bedingungen unterziehen dürfe, und zwar an 5 Tagen pro Woche von 9 Uhr morgens bis 17 Uhr nachmittags. Da das Arrangement außerdem noch Tagesbetreuung für die bereits fünffache Mutter enthielt, entschloss diese sich offensichtlich dazu, einzuwilligen. Johnny Woods, der zunächst schwächer wirkende Zwilling, wurde für das Training ausgesucht. Er bekam Schwimmunterricht, trainierte über Hindernisse zu klettern, übte von Podesten zu springen und lernte Kisten zu stapeln. Der Zwillingsbruder musste sich während der gesamten Zeit in einem begrenzten Laufstall aufhalten und hatte auch nur eine geringe Zahl von Spielzeugen zu seiner Verfügung. Sein motorischer Radius war also eingeschränkt. Die motorische Entwicklung der beiden Jungs nahm sehr verschiedene Verläufe. Mit 15 Monaten sprang Johnny mit dem Kopf voran von einem 1,50 Meter hohen Sprungbrett, mit 17 Monaten schwamm er vier Meter unter Wasser, mit 21 Monaten kletterte er von einem 1,60 Meter hohen Podest. Dass er mit weniger als einem Jahr Rollschuh laufen konnte wurde zu einem – unerwünschten – Medienereignis. Das Experiment musste schließlich abgebrochen werden, als die Jungen 22 Monate alt waren, weil der nicht-geförderte Bruder mit der Einschränkung seines Lebensraumes nicht mehr zufrieden zu stellen war. Er hat danach in einem intensiven 2½-monatigen Trainingsprogramm sehr schnell die motorischen Fähigkeiten aufholen können. Auf die ethische und auch die wissenschaftliche Seite dieses Experimentes – es wurden später Zweifel an der Eineiigkeit der Zwillinge laut – möchte ich jetzt hier gar nicht eingehen. Immerhin zeigt das Experiment, dass während der ersten beiden Lebensjahre grobmotorische Leistungen extrem akzeleriert werden können und dass verzögerte Entwicklung schnell aufgeholt werden kann.

Auf der anderen Seite gibt es natürliche Experimente, die zeigen, dass die motorische Entwicklung deutlich retardiert werden kann, wenn Kinder zum Beispiel an der Ausübung motorischen Verhaltens gehindert werden. Im Gegensatz zu dem Experiment mit Jimmy Woods, dem Bruder von Johnny handelt es sich dabei um adaptive Strategien an bestimmte sozioökologische Lebensumstände. Ein Beispiel liefert hier der Stamm der Aché-Indianer in Paraguay, der von den Anthropologen Kim Hill und Magdalena Hurtado (1996) intensiv beobachtet wurde. Dort werden die Kinder in den ersten zwei Lebensjahren am Körper von Bezugspersonen getragen. Es ist ihnen nicht erlaubt, sich frei auf dem Boden zu bewegen aus offensichtlichen Gefahrengründen, die dort lauern. Diese Kinder können erst zwischen 21 und 23 Monaten frei laufen.

Wenn wir uns nun die Daten der WHO-Studie noch einmal genauer anschauen, dann kann man sehen, dass zwar die frühesten Anfänge eine lineare Abfolge zunächst nahelegen, dass es aber riesige Schwankungen im Beginn der einzelnen Fertigkeiten gibt. So liegen diese Daten für das Sitzen ohne Unterstützung zwischen vier und neun Monaten, und wenn wir Daten von der westafrikanischen Gruppe der Nso-Bauern hinzuziehen, über die ich im Folgenden berichten werde, dann beginnt die Zeile schon mit drei Monaten. Wenn wir auch die Daten der Aché-Indianer noch in die WHO-Daten einbeziehen, dann ergibt sich für das freie Gehen eine Spannbreite von ungefähr 9 bis 23 Monate. Obwohl sozusagen ein genetischer Code für das Ausüben grobmotorischer Fertigkeiten ohne jeden Zweifel programmiert sein muss, ist doch die Aktualisierung erfahrungs- und damit umweltabhängig. Diese Umweltabhängigkeit ist eine sehr sinnvolle evolutionäre Adaptation, damit Kinder sich an sehr verschiedene Umwelten anpassen können und in diesen Umwelten Kompetenz erwerben.

Bedeutung kultureller Kontexte

Wenn ich hier Umwelten und Kontexte anspreche, dann spreche ich auch von Kultur. Wir definieren kulturelle Kontexte als soziodemografische Kontexte, in denen Menschen leben, die Werte, Normen und Einstellungen teilen und die sich ähnlich verhalten. Kultur ist also etwas gemeinsames, etwas, das Menschen teilen, die dadurch definiert sind, dass sie ähnliche soziodemografische Merkmale aufweisen. Die hier bedeutenden soziodemografischen Merkmale sind das Niveau der formalen Bildung, das Alter bei der Geburt des ersten Kindes und die Anzahl der Nachkommen bzw. die Anzahl der Kinder, die in einer Familie leben. Diese drei Variablen haben nachweislich einen entscheidenden Einfluss darauf, durch welche kulturelle „Brille" man die Welt sieht (vgl. Keller, 2003; 2007).

In Abbildung 3 ist das ökokulturelle Entwicklungsmodell, das unserer Forschung zugrunde liegt, dargestellt.

Wir gehen von einem soziodemografischen Kontext aus, der aus den vorher genannten Variablen besteht, dieser ist das grau unterlegte große Dreieck. In diesen Kontexten haben sich kulturelle Modelle herausgebildet, die grundlegende Werte, Orientierungen, Überzeugungen, Normen und Konventionen spezifizieren, die von Generation zu Generation weitergegeben werden. Natürlich ist Entwicklung ein aktiver Ko-Konstruktionsprozess, was bedeutet, dass diese intergenerationale Weitergabe nicht eine schlichte Übertragung ist, sondern jede Generation und jedes Individuum drückt eigene Stempel auf die vorgelegte Folie auf. Diese kulturellen Modelle bestehen aus der Mischung zweier grundlegender und wiederum universeller Dimensionen, nämlich der Autonomie und der Relationalität. Autonomie und Relationalität sind Grundbedürfnisse jedes Menschen, jeder sozialen Gemeinschaft, jeder Kultur. Allerdings

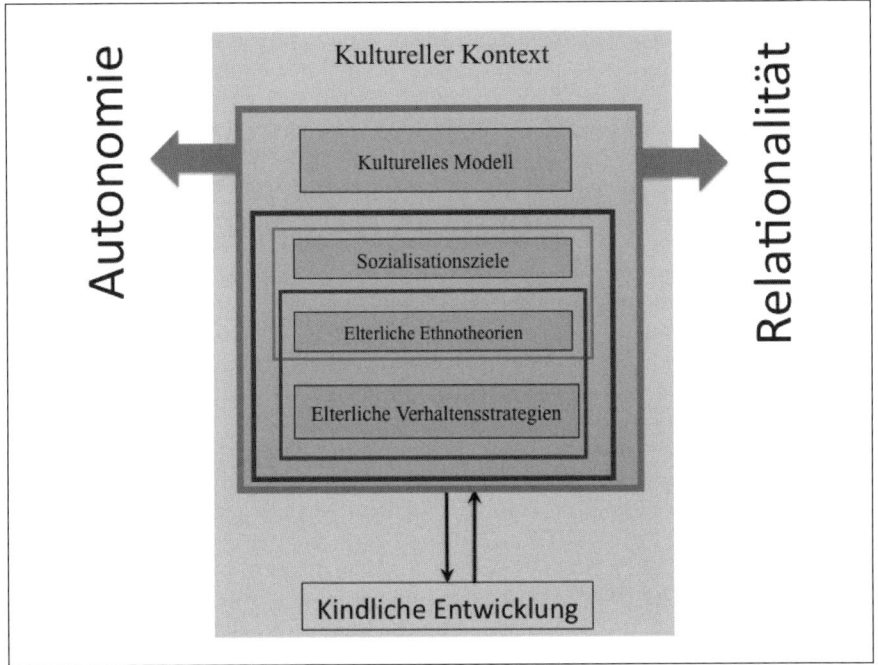

Abb. 3: Ökokulturelles Entwicklungsmodell

können die Mischungsverhältnisse sehr unterschiedlich aussehen und die besondere Betonung einer Dimension hat bedeutsame Auswirkungen auf die Sichtweise auf die andere Dimension. Dazu werden im Folgenden Beispiele formuliert.

Die kulturellen Modelle informieren Sozialisationsstrategien, die in der Abbildung in dem darunterliegenden schwarz umrandeten Kasten enthalten sind und in drei Niveaus unterteilt sind. Das oberste Niveau, zugleich das Abstrakteste, bilden Sozialisationsziele. Sozialisationsziele repräsentieren die Vorstellungen, die Eltern für die Entwicklungsergebnisse ihrer Kinder in bestimmten Entwicklungsabschnitten haben. Im ersten Lebensjahr kann zum Beispiel ein solches Sozialisationsziel sein, dass das Kind schnell laufen lernen sollte oder aber gut Zeit alleine oder mit Spielzeugen verbringen kann. Sozialisationsziele bilden den Rahmen für elterliche Ethnotheorien. Elterliche Ethnotheorien beinhalten die alltagspsychologischen Vorstellungen, die subjektiven Theorien, die Menschen für das Erreichen der Sozialisationsziele habe, wie z. B. soll man ein Baby früh daran gewöhnen, alleine zu schlafen, soll man auf jedes Schreien reagieren, schadet die Kita, sind viele Bezugspersonen wichtig für die Entwicklung usw. Diese Ethnotheorien sind zum Teil bewusst abrufbare Skripts, haben aber auch, wie das gesamte Paket der Sozialisationsstrategien, viele nicht-bewusste, intuitive Anteile. Die konkreteste Ebene in dem System der elterlichen Strategien besteht in Verhaltensstrategien. Verhaltensstrategien haben zwei Komponenten, nämlich zum einen Kontexte, die Eltern für ihre Kinder schaffen, zum Beispiel Kinder am Körper mit einem Tuch zu tragen oder im Kinderwagen vor sich herzuschieben; zum anderen sind es die konkreten interaktiven Verhaltensweisen, die sich an das Kind direkt oder indirekt richten. Diese Sozialisationsstrategien informieren die kindliche Entwicklung. Dies ist allerdings keine Einbahnstraße, denn die Kinder verändern auch die Sozialisationsstrategien ihrer Eltern, indem – wie gesagt – Entwicklung ein aktiver, ko-konstruktiver Prozess ist.

Entwicklung als kulturspezifische Lösung universeller Entwicklungsaufgaben

Unser Verständnis von Entwicklung besteht darin, dass während der Menschheitsgeschichte Entwicklungsaufgaben, das heißt Themen, die alle Menschen zu bewältigen hatten, entstanden sind und die die individuelle Ontogenese, den individuellen Lebenslauf in Entwicklungsabschnitte gliedern. Damit Menschen sich in ihren Umwelten kompetent verhalten können und die Probleme, die in diesen Umwelten auftreten, die ja sehr spezifisch sein können, lösen können, kann es also keine angeborene vorgegebene Lösung geben, sondern diese müssen in Erfahrungs- und Informationsverarbeitungsprozessen nachgeburtlich erworben werden. Die Bedeutsamkeit dieser frühen Entwicklungsprozesse ist auf neurophysiologischer wie psychologischer Ebene unbestritten. Gerade die jüngere Entwicklungsneurologie hat gezeigt, dass sich die kindliche Gehirnentwicklung in Abhängigkeit von Erfahrungen aus der Umwelt darstellt. Die Erfahrungen, die Säuglinge in den ersten Lebensjahren machen, sind in erster Linie soziale Erfahrungen, das heißt, sie sind im Kontext der

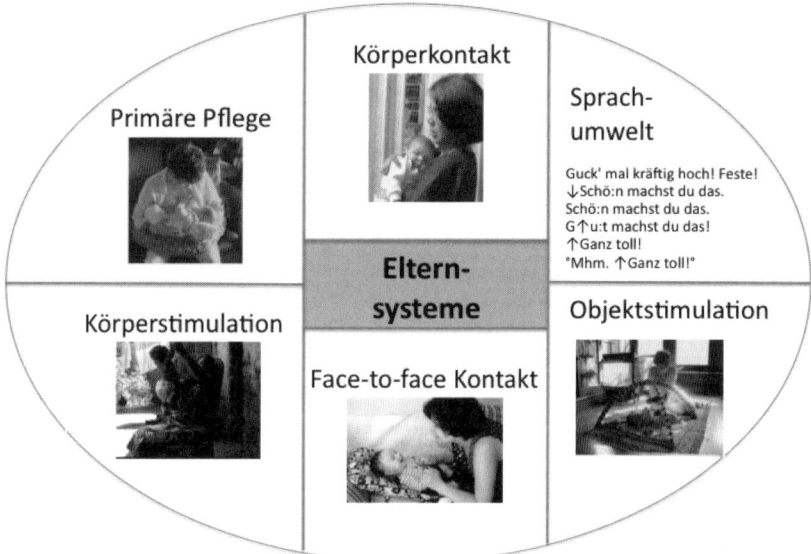

Abb. 4: Komponentenmodell des Elternverhaltens

sozialen Interaktionen zu sehen oder durch diese vermittelt. Um diese sozialen Erfahrungen so beschreibbar zu machen, dass damit unterschiedliche kulturelle Muster abgebildet werden, haben wir das Komponentenmodell des Elternverhaltens vorgeschlagen (vgl. Keller, 2003, 2007, s. Abb. 4).

Das Komponentenmodell des Elternverhaltens besteht aus sechs unabhängigen Elternsystemen, die ihrerseits in der Menschheitsgeschichte zur Lösung unterschiedlicher Entwicklungsaufgaben entstanden sind. Diese zunächst voneinander unabhängigen Verhaltenssysteme können sich überlappen und werden so zu elterlichen Strategien kombiniert. Das grundlegendste und wahrscheinlich älteste elterliche System ist das primäre Pflegesystem, das heißt also, alle Tätigkeiten, die auf die Versorgung, auf das physische Überleben des Säuglings ausgerichtet sind. Ein ebenfalls altes elterliches System ist das Körperkontaktsystem, das alle Formen körperlichen Kontaktes und körperlicher Nähe mit dem Baby umschließt. Körperstimulation oder motorische Stimulation ist ein weiteres elterliches System, das wie alle anderen Systeme in allen Kulturen zu finden ist, wenngleich wir im Folgenden sehen werden, in sehr unterschiedlichen Ausprägungen. Das „Face-to-face"-System besteht in exklusivem dyadischem Austausch von mimischen Signalen, das Objektstimulationssystem besteht aus der Stimulierung mit Objekten, die natürlich nicht immer Spielzeuge sein müssen, sondern auch alltägliche Gegenstände. Da die Beschäftigung mit Objekten in der ersten Zeit immer sozial vermittelt ist aufgrund der angeborenen Hilflosigkeit des Babys, ist auch die Objektstimulation in diesem Sinne Teil der sozialen Umwelt. Schließlich ist die Sprachumwelt ein weiteres Verhaltenssystem. Überall auf der Welt sprechen Bezugspersonen mit Babys und teilen dort über die Inhalte, die das Baby sicherlich zunächst noch nicht verstehen kann, kulturelle Botschaften durch Prosodie, durch Gliederung der Sprache, durch Synchronie oder dialogähnliche Konversationen mit. Im Folgenden konzentrieren wir uns auf zwei Sozialisationsstrategien, die wir als Prototypen für zwei sehr unterschiedliche soziodemographische Kontexte beschrieben haben (vgl. Keller, 2003; 2005; 2007).

Die distale Sozialisationsstrategie

Der eine dieser beiden Prototypen kann als distale Sozialisationsstrategie beschrieben werden.

Die distale Sozialisationsstrategie stellt das Baby ins Zentrum. Dies äußert sich in exklusiven, dyadischen Interaktionssituationen: Mütter und Väter konzentrieren sich auf das Baby. In der Regel geschieht das in den ersten Lebensmonaten so, dass Babys auf den Rücken gelegt werden und sich die Mütter oder Väter oder – selten auch – andere Bezugspersonen über das Baby beugen und im „Face-to-face"-Modus Signale austauschen (Abb. 5). Dabei spielt Sprache auch eine wichtige Rolle. Während dieser frühen Konversationen wird den Babys gespiegelt, dass sie einzigartig sind, sie werden sehr gelobt für alles, was sie tun, sie werden in ihren Verhaltensäußerungen bestärkt, sie werden nach ihren Wünschen gefragt, und ihre Präferenzen werden erkundet. Häufig werden Spielzeuge in diese Unterhaltungen mit einbezogen.

Diese exklusive dyadische Situation kann als kulturelle Folie betrachtet werden, die natürlich in vielerlei Variationen auftreten kann, deren Grundelemente – das Baby

Abb. 5: Distale Sozialisationsstrategie

liegt auf dem Rücken, es besteht wenig Körperkontakt, das Medium der Interaktion ist der Blickkontakt mit Sprache und Objektstimulation – so bestehen bleibt. Inhalt dieser Strategie ist auch, dass Babys alleine schlafen – zumindest sollen sie das, und dass sie im Kinderwagen transportiert werden.

Schauen wir uns nun die Sozialisationsziele der Eltern an, dann sehen wir, dass für die ersten drei Lebensjahre Talente und Interessen zu entwickeln und eigene Vorstellungen klar auszudrücken eine hohe Priorität hat. Das zu tun, was Eltern sagen und ältere zu Menschen respektieren, hat überhaupt keine Bedeutung. In der Abbildung 6 sind auf der rechten Seite – wie gesagt – die präferierten und auf der linken Seite die abgelehnten Sozialisationsziele benannt. Die Ziele, die zwischen –1 und +1 schwanken, sind nicht so deutlich ausgedrückt.

Das kulturelle Modell, das hier zum Ausdruck kommt, ist das der psychologischen Autonomie. Das bedeutet, dass die Dimension der Autonomie überwiegt und sich besonders darin äußert, dass das Baby sehr früh als eigene Person mit eigenen Wünschen, Präferenzen, Vorstellungen behandelt und in der Entwicklung dieses mentalen Modells von sich selbst unterstützt wird. Diese Definition von Autonomie definiert auch gleichzeitig die Dimension der Relationalität. Anpassung und Respekt gegenüber Älteren widerspricht der Primarität des Ausdrucks der eigenen Wünsche und Bedürfnisse. Andere Personen spielen natürlich eine wichtige Rolle, werden

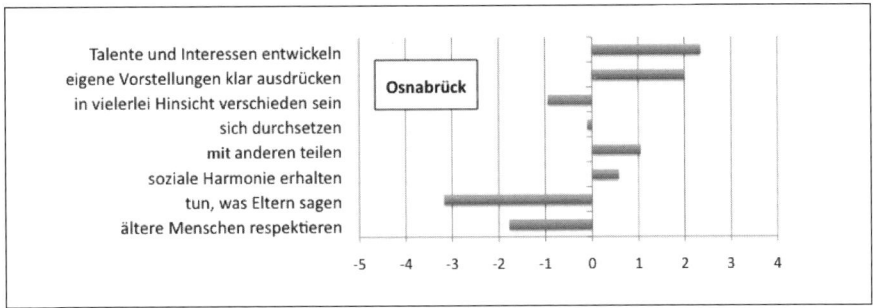

Abb. 6: Sozialisationsziele deutscher Mittelschichtsmütter

aber immer auf dem Hintergrund eigener Bedürfnisse und eigener Vorstellungen wahrgenommen.

Dieses Modell ist adaptiert an die Lebensrealität von Mittelschichtsfamilien der westlichen Welt, die eine hohe formale Ausbildung haben (14 bis 17 Jahre formale Bildung), die ihr erstes Kind mit Mitte bis Ende 30 bekommen, die selten mehr als ein Kind haben und die in einer nuklearen Familie (Mutter, Vater, Kind) zusammenleben.

Welche Rolle spielt nun die Körperstimulation beziehungsweise motorische Stimulation in dieser Sozialisationsstrategie? Wenn wir uns die Eltern-Kind-Interaktionen während der ersten Lebensmonate noch einmal genau anschauen, dann können wir sehen, dass motorische Stimulation darin besteht, kleine Bewegungen mit den Armen des Babys, mit den Beinen des Babys oder vielleicht auch dem Rumpf des Babys, das aber immer in der liegenden Position ist, auszuführen.

Turnen, wie die Eltern diese körperlichen Übungen nennen, hat keine Priorität in den Verhaltensäußerungen, die unterstützt werden. Der folgende kleine Ausschnitt (Abb. 7) einer Berliner Mutter – Kind Konversation mit ihrem drei Monate alten Baby in einer freien Spielsituation macht deutlich, dass frühes Sitzen nicht erwünscht ist.

Die deutschen Mütter der Mittelschicht vertreten die Meinung, dass jedes Kind sein eigenes Entwicklungstempo hat und dass man dies respektieren muss, erwarten allerdings – wie wir vorne gesehen haben – dass die Abfolge der motorischen Entwicklung doch der vorgegebenen geordneten Funktion der Entwicklungstabellen folgt. Der Kinderarzt warnt vor zu frühem Sitzen, um den Rücken

Hä:::::h. °°

Wen haben wir denn da? °

Wen ha'm wir denn da?

Du darfst noch gar nicht sitzen, ne?

↓Du Schnecke, ne.

↓Darfst doch noch gar nicht.

Nein!

Darfst doch noch gar nicht, nich?

Mmh!

Is' noch gar nicht so gut!

Abb. 7: Transkript eines Interaktionsausschnittes

nicht zu belasten und um andere Schädigungen auszuschließen. Wenn wir uns Elternratgeber anschauen, die es ja in großer Zahl gibt, so stellen wir fest, dass motorische Entwicklung und Stimulation in den Elternratgebern kaum vorkommen. Zusammenfassend kann man also sagen, dass die Sozialisationsstrategie zur psychologischen Autonomie, die westliche Mütter der Mittelschicht anwenden, kindzentriert ist, dass das Baby als quasi gleicher Partner in der Interaktion betrachtet wird und ihm auch dieser Raum der eigenen Äußerungen und der eigenen Darstellung gegeben wird, der Selbstausdruck des Kindes und der Wert des Kindes werden betont. Die Bezugspersonen führen mentalistische Diskurse mit den Babys, indem sie auf innere Zustände, auf Wünsche, auf Präferenzen der Babys eingehen. Positive Emotionalität spielt eine wichtige Rolle in dieser frühen sozialen Erfahrungswelt, die insgesamt das Ziel verfolgt, Individualität und deren Ausdruck zu vermitteln und zu unterstützen.

Die proximale Sozialisationsstrategie

Westliche Familien der Mittelschicht bilden nicht einmal fünf Prozent der Weltbevölkerung ab. Der weitaus größte Anteil der Weltbevölkerung lebt in traditionellen dörflichen Umwelten, wie zum Beispiel die Nso-Bauern im Nordwesten Kameruns.

Abb. 8: Proximale Sozialisationsstrategie

Das Leben findet hier nicht im Haus statt, sondern in den offenen Höfen. Alle Generationen sind an den alltäglichen Abläufen beteiligt und führen diese zusammen aus. Babys sind selbstverständlich Teil dieses Alltaghandelns, in dem sie immer dabei sind. Sie werden am Körper getragen, wie man in Abbildung 8 sehen kann. Dies verkörpert den zweiten Prototyp, der hier vorgestellt werden soll: die proximale Sozialisationsstrategie.

Babys sind in diesem Lebenskontext selten im Zentrum der Aufmerksamkeit, wie das ja so charakteristisch für das distale Modell ist. Sie sind aber auch niemals alleine. Proximal bedeutet, dass die Babys sich in ständigem Körperkontakt befinden, natürlich mit der Mutter, die im ersten Lebensjahr wegen des Stillens eine besondere Rolle spielt. Das Stillen, die Muttermilch ist zentral dafür, ein richtiger Nso werden zu können. Das Baby hat aber auch regelmäßigen Kontakt mit vielen anderen Bezugspersonen wie älteren Geschwister, Tanten und Nachbarn. Motorische Stimulation ist integraler Bestandteil der proximalen Strategie. Bei den Nso besteht die motorische Stimulation insbesondere darin, das Baby aufrecht zu halten und auf und ab zu bewegen, und auch ein bisschen hochzuwerfen und aufzufangen. Dies wird als eine weitere notwendige Erfahrung, ein Nso zu werden, verstanden. In diesem Modell wird die kulturelle Prägung explizit mit den frühen Erfahrungen gekoppelt (s. Abb. 9).

Wenn wir eine deutsche Mutter der Mittelschicht in einem psychologischen Labor darum bitten, mit ihrem Baby zu spielen, wird sie es auf den Rücken legen, wie

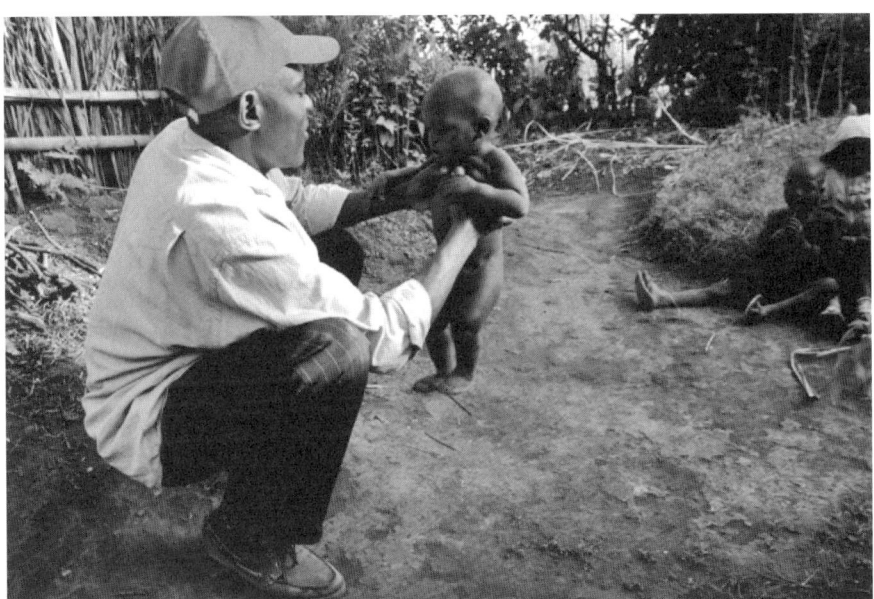

Abb. 9a: Nso Vater spielt mit seinem Baby

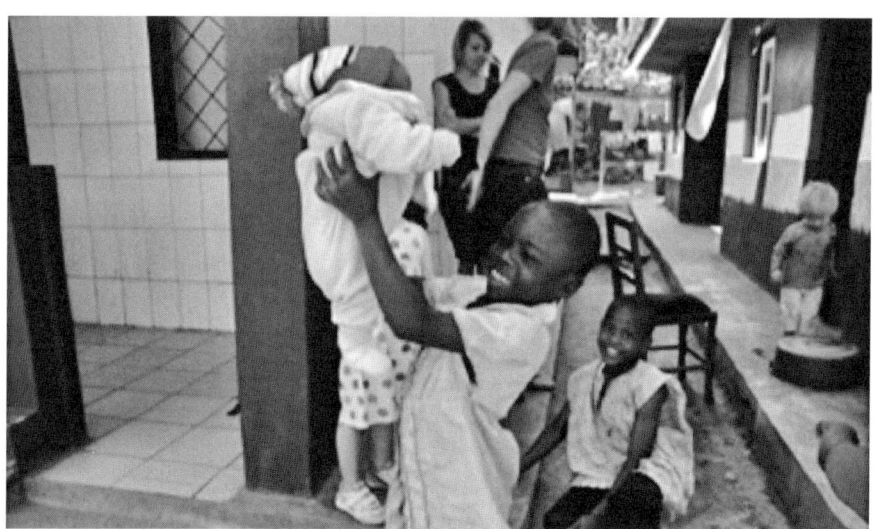

Abb. 9b: Ein Nso Babysitter spielt mit einem Baby

wir es vorne beschrieben haben, und mit ihm Blickkontakt und Objektstimulation
praktizieren und mit ihm sprechen. Wenn wir eine Mutter der Nso im Labor bitten,
mit ihrem Baby zu spielen, wird sie es auf diese Art und Weise motorisch stimulieren.

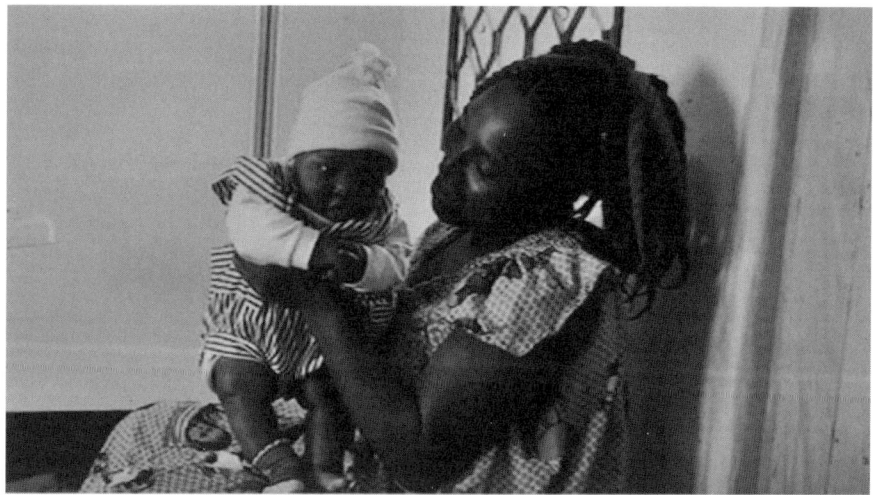

Abb. 9c: Eine Mutter interagiert in einer Laborsituation mit ihrem Baby

Während dieser motorischen Stimulation, die sehr rhythmisch vollzogen wird, synchronisieren die Mütter ihre sprachlichen Äußerungen, die weitgehend vokal sind, also aus Geräuschen und musikalischen Elementen bestehen, mit dieser Bewegung (vgl. dazu Demuth, 2008). Diese Synchronisierung motorischer und verbal vokaler Stimulation unterstützt die Entwicklung der Wahrnehmung von sich selbst als Teil eines sozialen Systems. Während in der distalen Strategie die Eigenständigkeit der individuellen Persönlichkeit im Vordergrund steht, ist hier die Anpassung und Eingliederung in das soziale System zentral und wird mit entsprechenden sozialisatorischen Maßnahmen unterstützt. Diese Sozialisationsstrategie ist auf hierarchische Relationalität ausgerichtet. Hierarchische Relationalität ist adaptiv im bäuerlichen, subsistenzwirtschaftlich verankerten Alltag der Nso Familien. Formale Bildung ist eher gering. Es gibt zwar inzwischen Schulen auf den Dörfern, und sieben Jahre formaler Schulunterricht werden angeboten. Nicht alle Kinder besuchen jedoch die Schule regelmäßig. Frauen gebären ihr erstes Kind als Teenager zwischen 17 und 19 Jahren, bekommen zwischen drei und zehn Kindern im Durchschnitt und leben in der Großfamilie des Ehemannes mit ebenfalls ca. acht Personen im Durchschnitt.

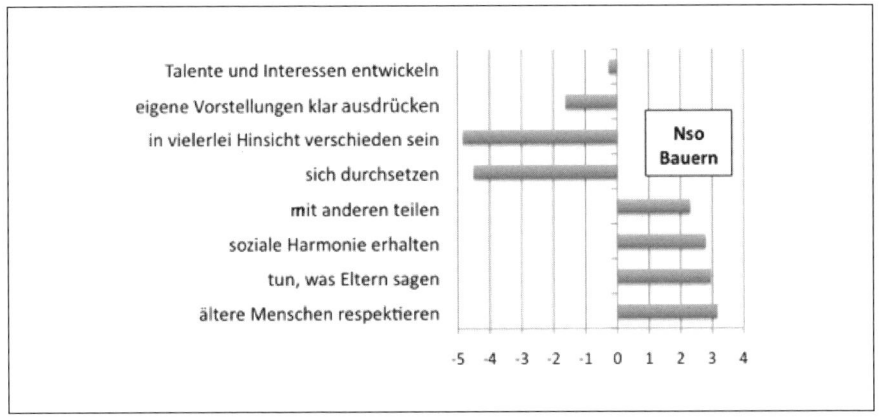

Abb. 10: Sozialisationsziele der Nso Frauen

Schauen wir uns auch noch einmal hier die Sozialisationsziele von Nso Müttern für die ersten drei Lebensjahre der Kinder an, so können wir sehen, dass alle relationalen Ziele hoch bewertet werden, besonders auch Respekt und Gehorsam gegenüber den Eltern und dass alle individualistischen autonomieorientierten Vorstellungen abgelehnt werden (s. Abb. 10).
Die besondere Rolle des motorischen Stimulationssystems zeigt sich in der Überzeugung der Bäuerinnen der Nso, dass Kinder sich nicht entwickeln können, wenn sie nicht adäquat, also auf diese besondere Art und Weise, motorisch stimuliert werden. Sie denken, dass davon die Gelenke leicht werden und dass das Entwicklung und Gesundheit generell begünstigt. Auf dem Rücken liegen, wie sie das auf Videos

Abb. 11: Sitztraining

Abb. 12: Lauftraining

von deutschen Mutter-Kind-Interaktionen gesehen haben, halten sie für schädlich für das Wachstum und Gedeihen der Kinder.

Diese Sozialisationsstrategie ist also erwachsenenzentriert, die Mütter wissen schließlich, was das Beste für die Babys ist und tun es. Sie müssen dafür nicht in das Baby hineinhorchen und seine Wünsche explorieren. Das System ist streng hierarchisch gegliedert. Die Interaktionen sind physisch-konkret und nicht so sehr auf die Psychologie des Kindes ausgerichtet, sondern auf seine Verortung im Hier und Jetzt der Familie.

Die Bedeutung der motorischen Stimulation zielt ganz eindeutig auf die Akzeleration grobmotorischer Entwicklungsmeilensteine ab. Diese werden daher auch unabhängig vom sozialen Kontext trainiert.

Motorisches Training bei den Nso

Babys werden in den ersten Lebensmonaten in Behälter gesetzt und mit Decken abgestützt, so dass sie das Sitzen üben (s. Abb.11).

Mit sechs bis sieben Monaten fangen Babys an, in speziell dafür errichteten Gehwegen zu trainieren. Das heißt, es werden zwei Bambusstangen aufgestellt, an denen das Baby sich mit den Händen abstützen kann, und so das Laufen üben kann (Abb. 12).

Weiterhin werden bestimmte Gehhilfen aus Holz gezimmert, die die Babys vor sich herschieben und so auch das Gehen trainieren können (s. Abb. 13).

Natürlich sind die Babys hier auch nicht alleine, sondern es sind ständig andere Kinder, ältere Geschwister in der Nähe, die die Babys im Blick haben und bei auftretenden Schwierigkeiten, z. B. wenn ein Rädchen sich verkantet, sofort zur Stelle sind, um dem Baby Hilfestellung zu geben.

Abb. 13: Lauftraining

Konsequenzen der frühen Erfahrungen

Die Erfahrungsumwelt des Säuglings wird deutlich sichtbar in dem Entwicklungsverlauf der motorischen Meilensteine. Hier gibt es die erwartungsgemäßen Unterschiede. In einer laufenden Längsschnittuntersuchung von drei, sechs und neun
Monate alten deutschen Mittelschichts- und kamerunischen Nso-Babys haben wir
mit Hilfe des Bayley-Tests solche Entwicklungsunterschiede deutlich aufweisen
können (s. Abb. 14).

Es zeigt sich, dass die Bielefelder Babys sprachlich/vokal weiter entwickelt sind,
während die Nso Babys motorisch weiter entwickelt sind – also ein offensichtliches
Abbild der frühen Erfahrungen. In der allgemeinen Kognition zeigen sich keine Un-
terschiede. Die gleichen Ergebnisse haben wir im Längsschnitt mit 6-monatigen
Kindern repliziert. (Diese Daten stammen aus einem DFG geförderten Verbundpro-
jekt mit Monika Knopf (Frankfurt), Gudrun Schwarzer (Gießen), Arnold Lohaus
(Bielefeld) und unserer Osnabrücker Arbeitsgruppe, die die Forschungsstation in
Kumbo, Kamerun unterhält).

In der motorischen Entwicklung bei den dreimonatigen Babys sind die Unterschiede
am deutlichsten beim Sitzen. Viele Nso-Babys können mit drei Monaten ohne Unterstützung auch für längere Zeit sitzen (s. Abb. 15).

Neben dem freien Sitzen zeigt sich, dass Nso-Babys eine klar akzelerierte Kopf- und
Körperkontrolle gegenüber deutschen Babys haben (s. Abb. 16).

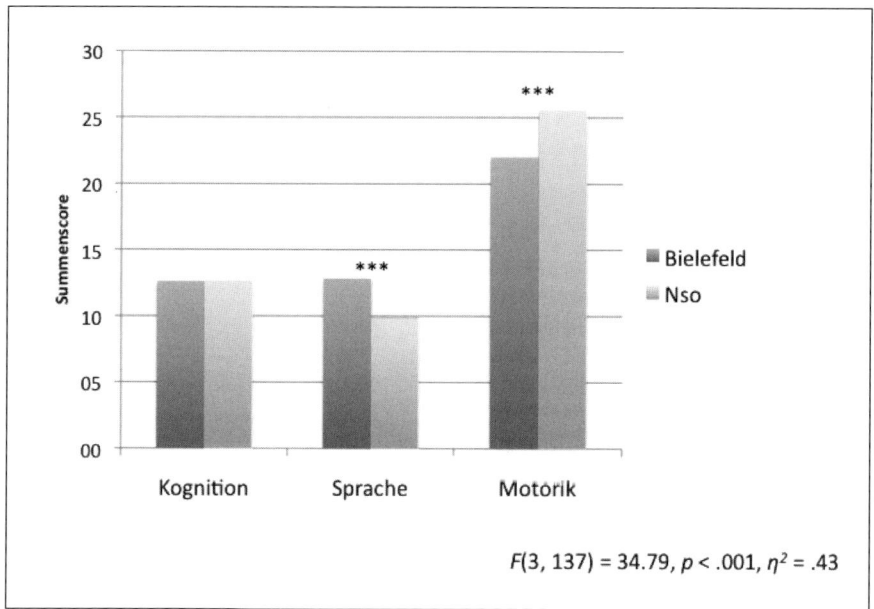

$F(3, 137) = 34.79, p < .001, \eta^2 = .43$

Abb. 14: Bayley Test Summenscores für 3-monatige Nso im Vergleich mit Bielefelder Babys

Abb. 15: Frei sitzendes 3-monatiges Nso Baby

Allerdings können sie mit den Entwicklungsaufgaben im Liegen, nämlich dem Drehen von Bauch- in Rückenlage und umgekehrt, was alle Bielefelder Babys mit 6 Monaten beherrschen, nichts anfangen. Sie haben einfach keine Erfahrungen mit Liegen, außer, wenn sie schlafen.

Die weiteren Entwicklungsziele auf dem Weg zur relationalen Anpassung bestehen in einer frühen Sauberkeitsentwicklung. Auch dieses Verhalten wird bei den Nso wie auch bei anderen west- und ostafrikanischen Völkern trainiert. Bei den Nso wird etwa mit sechs Monaten angefangen, sowohl das Urinieren als auch das Koten zu trainieren. In der Regel sind sie sauber, wenn sie laufen können, was zwischen 9 und spätestens 12 Monaten der Fall ist. Es wird von Kindern ab etwa vier Jahren erwartet, dass sie im Haushalt mithelfen. Dazu gehört zum Beispiel Feuerholz sammeln, Wasser vom Brunnen zum Haus tragen und ähnliches (s. Abb. 17).

Kinder wie Erwachsene, allerdings in der Regel Frauen, tragen Lasten bevorzugt auf dem Kopf, wozu natürlich eine gute motorische Koordination und Kontrolle notwendig ist und eine sehr gute Körperhaltung impliziert. ‚Krumme Rücken‘ sind in diesen Kontexten kein Problem!

Kinder tragen auch schon sehr früh dazu bei, die Familienökonomie zu unterstützen, indem sie von der Mutter oder anderen älteren Frauen des Haushalts früh morgens angefertigtes Gebäck verkaufen. Auch hier transportieren sie die Behälter auf dem Kopf. Natürlich müssen sie auch in der Lage sein, bestimmte Rechenoperationen durchzuführen. Dies ist ein interessantes Forschungsgebiet in der kulturverglei-

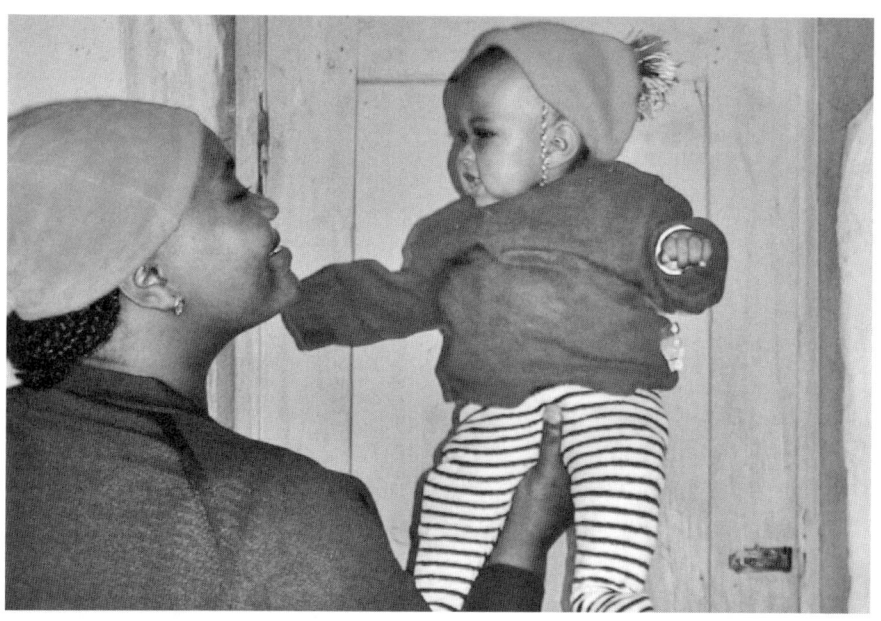

Abb. 16a: Kopf- und Körperkontrolle der Nso Kinder (3-monatiges Mädchen)

Abb. 16b: Kopf- und Körperkontrolle der Nso Kinder (3-monatiges Mädchen)

Abb. 17a: Frühe Hilfen im Haushalt

Abb. 17b: Frühe Hilfen im Haushalt

chenden Entwicklungspsychologie: die mathematischen Kompetenzen von Kindern in alltäglichen Lebenszusammenhängen, insbesondere das Berechnen von Preisen beim Verkauf von Waren, aber auch die Berechnung symmetrischer Formen beim Erstellen von Ornamenten. Interessant sind hier häufig hoch komplexe Operationen von Kindern, die niemals eine Schule besucht haben. Transferleistungen in den Schulalltag hängen damit jedoch nicht zusammen. Diese ökonomischen Tätigkeiten werden etwa ab dem Alter von fünf Jahren ausgeübt. Ein weiterer Verhaltensbereich der kindlichen Verantwortlichkeiten ist die Versorgung jüngerer Geschwister, die durch die Gegend getragen und entsprechend auch betreut werden.

Die Entwicklungsziele auf dem Entwicklungspfad zur psychologischen Autonomie sind andere. Wie wir gesehen haben, spielt die frühe motorische Entwicklung in dem Sinne, dass selbstständig Handlungskompetenz ausgeübt werden kann, in den ersten drei Lebensjahren keine Rolle. Hier geht es um die Ausbildung eines frühen psychologischen Ichs. Westliche Kinder aus der Mittelschicht entwickeln früh ein kategoriales Selbst, das heißt, sie können sich als unabhängig von der Umwelt erleben, wie man dies im so genannten Spiegel-Erkennungstest feststellen kann. Hier werden die Kinder mit einem ungewöhnlichen Marker zum Beispiel mit einer roten Stelle im Gesicht markiert (deshalb spricht man auch häufig vom Rouge Test), und alle Anzeichen, die das Kind in Bezug auf genau diesen Marker macht, oder falls es schon in der Lage ist, die Situation zu verbalisieren, werden als Selbsterkennen gedeutet. Westliche Kinder der Mittelschicht entwickeln diese Fähigkeit früher als Nso Bauernkinder: 75% der 19 Monate alten Berliner Kinder erkannten sich im Spiegel, im Vergleich zu 15% der 19-monatigen Nso (vgl. Keller, Kärtner, Borke, Yovsi & Kleis, 2005). Dieses Ergebnis ist darin begründet, dass – wie oben argumentiert wurde – nicht das abgegrenzte Selbst ein Entwicklungsziel ist, sondern das symbiotische Selbst im sozialen System. Für die westlichen Mittelschichteltern ist die Ausbildung analytischer, kognitiver Fähigkeiten bedeutsam. Von klein an wird mit Hilfe von Bauklötzen und Bilderbüchern die analytische Formwahrnehmung trainiert. Ein weiterer wichtiger Bereich ist die sprachliche Elaboriertheit. Säuglinge werden von Anfang an in intensive verbale Interaktionen involviert und in der Ausbildung eines frühen und umfangreichen Sprachvolumen unterstützt. Der sprachliche Ausdruck eigener Wünsche und Bedürfnisse wird gegenüber nicht-sprachlichen, gestischen Ausdrucksmitteln klar bevorzugt. Kinder werden hier dazu angehalten, sich sprachlich auszudrücken, während im Kontext der Nso-Bauern vieles an Kommunikation nicht-verbal abläuft und zu viel sprachliche Äußerungen der Kinder als unangebracht gelten. Entsprechend sind auch Lernprozesse bei den Nso eher durch Beobachtung und Imitation gekennzeichnet, während sie hier durch sprachliche Frage-und-Antwort-Formate charakterisiert werden. Die resultierenden Entwicklungsergebnisse sind unterschiedliche Selbstkonzepte. Das Kind in der westlichen Mittelschicht soll ein independentes Selbstkonzept entwickeln, wo das Selbst stabile Ich-Grenzen hat, die andere nicht übertreten dürfen. Beziehungen sind freiwillig und verhandelbar, selbst die mit den engsten Verwandten. Nso-Bauern dagegen sollen ein interdependentes Selbstkonzept entwickeln; eine soziale Identität, in der die Familienmitglieder und andere Bezugspersonen Teil der eigenen Konzeption von sich selbst sind, wo Verhalten immer auf der Folie der Wahrnehmung anderer Personen reguliert wird.

Relevanz für multikulturelle Gesellschaften

Die Nso-Bauern, über deren Sozialisationsstrategien dieser Artikel informiert, können als prototypisch für das Leben des Modells der relationalen Hierarchie betrachtet werden. Dieses Modell charakterisiert Menschen, die in subsistenzwirtschaftlichen, bäuerlichen Gemeinwesen leben und deren Lebensbereich aus wenigen vertrauten Personen besteht, der Lebensraum überschaubar ist, wo die Konfrontation mit Neuem und Unerwartetem relativ gering ist. Dies ist genau der kulturelle Hintergrund, mit denen viele Migranten nach Deutschland kommen, wo die öffentliche Gesellschaft jedoch an dem Modell der psychologischen Autonomie orientiert ist. Migranten erleben also beim Kinderarzt, in Institutionen wie Kindertagessstätten, Kindergärten, Schulen häufig eine maximale Diskrepanz zu ihren Normen und Werten in Bezug auf den Umgang mit Kindern und die Erziehung von Kindern. Schon das hier behandelte Beispiel der motorischen Entwicklung und motorischen Stimulation macht das sehr deutlich. Während in unserer öffentlichen Gesellschaft motorische Stimulation oder gar Gehhilfen abgelehnt und negativ bewertet werden, praktizieren viele türkische und auch russisch-stämmige Familien genau dieses. Wie man auf „youtube" sehen kann, haben viele stolze türkische Familien kleine Filme von ihren Babys ins Netz gestellt, die mit sogenannten „Spinnenwagen" das Laufen trainieren. Die Kombination kultureller Modelle kann man daran sehen, dass diese Wagen häufig auch noch mit Objektstimulationen gekoppelt sind, indem Spielgeräte und ähnliches darauf montiert werden. Um erfolgreiche Integration von Menschen in multikulturellen Gesellschaften zu ermöglichen, ebenso wie Erziehungs- und Bildungsprozesse erfolgreich zu gestalten, muss die kulturelle Variation systematisch in unseren Gesundheits- und Bildungssystemen berücksichtigt werden.

ILSE WEHRMANN

Anspruch und Wirklichkeit von Bildungs- und Erziehungsstandards in Deutschland

„Eine Gesellschaft offenbart sich nirgendwo
deutlicher als in der Art und Weise, wie sie
mit ihren Kindern umgeht.

Unser Erfolg muss am Glück und Wohlergehen
unserer Kinder gemessen werden, die in einer
jeden Gesellschaft zugleich die wunderbarsten
Bürger und deren größter Reichtum sind."

(Nelson Mandela)

Um eine aussagefähige Standortbestimmung zwischen dem Anspruch und der Wirklichkeit der Bildungs- und Erziehungsstandards in Deutschland vornehmen zu können, ist es unerlässlich, die Bedingungen des kindlichen Aufwachsens in unserer sich in einem enormen Wandel befindlichen Gesellschaft zu berücksichtigen und die Rahmenbedingungen für die frühkindliche Erziehung und Bildung zu beleuchten. Nur unter Berücksichtigung dieses Kontextes lassen sich Vorschläge für Reformmaßnahmen im Elementarbereich ableiten. In meinem Beitrag stütze ich mich im Wesentlichen auf die Befunde meiner Dissertation, die sich mit der Tauglichkeit von Bildungsplänen als Steuerungsinstrumente befasst.

Werfen wir also einleitend einen kurzen Blick auf die gesellschaftliche Entwicklung und die daraus resultierenden Bedingungen des kindlichen Aufwachsens in unserem Lande.

Einflussfaktoren der frühkindlichen Bildung und Erziehung

Gesellschaftlicher Wandel

Unsere Gesellschaft befindet sich im Wandel, der vor allem an folgenden Merkmalen sichtbar wird: Erstens an den sinkenden Kinderzahlen: Deutschland hat im Vergleich zu anderen europäischen Staaten eine der niedrigsten Geburtenraten.

Zweitens an der Zuwanderung: In Deutschland lebten 2002 rund 7,3 Millionen Menschen mit Migrationshintergrund. Das sind ca. 9 Prozent der Gesamtbevölkerung. Der überwiegende Teil von ihnen lebt in den alten Bundesländern.

Drittens an der Arbeitslosigkeit: Seit den 1980er Jahren war sie ein schwerwiegendes gesamtgesellschaftliches Problem. In den Jahren von 2004 bis 2006 lag der Anteil sogar bei über zehn Prozent.

Und viertens an der alternden Gesellschaft: Im Jahre 2030 wird nahezu jede dritte Person in Deutschland mindestens 60 und nur noch jede sechste unter 20 Jahre alt sein. Die sich daraus ergebenden Konsequenzen für die alltägliche Lebensführung von Kindern und Jugendlichen ist noch kaum absehbar.

Rahmenbedingungen des kindlichen Aufwachsens

Diese Veränderungen bleiben nicht ohne Auswirkungen auf die Bedingungen des Aufwachsens der Kinder in Deutschland. Hier leben ca. 4,6 Millionen Kinder unter sechs Jahren und 3,2 Millionen Kinder im Alter zwischen sechs und zehn Jahren: 87 Prozent der unter Sechsjährigen und 90 Prozent der Sechs- bis Zehnjährigen in den alten Bundesländern. Zu den wichtigsten Einflussfaktoren des gesellschaftlichen Wandels auf das kindliche Aufwachsen gehören:

Erstens Diskontinuitäten in familiären Konstellationen: Immer mehr Kinder wachsen mit weniger Geschwistern auf. Die Folge ist eine Zunahme der Einzelkinder. Gleichzeitig steigt die Zahl von Kindern, die in „alternativen" Lebensformen aufwachsen, zum Beispiel nicht ehelichen Paargemeinschaften, Stieffamilien und Alleinerziehendenhaushalten. Hinzu kommt, dass zunehmend beide Elternteile berufstätig sind und ihre beruflichen Anforderungen steigen. Sie müssen flexibel und mobil sein, was zu Lasten der Familienzeiten geht und den Familienalltag erschwert.

Zweitens die mediale Durchdringung der Gesellschaft: Medien – vor allem digitale Medien – eröffnen neue Unterhaltungs- und Informationsmöglichkeiten, sie beeinflussen das Leben von Kindern und Jugendlichen in ihrer Freizeitgestaltung, Wissensaneignung und Bildung. Ihre wachsende Bedeutung stellt erhöhte Ansprüche auch an die Erzieherinnen und Erzieher.

Drittens die Internationalisierung der Lebenswelt: Die Auseinandersetzung mit anderen Kulturen im Ausland, das Erleben kultureller Unterschiedlichkeit im eigenen Land und die Adaption internationaler Kulturprodukte sind selbstverständlicher Bestandteil der heutigen Lebensführung von Kindern und Jugendlichen. In Deutschland stammt jede zehnte Familie mit Kindern aus dem Ausland. Kinder benötigen Kompetenzen, die sie befähigen, sich in einer internationalisierten Welt und in interkulturellen Sozialräumen zu bewegen.

Und viertens die zunehmende Kinderarmut: Das Armutsrisiko steigt seit den 1990er Jahren kontinuierlich an, insbesondere bei Kindern von Alleinerziehenden und Migrantenfamilien. Im Jahre 2003 lebten ca. 14 Prozent der Kinder unterhalb der Armutsgrenze. In Zahlen ausgedrückt: Im März 2007 lebten nach Angaben der Bundesagentur für Arbeit insgesamt 1,93 Millionen Kinder unter 15 Jahren in Familien, die Arbeitslosengeld II beziehen. Gerade Kinder aus diesen Familien und aus Elternhäusern mit Migrationshintergrund bekommen zu spüren, dass sie keine gleichen Bildungschancen haben. Bedrückend in Deutschland ist der von PISA wiederholt bestätigte Zusammenhang zwischen ökonomisch benachteiligten Lebenslagen von Familien und dem Bildungsniveau der Eltern. Es ist erschreckend, wie viele Kinder – auch aus deutschen Familien – bei ihrer Einschulung zum Beispiel erhebliche Sprachdefizite vorweisen.

Angesichts solcher Entwicklungen steigen die Ansprüche an die Erzieherinnen und Erzieher, insbesondere an ihre interkulturellen, interreligiösen und medienpädagogischen Kompetenzen, aber auch an ihre Fähigkeiten, die kindliche Entwicklung zu fördern und Bildungsprozesse nach neuesten wissenschaftlichen Erkenntnissen – zum Beispiel der Neurobiologie – zu initiieren und zu begleiten. Hinzu kommen aber auch steigende Anforderungen an Kompetenzen in Bezug auf fundierte Eltern- und Familienberatung, die angesichts der zunehmenden gesellschaftlichen Komplexität weit über Themen der elterlichen Erziehungskompetenz hinausgehen. Diesen Anforderungen jedoch werden Kindertageseinrichtungen unter den gegebenen Rahmenbedingungen nicht gerecht. Nicht zuletzt wegen der mangelnden Qualifikation der Fachkräfte, auf die ich gleich genauer eingehen werde. Die Ursachen lassen sich nicht an einem Punkt festmachen, sie sind viel komplexer.

Diskrepanz zwischen Anspruch und Wirklichkeit

Nach jahrzehntelangem Tiefschlaf hat die Politik in Deutschland endlich die Tragweite der Versäumnisse im frühkindlichen Bereich erkannt. Frühkindliche Bildung und Betreuung hat sich in jüngster Zeit zu einem der Top-Themen auf der politischen Agenda gemausert. In steter Regelmäßigkeit wird noch ein neues „zukunftsweisendes" Projekt für den Elementarbereich mit großem öffentlichen Getöse ins Leben gerufen, hochgepriesen und dann doch wieder verworfen, weil es nicht gegenfinanziert werden kann. Modellprojekte, Konzepte und Initiativen schießen wie Pilze aus dem Boden. Sie kommen aber so gut wie nie über den Modellcharakter hinaus und haben keine Chance, die rund 65 000 Einrichtungen in Deutschland und schon gar nicht, die Erzieherinnen und Erzieher flächendeckend zu erreichen.

Beispiel: Trägerlabyrinth und Zuständigkeitswirrwarr

Die Defizite im deutschen System der frühkindlichen Erziehung, Bildung und Betreuung beginnen bei den politischen Rahmenbedingungen. Die OECD bezeichnet das deutsche System der frühkindlichen Erziehung, Bildung und Betreuung als komplex und hochgradig dezentralisiert. Es überschneiden sich drei Regierungsebenen mit vielen freien Trägern. Anders ausgedrückt: Für den Elementarbereich kennzeichnend ist ein politisches Zuständigkeitswirrwarr und Trägerlabyrinth.
Die *Träger* unterscheiden sich nach außen in ihrem Selbstverständnis und ihrer Selbstdarstellung durch eigene, spezifische Werteorientierungen und Traditionen. Ihre Vielfalt garantiert einerseits ein diversifiziertes Angebot sowie Freiräume für Innovation, andererseits erschwert dieses „Trägerlabyrinth" ein Betreuungssystem in Kindertageseinrichtungen mit vergleichbaren Qualitätsstandards, das allen Kindern gleiche Bildungs- und Entwicklungschancen bietet.

Beispiel: Kita-Alltag

Dort, an der Basis, wo tagtäglich frühkindliche Bildung und Erziehung stattfindet, wo Erzieherinnen und Erzieher jeden Tag allen Bedingungen zum Trotz den ihnen anvertrauten Kindern bestmögliche Bildung und Betreuung angedeihen lassen wollen, sieht es häufig folgendermaßen aus: Die Mittel werden gekürzt, Kita-Beiträge erhöht, Stellen abgebaut, Personalschlüssel frisiert, Arbeitsverträge gekündigt, Beschäftigungsverhältnisse geändert – im Gegenzug dafür aber Bildungspläne verteilt, Qualitätsmanagement-Handbücher eingeführt oder Checklisten, Beobachtungs- und

Dokumentationsbögen ausgehändigt. Und dies in einem Umfeld, in dem die Folgen des gesellschaftlichen Wandels unübersehbar in die Einrichtungen durchgedrungen sind und zusätzliche Herausforderungen an die Fachkräfte vor Ort stellen: zunehmender Anteil an Kindern mit Migrationshintergrund, kulturelle und ethnische Diversifikation, Konfrontation mit Kinderarmut und Kindesvernachlässigung, überforderte Eltern und Familien – um nur einige zu nennen.

Beispiel: Qualifizierung und Arbeitsbedingungen der Fachkräfte

Erschwerend kommt hinzu, dass die nach wie vor nur auf Fachschulniveau angesiedelte Qualifikation der pädagogischen Fachkräfte im Elementarbereich im internationalen Vergleich ausgedient hat. Die Ausbildung und das Berufsbild der Erzieherin bzw. des Erziehers sind immer noch zu einseitig auf die Kinder ausgerichtet. Andere Aufgabenbereiche bleiben nahezu vollständig ausgeblendet. Mittlerweile unverzichtbare Bereiche wie beispielsweise Management, Planung, Konzept- und Qualitätsentwicklung oder gezielte Interaktion mit den Eltern werden bestenfalls am Rande behandelt. Das gilt ebenso für Kooperationen mit anderen Diensten und Akteuren vor Ort wie auch für gemeinwesenorientierte Tätigkeiten oder Netzwerk- und Lobbyarbeit.

Doch damit nicht genug. Das System der Aus- und Weiterbildung und das Berufsbild von Erzieherinnen und Erziehern weist noch andere eklatante Schwachstellen auf, vor allem:

* *den geringen Anteil an Akademikerinnen bzw. Akademikern:* Nur 3,3 Prozent der in Kitas tätigen pädagogischen Fachkräfte haben einen Fachhochschul- oder Universitätsabschluss, selbst bei den freigestellten Leitungskräften der Kitas liegt der Akademikeranteil durchschnittlich bei nur knapp 16 Prozent!

	Freigestelltes Leitungspersonal		Pädagogisch tätiges Personal in der Gruppe		Summe Leitungspersonal und Personal in der Gruppe	
	Insgesamt	Akad- Ant.	Insgesamt	Akad- Ant.	Insgesamt	Akad- Ant.
BRD insgesamt	19.658	15,8	326.840	2,6	326.498	3,3
West BL*	12.223	18,5	242.563	2,9	254.786	3,8
Östl. BL*	3.131	4,9	59.014	1,2	62.145	1,4

* *die Konfrontation mit Folgen des gesellschaftlichen Wandels:* Zu einem würdevollen Aufwachsen gehört auch würdevolles Erziehen. Dazu gehören sichere Arbeitsplätze, faire Arbeitsverträge, angemessene Arbeitsbedingungen u. a. m. Die Arbeitsbedingungen werden nicht besser, sondern eher schlechter. Dies wirkt sich zwangsläufig auf die Lern- und Entwicklungsbedingungen der Kinder aus. Zudem wird der Kita-Alltag durch die zunehmende Kinderarmut – nicht nur in

sozialen Brennpunkten – immer mehr beeinflusst. Die Lage ist teilweise derart angespannt, dass Einrichtungen in sozialen Brennpunkten (und in Wohlstandsvierteln) doppelte Portionen Essen kochen, weil viele Kinder hungrig – teilweise ausgehungert – in die Kita kommen.

- *die fehlenden Mobilitätschancen:* In Deutschland ausgebildete Erzieherinnen und Erzieher haben kaum eine reelle Chance auf eine Anstellung in Vorschuleinrichtungen anderer Länder, weil nahezu alle EU-Mitgliedsstaaten von Fachkräften mit Gruppenleitungsfunktion im Elementarbereich eine Hochschulausbildung fordern. In Deutschland ohne Hochschulabschluss ausgebildete Erzieherinnen und Erzieher sind in Europa kaum vermittelbar. Selbst bei uns können Frühpädagoginnen und -pädagogen bestenfalls innerhalb ihres beruflichen Tätigkeitsbereichs wechseln, nicht aber in die Grundschule übergehen. Die beruflichen Aufstiegschancen für Erzieherinnen und Erzieher sind mehr als begrenzt.
- *die fehlenden Qualifizierungs- und Berufsperspektiven der Männer:* Angesichts solcher Ausgangsvoraussetzungen liegt der Anteil der männlichen Erzieher in Deutschland bei durchschnittlich ca. vier Prozent.
- *die geringe Bezahlung verbunden mit einem schlechten Image:* Lehrerinnen und Lehrer beispielsweise, die im Grundschulbereich ähnliche Anforderungen erfüllen müssen wie Erzieherinnen und Erzieher, beziehen nicht nur ein höheres Gehalt, sondern profitieren aufgrund ihres Beamtenstatus auch von geringeren Sozialversicherungsbeiträgen. Das niedrige Einkommen ist mit ein Grund für das schlechte Sozialimage des Erzieherinnen- und Erzieherberufs, dem nach wie vor das Bild der „Kindergartentante" anhaftet.

Beispiel: Finanzierung

Auch hinsichtlich der Finanzierung des Elementarbereichs reiht sich Deutschland im internationalen Vergleich weit hinten ein. Es gibt nur 0,4 Prozent seines Bruttoinlandsprodukts für die frühkindliche Erziehung, Bildung und Betreuung aus. Der OECD-Durchschnitt liegt bei 0,6 Prozent.

Im Gegensatz zu den meisten europäischen Ländern hat der Bund keine direkte Funktion bei der Grundfinanzierung frühkindlicher Betreuungseinrichtungen. Die laufenden Kosten dieser Einrichtungen werden von den Bundesländern, Kommunen, Trägern und Eltern finanziert. Gemeinden, die auch Trägerfunktion innehaben, müssen bei der Finanzierung den Trägeranteil mit übernehmen. Im Durchschnitt übernehmen Länder und Gemeinden 75 bis 80 Prozent der laufenden Kosten, die Eltern ca. 14 Prozent und den Rest die freien Träger.

Das Hauptproblem des Finanzierungssystems liegt darin, dass die Kommunen als öffentliche Jugendhilfe- und Aufwandsträger in ihren finanziellen Möglichkeiten angesichts der Größe der Aufgaben und der bereits angesprochenen angespannten Finanzlage völlig überfordert sind. Die Folgen muss man sich vor Augen führen: die Bildungschancen unserer Kleinsten, d. h. die Zukunft des Wissens- und Wirtschaftsstandorts Deutschland, sind abhängig vom Willen der Träger und von der Finanzkraft der Kommunen bzw. der Entscheidung von Bürgermeistern und Lokalpolitikern!

Eine weitere Schwachstelle stellt das Ungleichgewicht bei der Lastenverteilung dar. Bei den privaten Bildungsausgaben – getragen überwiegend von Haushalten, Organisationen und Trägern – weist der Elementarbereich mit 38 Prozent gegenüber 62 Prozent öffentlicher Ausgaben den höchsten Anteil auf. Im Primar- und Sekundarbereich lag die Relation bei 19 zu 81 Prozent und im Tertiärbereich bei 9 zu 91 Prozent. Den Vergleich mit anderen Ländern zeigt uns die folgende Grafik:

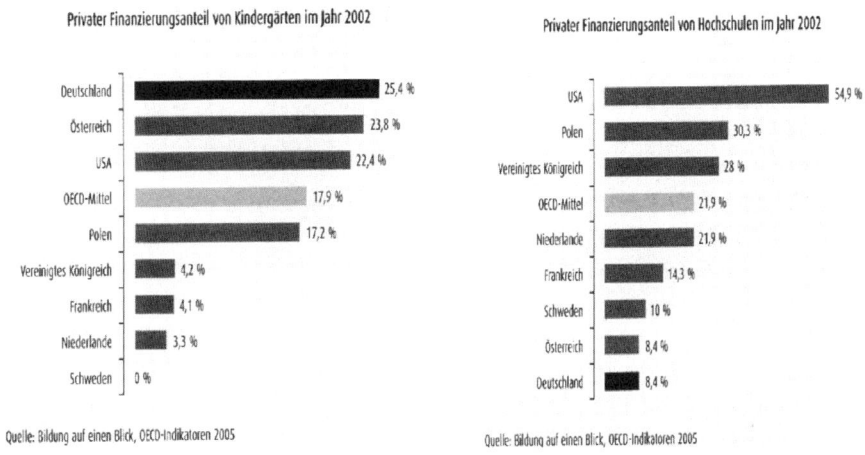

Beispiel: Angebotsstruktur und Versorgungslage

Auch in der Angebotsstruktur und der Versorgungslage mit frühkindlichen Betreuungseinrichtungen ist es hierzulande nicht zum Besten bestellt. Auch wenn auf den ersten Blick die Vielfalt der öffentlichen Einrichtungen der Kindertagesbetreuung beachtlich erscheint, offenbaren sich bei genauerer Betrachtung teilweise erschreckende Defizite – historisch bedingt mit großen Unterschieden zwischen Ost- und Westdeutschland.

In Westdeutschland gab es Ende 2002 insgesamt ca. 36 700 Einrichtungen, die Platz-Kind-Relation, d. h. die Zahl der vorhandenen Plätze bezogen auf die Zahl der Kinder im entsprechenden Alter, betrug für Kindergartenkinder in Westdeutschland 88 Prozent, davon etwa ein Viertel mit Ganztagsbetreuung. In Ostdeutschland bestanden Ende 2002 insgesamt ca. 8540 Kindertageseinrichtungen, zu 98 Prozent mit Ganztagsbetreuung. Die Platz-Kind-Relation lag für Kindergartenkinder bei 105 Prozent.

Die Krippen-Kind-Relation betrug in Westdeutschland 2002 nur kümmerliche 2,7 Prozent, im Osten waren es 37 Prozent, allerdings mit stark abnehmender Tendenz. Auch im Hortbereich lag Ende 2002 die Platz-Kind-Relation im Osten mit 41 Prozent deutlich über dem Westniveau von nur fünf Prozent. Insbesondere im Krippen- und Hortbereich liegt Westdeutschland im europäischen Vergleich weit abgeschlagen zurück.

Beispiel: Strukturelle Rahmenbedingungen

Auch in Bezug auf die strukturellen Rahmenbedingungen in Kindertageseinrichtungen kann sich Deutschland im internationalen Vergleich hinten anreihen, beispielsweise mit einem Betreuungsschlüssel von mehr als 24 Kindern auf eine Erzieherin bzw. einen Erzieher. Wir müssen unser Augenmerk verstärkt auf die Qualität richten. Aufgrund der Umsetzung des Rechtsanspruchs auf einen Kindergartenplatz lag das Hauptaugenmerk bislang schwerpunktmäßig auf dem quantitativen Ausbau von Betreuungsplätzen – oft zu Lasten der Qualität.

Alter der Kinder	Verhältnis Erzieherin : Kinder
0 bis 24 Monate	1 : 3
24 bis 36 Monate	1 : 3 bis 5
36 bis 48 Monate	1 : 5 bis 8
48 bis 60 Monate	1 : 6 bis 8

Quelle: (In: Kinder in Europa. November 2004, S. 14)

Von den EU-Empfehlungen für den Betreuungsschlüssel ist Deutschland in jeder Altersgruppe meilenweit entfernt. Dabei ist erwiesen, dass eine höhere Anzahl von Betreuungspersonen in Kleinkindergruppen positive soziale Interaktionen ebenso fördert wie ein besseres emotionales Klima, eine sichere Bindung zur Betreuungsperson, höhere soziale Kompetenz, Differenziertheit im sozialen Spiel, kooperatives Verhalten und höhere Leistungsfähigkeit. Ähnlich verhält es sich bei strukturellen Kriterien wie Gruppengröße, Stabilität der Betreuung, Gesundheit und Sicherheit, Raumgestaltung oder Strukturierung des Betreuungsbedarfs. Zur Qualität und zum Niveau der Fachkräfte wäre nichts mehr hinzuzufügen.

Beispiel: Elterliche Erziehungskompetenz

Den Defizitkatalog schließe ich mit den zunehmend steigenden Ansprüchen an die Beratung und Betreuung der Eltern ab, denen die Tageseinrichtungen bzw. die pädagogischen Fachkräfte unter gegenwärtigen Bedingungen nur partiell gerecht werden können.

Die Anforderungen an Eltern steigen angesichts zunehmender gesellschaftlicher Herausforderungen und wegen sich ändernden Situationen der Familien. Neben der klassischen Vater-Mutter-Kind-Familie entwickeln sich zusehends andere Familienformen, von denen Ein-Eltern-Familien, Patchwork-Familien oder Stiefeltern-Familien zu den häufigsten gehören. Die gesellschaftlichen Veränderungen bleiben nicht ohne Folgen für das Leben von Familien und bringen einen steigenden Beratungsbedarf der Eltern nicht nur in Erziehungsfragen, sondern auch Beratung im familiären Kontext. Und auch hier sind den Möglichkeiten der pädagogischen Fachkräfte, Eltern im Sinne einer Erziehungs- und Bildungspartnerschaft zu unterstützen und zu beraten, enge Grenzen gesetzt. Der Grund hierfür ist, dass es ihnen an der dafür erforderlichen Kompetenz fehlt.

Beispiel: Umsetzung der Bildungspläne

Positiv zu vermerken ist, dass mittlerweile alle Bundesländer Bildungspläne entwickelt und vorgelegt haben. Gleichwohl bleibt festzustellen, dass der Boden für die Implementierung dieser Pläne noch längst nicht bereitet ist. Lassen Sie mich die wichtigsten Gründe dafür anführen:

• es beginnt schon bei der Entwicklung der Bildungspläne: Sie ist unserem föderalen System entsprechend asynchron und unkoordiniert verlaufen, nach Maßgabe jeweils unterschiedlicher Rahmenbedingungen;

• es fehlt ein länderübergreifender Bundes-Rahmenbildungsplan, der wie zum Beispiel in Norwegen, Schweden oder Australien verbindliche Rahmenvorgaben für die Bildungspläne der Länder vorgibt. Ein solcher Rahmenbildungsplan wäre gleichzeitig als ein Steuerungsmechanismus geeignet, weil er eine geeignete Grundlage für die Evaluation des Systems der Tageseinrichtungen für Kinder in Deutschland bietet, die ebenfalls – wenn überhaupt – unkoordiniert und asynchron verläuft;

• es fehlt eine unabhängige Kontrollinstanz, die bundesweit die Kriterien für Qualitätsstandards für die Umsetzung von Bildungsplänen vorgibt und diese auch kontrolliert;

• ebenso fehlen – mit Ausnahme von Hessen – auf Landesebene institutionsübergreifende Bildungspläne, die nicht allein auf Tageseinrichtungen für Kinder, sondern auf den Übergang vom Kindergarten zur Grundschule, d. h. die Altersgruppe von null bis zehn Jahren angelegt sind.

Bezeichnend für die Bedeutung, die der frühkindlichen Bildung im politischen Alltag beigemessen wird, ist die Tatsache, dass in manchen zuständigen Landesministerien im Mittelbau angesiedelte Entscheidungsträger keine Kenntnis über die vom eigenen Ministerium in Auftrag gegebene Entwicklung von Bildungsplänen für den Elementarbereich haben.

Ein weiteres systemimmanentes Defizit ist, dass die Umsetzung der Bildungspläne letztlich vom Willen der Träger abhängt.

Ich denke, dass diese exemplarisch skizzierten Problemfelder die Tragweite des Reformbedarfs in der frühkindlichen Erziehung, Bildung und Betreuung deutlich vor Augen führen. Es ist bereits fünf nach zwölf, was den Zustand des Elementarbereichs hierzulande anbelangt. Aber es ist noch nicht zu spät, um dagegen zu steuern. Das setzt aber politisches Umdenken und den ernsthaften Willen voraus, mit Blick auf das Wohl des Kindes entscheidende Reformen umzusetzen. Lippenbekenntnisse helfen da nicht weiter.

Voraussetzungen für neue Perspektiven

Was also ist zu tun? Ich meine, es ist höchste Zeit, dass die Politik den Ernst der Lage erkennt und dem Elementarbereich höchste Priorität zubilligt, diesen auf ihre Agenda setzt und erste Reformmaßnahmen einleitet.

„Zehn-Jahres-Marshallplan"

Natürlich kann man die Versäumnisse von Jahrzehnten nicht mit einem Kraftakt lösen. Deshalb plädiere ich für ein partei- und trägerübergreifendes Bündnis für Kinder, das sich zur Entwicklung und Umsetzung eines Zehn-Jahres-Marshallplans verpflichtet mit dem Ziel, die in allen Bereichen erforderlichen Maßnahmen zur Reformierung des frühkindlichen Erziehungs-, Bildungs- und Betreuungssystems schrittweise und zielgerichtet nach einem verbindlichen Zeitplan zu realisieren. Dass dies geht, stellt gegenwärtig Neuseeland unter Beweis. Der erste Marshall-Plan vor 60 Jahren diente dem Aufbau Deutschlands, der neue soll die Weichen für die Zukunft Deutschlands stellen.

„Runder Tisch"

Damit es nicht bei wohlmeinenden Bekundungen und Absichtserklärungen, bei Beschlüssen auf gut organisierten Fachtagungen und bei Unmengen geduldigen Papiers voll mit Konzepten bleibt, die dann doch in der Ablage verstauben, weil sie dem Rotstift zum Opfer fielen, muss flankierend zu diesem Marshall-Plan ein „Runder Tisch" einberufen werden, an dem Vertreter von Bund, Ländern, Gemeinden und Trägern eine ganzheitliche Konzeption für das System der frühkindlichen Erziehung, Bildung und Betreuung entwickeln und regelmäßig über den Stand der Entwicklung Rechenschaft ablegen. Dieser „Runde Tisch" muss einen verbindlichen, verpflichtenden Charakter haben, sozusagen als Überwachungsinstanz über die Einhaltung der im Rahmen des Marshall-Plans getroffenen Vereinbarungen dienen.
Ich habe an unzähligen Fachkongressen und -tagungen teilgenommen, die Lösungsmöglichkeiten für alle denkbaren Problemfelder im Elementarbereich vorstellten, ich habe eine Unmenge an Konzepten und Modellen kennen gelernt, die beschreiben, was man alles besser machen kann, ebenso habe ich tonnenweise Papier gelesen, in dem geschrieben stand, was alles getan werden müsse, um Besserung zu erzielen. Das Problem – und das erlebe ich tagtäglich – ist, dass an der Basis, dort wo frühkindliche Erziehung, Bildung und Betreuung passiert – nämlich in den Kindertageseinrichtungen – nichts von alledem durchdringt, nicht einmal ansatzweise. Im Gegenteil: hier fehlt es an Geld, dort wird wieder eine Stelle gestrichen, auf die übrig Gebliebenen kommt mehr Arbeit zu. Das muss anders werden.
Deshalb müssen sich an diesem „Runden Tisch" einmal jährlich die oben genannten Entscheidungsträger zum Rapport versammeln. Hier müssen sie Farbe bekennen. Hier müssen sie Rechenschaft darüber ablegen, ob die getroffenen Zielvereinbarungen erreicht worden sind und falls nicht, die Gründe nennen. Wie in einem gut geführten Unternehmen wird erörtert: Was lief gut, was lief schlecht? Was hat sich bewährt, wo muss nachgebessert werden? Offen, ehrlich, das Kind im Blick. In jedem QM-Handbuch für Anfänger ist das Prinzip des kontinuierlichen Verbesserungsprozesses ausführlich beschrieben. Es wird Zeit, dass es dort, wo es erforderlich ist, auch Anwendung findet.
Was spricht dagegen, dass der „Runde Tisch" sich jedes Jahr zum Weltkindertag versammelt. Es ist ein idealer Anlass, den Blick auf das Kind zu richten und die Ergebnisse bei der aus diesem Anlass stattfindenden Fachtagung den Teilnehmern und

der Öffentlichkeit vorzustellen – und selbstverständlich auch die Zielvereinbarungen für die nächste Periode. Diese Zielvorgaben müssen dann selbstverständlich über die Landesverbände bis in die Kreis- und Kommunalebene hinuntergebrochen werden, damit sie zur Umsetzung kommen.

„Deutscher Weg"

Eines scheint mir besonders wichtig: Wir müssen unseren eigenen, einen „Deutschen Weg" beschreiten, weil unser System genug Stärken aufweist, um eigene, auf die Bedürfnisse des Landes zugeschnittene Lösungen zu finden. Gleichwohl gilt es aber auch die Vorteile anderer Ländern mit zu adaptieren. Zu den Stärken, auf denen sich aufbauen lässt, gehören u. a.:

• ein integrierter pädagogischer Ansatz, in dem die Trias von Erziehung, Bildung und Betreuung fest verankert ist
• die sozialpädagogische Tradition des Erzieherinnen- und Erzieherberufs
• der gemeinnützige Status des Systems
• der Trend zu einem gemeinsamen Qualitätsverständnis und dessen Umsetzung
• die Ergebnisse der neuen Bundesländer hinsichtlich hoher Zugangszahlen und Qualitätsstandards

Damit wäre eine übergeordnete, verpflichtende und politisch gewollte Struktur für die Umsetzung der größten Bildungsreform im Elementarbereich, die Deutschland erlebt hat, geschaffen. Nun will ich die wichtigsten Einzelmaßnahmen benennen, die im Rahmen dieses Marshallplans umgesetzt werden müssen, um ihn mit Leben zu füllen.

Reformmaßnahmen

Was also ist zu tun? Meines Erachtens verspricht folgendes schrittweises Vorgehen Aussicht auf Erfolg:

Die politischen Rahmenbedingungen reformieren

Um den gordischen Knoten des politischen Zuständigkeitswirrwarrs und des Träger-labyrinths zu sprengen, ist zu klären, wo die Zuständigkeiten für das Aufwachsen von Kindern und Jugendlichen in den Regierungen gebündelt sein sollen. Eine länder-übergreifende Verständigung ist erforderlich. Auf lokaler Trägerebene ist ein Abbau von zu starren Regelungen möglich, der auch das Verhältnis zu den Eltern durch Ab-schluss von Bildungs- und Erziehungsverträgen rechtlich neu konzipiert.

Grundsätzlich sollte frühkindliche Erziehung und Bildung Bundes- und Bildungsan-gelegenheit sein – dies vor dem Hintergrund eines Rechts auf Erziehung und Bil-dung aller Kinder ohne Ansehen ihrer sozialen Herkunft oder des ökonomischen Status der Familien.

Eine der wichtigsten Voraussetzungen für nachhaltige Veränderungsmaßnahmen – insbesondere auch in Richtung institutionsübergreifender Bildung und Betreuung von Kindern von null bis zehn Jahren – ist die gemeinsame Fach- und Dienstaufsicht für Kindertageseinrichtungen und Schulen in einer Behörde. Die ministerielle Zu-ordnung sollte auf Bundes- und Ländrebene für beide Bereiche einheitlich bei den Bildungsministerien liegen.

Die „erfolgskritischen Rahmenbedingungen" sind eine unabdingbare Voraussetzung, die nicht mit nationalstaatlicher oder länderspezifischer Zuordnung des Anliegens zu tun haben, sondern im einen wie im anderen Fall heute grundlegd geschaffen werden müssten. Abgesehen davon hat sich die Länderhoheit in Sachen Bildung (in Bezug auf welchen Sektor auch immer) weder bewährt noch als zukunftsträchtig erwiesen, weil Bildung als weitgehend einziges kultushoheitliches Moment stets zum politischen Zankapfel und parteipolitischen Schlagabtausch missbraucht wird.

In die Professionalisierung der Fachkräfte investieren

Eines steht fest: Ohne eine grundlegende Reform der Qualifikation der pädagogischen Fachkräfte wird die Umsetzung von Bildungsplänen scheitern.

In Anlehnung an die meisten EU-Länder muss in der mittelfristigen Perspektive das Niveau der Erzieherausbildung auf Fachhochschul- bzw. Universitätsniveau mit einem modernen, auf eine Erzieherbiographie ausgerichtetes Gesamtkonzept der Professionalisierung angehoben werden. Analog zum Bundes-Rahmenbildungsplan als Orientierungshilfe für die Bildungspläne der Länder plädiere ich auch bei der Qualifikation von Erzieherinnen und Erziehern für ein bundesweit geltendes, institutionsübergreifendes Rahmen-Ausbildungscurriculum für ein Masterstudium für Früh- und Schulpädagogen. Das gliedert sich in ein dreijähriges Basisstudium mit anschließender zweijähriger Spezialisierung für den Elementar- oder Schulbereich.

Das Curriculum sollte modular aufgebaut sein und bei Belegung der entsprechenden Kurse eine bessere Durchlässigkeit in den anderen Bereich ermöglichen. Kita und Schule müssen als eine Einheit betrachtet werden.

Um Fachkräften in der Praxis eine akademische Nachqualifizierung zu eröffnen, sind vorerst primär für Leitungen berufsbegleitende, flächendeckende Weiterbildungsprogramme auf Universitätsebene aufzulegen, wie sie bereits in Bremen angeboten werden. Als Fernziel würde ich gerne für Leitungen den Promotionsabschluss sehen.

Eines scheint mir wichtig zu betonen: Es kommt bei der Ausbildung nicht nur auf fachliche Kompetenzen an, sondern zunehmend auch auf die Erziehungsverantwortung der Erwachsenen, ihre Haltung und Wertschätzung gegenüber dem Kind sowie auf die Fähigkeit, übergeordnete Zusammenhänge bei den Bildungsverläufen von Kindern zu kennen und zu gestalten. Der hessische Bildungsplan thematisiert als einziger das Verhältnis der Anerkennung zwischen Erwachsenen- und Kindinteressen bei der Organisation von Bildungs- und Erziehungsarbeit im deutschen Bildungssystem.

Demnach soll Erziehungsarbeit bei Kindern im Alter von null bis zehn Jahren
• Basiskompetenzen und Ressourcen des Kindes stärken und
• mit individuellen Unterschieden und der sozio-kulturellen Vielfalt der Kinder umgehen,
um Kindern Schlüsselqualifikationen im Sinne von Fähigkeiten, Fertigkeiten, Haltungen und Persönlichkeitscharakteristika zu vermitteln, die sie zur zukünftigen Lebensbewältigung benötigen. Zu den Erziehungszielen gehören demnach auch in-

dividuumsbezogene, soziale und lernmethodische Kompetenzen sowie der kompetente Umgang mit Brüchen. Es geht also auch um die Vermittlung von Fähigkeiten, die sich auf soziale Handlungskontexte beziehen. Diesem Kompetenzmix entsprechend nehmen pädagogische Fachkräfte ihre Rolle als Architekten und Moderatoren von Bildungsaspekten wahr.

1. Schritt: Start der nationalen Weiterbildungsinitiative

Zunächst bedarf es einer nationalen Weiterbildungsinitiative mit dem Ziel einer flächendeckenden, berufsbegleitenden Weiterbildung der pädagogischen Fachkräfte auf Hochschulniveau.

Qualifizierung der Erzieherinnen und Erzieher

Dem Beispiel Südtirols folgend sollten Erzieherinnen und Erzieher mit Schulpädagoginnen und -pädagogen ein gemeinsames dreijähriges Grundstudium absolvieren und sich in den letzten beiden Studienjahren auf den Elementarbereich spezialisieren – mit Abschluss Bachelor. Verpflichtender Bestandteil dieses Studiums sollte ein Praktikum im Ausland sein. Mittelfristig sollte ihr Studium wie das der Schulpädagoginnen und -pädagogen mit Master abschließen.
Ein entsprechendes Weiterbildungscurriculum haben die Universität Bremen und der Bremische Landesverband Evangelischer Tageseinrichtungen entwickelt und bieten es bereits an.

Qualifizierung der Leitungs- und Führungskräfte sowie Fachberatungen

Für Kita-Leitungen sollte berufsbegleitend eine Weiterbildung auf Hochschulniveau mit Master-Abschluss angeboten werden. Der erste Teil des Studiums beinhaltet allgemeine Fächer zur Frühpädagogik und Schule, der zweite Teil bezieht sich auf spezielle Leitungsaufgaben in Kindertageseinrichtungen. Mittelfristig sollte diese Hochschulausbildung obligatorisch und Voraussetzung für die Übernahme von Leitungsfunktionen im Elementarbereich sein. Beispielhaft für diesen Studiengang sei das Curriculum der Fachhochschule Remagen genannt; für die verbindliche Weiterbildung von Gruppenleitungen sowie von zuständigen Entscheidern bei den Trägern das Curriculum der Universität Bremen.

Qualifizierung von Erzieherinnen und Erziehern für Kinder unter drei Jahren

Die Qualifizierung von nicht institutioneller Kinderbetreuung (vor allem Tagesmütter) ist dahingehend zu verbessern, dass neben der Betreuung auch der Bildungsauftrag qualifiziert erfüllt werden kann. Diese Auffassung teilt auch die Mehrzahl der befragten Expertinnen und Experten. Ihrer Meinung nach kann „kontinuierliche Weiterbildung" dazu beitragen, den Bildungsauftrag qualifiziert zu erfüllen. Die Teilnahme an „Aus- und Weiterbildungsmaßnahmen sollte wie in Frankreich auch mit Zertifikaten" bestätigt werden. Darüber hinaus schlagen wie vor, „öffentliche Zuschüsse für Tagespflege an die Teilnahme an Fortbildungsmaßnahmen und fachlicher Begleitung zu binden".

Neben der berufsbegleitenden Weiterqualifizierung sollten neue Studienmethoden wie
• E-Learning oder eine
• Verbindung von E-Learning und Präsenzzeiten, aber auch
• Fernstudiengänge
verstärkt angeboten und genutzt werden.

2. Schritt: Entwicklung und Einführung eines Bundes-Kerncurriculums

Analog zu den Bildungsplänen für die frühkindliche Bildung der Länder sind die Ausbildungsbedingungen und -curricula für Erzieherinnen und Erzieher je nach Bundesland verschieden. Sie sind uneinheitlich, unverbindlich, unkoordiniert und nicht aufeinander abgestimmt. Deshalb benötigt die Ausbildung der pädagogischen Fachkräfte einen einheitlichen, bundesweit geltenden verbindlichen Orientierungsrahmen: ein institutionenübergreifendes Bundes-Kerncurriculum für die Altersgruppe von null bis zwölf Jahren, innerhalb dessen die Länder ihre Ausbildungscurricula ausgestalten können. Neben der Entwicklung dieses Kerncurriculums muss aber auch gewährleistet sein, dass die darin festgeschriebenen Inhalte, Kompetenzen und Methoden adäquat vermittelt werden. Die dafür erforderlichen Maßnahmen sind im Folgenden beschrieben.

3. Schritt: Qualifizierung von Ausbilderinnen und Ausbildern

Voraussetzung für eine flächendeckende Weiterqualifikation der pädagogischen Fachkräfte, (Gruppen-)Leitungen, Fachberatungen sowie *Fortbilderinnen* und *Fortbilder* ist, dass die *Ausbilder* und *Ausbilderinnen*, d. h. die Lehrkräfte an den Fachschulen ein Studium mit *Master-Abschluss* an einer Fachhochschule bzw. Universität absolvieren, das auch im Ausland anerkannt wird. Dieses Studium sollte zunächst berufsbegleitend angelegt, mittel- und langfristig aber obligatorische Zugangsvoraussetzung für den Lehrberuf auf Hochschulniveau sein.

Dabei ist auf eine bessere Verbindung von Forschung und Praxis in der Hochschulausbildung durch stärkere Verzahnung des Personals zu achten: Es müssen auch Praktiker unterrichten, umgekehrt aber auch Wissenschaftler in die Praxis gehen, zum Beispiel zu Forschungszwecken.

Erzieherinnen und Erzieher müssen im Verlaufe des Studiums Forschungsaufträge erhalten bzw. an diesen mitwirken, um Forschungstechniken kennenzulernen, Forschungsbefunde aufzubereiten und wissenschaftliche Texte zu erstellen. Diese Fähigkeiten können sie später in ihrem Beruf mit einbringen.

4. Schritt: Qualifizierung der pädagogischen Fachkräfte

Nach Einführung der obligatorischen Hochschulausbildung absolvieren Erzieherinnen und Erzieher mit Schulpädagoginnen und -pädagogen das gemeinsame dreijährige Grundstudium und spezialisieren sich in den letzten beiden Studienjahren auf den Elementarbereich. Bei diesem Studium ist ein Auslandspraktikum verpflichtender Bestandteil sein. Schweden zeigt, dass es auch noch konsequenter geht: Es praktiziert eine radikalere und konsequentere Ausbildung in Form eines gemeinsamen Studiums für die Bildung von Kindern von null bis 18 Jahren.

Zusätzlich: Flankierende Maßnahmen

Erweiterung der beruflichen Voraussetzungen für Frühpädagoginnen und -pädagogen.

Mittel- und langfristig sollten die der Eingangsvoraussetzungen für den Erzieherinnen- und Erzieherberuf um folgende Kriterien erweitert werden:

- Abitur
- erforderliche Persönlichkeitsmerkmale und Haltungen, die vor Aufnahme der Ausbildung in einem Aufnahmegespräch in der Hochschule geprüft werden und
- die Beherrschung mindestens eines Musikinstruments zur Förderung der musisch-kreativen Entwicklung der Kinder

Schaffung einer Funktionsstelle für Bildungsmanagement

Bereits kurzfristig sollte in jeder Einrichtung eine Funktionsstelle für Bildungsmanagement zur Steuerung und Überwachung der Implementierung und Umsetzung der Bildungspläne geschaffen werden. Diese Funktion könnte anfangs eine Fachberatung ausüben, mittelfristig sollte diese Aufgabe ein Hochschulstudium mit Master-Abschluss voraussetzen.

Die Funktionsstelleninhaberinnen und -inhaber sollten forschungsgestützte Interventionsmethoden für die Implementierung von Bildungsplänen beherrschen.

Anleitung durch Mentorinnen und Mentoren

Nach Abschluss der Hochschulausbildung werden die berufsunerfahrenen Erzieherinnen und Erzieher in der Anfangsphase nach südtiroler Vorbild von Praxismentorinnen und -mentoren angeleitet, begleitet und betreut. Eine entsprechende Anleiterqualifikation bietet beispielsweise die Universität Bremen an.

Anzustreben ist, dass in jeder Einrichtung eine Person mit diesem Qualifikationsnachweis Studentinnen und Studenten, Berufsanfängerinnen und -anfängern, Praktikantinnen und Praktikanten oder Teilnehmerinnen und Teilnehmer von Weiterbildungsmaßnahmen fachlich betreut und in die Umsetzung des erworbenen Wissens begleitet. Auf diese Weise wird die Praxis in der Ausbildung stärker betont.

Verpflichtung zur beruflichen Weiterbildung

Nach Abschluss ihrer Ausbildung sollten alle Berufsgruppen (Erzieherinnen und Erzieher, Leitungen, Fachberatungen) im Elementarbereich zur beruflichen Weiterbildung mit folgenden Voraussetzungen verpflichtet werden:

- generelle Fortbildungsverpflichtung für mindestens fünf Tage im Jahr
- mit Nachweis der Teilnahme an infrage kommenden Weiterqualifizierungsmaßnahmen (beispielsweise anhand eines Punktekontos)
- Entwicklung entsprechender berufsgruppenspezifischer Weiterbildungsangebote mit der jeweiligen Gewichtung der Teilnahme für den Weiterbildungsnachweis
- Verpflichtung der Träger zur Freistellung der pädagogischen Fachkräfte für die Fortbildungsmaßnahmen und zur Übernahme der Weiterbildungskosten

Die pädagogische Qualität steigern

Strukturelle Qualitätsaspekte wie Gruppengröße, Betreuungsschlüssel und Qualifikationen der Fachkräfte sind bedeutsam. Wir brauchen dringend kleinere Gruppen. Ebenso wichtig für die Lern- und Entwicklungschancen der Kinder ist die Qualität der sozialen Beziehungen und Prozesse, die zwischen Fachkräften und Kindern und jeweils untereinander bestehen. Hier müssen die im Rahmen der ,Nationalen Qualitätsinitiative' entwickelten Verfahren zur Selbst- und Fremdevaluation weiter erprobt werden.

Kinder mit besonderem Betreuungsbedarf früh integrieren

Für Kinder mit besonderen Bedürfnissen müssen spezifische Förderangebote bereit gehalten werden. Gute Ergebnisse zeigen sich in integrativen Einrichtungen, die Kinder mit Behinderungen und Entwicklungsrisiken aufnehmen und die durch regelmäßige Diagnostik und Präventionsarbeit sowie Einzelförderung und Kleingruppenarbeit fachlich unterstützt werden. Bei Migrantenkindern muss die Sprachförderung die Entwicklung systematisch und unter Einbezug der Eltern von Anfang an begleiten.

Bildungs- und Erziehungspartnerschaft realisieren

Eltern tragen für die Erziehung ihrer Kinder die vorrangige Verantwortung. Tageseinrichtungen erfüllen einen von den Eltern übertragenen Bildungs- und Erziehungsauftrag. Bildungs- und Erziehungspartnerschaft von Eltern und Fachkräften sollen zu neuen weitergehenden Formen der Mitbestimmung der Eltern und zu mehr aktiver Mitarbeit beitragen. Die Tageseinrichtungen sollten wesentlich stärker als Orte für Angebote der Elternbildung genutzt werden.

Einrichtungen eltern- und kinderfreundlich organisieren

Krippe, Kindergarten und Hort in ihrer bisherigen Form sind noch Einrichtungen des 20. Jahrhunderts. Für das 21. Jahrhundert werden neue Formen benötigt, in denen vielfältige Angebote für Kinder, Angebote für Eltern sowie Beratungs- und Qualifizierungsangebote für Fachkräfte unter einem Dach miteinander verbunden sind. Es geht darum, den Bildungsverlauf insgesamt in den Blick zu nehmen. Ein Vorbild können die Early Excellence Centres aus England mit ihrer übergreifenden Förderungskonzeption und ihren festen Kooperationsbeziehungen sein. Die Entwicklung von Bewältigungsstrategien für Übergänge im kindlichen Bildungsverlauf (z. B. vom Kindergarten in die Schule) kann positive Effekte haben.

Knappe Mittel optimal einsetzen

Generell ist nach Lösungen zu suchen, die zu effizienterem Mitteleinsatz und zur Budgetanhebung führen. Im internationalen Vergleich und im nationalen Bildungsstufenvergleich sind in Deutschland der Elementar- und Primarbereich deutlich unterfinanziert. Der hohe Stellenwert der frühkindlichen Förderung und der hohe volkswirtschaftliche Nutzen erfordern es, innerhalb der öffentlichen Haushalte umzuverteilen.

Diese Beispiele zeigen den enormen Handlungsbedarf im frühkindlichen Bereich. Es gibt viel zu tun, wenn man das Kind im Blick hat. Sollte es gelingen, diese Maßnahmen umzusetzen, wird sich auch die Frage nach den Kompetenzen für die Umsetzung von Bildungsplänen erübrigen.

Die frühkindliche Forschung reformieren

Ein wesentliches Defizit der frühkindlichen Forschung in Deutschland ist, dass ihre Erkenntnisse nicht in die Praxis des Kita-Alltags dringen. Die Resultate wissenschaftlicher Arbeit werden zwar in Fachkreisen diskutiert und in Modellprojekten erprobt, verstauben aber in den meisten Fällen anschließend in Erfahrungsberichten und Dokumentationen, von der Basis kaum beachtet, geschweige denn angenommen. Die Gründe wurden an anderer Stelle bereits beschrieben. Um die Frühpädagogik auf internationales Niveau heranzuführen, sind vor allem folgende Reformmaßnahmen in der frühkindlichen Forschung unerlässlich:

• Eine bessere Verbindung von Forschung und Praxis in der Hochschulausbildung durch eine stärkere Verzahnung des Personals: Es müssen auch Praktiker unterrichten, umgekehrt aber auch Wissenschaftler in die Praxis gehen, zum Beispiel zu Forschungszwecken.

• Umgekehrt müssen auch Erzieherinnen und Erzieher im Verlaufe des Studiums Forschungsaufträge erhalten beziehungsweise an diesen mitwirken, um Forschungstechniken kennenzulernen, Forschungsbefunde aufzubereiten und wissenschaftliche Texte zu erstellen. Diese Fähigkeiten können sie später in ihrem Beruf mit einbringen. Diese Ausbildung erleichtert mittelfristig nicht nur die Forschung an der Basis, sondern auch die Umsetzung wissenschaftlicher Erkenntnisse in den Einrichtungen, indem sie pädagogische Fachkräfte mit den erforderlichen Kompetenzen ausstattet, Forschungsergebnisse zu adaptieren und umzusetzen.

• Eine stärkere Orientierung der Forschung hin zur Praxis: Gegenstand der Forschung muss auch die Praxis sein.

• Eine höhere Gewichtung des Aspekts der Lehr- und Lernforschung durch Einbeziehung von Einrichtungen in Forschungsprojekte (mittelfristig begünstigt durch die obligatorische Hochschulausbildung für Frühpädagogen, die forschungsmethodisches Arbeiten beinhaltet).

• Eine internationale Vernetzung der Forschung.

Aufgrund des großen Forschungsdefizits – insbesondere im Bereich der Kinder unter drei Jahren – sollten die Universitäten strategische Partnerschaften beispielsweise mit

• dem Bundesforschungsministerium,

• den Forschungsministerien der Länder

• der Deutschen Forschungsgesellschaft u. a.

eingehen und gemeinsam Forschungsprojekte initiieren und umsetzen.

Um Forschung und Praxis besser miteinander zu verbinden, sollte die Hochschul-Ausbildung der Ausbilderinnen und Ausbilder, Führungskräfte (Leitungen und Fachberatungen) sowie des pädagogischen Fachpersonals flankierend folgende Aspekte mit berücksichtigen und entsprechende Kompetenzen vermitteln:

- Entwicklung eines „Forschungsblicks" bei Ausbilderinnen und Ausbildern sowie Frühpädagoginnen und -pädagogen
- Ausweitung von Elite-Universitäten, die sich bislang auf technische Fächer beziehen, auch auf den pädagogischen Bereich
- Ergänzung der Trias „Erziehung, Bildung und Betreuung" um den Aspekt der „Förderung"

Es geht darum, reflektierende Frühpädagoginnen und -pädagogen heranzubilden, die Ausbildung und Praxis miteinander verbinden können. Denn Kinder lernen nur dann mehr, wenn Frühpädagoginnen und -pädagogen sowie Leitungen mehr Wissen haben.

Die beruflichen Perspektiven von Erzieherinnen und Erzieher verbessern

Folgende Perspektiven lassen eine Reform der Qualifizierung pädagogischer Fachkräfte im Elementarbereich auf mittlere Sicht erwarten:

- Die Erzieherinnen und Erzieher verfügen über die erforderliche Methodenkompetenz für die Implementierung von Bildungsplänen.
- Das höhere Qualifizierungsniveau berechtigt Forderungen nach einer höheren Bezahlung der pädagogischen Fachkräfte, denn sie legen die Saat für die Bildungsbiografien der künftigen Generationen.
- Für Erzieherinnen und Erziehern ergeben sich sowohl eine bessere Durchlässigkeit zum Wechsel an eine Grundschule als auch bessere Möglichkeiten, ihren Beruf auch im Ausland auszuüben.
- Der Bachelor- beziehungsweise Masterabschluss bietet Frühpädagoginnen und -pädagogen bessere Aufstiegsmöglichkeiten.
- Die bessere Qualifizierung führt zu einer höheren Bezahlung, steigert das Image dieser Berufsgruppe und wird auch für männliche Fachkräfte attraktiver.

Die Forderung muss lauten: Der frühkindliche Bereich benötigt die am besten qualifizierten und bezahlten Pädagoginnen und Pädagogen, denn sie legen die Saat für die Bildungsbiografien der künftigen Generationen!

Ich hoffe, dass die Diskrepanz zwischen dem Anspruch und der Wirklichkeit bei den Bildungs- und Erziehungsstandards verdeutlicht und die wichtigsten Reformmaßnahmen aufgezeigt werden konnten, die erforderlich sind, damit die frühkindliche Bildung und Erziehung den hohen Anforderungen, denen sie sich gegenüber sieht, gerecht wird. Es gibt viel zu tun, aber es ist als gesamtgesellschaftliche Aufgabe und Herausforderung zu schaffen und dafür wünsche ich allen Akteuren viel Erfolg.

„Weil unsere Kinder unsere einzige
reale Verbindung in die Zukunft sind
und weil sie die Schwachsten sind,
gehören sie an die erste Stelle der Gesellschaft."

(Olof Palme)

Gabriele Haug-Schnabel

Babys und Kleinstkinder immer in Bewegung – unterwegs auf der Suche nach Innovation und Bestätigung

Bewegungslust pur

Der Wunsch nach Bewegung, die Freude an der Bewegung, die Lust sich zu bewegen, sind jedem Kind angeboren. Bewegen, Fühlen und Denken sind in den ersten drei Lebensjahren eine Einheit.

Sich bewegen ist das wichtigste Mittel, um Informationen über seine Umwelt, sich selbst, den eigenen Körper und dessen Fähigkeiten zu erfahren. Durch Bewegung kommt es zu ersten Interaktionen zwischen Kindern. Babys rollen oder schieben sich, rutschen oder krabbeln aufeinander zu, um miteinander in Kontakt zu kommen. Sie positionieren sich so, dass sie Blickkontakt miteinander haben, sich vielleicht sogar berühren können. Je mehr Sinne hierbei zum Einsatz kommen, desto besser können sich die Kinder gemeinsam Erlebtes merken.

Kinder jeden Alters suchen Herausforderungen und scheinen Nervenkitzel zu lieben, weil sie täglich ihre Erfolge und ihr Wachsen spüren wollen. Sie tasten sich an ihre Grenzen heran. Das ist wichtig, um eigene Fortschritte wahrnehmen zu können und dank zunehmendem Körpergefühl – auch Grenzen und Risiken.

Es ist die jedem Kind innewohnende Funktionslust, sich selbst zur Aufgabe gemachte schwierige Bewegungsabläufe unermüdlich zu wiederholen, um sie zu beherrschen und zu perfektionieren. Ein eigenmotiviertes, sich selbst auferlegtes Übungsprogramm läuft ab. Die Kinder belohnen sich für ihre Mühe selbst, indem sie ihre Anstrengung spüren und ihren Erfolg sehen. Die motivierende Belohnung liegt bereits allein in der immer fehlerfreieren Durchführung.

Zum Beispiel: Herausforderung Treppe:
• Von der ersten Stufe springen,
• dann von der zweiten Stufe springen, die dritte Stufe in den Blick nehmen, nein, „in Angriff" nehmen.
• Anfangs von der dritten auf die zweite Stufe rückwärts krabbeln, von der zweiten springen,
• dann von der dritten auf die zweite im Nachstellschritt und von der zweiten springen.
• Dann direkt von der dritten Stufe springen – immer wieder. Die vierte Stufe anpeilen.

Ein Durchgang animiert zum nächsten. Einen Fehler will man sofort ausgleichen, einen Erfolg gleich wiederholen. Kinder wollen es können. Ihren Fortschritt spüren.

Kinder arbeiten wie Wissenschaftler (und wie Nomaden)

Die Entwicklungsforschung legt immer mehr Beweise vor, dass intuitive Fähigkeiten, sog. angeborene Startbegabungen vor allem in den Bereichen Kommunikation und Bewegung zu finden sind. Das ist verständlich, denn am sozialen Netz und bei der Orientierung in der Welt muss in den ersten Jahren viel passieren. Hier sind vielfältigste Stimulationen nötig.

Kinder starten mit Arbeitshypothesen, die sie beim Spielen mehrmals und zum Abgleich auch auf unterschiedliche Weise überprüfen.

Im Spiel von Kindern auf der ganzen Welt lassen sich universelle Schemata finden. Chris Athey arbeitet und forscht darüber seit den 70er Jahren (vgl. Hebenstreit-Müller & Lepenies, 2007; Bensel & Haug-Schnabel, 2009). Hier die wichtigsten Schemata:

- gerade Linien suchen oder nachzeichnen
- etwas einwickeln, etwas in etwas stecken
- Kreise suchen oder nachzeichnen
- etwas transportieren
- etwas verbinden

Außerdem wählen Kinder, je nach ihrem momentanen Bildungsthema, Lernumgebungen aus, die möglichst viel Anregung bieten.

Hierzu eine Verhaltensbeobachtung:

Julia ist 2 Jahre und 4 Monate alt. Ihr momentanes Arbeitsthema gehört zum Schema „etwas einwickeln".

- Im Puppenbereich: Julia wickelt Puppe in Handtuch.
- Im Gruppenraum: Julia wickelt Puppe in Vorhang vom Puppentheater.
- Am Esstisch: Julia wickelt Besteck in Serviette.
- Im Atelier: Julia wickelt Pinsel in Wischtuch.
- In der Garderobe: Julia wickelt Puppe in zu kleinen Schal.
- Am Esstisch: Julia wickelt Puppe und Schal in Serviette.
- Im Atelier: Julia wickelt ihre Hand in Seidenpapier.
- In der Leseecke: Julia versucht erst eine, dann beide Hände der Erzieherin um ihre Hand zu wickeln.

Neben einer deutlichen Handlungsabsicht (Was lässt sich in was wickeln?) fallen bei dieser Beschreibung einiger Aktivitäten Julias während des Kita-Tages auch die vielen Ortswechsel auf, die oft mangels genauer Beobachtung zur Aussage verleiten, Zweijährige seien überall und nirgends.

Das ist die für „Toddler" (Ein- und Zweijährige) typische motorische Rastlosigkeit, ein beabsichtigter Ortswechsel und gezielter Objekt- und Personenwechsel, um an verschiedenen Stellen mit unterschiedlichen Objekten und wechselnden Interaktionspartnern Erfahrungsvergleiche durchführen zu können.

Kleinstkinder sind Bildungsnomaden: Schon Ein- und Zweijährige wechseln mit ihren Gedankenschäfchen immer wieder die Weide, wenn der alte Platz bereits „abgegrast" scheint, um ihnen neue Gräser und Kräuter zur Sinnesnahrung bieten zu können.

Kinder haben übrigens angeborenermaßen die Fähigkeit zur Theoriebildung, denn zu allem, was sie wahrnehmen und erfahren, stellen sie eine momentan aktuelle Theorie auf, die sie bei neuen Erfahrungen abwandeln und verwerfen, sobald bessere Erklärungsmöglichkeiten eine andere Theorie wahrscheinlicher erscheinen lassen.

War der erste Ball klein, weich, rund und bunt, so ist die erste Vorstellung von Ball „klein, weich, rund und bunt". Spielt ein Kind dann mit einem großen, weichen, runden und bunten Ball, ändert sich die Ball-Theorie: Es gibt kleine und große Bälle, aber weich, rund und bunt sind sie alle. Bekommt es den ersten Fußball an den Kopf, lernt es schmerzlich: Bälle können auch hart und einfarbig sein. Aha, es gibt kleine, große, weiche, harte, bunte und einfarbige Bälle, das einzige was sicher ist, ist: alle sind rund (vgl. Haug-Schnabel & Bensel, 2005).

Allein dieses kleine Beispiel zeigt uns, dass schon Babys und dann Kleinstkinder über hochleistungsfähige Lernmechanismen verfügen, mit deren Hilfe sie ihr Wissen spontan revidieren, umformen und umstrukturieren können. Das kann kein Computer. Kinder sind also dauernd an der Arbeit, am Lernen.

Der nahezu unstillbare Sinneshunger – Alle Antennen auf Empfang, alle Sinne hellwach

Dank ihrer langen Kindheit mit vielen Möglichkeiten von Älteren und Gleichaltrigen zu lernen und ihrem starken Bindungsbedürfnis an ihre Bezugspersonen können es sich menschliche Säuglinge leisten, mit einem relativ undifferenzierten Gehirn zu starten. Dieses ist von Anfang an bereit, aber auch darauf angewiesen, sich je nach dem Anregungsgehalt ihrer sozialen und dinglichen Umgebung zu organisieren, zu strukturieren und zu spezialisieren.

Erlebte und gelebte Bindungssicherheit macht Lust auf mehr! Emotional sicher gebundene Kinder nehmen mehr wahr, zeigen größeres Interesse und explorieren ihre Umgebung viel motivierter und mit nachhaltigerem Lernerfolg, als Kinder, deren Leben durch Beziehungsunsicherheit geprägt ist. Nur wenn das Kind seine Bezugspersonen (Eltern wie Tagesmütter oder Erzieherinnen) als zugewandt und erreichbar (verfügbar) erlebt, wenn es ihre Feinfühligkeit ihm gegenüber spürt, wenn es ihm möglich ist, allein wie auch gemeinsam zu agieren, ist die psychische Basis dafür geschaffen, dass ein Kind lernen kann. Nur wer Beziehung zulässt und gestaltet, erlebt, dass seine Anregungen und Angebote das Interesse des Kindes erregen (vgl. Haug-Schnabel & Bensel 2006).

Mit allen Sinnen lernen

Bereits im Mutterleib gibt es wenige Wochen nach der Befruchtung eindeutige Nachweise für die begonnene Aktivität der Sinnesorgane des Ungeborenen. Am Ende der siebten Schwangerschaftswoche reagiert sein Gehirn auf akustische und visuelle Reize. Etwa zur gleichen Zeit zeigen die Reaktionen des Fötus, dass er Berührungsreize empfinden kann. In der 13. Schwangerschaftswoche sind seine Geschmacksknospen ausgebildet und funktionsfähig; ab der 18. Schwangerschaftswoche reagiert das ungeborene Kind beständig auf Geräusche.

Die Vielfalt früher Säuglingskompetenzen dient zwei großen Zielen:
* mit den Hauptbezugspersonen in Kontakt zu treten und
* eine erste Orientierung in der Welt zu bekommen alles, um Sicherheit, Beruhigung und Anregung zu erfahren.

Deshalb konzentrieren sich die Sinnesorgane eines Neugeborenen auf den Frequenzbereich der menschlichen Stimme, am meisten auf die ihm bereits aus dem Mutterleib bekannte Stimme der Mutter, auf die Merkmale der Gesichter beim intensiven Blickkontakt mit seinen Hauptbezugspersonen sowie auf deren Geruch und ihre Art, es zu tragen und zu wiegen. Diese Bewegungen spürt der Säugling, seine Druck- und Temperaturrezeptoren melden ihm, ob Körperkontakt besteht. Wird das Kind am Körper oder auf dem Arm herumgetragen, verfolgt es höchst aufmerksam mit Augen, Ohren und Händen, was sich in seinem dadurch ungeheuer vergrößerten Erlebnisraum gerade abspielt. Sich einer anderen Person, einem Gegenstand oder einem Geräusch nähern, sich von ihr oder ihm wieder zu entfernen, um sich wieder anzunähern und sich dann erneut zu entfernen – jede bewusst wahrgenommene Aktion schult das Raumempfinden. Genau das passiert auch auf der Schaukel. Seinen Gleichgewichtssinn zu erproben, ist im Entwicklungsverlauf genauso wichtig, wie Seh- und Hörerlebnisse zu haben.

Was sind Sinnessensationen?

Die ersten Erlebnisse des Bewegtwerdens sind für das Kind primär beruhigende Anwesenheitssignale, gleichzeitig aber auch bereits Übungsprogramme für den Gleichgewichtssinn und das Körperbewusstsein. Immer wieder gestreichelt oder massiert zu werden, lässt das Kind mit dem eigenen Körper vertraut werden. Diese Erlebnisvielfalt vervollständigt das Körperbild, wobei es sich hierbei um Erfahrungen handelt, die weit über das Benennen der Körperteile hinausgehen. Sobald das Kind von sich aus auf Sinnesabenteuer geht, lässt es dauernd Grenzen hinter sich und erweitert seine Handlungsfähigkeit und somit sein Wissen (vgl. Haug-Schnabel, 2007).

Eine Sinnessensation: Es gefällt jedem Kind, sich zu verstecken: Ältere Säuglinge kokettieren bereits mit ihrer zunehmenden Autonomie. Sie spielen mit der Trennung, indem sie gezielt Interaktionen herbeiführen, während der sie zeitweilig verschwinden, um gleich darauf wieder aufzutauchen und die Umwelt und seine Bezugspersonen unverändert wieder vorzufinden. „Guck-guck-da-da-Spiele" auf Initiative des Kindes, bei denen kurzzeitig mit Händen oder Tüchern die Augen abgedeckt sind, sind ein Beispiel für Trennungsspiele. Deren Reiz besteht darin, dass das Kind die Kontrolle über die Situation behält und jederzeit Mutter, Vater oder Erzieherin wieder präsent haben kann. In gewünschter Dosierung kann es so mit dezenten Trennungserlebnissen spielen und diese, wenn sie ängstigend werden, eigeninitiativ wieder beenden. Der entscheidende Punkt bei diesen genussvollen Trennungen ist, dass sie der kindlichen Eigenkontrolle unterliegen: Ich ziehe mich zurück, ich verschwinde, ich höre die anderen noch, ich kann sie noch sehen, sie sehen mich nicht. Wer sucht mich, wer findet mich? Ich tauche wieder auf. Ein herrliches Beispiel für Innovation und Bestätigung, Neues und Bekanntes!

Noch eine Sinnessensation: Es ist faszinierend, den Durchblick zu haben: Spiegel, Fenstertüren und vor allem Durchblicke – von einen Raum in den anderen, von innen nach außen, von außen nach innen – erlauben nicht nur neue Einblicke, sondern auch neue Sichtweisen des Raumes, des Gebäudes, ja sogar des gesamten Geländes. Und für die Altersgruppe zwischen 18 und 24 Monaten, bei der sich bereits ein Selbstkonzept herausgebildet hat, ist damit auch ein neues Verständnis von der eigenen Anwesenheit an wechselnden Orten verbunden.

Ein Sinnesparcours für Hände, Füße, Ohren, Nasen und Zungen

Taststraßen und Barfußwege sind in vielen Einrichtungen nicht mehr wegzudenken. Zu überzeugend sind Begeisterung und Eifer der Kinder beim Erproben der unterschiedlichen Materialien und Strukturen. Wer Zweijährige beim Bearbeiten von unterschiedlichsten Stoffresten beobachtet, kann feststellen, dass die Kinder ihre Finger tastend auf jeden Stoff spazieren gehen lassen und an Wange und Hals „Berührungsproben" nehmen. Doch damit nicht genug, die Stoffreste werden auch nach Weichheit, nach Farbe oder nach Muster geordnet.

Auch Essenserlebnisse sind Sinneserfahrungen, die – ohne Zeitdruck – am Esstisch zu Gesprächen und spontanen Lernerfahrungen führen: „Erdbeere schmeckt ein bisschen nach Himbeere, aber doch anders". Durch Vergleiche wird nach ersten Ordnungskriterien, nach Kategorien zur Abgrenzung gesucht – eine fantastische Übung, um in Kooperation mit der Erzieherin Unterschiedliches, Ähnliches und Gleiches in passende Worte fassen zu können. Auch wenn sie sich dessen noch gar nicht bewusst sind, arbeiten Kinder auf diesem Wege mit der so wichtigen Regel zum Informationserwerb „Bestätigung und Innovation", um bei allem Neuen etwas, was bereits Bekanntes bestätigt, von etwas bislang Unbekanntem trennen zu können.

Für Zweijährige ist ein Zaun ein Klettergerüst

Ein aus dem Jahr 1951 vorliegendes Tagesprotokoll über die Aktivitäten eines kleinen Jungen (vgl. Barker & Wright, 1951) animierte über 30 Jahre später einen Wissenschaftler dazu, bei eigenen Beobachtungen von Kinderaktivitäten den Aufforderungscharakter von Objekten herauszuarbeiten, den Kinder erkennen und nutzen (vgl. Heft, 1988), z. B.:
• „klettere, springe auf mich!" (Geländer, Zaun, Bank)
• „balanciere auf mir!" (Mauer, Garagenfirst)
• „sitze auf mir!" (Kiste, Steinplatte, Treppe)
• „springe über mich!" (Pfosten, Zaun, Absperrung)
• „schaukel auf mir!" (Ast, Stuhl)
• „grabe mit mir!" (Stein, Stock, Scherben)
• „zerbreche, zerreiße mich!" (Ast, Papier, Blatt)
Um selbst nachvollziehen und verstehen zu können, was Zweijährigen Spannendes auf einem Spaziergang begegnen kann, das sie zum Handeln und Denken anregt, muss man den Weg einmal mit ihren Augen machen.

Kinder interessieren Unterschiede, Übergänge, Veränderungen – also von ihren Sinnesorganen gemeldete Abweichungen und Kontraste zum bisher Gesehenen, Gehörten, Gespürten und Ertasteten. Es locken Gegensatzpaare wie feucht-trocken, weich-hart, starr-elastisch, glatt-rau, hell-dunkel, sonnig-schattig, scharf-stumpf, laut-leise. Das spannend zu finden, ist eine optimale Strategie für Erfahrungszugewinn.

„Ich bin unablässig auf der Suche nach Erfahrungsbeute" – Das individuelle Lernen

Nie ist ein Mensch so offen und neugierig – und daher so lernfähig – wie in seiner frühen Kindheit. Wodurch wird die ungeheure Wissensbegierde genährt? Inwieweit wird das Kind dabei durch seine ganz eigenen, individuellen Neigungen und Interessen beeinflusst? Wer genau hinsieht und beobachtet, wird stets auf's Neue staunen!

Eigenaktiv, spontan, selbst organisiert und selbsttätig macht sich das Kind mit seinen altersgemäßen Möglichkeiten auf die Jagd, um Neues zu entdecken und für bereits Bekanntes Bestätigung zu erhalten. Einerseits hat jedes Kind seine ganz eigene Art, sich die Welt zu erschließen. Andererseits muss man wissen, dass für das Neugeborene von Natur aus eine Art Selbstbildungsprogramm startet, das vor allem durch drei angeborene Lernstrategien unterstützt wird:

1 Durch *Nachahmen* gelingt es dem Kind, etwas, das es zunächst bei anderen gesehen hat, in sein eigenes Handlungsrepertoire zu übernehmen. Florian rührt erst mit dem Löffel im Becher, genau wie die Erzieherin das macht, bevor er ihr den Löffel in den Mund schieben will. Er hat das genau beobachtet, verinnerlicht und lebt es nach.

2 Durch *Wiederholen* von Spielaktionen lernt das Kind gesetzmäßige Konsequenzen wie Ursache und Wirkung vom zufälligen Zusammentreffen zweier voneinander unabhängiger Reaktionen zu unterscheiden. Wenn Mara Holzbausteine auf den Boden fallen lässt, gibt es immer dasselbe Geräusch. Wenn dabei gleichzeitig einmal ein läutendes Telefon zu hören ist, so hat dies nichts miteinander zu tun, was sie allerdings erst durch weitere Versuchswiederholungen bestätigen muss.

3 Durch *Variieren* von Materialien erkundet das Kleinstkind spezifische Besonderheiten und Abweichungen. Es will mehr von den Dingen und über die Dinge der Welt erfahren – wie sie sich anfühlen, wie sie funktionieren etc. Iris hat sehr bald herausgefunden, dass sich ihr Schuh viel besser in ein weiches Stofftuch einpacken lässt als in Pappe.

Kinder gestalten ihre Erziehung aktiv mit

Zu erkennen, inwieweit Kinder aktiv Einfluss auf ihre Entwicklung nehmen, sie nach ihren eigenen Zielen und Wünschen formen, gehört zu den interessantesten Themen der Entwicklungsforschung: Sie nehmen nachweisbar durch ihr persönliches Verhalten aktiv Einfluss auf den Erziehungsstil ihrer Eltern und auf die Angebotsgestaltung ihrer Erzieherin. Dabei handeln sie offensichtlich nach bestimmten inneren Fragen, die ungefähr so aussehen: Was macht mich neugierig? Wer oder was ist interessant für mich? Wer bietet mir Besonderes und „bedient" meine Vorlieben am besten? Was macht Spaß?

Kindliche Selbstbildung braucht allerdings einen Rahmen, der von Erwachsenen geschaffen werden muss. Die Erzieherin muss Sicherheit gebende Bezugsperson sein, denn nur angstfrei kann ein Kind erkunden, spielen und lernen. Schon direkt nach der Eingewöhnung beobachtet das Kind – oft noch auf dem Arm der Bezugserzieherin – die anderen Kinder und Erzieherinnen. Deren Besonderheiten lernt es schnell kennen und weiß sehr rasch, was es selbst will: Zu wem gehe ich, wenn ich in den ersten Minuten nach Mamas oder Papas Abschied Beruhigung und Hilfe brauche? Wer singt mit mir, tobt mit mir, liest am schönsten vor oder versteht meine Spielideen am besten? So versichert sich ein Kleinstkind der Anwesenheit einer vertrauten Bezugsperson.

Die Erzieherin als Regisseurin einer anregungsreichen Umgebung

Meine Erzieherin beantwortet und „füttert" meine Themen, bereichert sie durch neue Angebote, weil sie mir mehr zutraut. Die Erzieherin lässt mich Neues erproben. Sie ist präsent, beobachtet, unterstützt und schützt notfalls, ohne selbst oder für mich zu handeln (vgl. Laewen & Andres, 2002).

So wenig wie möglich in kindliches Tun einzugreifen, ist ungeheuer wichtig – jedes Eingreifen durchbricht und stört die dem Kind eigene Vorgehensweise. Es geht damit die Chance verloren, dass das Kind die Lösung selbst findet und das Ergebnis als eigene Kompetenz abbuchen kann.

Wir wissen aus der Forschung sogar, dass ein Kind eigeninitiativ nach Umgebungen sucht, die seinen Neigungen, Interessen und Fähigkeiten nahe kommen, die „passen". Es scannt die Umgebung nach Gegenständen, begibt sich auf die Suche nach Orientierung im Handlungsspielraum, indem es beispielsweise provoziert und gegen Regeln verstößt, um klärende Reaktionen hervorzurufen. Die Wahl der Bezugspersonen und Aktivitäten formt die Entwicklung von Kindern nicht nur in den ersten Lebensjahren, sie hat Einfluss bis weit über die Pubertät hinaus (vgl. Haug-Schnabel & Schnabel, 2008).

Das bin ich! – Körperbewusstsein entwickelt sich, Körpergefühl entsteht

Je mehr ein Kind Besonderheiten seines Körpers wahrnimmt und diese von nun an in seine Überlegungen und Planungen mit einbezieht, desto mehr wird es sich seines Körpers bewusst und kann in ihm zu Hause sein. Die Körperbewegungen bauen sein für Aktivitäten so wichtiges Bewegungsgedächtnis auf, die dazugehörigen Sinneswahrnehmungen vermitteln ihm ein zunehmend ausgeprägtes Körpergefühl und machen handlungsfähig.

Erwachsene vergessen oft, dass Babys wie auch Ein- und Zweijährige ihren Körper erst langsam – „Schritt für Schritt" – kennenlernen. Es braucht Zeit und so viel selbst gesteuerte Erfahrung wie nur möglich, damit sie sich ihrer vielfältigen Bewegungsvarianten und ihrer stetig immer komplexer werdenden Fähigkeiten mit Hilfe der Wahrnehmungsleistungen der Sinnesorgane bewusst werden. Etwas ertasten, danach greifen, es festhalten und später auch wieder loslassen ist für sie faszinierend. Das kann der eigene Finger der anderen Hand sein, der Fuß, eine Zehe, die Haarlocke der Erzieherin oder ein von einem anderen Kind angebotener Gegenstand. Die Anstrengung, die nötig wird, sich einem attraktiven Objekt oder Ort selbsttätig nähern zu können, wird mit tief empfundener Freude belohnt, wenn der Bewegungseinsatz erfolgreich war. Es geht um Identitätsentwicklung über Körpererleben und Körpererfahrung.

Körperbewusstsein ist das, was der Kopf über den Körper weiß

Schon bei Ein- und dann Zweijährigen geht es um die Schnelligkeit der Beine, um Leichtfüßigkeit und Koordination bei Bewegungsabläufen, um Geschicklichkeit, Greifsicherheit der Hände und um Trittsicherheit der Füße. Bald kommt das Empfinden von visuellen und akustischen Leistungen hinzu: etwas auf einen Blick erkennen, genau hinhören, sich auf seine Reaktionsgeschwindigkeit, seinen Tastsinn und sein Gleichgewichtsgefühl verlassen können.

Dann folgt die Einschätzung des eigenen Körpers, eine neue Dimension über sich selbst nachzudenken startet. Mit etwa zweieinhalb Jahren kann ein Kind bereits sehr konkret Merkmale, die es individuell charakterisieren, formulieren („ich bin groß", „ich habe braune Augen"), bevorzugte Aktivitäten benennen („ich fahre gerne Roller"), soziale Beziehungen beschreiben („ich habe zwei Brüder", „ich bin die Freundin von Rosa") oder psychologische Besonderheiten nennen („ich bin mutig, aber bei Gewitter hab ich Angst"). Auffallend ist, dass die Kinder sich jetzt noch durchweg positiv beschreiben. Sie unterscheiden in diesem Alter nicht zwischen ihrem Wunschbild und ihrem Realbild. Das Wunschbild dominiert immer.

Aber auch das Sich-Orientieren im Raum („Wie geht die Abkürzung?"), das Wissen über den Bewegungsspielraum der Extremitäten („Wenn ich Brummkreisel mach', brauch' ich viel Platz!") sowie das Abschätzen von Entfernungen („Wer ist näher bei der Schaukel, Mike oder ich?") gelingen Zweijährigen zunehmend besser und werden mit den Aktionen der anderen Kinder verglichen.

Ich will auch ein „Könner" werden!

Apropos vergleichen: Jeder Mensch, auch schon ein kleines Kind, will „richtig" sein, bzw. „in Ordnung" sein, eben „so wie die anderen", um dazu zu gehören. Schon Kleinstkinder ahmen Tätigkeiten von den Eltern oder der Erzieherin nach, um nachzuspüren, was der andere tut, es ihm gleich zu tun, vielleicht auch zu empfinden, was er empfindet.

Wenige Wochen nach Beginn der Kita-Zeit will kein Ein- oder gar Zweijähriges mehr aus der Flasche trinken, wenn alle anderen Kinder in der Frühstückspause einen Becher vor sich haben – auch dann nicht, wenn es zu Hause noch lange nicht auf die Abendflasche verzichten möchte. Auch Windelträger gehen regelmäßig mit zur Toilette, wenn „interessante" ältere Kinder dies tun, was – allerdings erst nach abgeschlossener Reifung der Blasen- und Darmkontrolle – den nötigen letzten Schub zum Sauber- und Trockenwerden geben kann (vgl. Haug Schnabel, 2002). Vorher gilt: Immerhin war man schon mal dabei!

Nichts kränkt ein Kind so stark, wie gehänselt und verspottet zu werden oder gar eine Ausgrenzung erleben zu müssen. In diesen Situationen empfinden Menschen Schmerz, denn bei sozialem Ausschluss werden im Gehirn dieselben Bereiche aktiviert, die für die Empfindung körperlichen Schmerzes zuständig sind.

Kleinstkinder suchen zunehmend nach positiven Bewertungen für ihre Leistungen; es scheint ihnen wichtig zu sein, in den Kreis der „Könner" aufgenommen zu werden. Auch wissen sie, dass ihr Verhalten sich auf das Handeln anderer auswirkt und dass ihre Aktion eine Reaktion beim anderen auslöst. Jetzt zeigt sich, dass das Körperbewusstsein jedes einzelnen Kindes sowohl von geistigen und kommunikativen Prozessen als auch von seiner emotionalen und sozialen Entwicklung abhängig ist. Schließlich entwickelt sich die Fähigkeit zu zielgerichtetem und zweckmäßigem Handeln nicht nur über die Erfahrungen mit dem eigenen Körper, sondern auch über die Informationen und Rückmeldungen aus der sozialen Umwelt (vgl. Haug-Schnabel & Schmid-Steinbrunner, 2002).

Schneller, höher, weiter – alles will ich erleben!

Wenn so vieles Einfluss auf die Eigenwahrnehmung des Körpers nimmt und beim Bild von sich selbst eine Rolle spielt, sind die Erfahrungen, die ein Kind mit seinem Körper in unterschiedlichen Anforderungssituationen macht, enorm wichtig. Je umfangreicher und bunter das Erfahrungsspektrum ist, desto vielfältiger und positiver kann das Bild vom eigenen Körper werden. Für den Erlebnisrahmen – um vielfältige Erfahrungen sammeln zu können – sind die Erwachsenen zuständig.

Das fängt schon in den ersten Lebensmonaten an: Auf sicheren Armen durch den Raum fliegen, am Körper getragen oder zum Selbsterkunden „freigegeben werden", all das lässt die Körperlichkeit und das Zutrauen vertrauter Menschen als vielfältig angenehme Einflüsse auf das eigene Körperempfinden erleben. Ein Kind braucht nur ein Ärmchen auszustrecken und mit dieser Geste und seinem Blick signalisieren: „da will ich hin, da möchte ich hinfassen, ich will wissen, wie sich dies anfühlt". So oft wie möglich werden zugewandte Erwachsene einem Kind seine noch begrenzten Reichweiten verlängern und für Orts- und Lagewechsel mit neuem Blickwinkel und andersartigem Betätigungsfeld sorgen, bevor es hierzu selbst in der Lage ist. Mithilfe der Bezugspersonen kommt schon ein Säugling „recht weit rum", bevor ihn seine eigenen Kriech-, Krabbel-, Hochzieh- und Gehversuche selbstständig von der Stelle bringen. Immer mehr spürt und vergrößert das Kind seinen eigenen Part bei diesem Geschehen. Es erlebt seine Aktionen als zunehmend erfolgreich.

Am Bild von mir selbst bauen viele mit

Je älter ein Kind wird, desto mehr gewinnen die Reaktionen und Kommentare der Umgebung an Bedeutung. Sie „basteln" mit an dem Bild, das es von sich selbst gewinnt. Es ist anfangs beeindruckend, plötzlich zu merken, den Zeh in den Mund stecken oder auf einem Bein stehen zu können, aber eine neue Qualität an Eindruck kommt hinzu, wenn „von außen" kommentiert wird: „Jetzt ist Yannik aber schon groß und flink!", „Schaut mal, wie geschickt Luisa ihren Joghurt löffeln kann; und klettern kann sie wie ein Eichhörnchen." Derartige Kommentare lassen den Körper zum Freund werden und motivieren, sich zu bewegen und alle Möglichkeiten von Händen und Füßen auszuprobieren. „Durch eine Röhre krabbeln, kenne ich schon; klettern, das habe ich schon oft gemacht; hier muss ich springen, das weiß ich!"

RENATE ZIMMER

Sprache bewegt – Bewegte Sprache

Sprache und Bewegung sind zwei wesentliche Dimensionen der kindlichen Persönlichkeitsentwicklung, die zwar in ihrer Entwicklung getrennt voneinander betrachtet werden können, die sich gleichzeitig aber in Abhängigkeit voneinander entfalten und sich gegenseitig beeinflussen.

Kinder erschließen sich ihre Umwelt über ihren Körper, ihre Sinne. Indem sie vom ersten Tag ihres Lebens an selber tätig werden, gewinnen sie Erfahrungen, die ihnen ein zunehmendes Wissen sich selbst, über ihre Mitmenschen und über die dinglich-räumliche Umwelt ermöglichen. Auch der Spracherwerb ist ein Lernprozess, der durch die aktive Auseinandersetzung des Kindes mit seiner materialen und sozialen Umwelt geprägt ist.

Kindliche Entwicklung ist als Einheit von Wahrnehmen, Handeln, Fühlen und Denken zu verstehen. Sie ist geprägt durch die Merkmale der Selbsttätigkeit und Eigenaktivität, die sich sowohl in der Bewegungsentwicklung des Kindes als auch in seiner Sprachentwicklung äußern. Der aktive Gebrauch der Sprache – im Dialog mit Erwachsenen und auch mit anderen Kindern – ist entscheidend für den Erwerb sprachlicher Kompetenzen (vgl. Zimmer, 2009c).

Expressive und instrumentelle Funktion von Bewegung und Sprache

Die ursprüngliche Funktion der Sprache ist die der Mitteilung und Verständigung. Durch Sprache und Sprechen stellt das Kind Beziehungen zu anderen, zu Erwachsenen und Kindern her. Es kann Wünsche und Bedürfnisse äußern, kann sich mitteilen und Dinge erfragen. Lange bevor das Kind die verbale Sprache nutzt, teilt es sich bereits mit Gesten, Mimik, Gebärden – über seinen Körper mit. Bereits Säuglinge nehmen über Gestik und Mimik Kontakt mit der Umwelt auf, sie drücken durch Bewegungen Wohlbefinden aus, indem sie mit Armen und Beinen strampeln, oder signalisieren Abwehr, indem sie sich körperlich von einem Interaktionspartner abwenden.

Sprache beinhaltet also unterschiedliche Mittel der Kommunikation, die Gestik und Mimik, Laute und Gebärden, die Körperhaltung und -bewegung. Das Kind hat viele Möglichkeiten sich auszudrücken, auch nonverbale Kommunikationsformen sind wichtige Mittel, anderen Botschaften zu senden. Mit zunehmendem Alter übernimmt die verbale Sprache die Form der Mitteilung und des Austauschs, wobei jedoch auch im Erwachsenenalter die anderen Kommunikationsebenen noch bestehen bleiben.

Sprache wird vom Kind jedoch auch verwendet, um eine Absicht zu realisieren, es will „mit Worten Dinge geschehen machen" (vgl. Bruner, 2002, S. 8). Zuvor lässt es jedoch über seinen Körper Dinge geschehen: Der Ball, der mit einem Fußtritt in Bewegung versetzt wird, vermittelt ihm das Gefühl von Selbstwirksamkeit, es sieht sich selbst als Urheber einer Wirkung. Die zunehmende Beherrschung des Körpers und der Sprache eröffnen ihm den Weg in die Selbstständigkeit.

Bewegungshandeln als Ausgang für sprachliche Prozesse

Sprache baut auf dem Handeln auf: Zuerst kommt das körperlich-sinnliche Erkunden einer Sache, dann erst erfolgt die sprachliche Begleitung. Das Kind spielt z. B. mit dem Ball, lässt ihn auf den Boden prellen. „Ball springt" sagt es, aber nicht *bevor*, sondern *nachdem* es sich mit ihm beschäftigt hat. Im Tun, im handelnden Umgang mit Gegenständen und Objekten entdeckt es die Sprache als nützliches Medium, als Werkzeug des Handelns. Erst im Laufe der Zeit werden Handlungen verinnerlicht, das Kind kann die Handlung reflektieren. Sprache ermöglicht dann eine gedankliche Vorwegnahme („ich will Ball spielen") oder rückblickende Reflexion des Tuns („ich habe das Tor getroffen") und damit eine Distanz zur aktuellen Situation.

Das Kind gewinnt, bevor es sich sprachlich mitteilen kann, bereits ein Wissen über die Beschaffenheit von Gegenständen oder die Funktion von Objekten. Dass ein Ball rund ist, auf dem Boden rollt oder hochspringt, wenn man ihn fallen lässt, dieses Wissen hat es aufgrund seiner Erfahrungen durch Wahrnehmung und Bewegung, in denen sich die Zusammenhänge erschließen. So werden durch das Handeln gewonnene Erfahrungen in Verbindung mit der Sprache zu *Begriffen*. Diese Begriffe ermöglichen dem Kind die innere Abbildung der Welt (vgl. Zimmer, 2008a, S. 82 f.). Zeitliche Begriffe wie „langsam" und „schnell", räumliche Begriffe wie „hoch" und „tief" erfährt das Kind z. B. in Bewegungshandlungen, die es in Raum und Zeit variiert. So erweitert es seinen Wortschatz und erwirbt die Voraussetzung für das Verständnis sprachlicher Klassifizierungen.

Eingebunden in sinnvolle, bedeutungsvolle Handlungssituationen, in denen verbale und nichtverbale Handlungsteile ineinander greifen, lernt das Kind, sich seines Körpers und der Sprache als Werkzeug zu bemächtigen.

Der Spracherwerb ist eng mit der kognitiven Entwicklung verbunden. Sprache ermöglicht Denken, unabhängig von der konkreten Handlung. Sie ermöglicht die Vorstellung, abstrakte geistige Operationen, die losgelöst von der realen Tätigkeit sind. Allerdings geht der Spracherwerb vom praktischen Handeln, von der körperlichen Tätigkeit aus. Man kann sogar sagen, dass Sprache zuerst ein körperlich-motorischer Vorgang ist. Dies gilt es zu berücksichtigen, wenn man sich mit Möglichkeiten der Förderung des Spracherwerbs bei Kindern befasst.

Bewegungshandeln ist gleichzeitig auch Sprachhandeln

Bewegungsaktivitäten regen zu explorativen Handlungen an, ermutigen das Kind, sich sprachlich zu äußern, einzugreifen, es lernt mit den Dingen, aber auch mit den Worten zu handeln. Bewegung wird vom Kind nicht nur aus Lust an der Tätigkeit betrieben, sondern ist in der Regel auch von seinem Erkenntnisinteresse gesteuert. Bewegungshandlungen werden daher geplant, gesteuert, sie sind mit Strategien der Problemlösung verbunden: Führt der eingeschlagene Weg zum Ziel? Welche alternativen Möglichkeiten stehen zur Verfügung? Was ist die Ursache für eine Wirkung, für einen sichtbaren, spürbaren Effekt? Bewegungsaktivitäten sind explorative Handlungen, bei denen das Kind sich ein Bild von der Beschaffenheit und Gesetzmäßigkeit der Dinge macht und seine Annahmen im eigenen Tun überprüft. Beim Suchen nach Lösungsmöglichkeiten kann es die eigenen Handlungen variieren und dabei die Bewegung als Mittel zum Zweck einsetzen.

Die Pädagogin kann die Bewegungsaktivitäten des Kindes sprachlich kommentieren, damit wird die Aufmerksamkeit des Kindes noch intensiver auf die Sache gerichtet, Sprache dient der Vergewisserung, der Bewusstmachung des erlebten Effektes. Verursacher eines Handlungseffektes zu sein heißt auch, sich der Regelhaftigkeit des Vorgangs bewusst zu sein. Handlungen können so durch die sprachliche Bewusstmachung zu Erkenntnissen führen („Du hast mit dem Ball genau in den Reifen getroffen ...").

Diese Beispiele stellen keine zielgerichtete Förderung einzelner sprachlicher Kompetenzen dar, die situativen, aber auch die bewusst inszenierten Bewegungsangebote können für die Kinder jedoch Anlässe zum Sprechen, zum Erweitern und Differenzieren ihres Sprachvermögens sein. Über Bewegungsspiele können sprachliche Lernprozesse provoziert werden. Eine Spielidee liefert den Anlass für Bewegungshandlungen wie auch für Sprachhandlungen (vgl. Zimmer, 2006; 2009a). Situationen werden „versprachlicht". Damit sind Spielhandlungen zugleich komplexe Sprachlernsituationen. Ebenso können umgekehrt Sprachhandlungen zu Bewegungsanlässen werden: Die Beschreibung einer Situation wird durch Gestik begleitet; ein Rollenspiel lebt zwar durch die sprachliche Kommunikation der am Spiel Beteiligten, es wird gleichzeitig aber auch körperlich inszeniert.

Bewegungsanlässe sind auch Sprachanlässe

Sprache und Bewegung – beides sind bei Kindern wesentliche Mittel der Erkenntnisgewinnung, des Ausdrucks und der Mitteilung. Das Grundanliegen einer bewegungsorientierten Sprachförderung von Kindern sollte darin bestehen, eine anregungsreiche, zur Aktivität und zum Handeln auffordernde Umwelt zu schaffen, in der das Kind seinen Körper, Bewegung, Sprache und Stimme gleichermaßen einsetzen darf, um sich mit sich selbst und anderen auseinanderzusetzen. Bevorzugtes Mittel ist dabei das Spiel. Es schafft Bewegungs- und Sprechanlässe, die dazu beitragen, das sprachliche und körpersprachliche Handlungsrepertoire ebenso zu erweitern wie das Bewegungsrepertoire (vgl. Zimmer, 2008a, S. 34 ff.).

Bewegung besitzt also ein entwicklungsförderndes Potenzial, das sich insbesondere in den ersten Lebensjahren positiv auf die Sprachentwicklung auswirken kann. Die sprachfördernde Wirkung entfaltet sich dabei z. T. eher indirekt und beruht insbesondere auf den vielfältigen Sprechanlässen, die sich beim gemeinsamen Spiel ergeben, beim Bauen und Konstruieren, beim Aushandeln von Rollen und Regeln, im spontanen, spielerischen Umgang mit der eigenen Stimme bei Rollen- und Symbolspielen. Sie entfaltet sich insbesondere in dem motivierenden, lustbetonten Kontext, in dem Bewegungshandeln sich zwanglos mit sprachlichem Handeln verbinden lässt.

– Sprache wird so am eigenen Leib erfahren (Beispiele hierzu siehe Zimmer, 2009b).

Sprache und Bewegung – elementare Bildungsbereiche in den Bildungsvereinbarungen der Bundesländer

In den Bildungsplänen aller Bundesländer werden „Sprache und Kommunikation" ebenso wie „Bewegung, Körper, Gesundheit" als elementare Bildungsbereiche aufgeführt. Obwohl in allen Bildungsplänen sowohl der Sprache als auch der Bewegung explizit ein hoher Stellenwert beigemessen wird, gibt es nur selten Hinweise auf Zusammenhänge und schon gar keine Anregungen, wie die beiden Bereiche in der Praxis aufeinander bezogen werden können. In der Präambel des Berliner Bildungsprogramms wird zwar ausdrücklich auf die Bedeutung der Bewegung bei der Sprachförderung hingewiesen:

„Die Sprachförderung hat im Bildungsprogramm eine besondere Bedeutung. Ihr ist nicht nur ein eigener Bildungsbereich gewidmet, sie wird gleichzeitig als ein durchgängiges Förderprinzip für die Arbeit in den anderen Bildungsbereichen beschrieben: Eine ausreichende Entwicklung der Sinne und der Bewegungsfähigkeit und eine gute Kommunikationskultur sind wesentliche Voraussetzung für eine gelungene Sprachentwicklung; und schließlich kann Sprache nur dort gefördert werden, wo vielfältige und anregende Erfahrungen gemacht werden, über die es sich zu reden lohnt" (Senatsverwaltung für Bildung, Jugend und Sport, 2004, S. 7). In der Beschreibung der jeweiligen Bildungsbereiche wird die unmittelbare Aufeinanderbezogenheit jedoch nicht mehr erkennbar.

Vereinzelt gibt es Hinweise auf die Verbindungen der beiden elementaren Bildungsbereiche:

So wird in den Bildungsvereinbarungen des Landes Nordrhein-Westfalen unter dem Aspekt der Bildungsziele betont, dass der Begriff „Bildung" nicht nur die Aneignung von Wissen und Fertigkeiten umfasst, sondern dass es vielmehr darum gehe, „Kinder in allen ihnen möglichen, insbesondere in den sensorischen, motorischen, emotionalen, ästhetischen, kognitiven, sprachlichen und mathematischen Entwicklungsbereichen zu begleiten, zu fördern und herauszufordern. Die Entwicklung von Selbstbewusstsein, Eigenständigkeit und Identität ist Grundlage jedes Bildungsprozesses" (Ministerium für Schule, Jugend und Kinder des Landes Nordrhein-Westfalen, 2003, S. 6). Die Handreichungen zur Entwicklung von Bildungskonzepten zeigen dann – wenn auch sehr kurz und nur exemplarisch – Querverbindungen auf: Das differenzierte handelnde Begreifen wird als unerlässliche Grundlage für sprachliches Begreifen gesehen.

Der Bayrische Bildungs- und Erziehungsplan betont im Rahmen des themenbezogenen Bildungs- und Erziehungsbereiches „Sprache und Literacy", dass Spracherwerb als komplexer, konstruktiver Prozess betrachtet werden muss, der gebunden ist an:

• Dialog, persönliche Beziehung
• Interesse
• Handlungen, die für Kinder Sinn ergeben

Dies gelte es in der Sprachförderung zu berücksichtigen und zu nutzen (Bayrisches Staatsministerium für Arbeit und Sozialordnung, Familie und Frauen & Staatsinstitut für Frühpädagogik, 2006, S. 207). Zwar werden auch die nonverbalen Anteile beim Erwerb der Sprachkompetenz ausdrücklich erwähnt (Bedeutung von Gestik und Mimik, Entwicklung ausdrucksvoller und differenzierter Körpersprache), bei den Querverbindungen des Bildungsbereiches wird Bewegung jedoch nicht aufgeführt.

Insgesamt macht eine nähere Analyse der Bildungspläne der einzelnen Bundesländer deutlich, dass nur in Ausnahmesituationen und vereinzelt auf den engen Bezug der Bildungsbereiche Sprache und Bewegung hingewiesen wird. Der thüringische Bildungsplan beschreibt z. B. unter dem Stichwort „basale sprachliche Bildungsprozesse" den Zusammenhang zwischen der Erprobung von „Lautproduktion und Bewegungsmöglichkeiten" in konkreten Handlungszusammenhängen und mit erlebtem Raum- und Zeitbezug (Thüringer Kultusministerium, 2006, S. 42). Auch wenn dies in den Bildungsplänen nicht immer zum Ausdruck kommt: Sprache und Bewegung sind als Ganzheit zu verstehen, die in der alltäglichen Erziehungs- und Bildungssituation nicht getrennt voneinander betrachtet werden können.

Sprach- und Bewegungsförderung – Querschnittaufgabe der pädagogischen Förderung in Kindergarten und Schule

Die Förderung sprachlicher Kompetenzen ist ebenso wie die Bewegungsförderung nicht an einen Ort, an eine Zeit zu binden, über beides – Sprache und Bewegung – entdecken Kinder die Welt. Sie setzen sich mit ihren sozialen und dinglichen Gegebenheiten auseinander, eignen sie sich an und wirken auf sie ein. Da liegt es nahe, beide Bildungsbereiche in ihrer wechselseitigen Beeinflussung zu betrachten. Aufgrund ihrer Bedeutung für kindliche Entwicklung muss Sprachförderung ebenso wie Bewegungserziehung eine Querschnittaufgabe der pädagogischen Arbeit im Kindergarten sein.

Durch die bewusste Inszenierung von bewegungsorientierten Sprachlernprozessen eröffnet sich die Möglichkeit, zwar ohne zeitlich fixierte Förderstunden, aber doch durch didaktisch reflektierte Angebote die Kinder in ihren sprachlichen Kompetenzen zu unterstützen. Damit werden alle Kinder erreicht, besonders wichtig ist dies für die Kinder, die aufgrund ihrer sozialen und kulturellen Herkunft und ihrer individuellen Voraussetzungen einer besonderen Unterstützung bedürfen.

Insbesondere bei Kindern mit Migrationshintergrund spielt es eine wichtige Rolle, dass sie sich zunächst in einem Medium ausdrücken können, in dem sie sich sicher fühlen. Über Bewegung fällt es ihnen oft leichter, mit anderen Kindern zu kommunizieren, sich mitzuteilen. Sie beherrschen die nonverbalen Anteile der Sprache oft sehr gut und können sich über Gestik und Mimik, über Gebärden und über ihren Körper verständlich machen. So üben sie den Kontakt mit anderen, fühlen sich anerkannt und wahrgenommen, die Teilnahme am verbalen Austausch der anderen Kinder trägt zu ihrem Sprachverständnis bei und gibt ihnen Gelegenheit, sich schrittweise auch in der verbalen (Fremd-)Sprache zurecht zu finden.

Ergebnisse empirischer Studien zur Wirksamkeit einer bewegungsorientierten Sprachförderung

Im Rahmen eines Projektes zur Gesundheits- und Bewegungsförderung in Kindertagesstätten wurde der Einfluss einer bewegungsorientierten Sprachförderung auf unterschiedliche Bereiche der Sprachentwicklung drei- bis fünfjähriger Kinder untersucht. Der Untersuchungszeitraum betrug zehn Monate. In dieser Zeit wurde in zehn Kindergärten mit insgesamt 244 Kindern ein Bewegungsangebot durchgeführt, durch das insbesondere Bereiche der Sprachentwicklung (Wortschatzerweiterung, Prosodie, Phonologie und allgemeine Kommunikationsförderung) angeregt werden sollten (Zimmer, 2009c). Die Erzieherinnen waren durch regelmäßige Fortbildungsveranstaltungen und durch schriftliche Begleitmaterialien in dieses Konzept eingeführt worden und wurden durch Projektmitarbeiter/innen regelmäßig in ihrer pädagogischen Arbeit begleitet.

Die Kontrollgruppe setzte sich zusammen aus 135 Kindern dreier Kindergärten. Diese Kinder erfuhren keine projektspezifische Intervention, sondern erlebten den gewohnten Kindergartenalltag.

Zu Beginn und am Ende des Versuchszeitraumes wurde bei allen Kindern neben einem Verfahren zur Ermittlung der motorischen Fähigkeiten (MOT 4-8 Screen; Zimmer, in Druck) ein Sprachscreening durchgeführt (Sprachscreening für das Vorschulalter (SSV), Grimm, 2003).

Die Auswertung der gewonnenen Daten ergibt deutliche Hinweise darauf, dass die Kinder von dem Konzept *Sprachförderung durch Bewegung* profitierten. Die Kinder der Versuchsgruppe verbesserten sich im Vergleich zur Kontrollgruppe deutlich in ihrem Motorikquotienten (als Maß für den motorischen Entwicklungsstand) und in den Werten des SSV (vgl. Abb. 1).

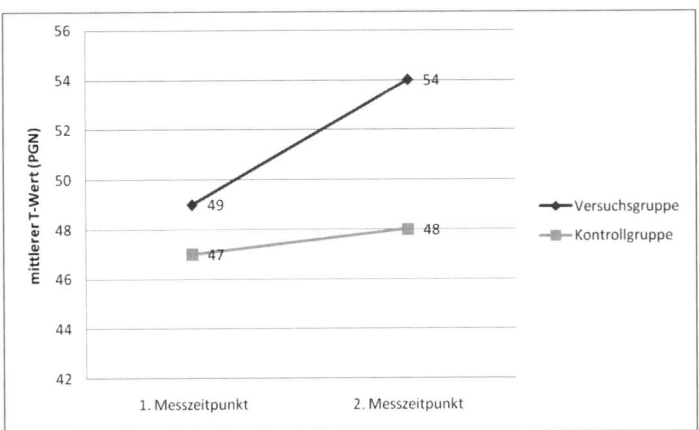

Abb. 1: Veränderung der mittleren Sprachtestwerte (SSV) im Untertest Phonologisches Arbeitsgedächtnis für Nichtwörter (PGN; T-Werte) bei 4- bis 5-jährigen Kindern zum ersten und zweiten Messzeitpunkt in Versuchs- und Kontrollgruppe

Ergebnisse bei Kindern des unteren Leistungsbereichs

Auffallende Verbesserungen zeigten sich bei denjenigen Kindern, deren Werte zum ersten Messzeitpunkt zu den unteren 16 Prozent ihrer Altersgruppe gehörten in Bezug auf den motorischen Entwicklungsstand und das phonologische Arbeitsgedächtnis, welches eine bedeutsame Komponente der Sprachentwicklung darstellt. Die Ergebnisse der Sprachfördergruppe fielen signifikant höher aus als die der Kontrollgruppe (Abb. 2.). Die Werte dieser Gruppe verbesserten sich auch bzgl. des Motorikquotienten im Mittel in den nicht-auffälligen oder durchschnittlichen Bereich hinein (Abb. 3), während diejenigen der Kontrollgruppe im kritischen Bereich verblieben. (vgl. Zimmer 2009c).

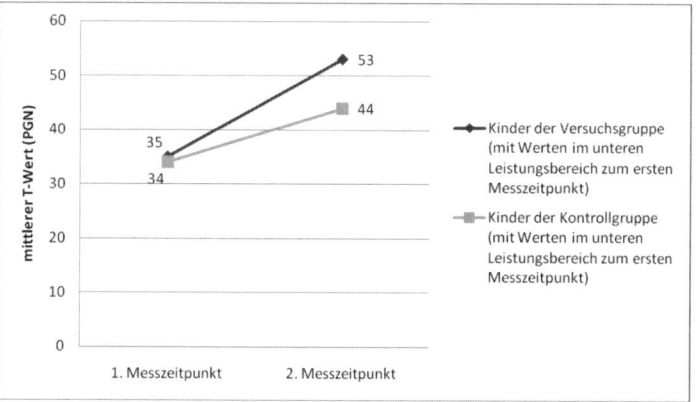

Abb. 2: Veränderung der mittleren Sprachtestwerte (SSV) im Untertest Phonologisches Arbeitsgedächtnis für Nichtwörter (PGN; T-Werte) zum ersten und zweiten Messzeitpunkt bei 4- bis 5-jährigen Kindern des unteren Leistungsbereichs in Versuchs- und Kontrollgruppe

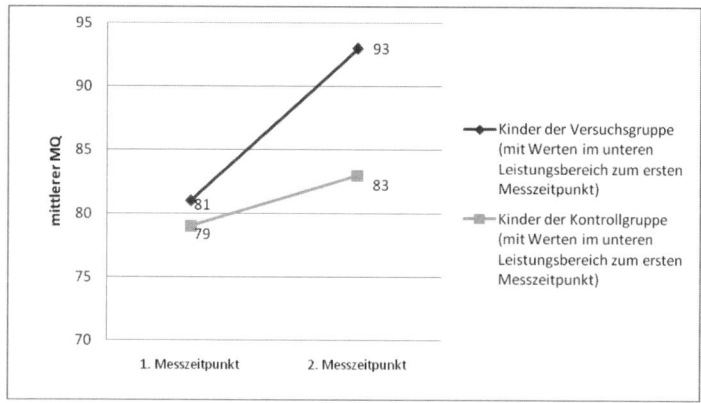

Abb. 3: Veränderungen des mittleren Motorikquotienten (MQ) zum ersten und zweiten Messzeitpunkt bei Kindern des unteren Leistungsbereichs in Versuchs- und Kontrollgruppe

Fazit

Bewegung besitzt ein entwicklungsförderndes Potenzial, das sich insbesondere in den ersten Lebensjahren positiv auf die Sprachentwicklung auswirken kann. Die sprachfördernde Wirkung entfaltet sich dabei z.T. eher indirekt und beruht insbesondere auf den vielfältigen Sprechanlässen, die sich beim gemeinsamen Spiel ergeben, beim Bauen und Konstruieren, beim Aushandeln von Rollen und Regeln, im spontanen, spielerischen Umgang mit der eigenen Stimme bei Rollen- und Symbolspielen. Sie entfaltet sich insbesondere in dem motivierenden, lustbetonten Kontext, in dem Bewegungshandeln sich zwanglos mit sprachlichem Handeln verbinden lässt – Sprache wird so am eigenen Leib erfahren (Beispiele hierzu siehe Zimmer, 2009c).

Das Grundanliegen einer bewegungsorientierten Sprachförderung von Kindern sollte darin bestehen, eine anregungsreiche, zur Aktivität und zum Handeln auffordernde Umwelt zu schaffen, in der das Kind seinen Körper, Bewegung, Sprache und Stimme gleichermaßen einsetzen darf, um sich mit sich selbst und anderen auseinander zu setzen: Sprachförderung braucht Bewegung – im wörtlichen wie im übertragenen Sinne.

GISELA LÜCK

Naturwissenschaftliche Bildung und Sprache

Seit einigen Jahren hat sich die naturwissenschaftliche Bildung – insbesondere mit der Einführung der Bildungsempfehlungen – in der Praxis der Elementarpädagogik etabliert, aber immer noch bestehen bei einigen Pädagogen Vorbehalte. Da wird argumentiert, dass naturwissenschaftliche Zusammenhänge für Kindergartenkinder nicht verständlich wären oder aber, dass das Experimentieren im Kindergarten zu gefährlich sei. Umso überraschender wird dann der Vortragstitel anmuten, der andeutet, dass nicht nur naturwissenschaftliche Bildung, sondern auch Sprachförderung *durch* naturwissenschaftliche Bildung möglich und empfehlenswert sei. Besonders auf die letztere Aussage soll im Verlauf des folgenden Vortrags eingegangen und zudem herausgearbeitet werden, inwieweit gerade in der handlungsorientierten Sprachförderung eine Art methodischer Königsweg liegt, um Synergien zwischen Sprache und Naturwissenschaftsvermittlung herzustellen.

Die Bedeutung der Naturwissenschaftsförderung in den frühen Jahren des Kindergartens und der Grundschule

Seit Mitte der 90er Jahre liegen empirische Studien vor, in denen eine frühzeitige Heranführung von Kindern an Naturphänomene im Sinne einer naturwissenschaftlichen Bildung untersucht wurde (vgl. Lück, 2000). Diese Untersuchungsergebnisse konnten inzwischen in einer Vielzahl weiterer Studien belegt sowie durch eine breite Umsetzung in der Praxis bestätigt werden.

Akzeptanz

Als Hinweis auf eine positive Akzeptanz bzw. ein erstes aufkeimendes Interesse für Naturphänomene wurde die freiwillige Teilnahme der Kindergartenkinder an naturwissenschaftlichen Experimentierangeboten gewählt. Trotz konkurrierender Angebote, mit deren Hilfe ausgeschlossen werden konnte, dass die Kinder nur aus Gründen der Abwechslung die Experimentierangebote annahmen, entschieden sich rund 70 Prozent der Kinder ab fünf Jahren über einen Zeitraum von zehn Wochen freiwillig für das naturwissenschaftliche Bildungsangebot (vgl. Lück, 2000).

Erinnerungsfähigkeit

Die Kinder wurden ein halbes Jahr nach Beginn der Experimentierreihen in Einzelinterviews zu Aufbau, Durchführung und Deutung der Experimente befragt. Rund 30 Prozent der Experimente konnten von den Kindern ohne Hilfestellung nicht nur in der Durchführung, sondern einschließlich der naturwissenschaftlichen Deutung erinnert werden. Weitere 20 Prozent der Experimente wurden erinnert, wenn kleine Hilfestellungen gegeben wurden. Diese Ergebnisse zeigten sich quer durch alle sozialen Schichten, was ein Hinweis darauf ist, dass eine frühzeitige Heranführung an die Naturphänomene von allen Kindern gleichermaßen möglich ist und

Sprachbarrieren oder geringe Förderung seitens des Elternhauses keine Hinderungsgründe sind, einen ersten Zugang zu Naturphänomenen zu erhalten. Dafür sprechen auch langjährige Beobachtungen, die mit zahlreichen unterschiedlich behinderten Kindern gemacht wurden. Stets sind große Aufmerksamkeit und Konzentration auf das Naturphänomen auffällig, sodass diesem Thema derzeit im Rahmen von empirischen Untersuchungen besondere Aufmerksamkeit gewidmet wird (vgl. Lück, 2000)

Langzeitwirkung

Bislang wurden noch keine Longitudinalstudien zum Themenfeld „Naturwissenschaftliche Bildung" durchgeführt. Indirekt wurden über Bewerbungsunterlagen von Abiturienten, die sich für ein Chemiestudium entschieden haben, Informationen über die Langzeitwirkung des frühkindlichen naturwissenschaftlichen Einflusses ermittelt. Von den insgesamt 1345 Bewerberinnen und Bewerber für einen Studienplatz in Chemie im Jahr 2000 gaben 22 Prozent an, dass bereits in der frühen Kindheit – insbesondere durch Familienmitglieder – ihr Interesse für die Naturwissenschaften geweckt wurde. Nach der Einführung des Fachs Chemie in der Sekundarstufe I (45 Prozent) ist das die mit Abstand häufigste Nennung (vgl. Lück, 2003).

Seit 2006 haben alle Bundesländer Deutschlands in ihren Bildungsvereinbarungen den Bildungsbereich „Naturwissenschaftliche Bildung" verbindlich und mit mehr oder weniger konkret dargestellten Inhalten aufgenommen (vgl. Blaseio, 2009). Damit haben die Naturwissenschaften neben Sprache, Kunst, Bewegung sowie sozialem Umgang und Werteorientierung einen festen Platz erhalten.

Probleme bei der Umsetzung von Themen der unbelebten Natur in Kindergärten und Grundschulen: Die Biologie hat ein besseres Image

Wie jüngste Untersuchungsergebnisse zeigen, bevorzugen Pädagog/innen des Elementar- und Primarbereichs nach wie vor den biologischen Bereich gegenüber dem der Chemie und Physik (vgl. Risch & Lück, 2004). Dies hat vielfältige Gründe, die vor allem in der biografischen Entwicklung der Lehrenden zu finden sind: Biologie wird als positiver eingeschätzt, hatte in der eigenen Ausbildung bereits einen wesentlich höheren Stellenwert als die unbelebte Natur und vor allem fehlen oftmals Erfahrungen bei der Umsetzung der Themen im Kindergarten und in der Grundschule.

Entgegen der vorherrschenden Meinung bieten Phänomene der unbelebten Natur nicht selten einen leichteren Einstieg in naturwissenschaftliches Experimentieren. So lassen sich physikalische und chemische Themen zu jeder Jahres- und Tageszeit durchführen. Auch in den tristen Wintermonaten, in denen Flora und Fauna deutlich weniger Attraktionen zu bieten haben, können einfache Experimente in einem Gruppenraum der Einrichtung durchgeführt werden. Ein Teelicht beispielsweise erlischt auch im November, wenn man ein Glas darüber stülpt.

Die Phänomene der unbelebten Natur können, sooft das Kind möchte, wiederholt werden, was bei einem biologischen Phänomen naturgemäß nicht gelingt. Gerade dann, wenn das Kind von dem unerwarteten Ausgang eines Versuchs oder dem Verlauf eines Experiments fasziniert ist, kommt der Wunsch auf, dieses zu wiederholen, es zu variieren und im eigenen Rhythmus Erfahrungen über das Phänomen zu sammeln. Während beispielsweise beliebig viele Zuckerwürfel in Wasser mit unterschiedlicher Temperatur gelöst werden können, um den Einfluss von Temperatur und Lösungsgeschwindigkeit zu beobachten, kann im Frühjahr eine Tulpe nur ein einziges Mal aus einer Zwiebel wachsen – und dabei wird das Kind meistens lediglich in die Beobachterrolle gedrängt, zu tun gibt es dabei nicht viel.

Phänomene der unbelebten Natur sind oftmals leichter kindgerecht zu deuten als die der belebten Natur, weil die Ursachen für den Verlauf des chemischen oder physikalischen Experiments auf nur wenige Naturgesetze zurückzuführen sind, während in der Biologie oftmals viele Einflüsse gleichzeitig wirken. Beispielsweise ist das Erlöschen einer Kerze durch Luftentzug leicht so zu deuten, dass die Kerze zum Brennen Luft benötigt. Die Metamorphose einer Raupe in einen Schmetterling ist dagegen deutlich schwieriger vermittelbar.

Das folgende Argument für eine frühzeitige Vermittlung der Phänomene der unbelebten Natur ist das entscheidendste: Die belebte Natur und die unbelebte Natur gehören zusammen und viele Phänomene der unbelebten Natur machen erst die Lebensformen möglich, die wir in der belebten Natur vorfinden. So ist beispielsweise das unterschiedliche Lösungsverhalten von Salz und Zucker für den menschlichen Organismus von großer Bedeutung; die Tatsache, dass Eis eine geringere Dichte als Wasser hat, ist für die Wassertemperatur auf der Erde wichtig, und es ließen sich viele weitere Beispiele finden.

Würde es gelingen, die Phänomene der unbelebten Natur mit anderen Themengebieten zu vernetzen, wäre die Umsetzung dieses für manche Pädagogen noch fernliegenden Themengebietes entschieden einfacher. Eine besonders gute Vernetzungsmöglichkeit der naturwissenschaftlichen Frühbildung besteht zur frühen Sprachförderung, auch wenn sich das – wie eingangs schon erwähnt – nicht sogleich aufdrängt. Im Folgenden soll auf die einzelnen Aspekte der Synergien zwischen Sprachentwicklung und Naturwissenschaftsvermittlung näher eingegangen werden.

Sprachförderung durch naturwissenschaftliche Bildung

Sprachförderung hat seit einigen Jahren Hochkonjunktur. Seit den Ergebnissen einiger internationaler Vergleichsstudien, insbesondere von PISA und OECD, die deutlich machen, dass die Bildungschancen stark von den sprachlichen Fähigkeiten der Kinder abhängen und seit bekannt ist, dass Kinder mit Migrationshintergrund gerade in Deutschland viel zu oft zu den Verlierern in unserem Bildungssystem gehören, sind die Sprachstandserhebung und die Sprachförderung in den Mittelpunkt bildungspolitischer Bemühungen gerückt.

Ratgeber zu Fördermaßnahmen überschwemmen derzeit den Büchermarkt und inzwischen ist eine Vielzahl unterschiedlicher Sprachförderprogramme entstanden, die im Hinblick auf die Art ihrer Sprechanlässe, Herangehensweisen und „Sprachförderphilosophien" sehr unterschiedlich sind. Vom Grundsatz her lassen sie sich alle auf zwei Ansätze zurückführen: einen sprachstrukturellen, der rein funktionsorientiert auf die formelle Richtigkeit sprachlicher Äußerung zielt und in dem die sprachlichen Kompetenzen weitestgehend isoliert vom Alltagsgeschehen der Kinder gefördert werden (vgl. Penner, 2006), oder einen sprachfunktional orientierten, der geeignete Sprechanlässe nutzt und Sprachförderung ganzheitlich in die Erlebniswelt der Kinder integriert (vgl. Zimmer, 2009c; Groot-Wilken & Kaseric, 2009).

Naturwissenschaftliche Bildung – ein Sprechanlass

Bei einer solchen Flut an Sprachförderliteratur gerät ein Kapitel wie dieses, das den Versuch unternimmt, Sprachförderung mit einem elementarpädagogischen Bildungsbereich zu verknüpfen, leicht in den Verdacht, auf einer Woge aktueller Bildungsdiskussionen mitschwimmen zu wollen. Es mag vielleicht manchen der Sprachbezug überraschen, war doch die eigene Naturwissenschaftserfahrung, insbesondere in Bezug auf die Fächer Chemie und Physik, eher geprägt von Formeln und Experimenten und mutet im Rückblick daher eher „sprachlos" an. Der Verdacht einer gewagten Konstruktion zwischen Sprache und Naturwissenschaft liegt nahe. Um so sensibler sollen daher im Folgenden die Möglichkeiten und Grenzen des Sprachbezugs aufgezeigt werden – und es sei hier schon vorweggenommen, dass naturwissenschaftliche Frühförderung unter dem Aspekt der Sprachförderung nicht mehr als einen Sprechanlass bietet, der allerdings von den Kindern spontan aufgegriffen wird, wenn sie das Experiment verblüfft, zu Fragen anregt oder einfach so tief bewegt, dass über den Verlauf des Experiments noch lange danach – sei es in der Gruppe oder zu Hause – berichtet werden muss.

Sehen wir uns im Folgenden die Möglichkeiten der Sprechanlässe einmal genauer an.

Das Benennen der erforderlichen Materialien

Handlungs- und Alltagsorientierung sind Schlüsselbegriffe bei der frühen Heranführung an die naturwissenschaftliche Bildung. Genau hierin liegt die Brücke zu den Sprechanlässen. Für jedes naturwissenschaftliche Experiment werden Alltagsmaterialien benötigt. So benötigt man für ein Experiment, bei dem es um die Löslichkeit von Salz und Zucker geht, darüber hinaus zwei mit Wasser gefüllte Gläser sowie einen Löffel.

Die Sprechförderung kann mit der Aufforderung beginnen, dass jedes an der Experimentiereinheit teilnehmende Kind einen der bereitliegenden Gegenstände benennen soll. Nun sind Zuhören und Sprechen gefragt: Welche Gegenstände wurden bereits genannt? Wie heißen wohl die noch nicht genannten Gegenstände? Natürlich wählen die Kinder häufig auch unzutreffende Begriffe; das ist eine gute Gelegenheit für die Pädagogin/den Pädagogen beiläufig korrigierend die exakte Bedeutung zu wiederholen – ein Weg effektiver Sprachförderung.

Was wird wohl geschehen? – Kinder formulieren ihre Vermutungen

Die vorbereiteten Gegenstände beinhalten eine Handlungsaufforderung und liegen offensichtlich nicht einfach so auf dem Tisch. Aber was könnte wohl mit den Gegenständen sinnvoll gemacht werden und vor allem, was wird geschehen, wenn die Materialien so genutzt werden? Nun haben die Kinder – jedes auf seinem sprachlichen Kompetenzniveau – die Gelegenheit, weit über die konkret gegebenen Gegenstände hinaus Vorgehensweisen zu beschreiben und Hypothesen über den Ausgang des Experiments zu formulieren. Auch in dieser Phase spielt das gegenseitige Zuhören, nicht nur aus sozialen Gründen, eine entscheidende Rolle.

Der Vorschlag für die Versuchsdurchführung – Genaues Zuhören ist erforderlich

Häufig enden die Kinder in ihren Überlegungen mit dem Vorschlag, alle Materialien zusammenzuschütten, vor allem dann, wenn der Experimentieraufbau noch ohne eine Problemdarstellung erfolgt, wie sie etwa beim Storytelling gegeben ist. Deshalb ist es manchmal erforderlich, dass die Pädagogin/der Pädagoge entscheidende Hinweise gibt, damit das Experiment einen naturwissenschaftlich sinnvollen Verlauf nehmen kann, wenn auch ausdrücklich eingeräumt werden soll, dass der ein oder andere Vorschlag der Kinder durchaus einmal durchgeführt werden sollte. In dieser Phase des Experiments ist wiederum intensives Zuhören erforderlich. Auch wenn nicht alle Details auf Anhieb verständlich sind, wird durch das anschließende Tun die sprachliche Formulierung erhellt; sie erhält ihren Sinn.

Was ist passiert? – Kinder formulieren ihre Beobachtungen

Die sprachintensivste Phase des Experimentierens liegt wohl in der Formulierung der Beobachtung, vor allem, wenn das Experiment einen überraschenden Verlauf genommen hat: Das Salz war ja gar nicht verschwunden, sondern taucht beim Verdunsten des Wassers aus der Salzlösung wieder auf. Die Kerze erlischt durch Kohlenstoffdioxidgas und die Gummibärchen bleiben unter Wasser trocken, wenn ein Glas über ihr „Boot" gestülpt wird, mit dessen Hilfe es so unter Wasser gedrückt wird, dass die Glasglocke das Eindringen des Wassers verhindert. Natürlich sind die sprachlichen Formulierungen noch ungenau, aber der Sprechanlass „Staunen" wird von den Kindern genutzt und bietet die Gelegenheit des sprachlichen Ausbaus.

Die Warum-Frage

Die Warum-Frage ist entwicklungspsychologisch vor allem bei den Kindern im sogenannten Spielalter stark ausgeprägt. Gefördert wird sie beim Experimentieren in den Augenblicken des Staunens: Warum bleiben die Gummibärchen trocken? Warum geht die Kerze aus? Warum taucht das Salz aus der Salzlösung wieder auf? Die Formulierung der Warum-Frage kostet die Kinder sprachliche Anstrengung. Ein einfacher Ein-Wort-Satz „Warum?" würde eventuell zu einer unbefriedigenden Antwort führen. Hier muss schon genauer formuliert werden, was eigentlich beantwortet werden soll.

Bei der Beantwortung der Warum-Frage sind die Kinder wieder sprachlich herausgefordert – sei es, dass sie erneut zuhören oder aber, dass sie ihre eigenen Vermutungen über das Beobachtete äußern.

Sprechanlässe ergeben sich beim naturwissenschaftlichen Experimentieren in jeder Phase des Experiments ganz „nebenbei". Wichtig ist aber zugleich, dass die kontemplativen Augenblicke des Verharrens, des genauen Beobachtens, des Wiederholens um zu „Begreifen" ausreichend Raum erhalten, damit der Sprechanlass sich entwickeln kann. Ansonsten droht die Gefahr, dass das naturwissenschaftliche Experiment lediglich als „Mittel zum Zweck" verkümmert. Das wäre sowohl für die Entwicklung des Forscherdrangs als auch für die Sprachförderung fatal.

Naturwissenschaftliche Früherfahrung als Sprechanlass – auch das gab's schon mal

Natürlich wurde beim Experimentieren schon immer gesprochen – und auch ohne diese Hinweise im vorliegenden Kapitel werden Kinder ohne jede Aufforderung der Pädagog/innen begeistert vom Beobachteten berichten und ungefragt ihre Vermutungen über den naturwissenschaftlichen Hintergrund vorbringen. In den USA wurden Ende der 80er Jahre eine Vielzahl an Programmen durchgeführt, bei denen frühe naturwissenschaftliche Förderung und Sprachförderung miteinander verknüpft und untersucht wurden. Illner (2006, S. 13 ff.) hebt in ihrem lesenswerten Beitrag „Naturwissenschaften und Sprache" vor allem drei dieser amerikanischen Programme hervor: „The science start! Curriculum", „Preschool Pathways to Science", „Talking their Way into Science". Das erstgenannte Projekt dient noch am ehesten dem allgemeinen Ziel, den Wortschatz der Kinder zu vergrößern und sie aktiv zur Formulierung von Antworten über das Experimentieren aufzufordern, indem die Pädagog/innen offene Fragen zu den Phasen „1. frage und reflektiere, 2. plane und sage voraus, 3. experimentiere und beobachte und 4. berichte und reflektiere" stellen (vgl. www. sciencestart.com). Bei „Preschool Pathways to Science" handelt es sich um ein recht ehrgeiziges Projekt, bei dem schon im frühen Kindesalter nicht vor dem Erlernen einer Fachsprache Halt gemacht wird, da Kinder offensichtlich einen leichten Zugang zum Erlernen neuer Wörter haben. Wie der Name des dritten Projekts „Talking their Way into Science" schon zum Ausdruck bringt, geht es bei diesem Programm um den aktiven Gebrauch der natürlichen Umgangssprache der Kinder, um sich über komplexe naturwissenschaftliche Sachverhalte in Diskussionsrunden von 15 bis 20 Minuten zu unterhalten. Neben der Sprachförderung steht hierbei auch die Förderung der Diskussionsfähigkeit, der sozialen Kompetenz sowie die Einführung einer weiteren Förderungsmethode, bei der auch zurückhaltendere Kinder ins Gespräch kommen sollen, im Vordergrund.

All diese Programme haben in Deutschland wenig Resonanz gefunden, insbesondere weil Curricula nicht einfach von einem in ein anderes Land mit anderem soziokulturellem Hintergrund übertragen werden können.

Kinder brauchen Geschichten – auch beim naturwissenschaftlichen Experimentieren

In unserer eigenen Schulzeit haben wir die Fächer Chemie und Physik oftmals als sehr theorielastig erlebt; es fehlten der Lebens- und Alltagsbezug, so dass wir allenfalls – wenn überhaupt – einen kognitiven Zugang zu den chemischen und physikalischen Inhalten gewonnen haben, der meistens im Laufe der Zeit wieder verloren ging. Das Begreifen mit „Herz und Verstand", d. h. mit affektivem und kognitivem Bezug, ist deutlich länger anhaltend und hinterlässt einen tieferen und positiveren Eindruck in uns.

Wie aber lässt sich das Affektive wecken, wenn es um Themenfelder der unbelebten Natur geht? Der angelsächsische Sprachraum hat darauf schon seit längerem eine Antwort: Durch Storytelling – wobei mit diesem Anglizismus mehr gemeint ist als die schlichte Übersetzung „Geschichten erzählen" vermuten lässt. Es geht nicht nur um eine gefällige Verpackung des betreffenden Naturphänomens oder des naturwissenschaftlichen Hintergrunds, sondern es soll zugleich auch eine Einstellung, ein Engagiertsein beim kindlichen Zuhörer geweckt werden. Dass dies gerade durch das Erzählen einer Geschichte ausgelöst werden kann, soll im Folgenden näher beleuchtet werden.

Betrachten wir folgende Ausgangssituation: Auf einem Tisch im Kindergarten befinden sich – liebevoll vorbereitet – einige Gegenstände: mehrere Gläser, eine mit Wasser gefüllte Kanne, ein Stein, Alu- und Frischhaltefolie, Zucker, Salz und ein Löffel – all diejenigen Materialien, die wir für ein Experiment benötigen, um die Wasserlöslichkeit unterschiedlicher Materialien zu erkunden.

Nachdem die Kinder die Materialien benannt haben, könnten wir die Frage in den Raum stellen: „Was löst sich wohl in Wasser: Salz, Zucker, ein Stein, Alufolie oder Frischhaltefolie? Möchtet ihr das einmal ausprobieren?" Sicherlich werden die meisten Kinder auch – trotz dieser nüchternen Einführung – das Experiment mit Freude durchführen und begeistert von ihren Beobachtungen erzählen.

Möglich wäre aber auch folgender Einstieg: „Ein kleiner Ameisenjunge lebt im Wald zusammen mit seinen vielen Freunden und Verwandten in einem Ameisenhügel. Dort ist ein ständiges Kommen und Gehen und manchmal ist es dort so laut und unruhig, dass der kleine Ameisenjunge sogar nachts kein Auge zumachen kann: Da wird geschnarcht, über die letzten Tageserlebnisse geplappert und Spätheimkehrer krabbeln so ungeschickt über ihn her, dass sie ihn dabei unsanft aufwecken. In solchen Nächten träumt unser Ameisenjunge von einem eigenen, stabilen kleinen Haus, in dem er es sich gemütlich machen kann und in dem nur er allein wohnt. Aber aus welchem Material sollte er sich ein solches Haus am besten bauen?

Auf einem nahe gelegenen Picknickplatz hat unser Ameisenjunge schon nach verschiedenen Baumaterialien Ausschau gehalten. Dort hat er Zucker, Salz, Frischhaltefolie, Alufolie und kleine Steine gefunden. Da es in dem Wald sehr oft regnet, sollte das kleine Haus natürlich wasserfest sein. Ob die Kinder wohl helfen können herauszufinden, aus welchem Baumaterial der Ameisenjunge am besten sein Haus bauen sollte?" (in Anlehnung an Geschichten aus: Lück, 2007; Lück, 2009) Welches Kind will da nicht mitmachen, der Ameise einen guten Lösungsweg aufzuzeigen?

Der Wunsch, Geschichten zu hören, ist bei Kindern bereits früh verankert: Die Gutenachtgeschichte vor dem Einschlafen, das versonnene, intensive Zuhören, wenn jemand ein Märchen erzählt. Beim Geschichtenzuhören sind Kinder „ganz Ohr". Dabei geht es nicht allein um den Inhalt des Vorgetragenen, sondern auch um die besondere Form der Zuwendung beim Erzählen: der Blickkontakt zwischen Erzähler und Kind, die Stimmmodulation des Sprechenden, die intensive Gestik. Im Erzählen der Geschichte bilden Zuhörer und Erzählender eine Einheit, die durch nichts unterbrochen wird – sonst endet die Geschichte. Hinzu kommt die Welt der Imagination, die sich vor dem geistigen Auge des Kindes – entsprechend seiner Erfahrungswelt – entfalten kann, während es sich zugleich der behütenden Gegenwart des vertrauten Erzählers gewiss sein kann.

Auch wir Erwachsenen lassen uns gerne darauf ein, wenn uns jemand eine Geschichte erzählt. Wir folgen einem frei gesprochenen Vortrag deutlich lieber als einer abgelesenen Rede. Nicht von ungefähr waren die Erzähler der Epen Homers, der Ilias und der Odyssee, nur dann gefragte „Stars", wenn es ihnen gelang die viele Zeilen umfassenden Gedichte völlig frei auswendig zu sagen; wer ablesen musste, hatte verloren. Manche Klassiker der Weltliteratur, ob das Dekameron von Boccaccio oder die Geschichten aus 1001 Nacht, bedienen sich einer Rahmenhandlung, bei der die Erzählungen bzw. Märchen unterhalten und in eine andere Welt entführen sollen. Dabei ging es allerdings nie um naturwissenschaftliche Inhalte und erst recht nicht um die Vermittlung bzw. Heranführung an Naturphänomene! Auch wenn die narrative Didaktik in anderen Bildungsbereichen – etwa der Geschichtswissenschaft oder beim Erlernen von Fremdsprachen – seit längerem eingesetzt und diskutiert wird, machten die Naturwissenschaftsdidaktiken um das Storytelling über lange Zeit hinweg einen großen Bogen.

Schauen wir uns im Folgenden einmal genauer an, wie die Geschichten beschaffen sein sollten, um den Weg für eine naturwissenschaftliche Fragehaltung zu ebnen.

Welche Geschichten sind geeignet?

Im Elementarbereich bietet sich natürlich nicht jede beliebige Geschichte an, um das narrative, d. h. das erzählende Element zur Geltung zu bringen. Die Geschichte soll neben einem thematischen Bezug zum Naturphänomen den Alltagsbezug der Kinder berücksichtigen und – wenn möglich – das geplante naturwissenschaftliche Experiment integrieren.

Zudem dürfen die Geschichten nicht zu lang sein, damit sich nicht die gesamte Konzentration der Kinder auf das Zuhören richtet und das eigentliche Experiment und dessen naturwissenschaftliche Deutung in den Hintergrund rücken. Welche Art von Erzählung soll es dann sein, die all diesen Kriterien genügt? Leider kann an dieser Stelle kein Rezept für das Geschichtenerzählen gegeben werden. Da das Storytelling immer Affekte und Emotionen wecken soll, oder wie Kubli, einer der schon seit langem im deutschsprachigen Raum zu diesem Thema forscht, es zum Ausdruck bringt, „mit Emotionen spielen soll" (vgl. Kubli, 2002, S. 113), ist für das erfolgreiche Erzählen von Geschichten viel Fingerspitzengefühl und Einfühlungsvermögen erforderlich. Auch Reinhardt (2003) nimmt von einer allzu präzisen Anleitung in seinem Buch „Storytelling in der Pädagogik" eher Abstand.

Dennoch gibt es bewährte Spannungsbögen, nach denen eine Geschichte im Rahmen der narrativen Didaktik aufgebaut werden könnte. Die einzelnen Schritte sollen im Folgenden beschrieben werden:

a) Eine Identifikationsfigur wird vorgestellt

Der Held der Geschichte sollte für die Kinder nicht bereits aus anderen Kontexten vertraut sein. Elefanten, Mäuse etc. sind bereits zu sehr „besetzt". So hat beispielsweise die Ameise Fred im Elementarbereich großen Anklang gefunden, weil ein

Insekt bislang noch nie einen solch prädestinierten Platz als Identifikationsfigur zugewiesen bekam. Auch ein Regenwurm hat sich in unseren Untersuchungen bestens
bewährt (vgl. Schekatz-Schopmeier, 2009). Es ist leichter, wenn noch eine zweite
Figur mit ins Spiel kommt, mit der sich der Held austauschen kann. So hat Fred im
klugen Paul einen geeigneten Kommunikationspartner gefunden und auch der Re-
genwurm Fridolin erkundet nicht allein die Welt, sondern wird von seiner pfiffigen
Freundin Lilo begleitet.
Stark negativ besetzte Tiere wie Spinnen, Fledermäuse oder etwa beängstigende
Haie sollten eher nicht als Vorlage verwendet werden. Neben der Tierwelt können
beispielsweise auch Marionetten, Puppen oder andere den Kindern lieb gewordene
Gegenstände der Einrichtung die Heldenrollen in den Geschichten verkörpern.
Wichtig ist, dass die Identifikationsfiguren einen Namen erhalten, der leicht zu mer-
ken ist und durch den die Kinder einen persönlicheren Zugang zu der Figur aufbauen
können.

b) Ein Problem taucht auf und muss dringend gelöst werden

Ohne allzu lange Umschweife sollte unmittelbar nach der Namensgebung der Identifikationsfigur auf das Problem hingeführt werden, dass der Held zu lösen hat.
Dieses Problem kann darin bestehen, dass der Held einen Wunsch hat (z. B. Tauchen
ohne nass zu werden), ihm ein Malheur passiert (z. B.: Salz ist ins Wasser gefallen.
Kann man es aus einer Lösung wiedergewinnen?) oder ihm etwas Bemerkenswertes
auffällt und er gemeinsam die Lösung für das überraschende Naturphänomen finden
möchte (z. B.: Ein im Wald weggeworfener Apfelkitschen soll als Festschmaus für
die Ameisen dienen, aber am Abend ist er braun und hässlich geworden. Wie kann
man ihn wohl beim nächsten Mal konservieren?). Um den Kindern das Auffinden
des Lösungswegs zu erleichtern, ist es hilfreich, wenn die zweite Figur bereits gang-
bare Lösungsvorschläge nennt.

c) Die Kinder werden aufgefordert, bei der Lösung mitzuhelfen

Nun wird auf das eigentliche Experiment hingeführt, durch dessen Auswahl, sorgfäl-
tige Ausführung und Beobachtung die Kinder dazu beitragen können, das Problem
des Helden zu lösen. Die Kinder können hierzu selbst Vorschläge zur Problemlösung
entwickeln und untersuchen, ob ihre jeweilige Idee zur Problemlösung beiträgt.
Ohne Frage stellt diese Herangehensweise den Königsweg dar, weil er die Eigeninitiative und die Kreativität der Kinder fördert. Es muss allerdings bedacht werden,
dass von den Pädagogen bereits fundierte naturwissenschaftliche Vorkenntnisse verlangt werden, um bei den spontanen Einfällen der Kinder absehen zu können, ob das
Experiment überhaupt durchführbar ist und zu einem beobachtbaren Ergebnis führt.
Zudem stellt diese offene Herangehensweise an das Experimentieren hohe Anforderungen an die materielle Ausstattung der Einrichtung. Für naturwissenschaftlich
noch nicht so erfahrene Pädagog/innen bietet es sich daher zu Beginn an, einen Ex-
perimentiervorschlag vorzubereiten, indem die entsprechenden Materialien für die
Kinder gut sichtbar auf den Tisch gestellt werden. Von diesen Materialien ausgehend, können die Kinder dann Ideen zur Problemlösung entwickeln.

d) Zurück zur Geschichte: Der Held löst das Problem dank der Hilfe der Kinder

Nachdem der Held ungeduldig und neugierig auf das Ergebnis der Kinder gewartet hat, wird ihm nun der geeignete Lösungsweg (am besten von einem der experimentierenden Kinder) unterbreitet. Nun sind dem Erzähler bei der Fortsetzung der Geschichte keine Grenzen gesetzt. So kann der Held den Lösungsvorschlag gleich umsetzen und sein Problem lösen bzw. seinen Wunsch erfüllen. Spannender und überraschender ist es, wenn der Held zaudert (z. B. Angst hat, mit einer Glasglocke ins Wasser zu tauchen), einen Alternativvorschlag in Erwägung zieht oder das Problem sich auf andere Weise gelöst hat.

Storytelling – weg vom Faktenlernen und vom Pauken

Können Sie sich noch an die Oxidationsstufen von Schwefel erinnern? Kennen Sie noch die Elemente der ersten Hauptgruppe des Periodensystems? Wissen Sie noch, welche Stickstoffoxide es gibt? Und aus welchen Komponenten setzt sich eigentlich unsere Luft zusammen?

Falls Sie das Fach Chemie im Unterricht hatten, sind Sie höchstwahrscheinlich mit all diesen Themen konfrontiert worden, aber „hängen geblieben" ist in der Regel kaum etwas. Viele werden nun argumentieren, dass der Lebensweltbezug gefehlt hat, um die Fakten zu behalten. Aber nicht nur im Falle der Zusammensetzung von Luft ist die unmittelbare Bedeutung für uns Menschen unbestritten, auch Schwefel- und Stickstoffverbindungen spielen für unser Leben eine wichtige Rolle, und die erste Gruppe im Periodensystem setzt sich aus vielen Elementen zusammen, die wir durch unsere Nahrungsmittel dringend zu uns nehmen müssen, um überleben zu können, so z. B. Lithium-, Natrium- oder Kalium-Ionen. Woran liegt es aber, dass den meisten von uns die Antworten auf die eben gestellten Fragen nicht (mehr) einfallen? Wir haben die naturwissenschaftlichen Fakten gepaukt und uns damit den eigentlichen Sinn, den diese Fakten haben, niemals aneignen können. Sinnentleert und nutzlos blieben die eingepaukten Fakten in unserem Gedächtnis so lange ohne Verankerung haften, bis sie bei nächst bester Gelegenheit in Vergessenheit gerieten.

Der Bremer Hirnforscher Gerhard Roth beschreibt in seinem Buch „Aus Sicht des Gehirns" sehr anschaulich, wie sich die einzelnen Gedächtnisleistungen voneinander unterscheiden und wie sinnentleertes Pauken durch sinnhafte Verknüpfungen ergänzt bzw. ersetzt werden kann. Schauen wir uns diese Gedächtniskategorien einmal genauer an (vgl. Roth, 2003).

Grundsätzlich werden drei Arten von Gedächtnisleistungen unterschieden, die jeweils mit der Aktivität ganz unterschiedlicher Zentren des Gehirns verbunden sind. Dies sind das deklarative, das emotionale sowie das Fertigkeits- oder prozedurale Gedächtnis. Diese grundlegenden Gedächtnisarten werden wiederum in viele Untergedächtnisse untergliedert.

Das emotionale Gedächtnis

Es umfasst Gefühle wie Glück, Angst, Mitleid, Trauer, Freude sowie körperliche Bedürfnisse wie Hunger, Durst oder Müdigkeit. Auch Affekte wie Wut, Zorn oder

Aggression werden hier aktiviert. Darauf soll im Weiteren nicht näher eingegangen und stattdessen auf einschlägige Literatur verwiesen werden (vgl. Roth, 2003).

Das Fertigkeitsgedächtnis

Dieses auch als prozedural bezeichnete Gedächtnis entzieht sich dem Detailbewusstsein des Menschen und wird daher auch implizites Gedächtnis genannt, da man es nicht bewusst beschreiben kann (im Gegensatz zum expliziten, deklarativen Gedächtnis). Fertigkeiten wie Schwimmen, Fahrradfahren oder Klavierspielen sind hier abgespeichert und je besser wir diese Fertigkeiten beherrschen, umso weniger Aufmerksamkeit müssen wir der Ausübung der Tätigkeiten schenken. Das Bewusstsein zieht sich „aus der Sache zurück" (ebd. S. 92). Gleichzeitig ist dieses Zurückziehen des Bewusstseins mit einer Sinnentleerung des Gelernten verbunden. Pauken ist ein solches prozedurales, mechanisch ablaufendes Lernen und führt zu einem Gedächtnis, das die Bedeutung des Gelernten nicht mehr in den Mittelpunkt stellt. Formeln, Gedichte, historische Daten oder Vokabeln zählen ebenso hierzu.

Das deklarative Gedächtnis

Es ist bislang am besten untersucht, da es für Schule, Ausbildung und die meisten beruflichen Tätigkeiten besonders wichtig ist. Da man „explizit", d. h. in Details darüber sprechen kann, wird es auch als explizites Gedächtnis bezeichnet. Es wird in drei Unterbereiche gegliedert:
Hierzu zählt zunächst das episodische Gedächtnis, das alle Geschehnisse umfasst, die in unserem Leben mit wichtigen Ereignissen zu tun haben. Autobiografische Details wie etwa die Zeit, zu der wir gestern zu Bett gegangen sind, werden hier beispielsweise gespeichert. Das Faktengedächtnis zählt ebenso zum deklarativen

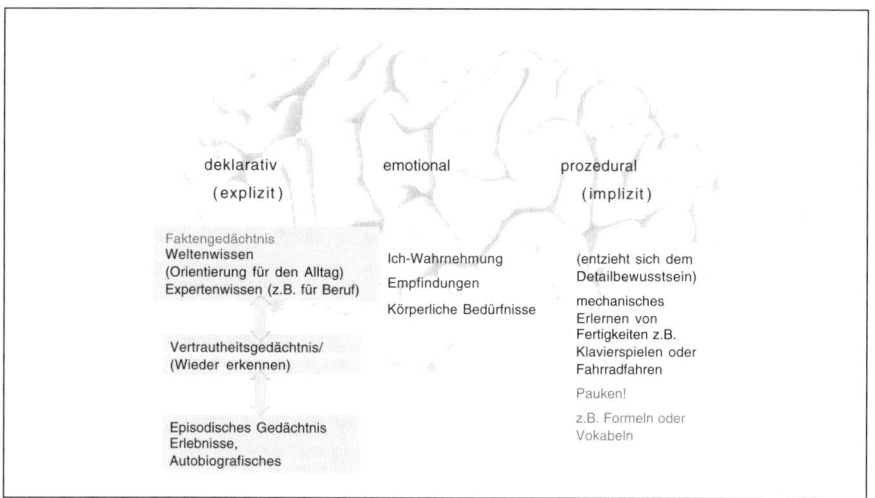

Abb. 1: Überblick über die unterschiedlichen Formen des Gedächtnisses.

Gedächtnis und wird einerseits in Weltwissen und andererseits in Expertenwissen unterteilt. Die dritte Untergruppe bildet das Vertrautheitsgedächtnis und ist dafür verantwortlich, dass wir etwa Personen, Landschaften oder Gebäude wiedererkennen.

Obwohl die drei deklarativen Gedächtnisarten unabhängig voneinander arbeiten, gehen sie ineinander über. Zur besseren Veranschaulichung der unterschiedlichen Gedächtnisarten soll die folgende Abbildung dienen:

Gerade in der Vernetzung zwischen Fakten-, Vertrautheits- und episodischem Gedächtnis liegt der Sinn des Storytellings bei der Heranführung von Kindergartenkindern an Naturphänomene. Geschichten bilden eine Brücke zwischen den oftmals unpersönlichen, wenig lebensnahen Fakten und dem eigenen Erleben. Über die Geschichten können die Fakten wieder ins Gedächtnis gerufen werden.

Genau diese Brückenbildung lässt sich gut mit neueren neurophysiologischen Befunden untermauern. Eine Speicherung des neu Erlernten im sogenannten episodischen Gedächtnis erleichtert das Abrufen des erworbenen Wissens mehr als das durch Auswendiglernen im Faktengedächtnis gespeicherte sinnentleerte Wissen (vgl. Brand & Markowitsch, 2004).

Auch eigene jüngste Untersuchungen zeigen, dass Grundschulkinder, die mit Storytelling an naturwissenschaftliche Themen herangeführt werden, affektiv sehr stark angesprochen werden und manche Kinder die naturwissenschaftlichen Hintergründe erst über die Geschichten rekapitulieren (vgl. Schekatz-Schopmeier, 2009).

Ausblick

Ohne Frage bieten Naturphänomene und vor allem Experimente zur Heranführung an Naturphänomene im Elementarbereich zahlreiche Sprechanlässe, die letztlich auch das sprachliche Ausdrucksvermögen der Kinder steigern werden. Dies gilt für nahezu alle Bildungsbereiche, die handlungsorientiert Gelegenheiten zu Sprechanlässen bieten. Doch in der Beziehung zwischen Naturwissenschaften und Sprache liegen noch weitere Komponenten, die beleuchtet werden sollten. So stellt sich etwa die Frage, ob nicht auch die Pädagogen durch den Sprachaspekt einen leichteren Zugang zu den Naturphänomenen gewinnen, indem sie ihre Aufmerksamkeit nicht mehr allein auf das Experiment und dessen Deutung richten, sondern auch die Sprachanlässe im Blick haben. Untersuchenswert ist auch die Frage, inwieweit Kinder mit diagnostizierten Sprachentwicklungsstörungen durch den Umgang mit Naturphänomenen tatsächlich sprachliche Fortschritte machen. In eigenen Untersuchungen wird derzeit dieser Frage nachgegangen.

Letztlich steht noch die methodisch schwierig zugängliche Frage im Raum, ob nicht grundsätzlich die Erfahrung von Naturgesetzmäßigkeit ein Verständnis der grammatikalischen Gesetzmäßigkeiten fördern könnte. Allererste Ansätze zu Untersuchungen zum Einfluss von naturwissenschaftlicher Früherfahrung und Sprachentwicklung wurden bereits vorgelegt, führten jedoch noch nicht zu überzeugenden bzw. eindeutigen Ergebnissen (vgl. Michalik, 2009). Es wird noch einiges an „langem Atem" und vieler Rückmeldungen aus der Praxis bedürfen, um bei diesen wichtigen Fragen fundierte Erkenntnisse gewinnen zu können.

ARMIN KRENZ

Beziehungen bewegen Menschen!

Warum bewegte Bindungserlebnisse zu bewegenden Bildungserfahrungen führen

Seit über einem Vierteljahrhundert weisen vielfältige Publikationen und unterschiedliche Wissenschaftler/innen kontinuierlich – fast Jahr für Jahr – auf ein zunehmend stärker werdendes Phänomen hin: *das Verschwinden der Kindheiten!*
So haben Aries (1975) und De Mause (1977), Muchow & Muchow (1980) und Hengst (1981), Bleuel (1981), Neumann (1981) und Wingen (1987), Geulen (1989), Elkind (1991), das Deutsche Jugendinstitut (1993), Mansel (1996), Rolff und Zimmermann (1997), Honig (1999) und Ellneby (2001) neben vielen anderen Autoren Biographien und Lebensbedingungen von Kindern beschrieben, die sich in tausendfacher Wiederholung Tag für Tag in den Lebenswirklichkeiten sehr vieler Kinder widerspiegeln.

Kindheiten vollziehen sich in funktionalisierten Bedingungen

Viele Kinderwelten sind räumlich und durch die Art der Tagesgestaltung massiv eingeengt, viele Kinderzeiten sind von morgens bis abends verplant und durchstrukturiert, viele Perspektiven sind von Erwachsenen für Kinder auf das ferne Ziel „Zukunft" hin programmiert und damit für Kinder zerrissen, weil sie „eigentlich" die Gegenwart erleben und selbstbestimmt erfahren wollen.
Doch was ist von dem Versuch *Kindheit als ein eigenständiges Zeitfenster* zu begreifen und entsprechend mit Kindern zu erleben, geblieben? Die Praxis zeigt: es ist wenig geblieben. In immer mehr frühpädagogischen Einrichtungen scheint es ein „Qualitätsmerkmal" zu sein, möglichst viel mit Kindern zu unternehmen, um Eltern zu verdeutlichen, dass Quantität ein „Qualitätshinweis" zu sein scheint. Und selbst die Aufregung durch die drei PISA-Studien sowie die entsprechenden Nachuntersuchungen brachten es an manchen Orten mit sich, dass nun wieder (alte) Vorschulblätter hervorgezaubert wurden, statt gemeinsam draußen zu spielen; ein frühes Leselernen in den Focus rückten, statt lebendige Abzähl- und Reimspiele gemeinsam zu erleben; Sprachtrainings als besonders wertvolle Übungseinheiten eingesetzt wurden, statt eine lebendig gepflegte Sprachkultur zu pflegen und frühe Legasthenie-Voruntersuchungen dazu führen, besondere graphomotorische Trainingseinheiten zu initiieren, statt auf Bäume zu klettern sowie Hüpf- und Versteckspiele zur Freude aller zu gestalten. Daneben gibt es Suchtprophylaxe-Programme für Kinder, um sie entsprechend „stark" zu machen, Anti-Gewalt-Trainings zur Verbesserung der Kommunikationsfähigkeit, anstatt eine sozial-empathische Atmosphäre in der Einrichtung zu kultivieren, kleinere Lehrprogramme zur nach wie vor „bedeutsamen gesunden Ernährung" an Stelle einer grundsätzlich sorgsam gepflegten Esskultur

und regelmäßiger Waldtage, um bestimmte Natur-Vorgänge exemplarisch zu begreifen und weniger die Wunder der Natur mit allen Sinnen wahrzunehmen. Zunehmend fiel auf, dass „ADS- und ADHS-Kinder" immer mehr Probleme machten und einer „gezielten Therapie" bedurften, ohne sich der Mühe zu unterziehen, die von Kindern gezeigten Verhaltensweisen zu beschreiben und auf eine gleichzeitig vorschnelle Nutzung von medizinisch geprägten Etikettierungen zu verzichten. Und nicht zuletzt wurden bzw. werden unterschiedlichste Curricula entwickelt, die im Sinne einer „Bildungsoffensive" in der Praxis „abgearbeitet" werden (sollen) und unmerklich die frühpädagogische Einrichtung in eine funktionalisierte Vorschulinstitution verwandeln. Spielmittel und diverse Spielzeugarten werden zunehmend zu Lerngeräten funktionalisiert, anstatt das Spiel in seinem grundsätzlichen Ausdruckswert zu genießen. Außenräume entwickeln sich mancherorts zu gefahrlosen (und langweiligen) Orten, die zwar keine Herausforderung mehr für Kinder bieten, dafür aber vom TÜV/GUV ein Sicherheitssiegel verliehen bekommen.

Persönlichkeitsbildung geschieht in einem Zusammenspiel zwischen Kind und Erlebniswelt

Wenn Antoine de Saint-Exupéry einmal sagte: „Wenn du mit anderen ein Schiff bauen willst, so beginne nicht, mit ihnen Holz zu sammeln, sondern wecke in ihnen die Sehnsucht nach dem großen, weiten Meer", so sei die Frage erlaubt, was vielerorts in der Pädagogik tatsächlich passiert. Viele Arbeitsimpulse in der Elementarpädagogik besitzen in zunehmendem Maße den Charakter einer „Kinderbelehrung" mit der Folge, dass es zu einer „Kinderentleerung" wird, weil Kinder im Gegensatz zu den belehrenden Absichten von Erwachsenen in Zusammenhängen – *real existierenden Kontexten* – fühlen, denken und handeln. Sie begreifen ihre Absichten und Erfahrungen in Handlungsvernetzungen und nur das wird als lernbedeutsam aufgenommen. Es ist das, was für sie selbst attraktiv, existenziell und lernmotivierend ist. Stattdessen bieten viele Eltern ihren Kindern immer mehr pädagogisierte Arrangements an, durch die sie ihre eigenen Lernimpulse immer weiter verdrängen und darauf warten, dass es vielleicht noch etwas Spannenderes gibt als ihre vorprogrammierte Lebensrealität. Der Weg vom Säugling über das Kind zum Jugendlichen und Erwachsenen wird immer kürzer, voller Entwicklungsabbrüche und weniger nachvollziehbar für die Kinder selbst. Nicht selten entstehen dadurch Entwicklungsbrüche vielfältigster Art, ausgedrückt als Verhaltensirritationen, auf die die Erwachsenenwelt mit immer neuen therapeutisierten Pädagogikprogrammen reagiert. Dort, wo ein Leben zunehmend in Bedingungen geschieht – und das macht den Alltag auch in immer mehr frühpädagogischen Einrichtungen aus – wird und ist die aktive Selbstbestimmung vieler Kinder radikal reduziert. Der Alltag ist aus „Fertigbausteinen" zusammengesetzt, der den Kindern wenig Raum lässt, *Forscher, Entdecker oder Wissenschaftler mit eigenen Neigungen* sein zu können. Janusz Korczak, der bekannte Arztpädagoge, hat einmal gesagt: „Wir belasten Kinder mit neuen Pflichten des Menschen von morgen, ohne ihnen die Rechte des Menschen von heute zuzugestehen … Um der Zukunft willen wird gering geachtet, was es heute erfreut, traurig macht, in Erstaunen versetzt, ärgert und interessiert. Für dieses Morgen das es weder versteht noch zu verstehen braucht, betrügt man es um viele Lebensjahre" (1987, S. 73).

Die Verantwortung der frühpädagogischen Fachkräfte

Max Frisch, der große Schweizer Schriftsteller, hat sich in seinen vielen Schriften mit der Frage nach der Identität des Menschen und dem Umgang mit seiner Welt auseinandergesetzt. In seinem ersten Tagebuch (1946–1949) schrieb er unter anderem: „Auch wir sind die Verfasser der anderen; wir sind auf eine heimliche und unentrinnbare Weise verantwortlich für das Gesicht, das sie uns zeigen, verantwortlich nicht für ihre Anlage, aber für die Ausschöpfung dieser Anlage". Dieser Satz trifft mit seiner Bedeutung genau in die hohe Verantwortung der erzieherischen Tätigkeit. Gleich den Verfassern von Büchern, Fachartikeln, Konzeptionen, die ihre Gedanken „schwarz auf weiß" zu Papier bringen, sind es auch die frühpädagogischen Fachkräfte, die mit ihrer Persönlichkeit und ihrer besonderen Arbeitsweise eine *prägende (Aus-)Wirkung auf Kinder haben* – neben den Einflüssen der Elternhäuser auf ihre Kinder. Auch Erzieher/innen wirken heimlich und unentrinnbar.

„Wenn wir bei einem Kind etwas ändern wollen, sollten wir zuerst prüfen, ob es sich nicht um etwas handelt, das wir an uns selbst ändern müssen." (Carl Gustav Jung)

Ein Satz, der von hoher Aussagekraft ist und dennoch immer häufiger außer Acht gelassen wird.
So ist die besondere *berufliche Identität* stets mit der *persönlichen Identität* der Fachkräfte auf das Engste verknüpft. Beide Identitätsbereiche entstehen nicht von alleine. Sie entwickeln sich vielmehr aus der eigenen Motivation heraus, humanorientierte, kompetente und professionelle Verhaltensmerkmale auf- und auszubauen, um einerseits selbstverantwortlich mit sich umgehen zu können, andererseits eine qualitätsgeprägte Frühpädagogik durchzuführen, die tatsächlich den viel genutzten Begriff „Qualität" zu Recht beansprucht. Die persönliche und berufliche Identität entwickelt sich im (selbst)kritischen Umgang mit den eigenen, fremden und Arbeitsfeld spezifischen Anforderungen, die mit dem Berufsbild der pädagogischen Fachkraft auf das Engste verbunden ist. So geht es beispielsweise darum, immer wieder selbstreflexiv die eigene Lebensgeschichte zu hinterfragen (Was habe ich als angenehm, was als unangenehm erlebt?) und das konkrete Verhalten mit dem konkreten Alltagsgeschehen vor Ort zu vernetzen, um festzustellen, welche Handlungsmomente konstruktiv und welche destruktiv sind. Dazu gehört unter anderem eine ausgebaute Dialogfähigkeit, um mit sich in den unterschiedlichsten Lebens- und Arbeitssituationen in Selbstbetrachtungen und –verhandlungen einzutreten. Hier heißt es dann, lebendige Entwicklungsfelder zu entdecken, Entwicklungschancen zu nutzen und Fehlentwicklungen durch neue Handlungsstrategien zu ersetzen.
In einem immer wiederkehrenden Klärungsprozess müssen unterschiedliche Erwartungen und Anforderungen, die man selbst an sich hat und die von außen kommen, auf ihre fachliche Existenzberechtigung hin überprüft werden. Es müssen Widersprüche entdeckt und geklärt, rigide Verhaltensmuster entdeckt und verändert, Auseinandersetzungen mit sich und anderen geführt, Stellung bezogen, Entscheidungen

mitgetragen, korrigiert oder durchgehalten, Selbstaktivität gezeigt, Standpunkte fachlich begründet vertreten, Lernmöglichkeiten gesucht, Selbstverantwortung übernommen und neue Handlungsstrategien ausprobiert werden.

Wenn frühpädagogische Fachkräfte Kinder und ihre Entwicklung, Kollegien, Träger, die Öffentlichkeit, Eltern sowie die Politik im Sinne einer qualitätsgeprägten Frühpädagogik entzünden wollen, sind *Engagement, offensives Handeln* und *Lebendigkeit,* der ständige Blick auf das Wesentliche sowie die permanente Entscheidung für das wirklich Bedeutsame und damit die tatsächlich entwicklungsförderlichen Einflüsse im Hinblick auf kindorientierte Entwicklungsbedingungen unausweichlich.

Dazu brauchen Kinder eine täglich herausfordernde Umgebung und engagierte, motivierte, begeisterungsfähige, von Ideen übersprudelnde und lebendige Erzieher/innen, die auf der einen Seite einer immer deutlich zunehmenden „Verpädagogisierung der Kindheiten" die ‚rote Karte' zeigen und auf der anderen Seite eine Pädagogik mit Kindern gestalten, die lebendig und spannend ist, die Neugierde der Kinder immer wieder aufs Neue provoziert und den Alltag der Kinder zu einem wahren ‚Fest der Sinne, der Entdeckungen aller Talente und zu spannenden Entwicklungsgeschichten' werden lässt.

Das kann nur dort geschehen, wo Kinder sich Tag für Tag selbstaktiv einbringen können; wo ihre Interessen aufgegriffen und mit ihnen gemeinsam weiterentwickelt werden; wo Kindermeinungen erwünscht und immer wieder gefragt sind; wo sich Regeln und gemeinsame Absprachen nach Entwicklungsbedürfnissen von Kindern ausrichten; wo Experimente und Gestaltungsvielfalt den Tagesablauf bestimmen; wo die unterschiedlichsten Spielformen (vom Theater- bis zum Schattenspiel, vom großflächigen Bau- bis zum szenischen Rollenspiel) genossen werden können; wo Musik und Märchen, Geschichten und Tobeerlebnisse, Höhlenbauten und aufregende Schatzsuchen, Zaubern und Kulissenbau die Kinder motivieren, ihre Einrichtung und die Fachkräfte zu lieben und wo Kinder ihren Alltag als einen *wesentlichen Teil ihrer aktuellen Lebenserfüllung* erfahren. Dann würde sich auch der viel zitierte Satz in der Frühpädagogik in der Wirklichkeit wieder finden: „Wir holen das Kind da ab, wo es steht".

Elementare Erfahrungen, auf denen die weitere Entwicklung aufbaut, wie
- in Pfützen planschen,
- auf Bäume klettern,
- sich in Wäldern verstecken,
- über Zäune springen,
- in der Erde tiefe Höhlen ausbuddeln,
- mit Obstkernen weitspucken,
- in Brombeersträuchern Höhlen bauen,
- nachts mit Freunden im Zelt schlafen,
- unreife Äpfel essen,
- Klingelstreiche unternehmen und weglaufen,
- Grimassen ziehen und
- die Hosentaschen voller Schätze haben

sind nicht nachzuholen. Basteln hingegen kann man im Altenheim immer noch!

Vision

Ein sogenannter Bullerbü-Effekt wird von Kindern überall dort gespürt und erlebt werden können, wo engagierte Erwachsene – Eltern und frühpädagogische Fachkräfte – der zurückliegenden, gegenwärtigen und immer stärker zunehmenden Funktionalisierung von Kindheiten – gerade auch durch eine Verpädagogisierung und Vertherapeutisierung – Einhalt gebieten. Wenn Erwachsene sich an ihre eigenen, selbst geliebten Rückzugsecken, Geheimnisse, Streiche, vertieften Spielerlebnisse, unbeaufsichtigten Spielplätze und spannenden „Kindheitsabenteuer" etc. zurückerinnern und das Glück ihrer eigenen Kindheit immer wieder neu spüren, wird die Möglichkeit gegeben sein, dass auch in unserer medial bestimmten, konsumorientierten und technisierten Welt der Bullerbü-Effekt wieder zu seinem Recht kommen kann. Innen- und Außenräume entwickeln sich dann zu Innen- und Außenträumen, in denen das Wesentliche wieder von Kindern erlebt werden kann – sich selbst entdecken, die Welt ertasten und begreifen, sich selbst als winzig und zugleich bedeutsam einzuschätzen, die vielfältigsten Düfte der Natur zu riechen, die Vielfalt von naturgegebenen Speisen zu schmecken, Naturgeräusche zu erlauschen und das Wesentliche zu sehen, um es in tiefe, persönliche Betrachtungen einzubeziehen. Dazu brauchen Kinder Tag für Tag naturnahe Spiel- und Erlebnisräume. Ebenso brauchen sie Menschen, die gemeinsam mit ihnen den lebendigen pädagogischen Alltag bewusst erleben und lebendig in einer bindungstarken Beziehung gestalten.

Bildungsziel: Entdeckung der Lebensfreude und Lebenskunst

Wilhelm Schmid, der als Privatdozent an der Universität Erfurt lehrt, schreibt: „…Wie immer der Weg der Kindheit und des Heranwachsenden verläuft, es geht darum, den Umgang mit sich selbst zu erlernen und zur Sorge für sich selbst in der Lage zu sein, soll das eigene Lernen nicht von anderen abhängig bleiben. Nur über die Selbstsorge wird das Leben zu einem eigenen, und nur dort, wo es Selbstaneignung gibt, kann es Selbstverantwortung geben. Sich um sich zu kümmern und doch nicht die Unbekümmertheit dabei zu verlieren – das stellt das dynamische Zentrum der kindlichen Lebenskunst dar…" (2003, S. 40). Wenn der Frage nachgegangen wird, was mit dem Begriff einer *dynamischen Lebenskunst* gemeint sein kann, so ergeben sich unter anderem folgende Antworten:

- gegenwärtige, positive Erlebnisse in ihrer Vielschichtigkeit genießen zu können;
- immer wieder über eigene Entwicklungen und Stärken staunen zu können;
- mit Offenheit, Interesse und Neugierde die Herausforderungen des Alltags suchen und sich ihnen mit Engagement zu stellen;
- alte, lebenseinengende Fühl-, Denk- und Handlungsmuster zu erkennen und sich von diesen lösen zu können;
- Zusammenhänge von Ereignissen erkennen und herstellen zu können, um aus der Erkenntnis heraus neue Handlungsstrategien zur Lösung von Problemen zu entdecken;
- neue, unbekannte Spielräume im Rahmen eigener Verhaltensvielfalten zu entwickeln;

- alte, bis weit in die Vergangenheit zurückliegende „Geschichten" zu klären, um aus belastenden Verstrickungen herauszufinden;
- in möglichst vielen bedeutsamen Situationen identisch mit sich umgehen zu können und sich selbst zu sagen: „Wie schön, dass ich geboren bin, dem Leben schenk' ich einen Sinn."

Die Macht der Gefühle

Über viele Jahrhunderte sahen Wissenschaftler/innen aus unterschiedlichen Fachdisziplinen (auch der Psychologie) ebenso wie Laien die „Rationalität und Intelligenz des Menschen" als die „Perle der Schöpfung" an. Das hat sich inzwischen durch vielfältige Untersuchungen relativiert, da demgegenüber bekannt ist, dass stets vor allen kognitiven Prozessen und Handlungsimpulsen die *Emotionen* die entscheidenden Impulse dafür geben, in welche Richtung gedacht und wie gehandelt wird. Es ist die „Macht der Gefühle" (Ochmann, 2003), die unser Leben steuert. Inzwischen haben führende Hirnspezialisten den Beleg dafür geliefert, wie Emotionen das gesamte Leben bestimmen. Dabei sei vor allem auf den in Iowa City lehrenden Professor für Neurowissenschaften, Antonio Damasio, den in New York lehrenden Joseph LeDoux, der einer der wichtigsten Erforscher der Amygdala (= des evolutionsgeschichtlich uralten Hirnteils, der einen zentralen Einfluss auf das Gefühlsleben des Menschen hat) ist und auf einen der führenden deutschen Hirnforscher, Gerhard Roth, hingewiesen.

Bindungen provozieren Bildungs- und Entwicklungswünsche

In Anbetracht dieser für die Pädagogik und Psychologie außergewöhnlich bedeutsamen Erkenntnisse sind die Ergebnisse der Bindungsforschung eng mit diesen vernetzt und besitzen für Erzieher/innen einen besonders hohen Bedeutungswert. Einfach ausgedrückt heißt das, dass eine *liebevolle, vertrauensvolle und verlässliche Bindung,* die Kinder in ihren ersten (und auch weiteren) Lebensjahren mit ihren Eltern sowie anderen Erwachsenen erfahren, die Grundlage der Entstehung der o. g. „Lebenskunst des Menschen" und gleichzeitig die Basis für tiefes Selbstvertrauen, Unabhängigkeit und Selbstständigkeit ist. Nur durch eine tief erlebte Geborgenheit und Annahme sind Kinder in der Lage, ihre „Lebenswurzeln" in Form von Sicherheit und Lebensfreude zu entwickeln und so gleichzeitig vor einer Reihe seelischer Irritationen und lebenseinschränkender Ängste geschützt zu werden. So vielfältig die Verhaltensirritationen bei Kindern und Jugendlichen ausgeprägt sind – vor allem Ängste, gewaltbereites Handeln, aggressives Verhalten, Anstrengungsvermeidungsverhalten, oppositionelles Widerstandsverhalten gegenüber Anforderungen oder eine generelle Antriebslosigkeit, so deutlich haben unterschiedliche epidemiologische Studien unter Beweis gestellt, dass diese und weitere problematischen Verhaltensweisen häufig direkt oder indirekt auf fehlende Bindungserfahrungen zurückgeführt werden können (vgl. Grossmann & Grossmann, 2004). So kommt immer wieder zum Ausdruck, dass eine als sicher erlebte Bindung ein wesentlicher *Schutzfaktor gegen seelische Irritationen* ist.

Grundannahmen und damit Ausgangspunkte für Bildungsprozesse

In der Bindungstheorie, die ein „umfassendes Konzept für die Persönlichkeitsentwicklung des Menschen als Folge seiner sozialen Erfahrungen" darstellt (Ainsworth & Bowlby, 2003, zitiert nach Grossmann & Grossmann, 2004, S. 65), gibt es fünf Postulate (= Grundannahmen):

„1.) Für die seelische Gesundheit des sich entwickelnden Kindes ist kontinuierliche und feinfühlige Fürsorge von herausragender Bedeutung.

2.) Es besteht die biologische Notwendigkeit, mindestens eine Bindung aufzubauen, deren Funktion es ist, Sicherheit zu geben und gegen Stress zu schützen. Eine Bindung wird zu einer erwachsenen Person aufgebaut, die als stärker und weiser empfunden wird, so dass sie Schutz und Versorgung gewährleisten kann. Das Verhaltenssystem, das der Bindung dient, existiert gleichrangig und nicht etwa nachgeordnet mit den Verhaltenssystemen, die der Ernährung, der Sexualität und der Aggression dienen.

3.) Eine Bindungsbeziehung unterscheidet sich von anderen Beziehungen darin, dass bei Angst das Bindungsverhaltenssystem aktiviert und die Nähe der Bindungsperson aufgesucht wird, wobei Erkundungsverhalten aufhört (das Explorationsverhaltenssystem wird deaktiviert). Andererseits hört bei Wohlbefinden die Aktivität des Bindungsverhaltenssystems auf und Erkundungen sowie Spiel setzen wieder ein.

4.) Individuelle Unterschiede in Qualitäten von Bindungen kann man an dem Ausmaß unterscheiden, in dem sie Sicherheit vermitteln.

5.) Mit Hilfe der kognitiven Psychologie erklärt die Bindungstheorie, wie früh erlebte Bindungserfahrungen geistig verarbeitet und zu inneren Modellvorstellungen (Arbeitsmodellen) von sich und anderen werden" (ebd., S. 67 f.).

Bindung kann durchaus als ein imaginäres Band verstanden werden, das zwei Personen verbindet und das dabei selbst in angenehmen Gefühlen verankert ist – als ein Erlebnis über einen längeren Zeitraum hinweg (vgl. Ainsworth, 1979). Da sich Bindung erst im Laufe des ersten Lebensjahres eines Kindes entwickelt (Ainsworth, 2003), werden Kinder im Laufe ihrer Entwicklung mehrere Bindungspartner suchen. Dabei nimmt gleichzeitig jedes Kind eine „innere Hierarchie der Bindungspersonen" vor. Je mehr sich ein Kind verlassen oder geängstigt fühlt, desto intensiver sucht es die apriorierte Bindungsperson.

Sichere Bindungserfahrungen machen Kinder stabil und lernaktiv

Kennzeichen einer sicheren Bindung kommen vor allem dadurch zum Ausdruck, dass Kinder

- die Bindungsperson als einen *„grundsätzlich sicheren Hafen"* erleben, den sie bei Verunsicherungen, Ängsten und Verlassenheitsgefühlen gerne, freiwillig und selbstmotiviert aufsuchen;
- durch die Verhaltensweisen der Bindungspersonen *Sicherheit* und *Hilfe* erleben dürfen;

- bei Sorgen, Kummer und Trennung die Nähe zu ihrer Bindungsperson suchen;
- schon sehr früh durch intensive Bindungserfahrungen immer weniger auf Bindungserlebnisse angewiesen sind und sich mit einem *Gefühl der inneren Grundsicherheit* auf die „Erkundung der großen, weiten Welt" einlassen und ihrem innewohnenden Forscherdrang nachgehen;
- motiviert und freiwillig über ihre Gefühle berichten und dabei emotionale Belastungen ebenso „ungehemmt und unkontrolliert" zum Ausdruck bringen wie Augenblicke der Freude und des tiefen Glücksempfindens.

Kinder brauchen mehr und mehr Bindungserfahrungen

Wenn Bindungserfahrungen bei Kindern (und Jugendlichen) vor allem ein Gefühl der tiefen Geborgenheit auslösen und gleichzeitig eine Schutzfunktion gegen Über- und Unterforderungen, Kränkungen, Hoffnungslosigkeit, Verlassenheitsängsten und Ohnmachtsgefühlen bilden, dann kann die Ausgangsthese des schwedischen Kindergarten- und Schulcurriculums *„Bildung geschieht nur durch Bindung"* nur mit großer Zustimmung aufgenommen werden. Die pädagogische Praxis zeigt allerdings immer wieder und immer stärker, dass zwar den Ergebnissen der Bindungsforschung in Deutschland eine „durchaus hohe theoretische Bedeutung" beigemessen wird, Bindungserfahrungen aber in der Praxis in der beschriebenen Ganzheit und in ihrer Ausprägungstiefe häufig nicht wirklich von Kindern erlebt werden. Das muss sich ändern, um gerade aus den PISA-Ergebnissen die vollständigen Konsequenzen abzuleiten und in der deutschen Pädagogik zu berücksichtigen. Im Gegensatz dazu wird die aktuelle Bildungspädagogik völlig anders gestaltet: belehrend statt erfahrungsorientiert, hierarchisch vermittelnd statt gemeinsam erkundend und funktionalisiert statt alltagsorientiert. Kinder brauchen liebenswerte Mitforscher/innen, geduldige und staunende Mitspieler/innen sowie selbsterfahrungsorientierte Akteure, die mit ihnen den Geheimnissen der Welt auf die Spur kommen wollen.

REINER HILDEBRANDT-STRAMANN

Den ganzen Tag Schule – wo bleibt Bewegung?
Bewegung, Spiel und Sport in der Ganztagsschule

PISA und Ganztagsschule

Zum Einstieg in mein Thema wurde ein kurzer Ausschnitt aus dem Film „Treibhäuser der Zukunft" von Reinhard Kahl (2004) gezeigt, der mit der Feststellung endet, dass seit dem Bekanntwerden der PISA-Ergebnisse ein Umbau des deutschen Bildungssystems begonnen hat. Die beiden zentralen Reformthemen in der nationalen Reaktion auf PISA sind „Ganztagsschule" und „nationale Bildungsstandards" stellt Jürgen Oelkers (2003, S. 36) fest. Schon am Tag der Veröffentlichung der PISA-Ergebnisse hat die Kultusministerkonferenz (KMK) einen Katalog mit sieben Handlungsfeldern beschlossen und veröffentlicht, mit denen die bei PISA festgestellten Defizite behoben werden sollen (vgl. Kultusministerkonferenz, 2001). Ein Handlungsfeld ist der Ausbau schulischer und außerschulischer Ganztagsangebote. Damit den Worten auch Taten folgen, hat die Bundesregierung 2003 ein Investitionsprogramm „Zukunft, Bildung und Betreuung" (IZBB) aufgelegt, mit dem der Bund den Ländern für die Einrichtung neuer Ganztagsschulen und die qualitative Weiterentwicklung vier Milliarden Euro für den Zeitraum von 2003 bis 2007 zur Verfügung gestellt hat. Tatsächlich hat sich die Anzahl der Ganztagsschulen in der BRD im Zeitraum von 2002 bis 2007 erheblich erhöht, auch wenn man hinsichtlich der Verteilung der Ganztagsschulen auf die verschiedenen Schularten deutliche länder- und schulartspezifische Unterschiede erkennen kann (vgl. Holtappals, 2007).

Formen der Ganztagsschule

Der quantitative Ausbau der Ganztagsschulen sagt noch nichts über die Ganztagsschulformen aus. Es haben sich in den vergangenen acht Jahren eine Vielzahl von unterschiedlichen Ganztagsschulen etabliert, auf die ich an dieser Stelle nicht im Einzelnen eingehen kann (vgl. Appel, 2005). Meine Unterscheidung stützt sich auf eine Entscheidung der Kultusministerkonferenz von 2004, nach der drei Grundformen definiert werden (vgl. auch Neuber, 2008):

I.   In der voll gebundenen Form sind alle Schülerinnen und Schüler verpflichtet, an mindestens drei Wochentagen für jeweils mindestens sieben Zeitstunden an den ganztägigen Angeboten der Schule teilzunehmen.

II. In der teilweise gebundenen Form verpflichtet sich ein Teil der Schülerinnen und Schüler, an mindestens drei Wochentagen für jeweils mindestens sieben Zeitstunden an den ganztägigen Angeboten der Schule teilzunehmen.

III. In der offenen Form ist ein Aufenthalt verbunden mit einem Bildungs- und Betreuungsangebot in der Schule an mindestens drei Wochentagen von täglich mindestens sieben Zeitstunden für die Schülerinnen und Schüler möglich. Die

Teilnahme an den ganztägigen Angeboten ist jeweils durch die Schülerinnen und Schüler oder deren Erziehungsberechtigten für mindestens ein Schulhalbjahr verbindlich zu erklären, sie ist aber grundsätzlich freiwillig.

Mit 67% sind die offenen Ganztagsschulen mit Abstand die bislang am häufigsten geförderten Schulformen in Deutschland. Es folgen mit 16% die teilweise gebundenen sowie mit 8% die voll gebundenen Schulen. Die restlichen 9% verteilen sich auf Horte und andere offene Formen (Sozialpädagogisches Institut Nordrhein-Westfalen (SPI NRW), 2006, S. 26).

Hinter den unterschiedlichen Formen stecken verschiedene bildungspolitische und schulpädagogische Zielsetzungen und Vorstellungen von Schule, die ich im nächsten Kapitel kurz erläutern werde.

Argumente für die Entwicklung von Ganztagsschulen

Für die Einrichtung von Ganztagsschulen gibt es drei zentrale Begründungen:
I.   eine sozialpolitische Begründung
II.   eine erzieherische Begründung
III. eine schulpädagogische Begründung.

Die sozialpolitische Begründung verweist auf die Veränderung der Institution Familie und auf das gewandelte Frauenbild und fordert demzufolge eine ganztägige Betreuung für Kinder. Ganztägige Schulen sind in dieser Hinsicht als „gesellschaftlicher Beitrag zur Sicherstellung und zur Qualitätssteigerung der soziokulturellen Infrastruktur zu verstehen" (Höhmann, Holtappels & Schnetzer, 2004, S. 254; vgl. Radisch & Klieme, 2003, S. 14; Tillmann, 2005, S. 49; Prüß, Kortas & Schöpa, 2009, S. 10).

Die erzieherische Begründung zielt auf die durch gesellschaftliche Entwicklungen bedingte Reduzierung der Erziehungsleistung von Familien. „Auch in der normalen Familie werden soziale Kompetenzen deutlich schwächer vermittelt als früher", schreibt Tillmann (2005, S. 50). Ganztägigen Schulen kommt somit eine kompensatorische Funktion im Bereich des sozialen Lernens und der Sozialerziehung zu.

Die schulpädagogische Begründung ergänzt dies, indem sie größere zeitliche Bereiche für eine veränderte Schul- und Lernkultur fordert. Die Berufsanforderungen beschränken sich heute nicht auf ein exklusives Wissen der Schulabgänger, vielmehr werden ein fächerübergreifendes, überfachliches Wissen und Können, Selbstständigkeit, Verantwortungsübernahme, Kooperations-, Team- und Gemeinschaftsfähigkeit sowie Selbstkompetenz erwartet. Daraus ergibt sich die Notwendigkeit der Anwendung alternativer Lern- und Arbeitsformen, für die umfangreichere, zeitlich flexible Rahmenbedingungen, neue Inhalte, methodische Vielfalt und ein individuelles Eingehen auf Lernende erforderlich sind (vgl. Prüß, Kortas & Schöpa, 2009, S. 11; Tillmann, 2005, S. 50; Höhmann, Holtappels & Schnetzer, 2004, S. 255 ff.).

Wie sind die Formen der Ganztagsschule vor dem Hintergrund dieser Begründungen zu bewerten? Legt man die sozialpolitische und die erzieherische Perspektive an, so kommt man bei allen Formen zu positiven Bewertungen. In der Ganztagsschule erfolgt ein entscheidender Schritt, um z. B. Betreuungsplätze für die Grundschüler zu schaffen. Damit können vor allem Frauen ihren Berufs- und Lebensalltag weit selbstbestimmter gestalten als bisher. Die Ganztagsschulpraxis zeigt weiterhin, dass eine zusätzliche Förderung gerade für Kinder mit Lernschwierigkeiten, unter ihnen viele Emigrantenkinder, auch in den offenen Ganztagsschulen möglich ist. Aus einer schulpädagogischen Sicht fällt die Einschätzung deutlich zurückhaltender aus. Kritisch zu bewerten ist bei den offenen Ganztagsschulformen die Trennung zwischen einem Unterrichtsvormittag und einem Betreuungs- und Beschäftigungsnachmittag. „Weil nur ein Teil der Kinder an den Nachmittagsangeboten teilnimmt, muss das Unterrichts-Pflichtangebot am Vormittag stattfinden. Das bedeutet auch, dass die von der Reformpädagogik immer wieder eingeforderte Veränderung der Unterrichtskultur – gefördert durch größere zeitliche Spielräume – hier nicht eintreten kann. Auch die wechselseitigen Anregungen zwischen schulischer und außerschulischer Pädagogik werden bei dieser zeitlichen Trennung nur schwer wirksam" (Tillmann, 2006, S. 39). So ist es auch ein Fehlschluss anzunehmen, dass durch die Verlängerung des Schultages bei Beibehaltung des vormittäglichen Unterrichts und der Ergänzung durch nachmittägliche Betreuungs- und Freizeiträume die Schulleistungen steigen. Die wenigen Studien zum Effekt des ganztägigen Aufenthalts in der Schule, beispielsweise auf die Schülerleistung, scheinen dies zu bestätigen (vgl. Deutsches Institut für Internationale pädagogische Forschung, 2003). In nahezu allen Vergleichsuntersuchungen werden kaum Unterschiede zwischen herkömmlichen Schulen und denen mit einer offenen Ganztagsstruktur festgestellt. „Die Gründe hierfür mögen vielfältig sein. Solange die Reform jedoch den Kern der Schule unangetastet lässt, sind auch keine besseren Schulleistungen zu erwarten. Zwar kann es dem Betreuungsangebot gelingen, Unterschiede im Herkunftsmilieu zu kompensieren und Kinder ganzheitlich zu fördern. Besuchen diese jedoch einen nahezu unveränderten Unterricht, wird der Effekt vergleichsweise gering ausfallen. Im Gegenteil verstärken gewisse Maßnahmen, wie die Hausaufgabenbetreuung, die Grundlinien des traditionellen Unterrichts. Damit verändern sie die Lernkultur nicht positiv wie erwartet, sondern tragen letztendlich dazu bei, dass Schüler, die bisher ein reformbedürftiges Schulkonzept durch ihr nicht funktionieren gestört und somit hinterfragt haben, nun besser an dieses angepasst werden. So gesehen behindert die Schulreform Ganztagsschule, die häufig gar keine ist, die tatsächlich nötigen Schulreformen" (Burk & Deckert-Peaceman, 2006, S. 19 f.).

Im Gegensatz zu den offenen Konzepten scheinen die gebundenen und teilgebundenen Ganztagsschulen die Forderungen nach einer qualitativen Veränderung der Schul- und Lernkultur eher zu erfüllen. Hier finden wir die Auflösung des 45-Minuten-Taktes, eine Verknüpfung von unterschiedlichen Fächern, Zusatzangebote und Freizeit verteilt über Vor- und Nachmittag, Raum für freie bzw. offene Unterrichtsformen und für Projekte sowie eine Individualisierung des Lernens durch eine „Pädagogik der Vielfalt" (Prengel, 1995), die konsequent die unterschiedlichen Lernvoraussetzungen der Schüler berücksichtigen.

In diesen Formen der Ganztagsschule haben Bewegung, Spiel und Sport einen jeweils spezifischen Stellenwert. Bevor ich diesen erläutere, möchte ich auf die grundsätzliche Bedeutung von Bewegung im Zusammenhang mit Bildung und Lernen in der Schule eingehen.

Bewegung als Zugang zur Welt

Das leibliche Erfassen von Welt ist von Geburt an Grundlage für Bildungsprozesse und bleibt es ein Leben lang. Leibliches Erfassen ist immer auch mit Bewegung verbunden. In dieser anthropologischen Verfasstheit bildet Bewegung für Kinder den grundlegenden Zugang zur Welt. „Kinderwelt ist Bewegungswelt" (Ehni, 1982).

So wie „Sprechen" und „Denken" ist auch „Sich-Bewegen" ein fundamentales Medium der Vermittlung zwischen Mensch und Welt, zwischen innen und außen. Sich-Bewegen ist eine Lebensform des Menschen und bedeutet für die meisten Kinder und Jugendlichen die lustbetonte Vergegenwärtigung des Seins. Ihre Erfahrungen sind begleitet von vielen kinästhetischen Sensationen: Schwere und Leichtigkeit, Geschwindigkeit und Rhythmus, Zusammenspiel äußerer und innerer Kräfte, Wechsel der körperlichen Lage in Raum und Zeit (vgl. Faust-Siehl, Garlichs, Ramseger, Schwarz & Warm, 1996, S. 96). Diese Sensationen realisieren sich, wenn Kinder und Jugendliche laufen, hüpfen und springen, schwingen und schaukeln, sich drehen und tanzen, sich überschlagen oder balancieren. Soziale und ästhetische Bewegungserlebnisse gewinnen sie, wenn sie etwas pantomimisch darstellen und jemandem eine Szene machen, in die Gruppe eintauchen, mit ihr einen Prozess gestalten und sich wieder von ihr trennen, explorierend zum Raum ein Verhältnis gewinnen oder durch Rhythmisierung eine zeitliche Ordnung schaffen. In solchen Fällen machen sie vielfältige soziale, materiale und kinästhetische Erfahrungen, die für den Prozess der Selbstwahrnehmung unersetzlich sind. Wir sehen: „Die Bewegungsaktivitäten sind in ein Handlungsgeschehen eingebunden, das mehr bedeutet als die äußerlich beobachtbare Motorik und messbare Fitness. Wir haben es nicht mit einer isolierbaren Bewegung zu tun, sondern immer mit sich bewegenden Menschen. Im Bewegungsvollzug zeigt sich das menschliche Leibverhältnis zur Welt, ihm liegt ein relationales Menschenbild zugrunde, das Bewegung als Beziehung von Mensch und Welt versteht" (Becker, Michel & Laging, 2009, S. 13).

Fasse ich diese Erläuterungen zusammen, dann ist Bewegung zu verstehen und zu fördern als Erkenntnis-, Ausdrucks- und Gestaltungsorgan. Bewegung ist eine aktive Weise des Weltverstehens.

Das hier dargelegte Bewegungsverständnis korrespondiert mit einem Verständnis von Bildung als Selbstbildung (vgl. Laging, 2006). Eine wesentliche Aufgabe der Schule besteht darin, die Selbstbildung in der Sachbegegnung zu unterstützen und die dazu notwendigen Kompetenzen zu entwickeln, die es Kindern ermöglichen, Realität produktiv zu verarbeiten und dabei eine bewegungsgeschickte, kreativ-eigenwillige, sozial orientierte und beziehungsfähige Persönlichkeit auszubilden. In der aktuellen erziehungswissenschaftlichen Diskussion sind damit ganz allgemein Kompetenzen des „Weltverstehens" (Benner, 1996, S. 265 f.) gemeint. Nach Benner ist damit die Klärung des Selbstverhältnisses zur Sache beziehungsweise zu den Inhalten verbunden. Dieser Klärungsprozess vollzieht sich in einer wechselseitigen

Erschließung von „Ich" und „Welt" (vgl. Benner, 1996, S. 134 ff.). Voraussetzungen
für diesen Prozess und somit konstitutiv für Selbstbildungsprozesse ist eine selbsttätige Auseinandersetzung der Lernenden mit dem Inhalt. Selbsttätigkeit verlangt nach
offenen Lernformen, die eine Mitgestaltung an den Lernprozessen vorsehen.

An dieser Stelle möchte ich auf meine Überlegungen zu den Formen von Ganztagsschule und auf den Ausgangspunkt meines Vortrags, die Ergebnisse der PISA-Studie
kurz zurückkommen. Bei den Formen der Ganztagsschule habe ich unter anderem
zwischen der offenen und gebundenen Ganztagsschule unterschieden. Ich habe darauf aufmerksam gemacht, dass in der Ganztagsschuldiskussion von den Reformern
die gebundene Ganztagsschule deshalb favorisiert wird, weil sie genau auf diesen
Bildungsbegriff des „Weltverstehens" als Selbstbildung abzielt, wenn sie eine grundsätzliche Veränderung der Lernkultur fordern.

Der Zusammenhang mit den Ergebnissen der PISA-Studie ergibt sich wie folgt: Das
schlechte Abschneiden deutscher Schülerinnen und Schüler ist im Verständnis des
PISA-Kompetenzbegriffs im Wesentlichen nicht auf mangelndes Schulwissen zurückzuführen, sondern auf mangelnde Basiskompetenzen, womit gemeint ist, selbstständig und konstruktiv Problemlösungen erarbeiten zu können. Es geht also in der
Konsequenz von PISA nicht darum Wissenslücken zu kompensieren, sondern andere Weisen des Weltverstehens in der Auseinandersetzung mit Themen und Inhalten
zu entwickeln. An dieser Stelle der Argumentation lässt sich die Frage stellen, „ob
nicht analog zu den PISA-Basiskompetenzen auch das leibliche Erfassen von Welt
und bewegungsaktives Weltverstehen als Teil der Grundbildung des Menschen notwendig sind" (Laging, 2005, S. 160). Dabei geht es nicht um eine weitere Basiskom-
petenz neben anderen (z. B. der Lesekompetenz), sondern um eine grundlegende,
d. h. leiblich-sinnliche Fundierung der anderen Basiskompetenzen. Die Frage, auf
die ich im Folgenden näher eingehen werde, ist nun die danach, wie eine Ganztagsschule mit dem Bildungsbeitrag von Bewegung, Spiel und Sport umgeht. Dabei be-
ziehe ich mich auf Ergebnisse eines Forschungsprojekts über „Bewegung, Spiel und
Sport in der Ganztagsschule", das Ralf Laging, Jürgen Teubner und ich seit drei
Jahren durchführen (vgl. Hildebrandt-Stramann, Laging & Teubner, 2005; Projektgruppe „Bewegungsorientierte Ganztagschule", 2008).

Bewegung, Spiel und Sport in der Ganztagsschule

Die Frage nach dem Bildungsbeitrag von Bewegung, Spiel und Sport kann man in
einer Ganztagsschule nicht nur auf den Bewegungsunterricht beziehen, sondern
auch und vor allem auf die Gestaltung einer bewegten Schulkultur als Ganzes (vgl.
Laging, 2006). Ganztagsschulen in offener und (teil-)gebundener Form verfügen
über mehr Zeit zur Gestaltung des Bildungsauftrages. Wie lösen nun Ganztagsschulen diese Problematik und welche Formen von Schulkultur ergeben sich daraus? Für
den Erfahrungsbereich „Bewegung, Spiel und Sport" stellt sich die Frage, in welcher
Quantität, vor allem aber in welcher Qualität findet er in dem größeren Zeitbudget
Berücksichtigung? Ganztagsschulen müssen im Sinne eines verantwortlichen Umgangs mit Körper und Bewegung prüfen, wie der Schultag mit Bewegung rhythmisiert, mit nicht formellen Bewegungsaktivitäten in den Pausen gestärkt, mit ganztä-

gigen Sport- und Bewegungsangeboten, auch in Kooperation mit außerschulischen Einrichtungen wie den Sportvereinen, gestaltet werden und darüber hinaus in jedem Unterricht einen Platz bekommen kann (vgl. Hildebrandt–Stramann, 2008). Diese Überlegungen möchte ich im Folgenden am Beispiel von drei ausgewählten Themen aus dem Ganztagsschuldiskurs konkretisieren.
Die Themen lauten:
1. Rhythmisierung
2. Bewegung und Lernen
3. Kooperation von Schule und Sport

Rhythmisierung in der Ganztagsschule

Eine Ganztagsschule kommt aufgrund der verlängerten Schulzeiten nicht umhin, ihren Tagesablauf zeitlich zu strukturieren. Die Rhythmisierung der Schulzeit unter verschiedenen Gesichtspunkten ist dabei eine Form des Umgangs mit Zeit (vgl. Burk, 2006a). In unserem Projekt haben wir sehr unterschiedliche Rhythmisierungsformen kennen gelernt, die unter dem Aspekt der Leiblichkeit einen je unterschiedlichen Stellenwert haben. Ich möchte dies an zwei Beispielen erörtern.

Beispiel: Lektionenschule

Wir haben in allen Ganztagsschulformen u. a. folgende Strukturierung vorgefunden: Der Schultag beginnt mit einem offenen Anfang von 7.30 – 8.00 Uhr. Danach folgen sechs Stunden Unterricht am Vormittag und zwei Unterrichtsstunden am Nachmittag, in denen wie am Vormittag jedes Fach unterrichtet wird. Die ersten beiden und die letzten beiden Stunden sind 45-Minutenstunden, die dazwischen liegenden Stunden sind 40-Minutenstunden. Der Schultag endet um 15.30 Uhr. Die verkürzten Unterrichtsstunden ermöglichen eine 65-minütige Mittagspause. Nach den ersten beiden Unterrichtsstunden liegt eine 15-Minuten- und nach der vierten Unterrichtsstunde eine 20-Minutenpause. Aufgrund der zeitlichen Strukturierung in 45- bzw. 40-Minutentakten kann man die Schule als eine „Lektionenschule" (Burk, 2006b, S. 37) charakterisieren.

Wie schätzen Schulleiter und/oder Lehrer eine solche Zeitgestaltung ein?

Aus unseren Interviews geht deutlich hervor, dass Schulleiter und Lehrer erkennen, dass diese Tagesstrukturierung in keiner Weise den leiblichen Bedürfnissen der Schüler – und hier vor allem der jüngeren Schüler – entspricht.
Die Kinder sitzen zu viel, sie sind z. T. wie festgetackert. „Das halten die nicht aus von der Konzentration her, die brauchen Sport und Bewegung, und ich denke, dass man noch mehr Angebote schaffen müsste" (vgl. Projektgruppe „Bewegungsorientierte Ganztagsschule", 2008, Quellentext 1, S. 13).
Vor allem der Einstieg in den Unterricht um 14.00 Uhr erweist sich häufig als besonders schwierig. Dabei entsteht das Problem, dass sich ein Teil der Schülerinnen und Schüler in der Mittagspause so gut entspannt, dass zu Beginn des Unterrichts ihre Konzentrationsfähigkeit darunter leidet. Andererseits sind andere Schülerinnen und Schüler durch viele Bewegungsaktivitäten so aufgedreht, dass die Lehrkraft erst

einmal einen optimalen Aktivitätsgrad der Schülerinnen und Schüler für den Unterricht herstellen muss.

„Wenn dann der Unterricht an der Stelle ansetzt, *du hast jetzt sofort still zu sein, auf deinem Stuhl zu sitzen und zuzuhören,* dann kehre ich ja sozusagen die Aktivitäten völlig um und dann gibt es ein Problem – für das Kind und für den Unterricht ... (Andererseits ist die Mittagspause) eine gute Gelegenheit, wirklich auch zu entspannen, weil ja dann noch mal zwei Stunden Unterricht kommen ... Ist zu beobachten, grad weil sie so gut entspannen, ist diese Einstiegssituation 14.00 Uhr und ich ... will Unterricht machen – schwierig" (vgl. Projektgruppe „Bewegungsorientierte Ganztagsschule", 2008, Quellentext 1, S. 13).

Interpretation aus einer leibanthropologischen Perspektive

Die hier zu Tage tretenden Probleme des still gesetzten Kindes, das sich aus seiner Immobilität nur zu fremdbestimmten Zeiten befreien kann, sind u. a. zurückzuführen auf einen leiblichen Konflikt zwischen äußerer und innerer rhythmischer Ordnung. In einer technisierten Gesellschaft nimmt der menschliche Leib an vielfältigen vorgegebenen rhythmischen Ordnungen teil. Die Schule ist ein Beispiel einer solchen vorgegebenen rhythmischen Ordnung. In dem hier vorgestellten Schulbeispiel muss sich der Schülerleib in eine zeitliche Taktung einpassen, die es ihm schwer möglich macht, seinen „Eigenrhythmus" zu finden. Dieser Konflikt äußert sich leiblich durch zunehmende Unruhe und Konzentrationsmangel im Unterricht, durch die Schwierigkeit der Kinder, ihren in der Mittagspause in Regung gekommenen Leib wieder ruhigzustellen oder den entspannten, vielleicht durch die zuvor erfolgte Überbelastung ermüdeten Leib neu zu aktivieren. Deutlich ist eine Überlagerung der inneren, naturnahen Rhythmen der Schülerinnen und Schüler, die sich z. B. durch einen steten Wechsel von Anspannungs- und Entspannungsphasen auszeichnen, von funktionalistischen Prozeduren zu erkennen (vgl. Bräuer, 1990).

Beispiel: Eigenrhythmusschule

Der Schultag beginnt mit einem offenen Anfang, ihm folgt eine Klassenversammlung, in der z. B. Themen vorgestellt, Geschichten vorgetragen, Ergebnisse diskutiert oder auch Streitereien geschlichtet werden. Der Klassenversammlung schließt sich eine Arbeitsphase an, in der die Kinder individuell oder in Gruppen an unterschiedlichen Themen arbeiten. Diese Arbeitsphase geht immer fließend in einen freien Bereich über. Auffällig ist, dass dies nicht für alle Schüler gleichzeitig gilt. Manche Kinder arbeiten und sitzen deshalb länger, weil sie von dem Thema ‚gefangen' sind. Andere arbeiten länger, weil sie ihre Arbeit unbedingt fertigstellen wollen. Wieder andere sind mit ihrer Arbeit schon fertig und beginnen mit anderen Aktivitäten. Viele ziehen es vor, sich draußen zu bewegen.
Das durch den Ganztagsbetrieb erweiterte schulische Zeitraster bildet für die Lehrer dieses Schultyps den organisatorischen Sockel für die pädagogische Gestaltung der Lernkultur dieser Schule. Entscheidend ist für sie der Umgang mit der Zeit: also Zeit für die Schüler haben, Zeit investieren, die richtige Zeit für entsprechende Verhaltensweisen oder Interventionsmaßnahmen spüren, aber auch, den Schülern Zeit für eine

individuelle Gestaltung des Lernens lassen. Damit sie diese Vorstellungen umsetzen können, rhythmisieren sie die Schulzeit unter verschiedenen Gesichtspunkten. So wird für jede Jahrgangsstufe das Schuljahr durch Tages- und Wochenrhythmen unterschiedlich strukturiert. Eine Lehrerin erklärt die Rhythmisierungsphilosophie wie folgt: „Kinderkollektiv und Individuum … haben ja unterschiedliche Rhythmusansprüche und … da einen Ausgleich zu finden ist schwierig … zusätzlich zu diesen Tagesrhythmen gibt es dann Wochenrhythmen, Monatsrhythmen. … Wir haben also diese Epochenstrukturierung, das rhythmisiert das Jahr auch. Dann haben wir in der Regel vier, manchmal fünf, Projektwochen. Das sind also Rhythmen, die im Jahresablauf das untergliedern, hin und wieder auch Feste, die … rhythmisierend wirken, und so ist das eigentlich ständig eine Bewegung in der Schule, die also versucht vom individuellen Einzelrhythmus bis zum ganzen Angebotsrhythmus eines Jahres das irgendwie auf die Reihe zu kriegen" (vgl. Projektgruppe „Bewegungsorientierte Ganztagsschule", 2008, Quellentext 2, S. 20).

Deutlich wird das pädagogische Grundverständnis von Rhythmus: Ausgangspunkt ist immer der Eigenrhythmus des Schülers, der berücksichtigt werden muss und von dem aus in reziproker Abhängigkeit über den Tages-, Wochen- und Jahresrhythmus nachgedacht wird.

Interpretation aus einer leibanthropologischen Perspektive

Aus einer leiblichen Perspektive kann man aus dieser Form der Tagesgestaltung die Absicht erkennen, dass die Schüler ihren „Eigenrhythmus" finden sollen. Deutlich werden die Bemühungen, durch den Wechsel von Anspannungs- und Entspannungsphasen eine Balance zwischen den inneren, naturnahen Rhythmen der Schülerinnen und Schüler und funktionalistischen Prozeduren herzustellen. Die Schüler haben die Möglichkeit, ihren Lernprozess selbst zu steuern, d. h. eigene Lernstrategien zu entwickeln, Kontakte zu anderen Kindern aufzunehmen, Entspannungs- und Anspannungsphasen zu gestalten. Es werden Phasen des aufgabenbezogenen Lernens und Phasen des erforschenden Lernens, Phasen des formellen und solche des informellen Lernens miteinander verbunden. Für die Lehrer ist entscheidend, inwieweit den Schülern Handlungs- und Entscheidungsspielräume zugestanden werden, ihre Lerntakte und ihren Eigenrhythmus beim Lernen selbst zu finden.

Bewegung und Lernen in der Ganztagsschule

Bezogen auf das Lernen im Unterricht wird zwischen zwei Ebenen des bewegten Lernens unterschieden:
1. Lernen mit Bewegung und
2. Lernen durch Bewegung (vgl. Baur-Fettah, 2007; Hildebrandt-Stramann, 2009b).

Das Lernen mit Bewegung hat eine lernbegleitende Funktion. Ein Beispiel hierfür sind Bewegungspausen, die der Lehrer einsetzt, um die nachlassende Konzentrationsfähigkeit der Kinder zu kompensieren. Weitere Beispiele sind ein bewegtes Mobiliar (vgl. Landau & Sobczyk, 2003) und die Methoden Wochenplan- und Freiarbeit (vgl. Nellessen, 2007).

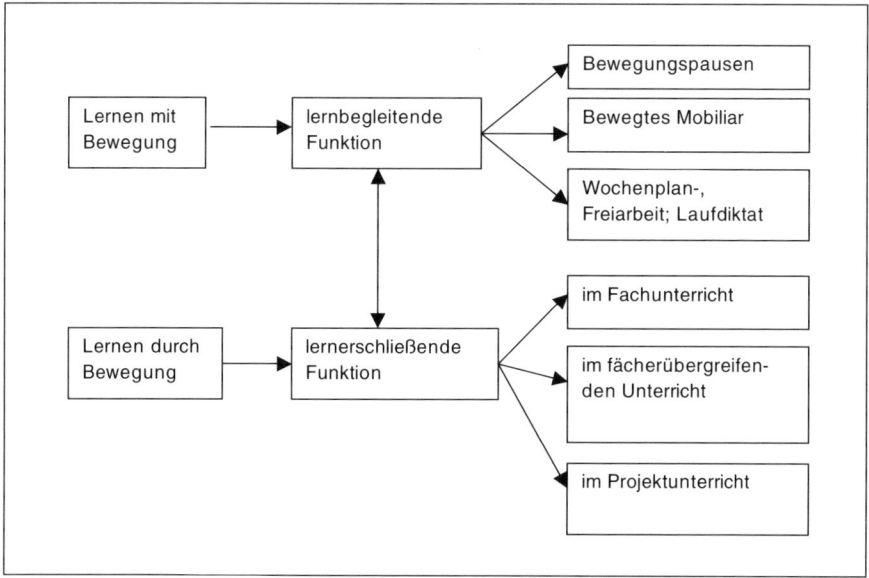

Abb. 1: Ebenen des bewegten Lernens (vgl. Laging, 2008)

Das Lernen durch Bewegung hat eine lernerschließende Funktion. Die Intention dabei ist, durch Bewegungshandlungen sich ein Lernthema zu erschließen, dabei etwas zu erkennen, zu erfahren, zu begreifen, zu verstehen. Klupsch-Sahlmann (2001) bezeichnet diese Ebene auch als „bewegungsbezogene Themenerschließung". Beispiele hierfür sind im Deutschunterricht das szenische Spiel zur Erschließung von Textaussagen (Hildebrandt-Stramann, 2003) oder im naturwissenschaftlichen Unterricht das Spüren von naturwissenschaftlichen Phänomenen wie z. B. die Kraft von Luft und Wasser (vgl. Hildebrandt-Stramann, 2009a).

Welche Formen des bewegten Lernens finden wir in den Ganztagsschulen?

In allen Schulen des StuBSS – Projektes hat das bewegte Lernen eine mehr oder weniger hohe Bedeutung bei den Lehrkräften. Als Begründung wird in allen Schulen die Erhöhung beziehungsweise die Wiedererlangung der Aufmerksamkeit und der Konzentration für das kognitive Lernen genannt. Allerdings zeigen uns die Ergebnisse, dass die Qualität der unterschiedlichen Arrangements und Inszenierungsformen des bewegten Lernens, die sich vor allem auch in der Gestaltung des Schulalltags und seiner Rhythmisierung niederschlagen, sehr unterschiedlich ist.
So berichten die Lehrer der Lektionenschulen auffällig mehr über Konzentrationsprobleme mit Schülern im Unterricht als die Lehrer der Schulen, die einen den Eigenrhythmus der Schüler berücksichtigenden Takt gefunden haben. Dies betrifft vor allem jüngere Schüler, also Grundschüler oder die der Klassenstufe fünf und sechs.

In diesen Schulen finden wir verstärkt einen Einsatz von sogenannten Bewegungspausen, die funktional eingesetzt werden, um die Konzentrationsfähigkeit der Kinder wieder herzustellen. Der Einsatz solcher Bewegungspausen erfolgt in der Regel situationsabhängig, d. h. weder geplant noch methodisch originell. Da dürfen die Schüler einfach so einige Runden um den Schulhof oder um den Stuhl herumlaufen, „einmal rechts herum, einmal links herum, ... Und ohne dass sie es merken, sind die 20 Mal herumgelaufen" (vgl. Projektgruppe „Bewegungsorientierte Ganztagsschule", 2008, Quellentext 5, S. 58). Angesichts solcher Bewegungspausen erscheinen mir die Aussagen einiger Lehrkräfte, dass sie in dem Bewegten Unterricht keinen Sinn sehen, verständlich. In diesem Zusammenhang werden des Öfteren auch Argumente gegen Bewegung im Unterricht angeführt: Das Argument der fehlenden Zeit angesichts der zu vermittelnden Stofffülle und damit in Verbindung das Argument, dass die Schüler nach einer Bewegungszeit erst einmal so aufgekratzt sind, dass es wiederum zu viel Unterrichtszeit in Anspruch nimmt, bis sie sich endlich wieder konzentrieren können. „Selbst wenn ich fünf Minuten Sport mache. Bis ich sie dann wieder zur Ruhe habe [...], da sind zehn Minuten rum. So, das ist dann schon ein Fünftel von einer Unterrichtsstunde, die weg ist" (vgl. Projektgruppe „Bewegungsorientierte Ganztagsschule", 2008, Quellentext 20, S. 43). „Dass ich da mehr kaputt mache von der Stunde, als wenn ich die da jetzt irgendwie bewegen lasse. Wenn ich unsere 6c nehme, kann ich von der Stunde dann den Rest wegschmeißen" (vgl. Projektgruppe „Bewegungsorientierte Ganztagsschule", 2008, Quellentext 20, S. 27).

Allerdings gibt es auch in den Lektionenschulen Lehrer, die mit dieser Schulkultur unzufrieden sind und deshalb in den eigenen Stunden versuchen, durch eine Methodenvielfalt, zu der dann auch Bewegung in seiner lernbegleitenden Funktion zählt, die Binnenrhythmisierung und damit die Lernkultur zu ändern.

Bei den Schulen, die verstärkt auf den „Eigenrhythmus" der Schüler achten, bestimmen Unterrichtsformen wie Werkstatt-, Projekt- und Gruppenarbeit, Wochenplan-, Frei- und Stationsarbeit sowie darstellendes Spiel die Organisation des Lernens. Mit Ausnahme von Wochenplan- und Freiarbeit handelt es sich um Organisationsformen, die interaktives Lernen fordern und dadurch, dass die Schüler sich ihre Themen, ihren Raum selbst suchen und die Lernzeiten zum Teil selbst bestimmen können, Individualität fördert. Alle Lernformen sind von Bewegung durchdrungen.

Häufig haben wir Unterrichtsvorhaben zum Lernen durch Bewegung angetroffen. Wenn es z. B. in einem fächerübergreifenden Unterricht von Sport- und Sachunterricht um das Spüren der Kraft von Luft und Wasser geht (vgl. Hildebrandt-Stramann, 2009a), dann findet der Sachunterricht z. B. auch im Schwimmbad oder am Wehr statt. Stellvertretend für viele Beispiele wurde ein Beispiel aus der Mathematik in dem Film „Bewegt den ganzen Tag" (vgl. Becker, Michel & Laging, 2009) gezeigt.

Kooperation von Schule und Sport in der Ganztagsschule

Nach der Studie zur Entwicklung von Ganztagsschulen (StEG) haben sportliche Angebote einen sehr hohen Stellenwert bei der Gestaltung des Ganztages (vgl. Hol-

tappels, Klieme, Rauschenbach & Stecher, 2007, S. 190–199). 94,6% der vorhandenen Angebote in der Grundschule und 89,9% in der Sekundarschule sind sportliche
Angebote. Das trifft auch für unser Projekt zu. Allerdings gestalten die Ganztagsschulen ihre Kooperationen sehr unterschiedlich.
Die Lektionenschulen praktizieren ein additiv-duales oder ein additives Koopera-
tionsmodell. Beim additiv-dualen Modell stehen Unterricht am Vormittag und Sportangebote am Nachmittag weitgehend unverbunden nebeneinander. Die Sportangebote sind überwiegend leistungssportlich inszeniert und verfolgen keine schulisch
abgesicherten pädagogischen Ziele (vgl. Fessler, 2003). Die Lehrer sind für den
Unterricht am Vormittag, Trainer und Übungsleiter für die Sportangebote am Nachmittag zuständig. Es gibt keine Absprachen über Inhalte, i. d. R. wissen beide
Professionsgruppen nichts voneinander, es sei denn die Sportlehrerin beziehungsweise der Sportlehrer ist gleichzeitig im Verein tätig und unterbreitet hier selbst
Angebote. Die Entscheidung für das eine oder andere Angebot folgt normalerweise nicht einer konsenshaft abgestimmten pädagogischen Konzeption. Diese Vorgehensweisen sind pragmatisch und verständlich, jedoch gibt es keine konzep-
tionell-pädagogischen Überlegungen hinsichtlich einer gemeinsamen Ganztagsbil-
dung.
Bei dem additiven Modell erfolgte eine gemeinsame Abstimmung über ein gemeinsames Ganztagskonzept. Sie besteht darin, dass die Sportorganisationen ein Konzept
zur Klärung der Differenz zwischen Schule und Sportverein entwickelt haben. Danach verfolgen beide Institutionen ein jeweils eigenes Konzept, so z. B. die Rahmen-
vereinbarung zur Kooperation von Schule und Verein in NRW (vgl. Landessportbund NRW, 2005). Dabei ist nicht ausgeschlossen, dass beide Konzepte sich gegenseitig ergänzen, grundsätzlich bleiben sie aber getrennt. „Bleibt die Entwicklung auf
dieser Grundlage stehen, wird sich eher das arbeitsteilige Verfahren der Ganztagsbil-
dung etablieren, der Sport reklamiert dann für sich einen eigenen Teil der verfügbaren Schüler(innen)zeit und verpflichtet sich einem eigenen Bildungsanspruch"
(Laging & Hildebrandt-Stramann, 2007, S. 109). In diesem Modell sind die inhaltlichen Angebote differenzierter als im additiv-dualen Modell: Sie beinhalten Sportarten und auch sportartübergreifende Bewegungsfelder.
Die am Eigenrhythmus orientierten Ganztagsschulen aus unserer Untersuchung arbeiten überwiegend mit dem Inklusionsmodell. Schulische Lehrkräfte und außer-
schulische Professionen gestalten gemeinsam eine bewegte Schulkultur, in der beide
Professionen das Ziel einer bewegungsbezogenen Selbstbildung verfolgen. Es gibt
gemeinsame Absprachen hinsichtlich der Angebote und der Gestaltung informeller
Bewegungsgelegenheiten. Erst daraus ergibt sich eine andere Schulkultur, die den
zuvor genannten schulpädagogischen Begründungen für eine Ganztagsschule nahe
kommt. „Hier geht es nicht mehr um Betreuung, sondern um die Ermöglichung von
Bildungsprozessen aus unterschiedlichen Perspektiven und unter Beteiligung von
außerschulischen Professionen des Sports" (Laging & Hildebrandt-Stramann, 2007,
S. 110). In diesen Schulen finden wir eine breite Angebotspalette: Sportarten, Jun-
gen- und Mädchenzeiten, Montagsangebote; Bewegung drinnen und draußen (vgl.
Becker, Michel & Laging, 2009, S. 102–115).

Zusammenfassung

Ganztagsschulen mit einer am Eigenrhythmus orientierten Lehr- und Lernkultur sind durchdrungen von der anthropologischen Grundannahme, dass Kinder mit umso stärkerer innerer Beteiligung und Bereitschaft lernen wollen, je stärker die Schule als Lebens- und Lernort auf ihre körperlichen, emotionalen, materiellen und sozialen Lebensbedürfnisse eingeht. Damit dies möglich wird, bietet sie den Kindern für das Sich-Bewegen Räume und Zeit, und zwar im Unterricht, beim Lernen, im Schulhaus und auf dem Schulgelände. Es geht im Sinne von ganzheitlichen Lernprozessen darum, die Betätigung der Sinne, der Hände, der Beine, des Körpers nicht nur in jeweils zwei Stunden Kunst, Musik und Sport anzuregen, sondern in der gesamten schulischen Lebenswelt. Zur Umsetzung dieser Philosophie werden gezielt Kooperationen mit außerschulischen Professionen eingegangen, wobei diese sich in einem Arbeitsbündnis „auf gleicher Augenhöhe" mit den Lehrern befinden.

Lektionenschulen sind in der Regel durch zwei Kulturen gekennzeichnet: Eine Unterrichtskultur am Vormittag und eine Betreuungskultur am Nachmittag. Der Vormittag dient der Vermittlung von Fachwissen. Hier kommt Bewegung im Rahmen des normalen Sportunterrichts und – wenn überhaupt – zur Kompensation von Aufmerksamkeitsdefiziten vor. Der Nachmittag ist oft durch sportive Angebote bestimmt. Die Professionen des Vormittags und des Nachmittags haben in der Regel keinen schulbezogenen Austausch, oft kennen sie sich noch nicht einmal. Deshalb bestehen auch nur selten zwischen Vor- und Nachmittagsunterricht inhaltliche Verbindungen.

Abschließend komme ich zu folgendem Fazit: Wenn in der Entwicklung der Ganztagsschule nur der Ausgleich für die Verkürzung der bisherigen Schulzeit bis zum Abitur als Zeitreserve für die Unterrichtsrealisierung in den Gymnasien (vgl. Ludwig, 2005) oder nur die Kompensationsmöglichkeit von offensichtlich gewordenen Defiziten in der Beherrschung von grundlegendem Wissen und Können (vgl. Baumert, Tillmann & Weiß, 2001; PISA-Konsortium Deutschland, 2004, 2007) oder nur die Möglichkeit der Betreuung von Kindern und Jugendlichen wegen der zunehmenden Berufstätigkeit von Müttern gesehen wird (vgl. Beher, Haenisch, Hermens, Nordt, Prein & Schulz, 2007), und wenn Bewegung nur in der Funktion als Kompensations- und Betreuungsinstanz zum Zuge kommt, sind Fehlentwicklungen und Enttäuschungen nicht auszuschließen.

II

Gesundheit und soziale Chancen

WERNER SCHMIDT

Bewegung, Spiel und Sport als soziale Chance

Unsere Ausführungen zeigen, dass für bestimmte Kinder-Risikogruppen (Allein-erziehende, Kinderreiche, Kinderreiche mit Migrationshintergrund) von Geburt an strukturell gravierende Benachteiligungen im Hinblick auf den Gesundheitsstatus und die Bildungsteilhabe bestehen. Im Gegensatz dazu bindet im Freizeitbereich allein der Sport viele dieser Kinder an sich. Die empirisch nachgewiesenen Effekte der Sportteilnahme unterstreichen darüber hinaus die unersetzliche Bedeutung kind-licher Sportaktivitäten für eine gelungene Entwicklungsförderung.

Soziale Ungleichheiten im Gesundheits- und Bildungsbereich: Das Schwellenkonzept

Das Wohlbefinden und die Entwicklung von Kindern hängen entscheidend davon ab, wie die Qualität der Entwicklungsimpulse von Seiten der Eltern zu bewerten ist, d. h. welche Anregungen und Unterstützungspotenziale das einzelne Kind von Geburt an erhält, seien es Förderungen des Gesundheitsstatus oder der Bildungskarriere.

Obwohl kindliche Vorsorgeuntersuchungen heute kostenlos sind und 91% aller deut-schen Kinder ein Vorsorgeheft besitzen, sinkt diese Quote bei „problembelasteten Kindern" auf 28%. Mit anderen Worten gesagt, wissen wir bei sieben von zehn Kindern nichts über deren individuellen Gesundheitsstatus bis zur Einschulung (s. Abb. 1; vgl. Schmidt, 2006a, S. 38–44).

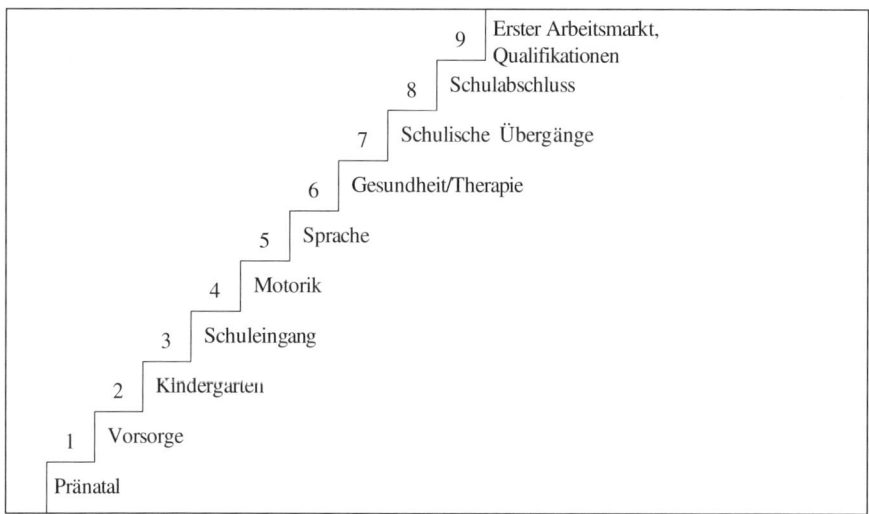

Abb. 1: Das Schwellenkonzept (vgl. Schmidt, 2006a)

Obwohl besonders viele Kinder in Stadtteilen mit Erneuerungsbedarf leben, weisen diese im Hinblick auf den Kindergartenbesuch sowohl eine wohnortnahe Unterversorgung als auch eine wesentlich kürzere Verweildauer auf.

Die bisher diagnostizierten Nachteile (Vorsorge und Kindergarten) bergen nicht nur die Gefahr unerkannter Gesundheits- und Entwicklungsdefizite in sich, sondern beeinflussen auch den erfolgreichen Start in die Schulkarriere negativ:

- Gegenüber der durchschnittlichen Rückstellungsquote bei Schuleingangsuntersuchungen von 5% steigt diese in den so genannten Risikogruppen bis auf 25% an.
- Der Anteil koordinationsgestörter Kinder ist in Stadtteilen mit Erneuerungsbedarf mehr als doppelt so hoch wie bei positivem Wohnumfeld (vgl. Stadt Essen, 1999 und 2003a, b; Schmidt, 2006a, S. 40).
- Die Einschätzung einer guten Sprachkompetenz reduziert sich bei Kindern aus Risikogruppen auf 41% (Durchschnitt: 74%).
- Behandlungsbedürftige Sprachentwicklungen stellen Logopäden bei 70% der Kinder mit Migrationshintergrund fest (Durchschnitt: 8%).
- Diese Defizite wirken deshalb umso schwerer, da Experten Sprache und Motorik als Schlüsselkompetenzen ansehen, die eine wesentliche Voraussetzung für ein erfolgreiches Durchlaufen der Bildungssysteme darstellen (vgl. Stadt Essen, 2003b, S. 96 und S. 138).
- Deshalb überrascht es nicht, dass aus den privilegierten Stadtteilen 63% aller Kinder zum Gymnasium wechseln (soziale Brennpunkte: 24%) und im Gegensatz dazu 30% aller Migrantenkinder nur die Hauptschule besuchen (Durchschnitt: 12%; Kinder aus privilegierten Stadtteilen: 3%).
- „Während jeder fünfte Heranwachsende in der Sozialhilfe über keinen Schulabschluss verfügt, ist es in der altersgleichen Gesamtbevölkerung nur etwa jeder Dreißigste" (Schmidt, 2006a, S. 38).

Zusammenfassung

Unsere Analysen zeigen, dass sich bei Kindern aus so genannten Risikogruppen diverse Risikofaktoren (Gesundheit, Sprache, Motorik, Schulkarriere, Schulabschluss) für eine gelingende Entwicklung zu potenzieren scheinen, die primär auf mangelnde elterliche und institutionelle Unterstützungspotenziale zurückzuführen sind.

Während in den skandinavischen Staaten die frühkindliche Bildung ein wichtiges gesellschaftspolitisches Anliegen darstellt (und sich in einer über dem Durchschnitt liegenden Alimentierung ausdrückt), hat Deutschland einen gravierenden finanziellen und inhaltlichen Nachholbedarf, besonders bezüglich:

- der Plätze für Kinder unter drei Jahren in Einrichtungen der Kindertagesbetreuung (zzt. unter 6,2% in den Alten Bundesländern),
- der Betreuungsrelation im Kindergarten (Skandinavien 1:7, Deutschland 1:24) und der Verweildauer (besonders der Kinder aus sozial schwachen Familien),
- der Qualität der Ausbildung von Erzieher/innen und der fehlenden Pflichtimplementierung des Bereiches Körper und Bewegung in ihrem Curriculum,
- einer bewegungsorientierten Sprachförderung,

• einer Rückeroberung von Spiel- und Bewegungsflächen für Kleinstkinder (0–6 Jahre) im wohnnahen Raum.

Die Sonderrolle des Sports

Entwicklungstheoretisch bedeutsam sehen Krappmann und Oswald (1989) die Fähigkeit von Kindern in ihrer Freizeit an, sich aus dem Schutz von Autoritäten zu lösen und sich auf die (Ko-Konstruktion) Kommunikation mit anderen einzulassen. Sie lernen, Erwartungen zu genügen, Regeln auszuhandeln und Verpflichtungen einzuhalten. Welche Angebote nehmen diese so genannten Lücke-Kinder am Nachmittag wahr?

• 62,9% aller festen Termine entfallen allein auf den Sport (vgl. Abb. 2)!
• 80% bezeichnen diese Sportaktivitäten als ihre Lieblingstermine, wo sie mit anderen zusammen sein wollen.

„Jenseits von Schule und Familie eröffnet die Teilhabe am Sport *soziale Anschluss- und kulturelle Teilhabechancen*" (Büchner, 2001, S. 895). „Über die Teilhabe an diesem Handlungsbereich gewinnen sie, neben persönlicher, körperbezogener, auch soziale Identität" (Hasenberg & Zinnecker, 1998, S. 107).

Der Sportverein erreicht neun von zehn Kindern.

Dazu zählen 56% jetzige Sportvereinsmitglieder und 32% ehemalige Mitglieder (vgl. Schmidt, 2006a, S. 104-125).

Das Besondere an dieser Sportbindung ist die Tatsache, dass der Sport fast alle erreicht, jenseits von Geschlecht, Ethnie und Schulkarriere (s. Tab. 1).

Unsere Tabelle zeigt, dass ausländische Kinder, Kinder mit Migrationshintergrund, türkische Kinder hohe Bindungsquoten aufweisen, allerdings beschränkt auf Fußball und Kampfsport.

• Kinder aus anderen Problemgruppen (Alleinerziehende, Kinderreiche) formal gut integriert sind.

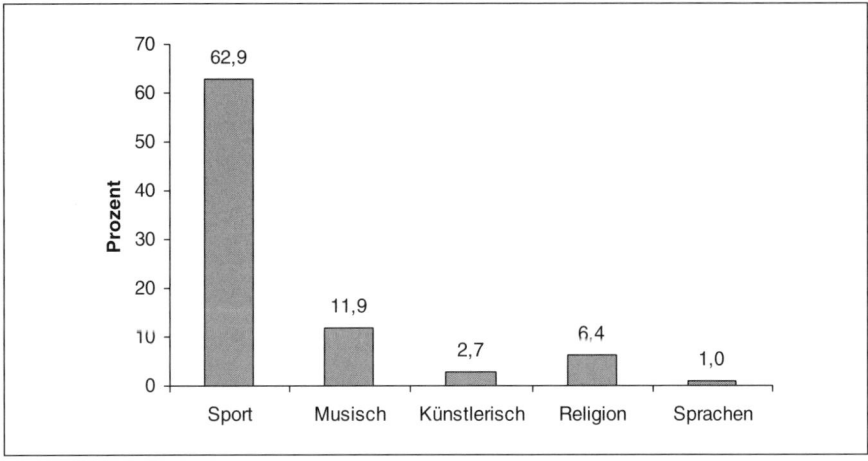

Abb. 2: Art der wahrgenommenen Termine (vgl. Schmidt, 2006a, S. 72)

Tabelle 1: Vereinsmitgliedschaft und Risikogruppen. Mitgliedschaft und Familientyp (Angaben in Prozent; vgl. Schmidt, 2006b, S. 2–3; Schmidt, 2008)

Elternfamilie		Alleinerziehende			
J	58,9	J	54,0		
M	45,2	M	37,9		
Deutsche		**Ausländer/Migration**		**Türkische Kinder**	
J	56,8	J	61,6	J	76,6
M	49,5	M	26,3	M	22,0
Einzelkind		**Kleinfamilie (2–3 Kinder)**		**Großfamilie (4 u. mehr K.)**	
J	59,3	J	59,5	J	49,4
M	46,2	M	50,2	M	26,0

Chancen des Sports – für eine gelingende Entwicklung

Worin liegt die besondere Attraktivität des Sport(verein)s für Kinder?

Schon bei Vereinseintritt im Alter von vier bis sechs Jahren determinieren soziale Einflüsse (Freunde) und zwischenmenschliche Beziehungen (positive Gruppenatmosphäre) die subjektive Entscheidungsfindung. Langfristig dominieren zwei vergleichbare Motivbündel die enge Bindung:
• das positive Gefühl, festes Mitglied einer Mannschaft/Gruppe zu sein,
• soziale Akzeptanz und das Gefühl der Integration.
Ursachen für die generelle Motivation zum Sport basieren auf der Tatsache, dass das *Wohlbefinden im Sport* wesentlich höher als in allen anderen Bereichen angesehen wird (vgl. Schmidt, 2006a, S. 93; Schmidt, 2008). In der Entwicklungspsychologie geht man allgemein davon aus, dass die subjektiv positive Wahrnehmung des Klimas und der Gruppenatmosphäre sowie positive Beziehungen die Zufriedenheit und Bindungskraft stärken (vgl. Ulich, 1998 u. 2001). Gleichzeitig werden *„soziale Anerkennung und Zugehörigkeit"* als zentrale Merkmale einer gelungenen *Identitätskonstruktion* angesehen. Darüber hinaus erleben Kinder ihren individuellen Leistungsfortschritt und die Zunahme und Sicherheit des Könnens als motivierend. Dies gilt besonders für jene, die Familie und Schule eher ambivalent (hinsichtlich der Unterstützung) einschätzen.

Wirkungszusammenhänge und positive Effekte

Wir haben gezeigt (vgl. die Abschnitte „Die Sonderrolle des Sports", „Chancen des Sports …"), dass die Phase der Kindheit die Zeit des größten institutionellen (Kindergarten, Schule, Verein) und informellen Sportengagements darstellt. Dieser hohe individuelle und intrinsische Motivationsgrund ist folglich mit einer Vielzahl von positiven Wirkungszusammenhängen und Effekten verbunden.

Medizinisch nachgewiesene Effekte

Völker (2008), der aus medizinischer Sicht zwischen Alltagsbewegungen (Physical Activity) und Sportaktivitäten (Physical Fitness) differenziert, kommt anhand seiner Tracking-Befunde (Vorhersagen von Kindheit zur Jugend bis ins Erwachsenenalter) zu dem Gesamtergebnis,

- dass Alltags- und Sportbewegungen im Kindesalter als wesentliche risikomindernde Gesundheitsgrößen für die Zukunft gelten;
- dass körperlich-sportliche Aktivität vor der Entstehung von Übergewicht und Adipositas schützt.

Die Ergebnisse verdeutlichen andererseits, dass mit hoher Wahrscheinlichkeit aus inaktiven und unfitten Kindern auch unfitte Erwachsene werden.

Die Vorhersagen aktiven Verhaltens über die Zeit sind moderater, gleichwohl gilt, dass Physical Activity auf niederem Niveau und Physical Fitness auf mittlerem Niveau bis ins Erwachsenenalter tracken.

Psychische Effekte

Hinsichtlich der psychischen Entwicklung weisen Gerlach und Brettschneider (2008) im Kindesalter die Tendenz einer positiven Sozialisation im und durch Sport nach, d. h. dass in diesem Lebensabschnitt bestimmte Kompetenzen besonders gut erworben werden können.

Hinsichtlich ihrer Einzelbefunde gilt, dass

- bezogen auf den Zusammenhang von Sport und allgemeinem Selbstwertgefühl (Selbstkonzept) vor allem jüngere Kinder, Mädchen und sozial benachteiligte Kinder besonders stark vom sportlichen Engagement profitieren;
- im Sport erworbene personale und soziale Ressourcen (Schutzfaktoren) belastende Lebensereignisse in anderen Bereichen abpuffern können;
- alle Längsschnittstudien die Stärkung des physischen Selbstkonzepts bestätigen.

Die grundsätzliche Frage, ob Sport im Kindesalter als Motor der Persönlichkeitsentwicklung betrachtet werden kann, wird von den Autoren – unter Berücksichtigung ihrer gruppenspezifischen Differenzierung – mit einem „gesunden" Optimismus beantwortet

Effekte der Bewegten Grundschule und der Ganztagsschule

Für die Kindheit allgemein scheinen über den differenzierten Blick auf die sportlich Talentierten hinaus die empirischen Befunde zur Bewegten Grundschule für alle Kinder von großer Bedeutung zu sein.

Die empirischen Befunden zeigen, dass

- sich primäre Effekte im Bereich der Verbesserung des sozialen Klimas, einer erhöhten Lernfreude, einer verbesserten Schulidentifikation und ein Aggressionsabbau identifizieren lassen;
- die Lehrer/innen insgesamt motivierter sind, weil sie sich durch diese Angebotsart nicht nur körperbezogene Verbesserungen versprechen, sondern insgesamt eine generelle Optimierung von Lernprozessen.

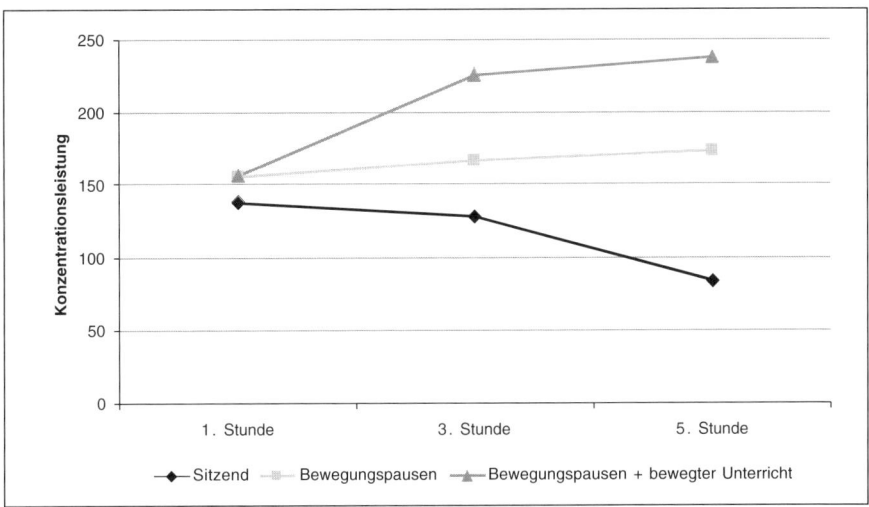

Abb. 3: Körperliche Aktivität und Konzentration (Wamser & Leyk, 2003)

Dazu zählt insbesondere eine erhöhte Konzentrationsfähigkeit und Aufmerksamkeit im Laufe des Vormittags (von der ersten bis zur fünften Stunde), wenn generell zwei große Spiel- und Bewegungspausen à 30 Minuten und bewegte Unterrichtseinheiten im Klassenverband (siehe Abbildung 3) angeboten werden. Im Gegensatz dazu sinkt bei „sitzendem Unterricht" die Aufmerksamkeit von der ersten bis zur fünften Stunde bei Drittklässlern um 40%. Mit anderen Worten: Bei optimal bewegtem Unterricht können wir in der fünften Stunde eine dreimal höhere Aufmerksamkeit und Konzentration gegenüber sitzendem Unterricht diagnostizieren.

Effekte bewegter Sprachförderung

Alle längsschnittlich angelegten Interventionsstudien mit Angeboten zur bewegten Sprachförderung untermauern den eindeutigen Befund, dass alle Kinder der Versuchsgruppe gravierende motorische Entwicklungsfortschritte (10–20 Prozentpunkte im Motorik-Quotienten) verzeichnen, besonders aber Jüngere (ab drei Jahren), Leistungsschwächere und/oder Kinder aus Familien mit niedrigem Sozialstatus.

Gesundheitspolitisch bedeutsam ist die Tatsache, dass Unfälle, die auf motorische Defizite zurückgeführt werden können, für die Kinder der Versuchsgruppe einen rapiden Rückgang (77%) erfahren.

Gesellschaftspolitisch sind die Experimentalbefunde zur frühkindlichen Bildung zum Zusammenhang von Bewegung und Sprachentwicklung (vgl. Zimmer, 2008b) besonders wichtig.

Die Daten (vgl. Abb. 4) zeigen, dass

• in einjährigen Interventionsstudien hochsignifikante Verbesserungen der Sprachtestwerte (Zeitpunkt 1 = 35, Zeitpunkt 2 = 53) erzielt werden. Besonders bei

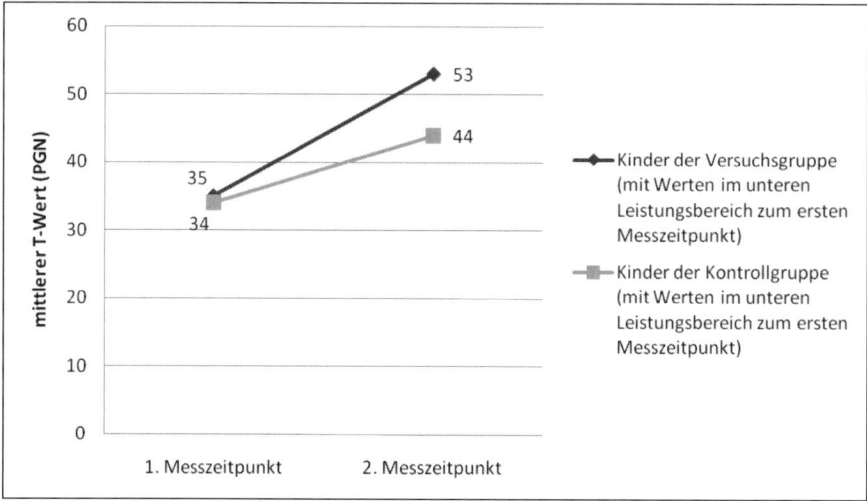

Abb. 4: Veränderung der mittleren Sprachtestwerte für den Untertest PGN bei Kindern mit Werten des unteren Leistungsbereichs zum ersten Messzeitpunkt (vgl. Zimmer, 2008b, S. 271)

denjenigen, die im untersten Bereich der jeweiligen Bezugsnorm (verstärkt Kinder mit Migrationshintergrund und niedrigem Sozialstatus) liegen.
- besonders nachhaltige Verbesserungen erzielt werden. So sind circa 90% der Erzieher/innen (vgl. Zimmer, 2008b) von den positiven Wirkungen bewegungsorientierter Interventionen überzeugt.

Resümee

Die nachgewiesenen Effekte (vgl. obigen Abschnitt „Wirkungszusammenhänge und positive Effekte") illustrieren eindrücklich die herausragende Bedeutung kindlicher Bewegungs-, Spiel- und Sportaktivitäten für die spätere Entwicklung. Sie unterstreichen, dass in Deutschland das institutionelle Angebot (Bewegungskindergarten, Bewegte Grundschulen) grundsätzlich nachgebessert werden muss.

Klaus Völker

Bewegung für die Gesundheit –
ein qualitatives und/oder quantitatives Problem

Bewegung wird in allen Altersstufen, vor allem aber im Kindes- und Jugendalter mit Gesundheit assoziiert. Schaut man in Deutschlands Informationsquelle Nr. 1 bei Google nach, so ergeben sich für die Kombination: Bewegung – Gesundheit – Kinder 293 000 Treffer, für die Kombination: Bewegung – Krankheit – Kinder 1 060 000 Treffer. Auch wenn man diese Frage auf wissenschaftlichem Niveau stellt und Evidenz basierte Aussagen erwartet, so findet man diese Aussagen nur für das Erwachsenenalter. Der Zusammenhang zwischen Bewegung und Sport und dem Gesundheitszustand ist nur für das Erwachsenenalter gesichert.

Dies gilt vor allem für die Nullvariante der körperlichen Aktivität, die Inaktivität. Die allgemeine Volksmeinung, die davon ausgeht: „wer nichts tut, macht auch nichts falsch", irrt. Inaktivität ist keine lässliche Sünde, sondern ein eigenständiger und unabhängiger Risikofaktor. In der von der World Health Organization (WHO) 2005 veröffentlichten Rangfolge der 10 führenden Risikofaktoren rangiert die körperliche Inaktivität auf Rangplatz Nr. 5. Bei der von der gleichen Institution durchgeführten Berechnung der durch Inaktivität verlorenen Jahre voller Gesundheit (Daly's) wird mit 3,2 verlorenen Jahren der Rangplatz Nr. 6 eingenommen. Dabei ist die Positivvariante, nämlich körperliche Aktivität in ihrer präventiven Potenz, schon lang bekannt. Seit den Veröffentlichungen von Pfaffenberger, Wing und Hyde aus dem Jahre 1978 ist der Zusammenhang des Ausmaßes der körperlichen Aktivität (gemessen in Kilokalorien pro Woche) und dem Herzkreislauf-Risiko gesichert. Bei einem Verbrauch von ca. 2000 Kilokalorien pro Woche durch körperliche Aktivität ist eine Risikoreduktion von nahezu 50% gegenüber dem sitzenden inaktiven Lebensstil zu belegen. Auf Basis dieser Erkenntnisse, die sich in den folgenden Jahren vielfach bestätigten, wurden die Empfehlungen für das gesundheitsrelevante Maß von Bewegung formuliert. Nach den neuesten Daten werden für Erwachsene im Alter von 18–65 Jahren 30 Minuten moderate Aktivität an fünf Tagen pro Woche oder mindestens 20 Minuten aerobes Training an drei Tagen der Woche gefordert.

Für Kinder und Heranwachsende werden 60 Minuten und mehr an moderater Aktivität jeden Tag in der Woche gefordert. Dabei ist es wissenschaftlich nicht gänzlich gesichert, ob überhaupt ein direkter Zusammenhang zwischen dem Ausmaß der körperlichen Aktivität und/oder dem Grad der körperlichen Fitness und dem Gesundheitszustand im Kindes- und Jugendalter besteht. Ebenso wenig weiß man über den Zusammenhang zwischen Aktivität und Fitness in der Kindheit und Jugend und dem Gesundheitszustand im Erwachsenenalter.

Eine Antwort auf diese Frage, warum sich so schwer Zusammenhänge zwischen der Gesundheit und dem Aktivitätsniveau im Kindesalter herstellen lassen, ist sicherlich in den allgemeinen Entwicklungsprozessen im Kindes- und Jugendalter begründet

Kinder und Jugendliche befinden sich in der Entwicklung stets auf dem aufsteigenden Ast ihrer Leistungsfähigkeit und einer gesundheitlich sehr stabilen Phase. Der genetische Entwicklungsplan wird „abgearbeitet", der durch eigenes Verhalten beeinflussbare Anteil ist relativ gering und wird sich selbst bei negativen Verhaltensmustern direkt nur in wenigen Fällen merklich auf die Gesundheit auswirken. Es ist jedoch offenkundig, dass sich die in der Kindheit eingeleiteten negativen Entwicklungen erst im Erwachsenenalter durch frühzeitige Erkrankungen äußern. Dies lässt sich an der Prävalenz von Übergewicht in Europa ablesen. Der Prozentsatz an Übergewicht im Schulkindesalter ist in den letzten 20 Jahren von knapp 10% auf nahezu 20% angestiegen. Dabei ist der aus den ersten Jahren der Beobachtungsphase prognostizierte Anstieg der Adipositas von der Realität deutlich übertroffen worden. Für das Übergewicht ist ein direkter Zusammenhang zur Erkrankung des Herzkreislauf- und Stoffwechselsystems herzustellen. Das abdominale Fett (Bauchfett), weniger das Fett auf den Hüften, stellt nicht nur überflüssige Pfunde dar, sondern dieses Fett ist ein hormonproduzierendes Organ. Die aus dem Fettgewebe sezernierten Hormone haben eine direkte Beziehung zum Ausmaß von Bluthochdruck, Zuckerstoffwechsel- und Fettstoffwechselstörungen. Dieser Zusammenhang äußert sich leider auch schon relativ früh. In der Murnauer Komorbiditätsstudie (1998–2001) (vgl. Wabitsch, 2004) wurden bei Kindern mit Adipositas nicht unerhebliche Herzkreislauf- und Stoffwechselerkrankungen festgestellt. Die deutsche Ärztezeitung kommentierte das in diesem Zusammenhang frühzeitige Auftreten der Zuckerkrankheit (Diabetes Typ II) im Kindesalter mit den treffenden Worten: „Zu fett, zu faul, zu früh".

Als Konsequenz aus all diesen Beobachtungen leitet sich der Ruf nach Kompensation durch gezielte körperliche Aktivität und Sport ab. Dieser Aufruf richtet sich vor allem an den institutionalisierten Sport. Der erste deutsche Kinder- und Jugendsportbericht aus dem Jahre 2003, (Schmidt, Hartmann-Tews & Brettschneider, 2003) dämpft jedoch in seiner Analyse der Situation die Erwartungen. Schulsport und Vereinssport können den an sie gestellten Anspruch, den Bewegungsmangel zu kompensieren, nicht gerecht werden. Der Schulsport, Vereinssport und auch die Trendsportarten können die fehlende Bewegung im Alltag nicht oder nur unzureichend kompensieren. Die logische Konsequenz hieraus ist, die gesamte Tagesaktivität in den Blick zu nehmen und hier nach Lösungsansätzen zu suchen.

Die Potenz von Alltagsbewegung, etwa bei der Vermeidung von Übergewicht, konnte von Levine et al. 2005 eindrucksvoll belegt werden. Bei dem Versuch, Erklärungen dafür zu finden, warum eine Person dick wird und eine andere nicht, wurde der Alltag detailliert untersucht. Die Unterschiede im Verhalten der Adipösen im Vergleich zu den Schlanken ließen sich durch das Ausmaß kleiner Bewegungen, die mit Routinehaltungen im Alltag verbunden waren, finden. Die als Ncat (Non exercise activity thermogenesis) bezeichneten Handlungen finden ihren äußeren Ausdruck darin, dass Übergewichtige pro Tag 164 Minuten länger sitzen und Schlanke 152 Minuten mehr auf den Beinen sind. Hätten die Übergewichtigen die gleiche Anzahl von Haltungsveränderungen wie die Schlanken, so würden sie ca. 350 Kilokalorien pro Tag mehr verbrauchen. Dieser pro Tag relativ klein anmutende Unterschied im

Kalorienverbrauch könnte sich pro Jahr langfristig auf einen Gewichtsunterschied von 15 Kilogramm hochrechnen lassen. Die gleichen Autoren dämpfen aber auch durch Beobachtung die zu schnelle Hoffnung, auf einfache Weise die Alltagsaktivität beeinflussen zu können. Offensichtlich antworten Übergewichtige und Schlanke unterschiedlich auf die Signale der Umwelt, die zur Inaktivität bzw. Aktivität verleiten. Diese Reaktion scheint nicht nur verhaltensbedingt, sondern auch zu nicht unerheblichem Anteil genetisch determiniert zu sein.

Um Alltagsaktivität beeinflussen zu können, wäre es hilfreich, sie relativ detailliert erfassen zu können. Die meisten in wissenschaftlichen Studien verwendeten Instrumentarien sind Fragebögen. Sie setzten häufig erst bei der intensiveren Aktivität und dem Sport ein. Die Alltagsbewegung wird nicht oder nur in ihrer Inaktivitätskomponente erfasst. Andere Ansätze versuchen erst gar nicht, die körperliche Aktivität aufzuschlüsseln, sondern orientieren sich am „Endprodukt" der körperlichen Fitness und nehmen diese als Indikator für das Ausmaß der körperlichen Aktivität.

Die Fitness wird mehr bestimmt vom Ausmaß der sportlichen Aktivität, die Gesundheit aber ist maßgeblich auch vom Ausmaß der Alltagsaktivität beeinflusst. Die technische Entwicklung hat in den letzten Jahren eine Reihe von Bewegungsaufnehmern auf den Markt gebracht, die in der Lage sind, körperliche Aktivität zeit- und intensitätsbezogen abzubilden. Der Output der Bewegungsaufnehmer sind entweder sogenannte Activity Bite's oder einfach Schritte bzw. Schrittzyklen. Da der Begriff „Schritte" bei allen Beteiligten eine konkrete Vorstellung auslöst, haben wir uns für die Messung der Alltagsaktivität über die Schrittzahl und Schrittfrequenz entschieden.

Sind Schritte das geeignete Maß, Alltagsaktivität zu erfassen? Nach Levine et al., 2005, gilt, dass 89% der Anzahl der Körperbewegungen durch Gehen repräsentiert sind. Gehen ist die Hauptkomponente der körperlichen Aktivität bei den meisten Menschen, die fähig sind zu gehen. Für Kinder gilt Vergleichbares. Auch wenn der Anteil der körperlichen Aktivität, der durch das Gehen erklärt wird, bei ihnen etwas geringer sein dürfte als bei Erwachsenen, spiegelt das Gehen doch den überwiegenden Anteil der Aktivität von Kindern wider.

Tabelle 1: Orientierungswerte für das Maß an Schritten /Tag bzw /h (modifiziert nach Tudor-Locke & Bassett, 2004)

Beurteilung der Aktivität (Schritte / Tag)		Beurteilung der Aktivität (Schritte / h)	
Sitzender Lebensstil	(<5000)	Sitzender Lebensstil	(<400)
Wenig aktiv	(5000 - 7499)	Wenig aktiv	(400 599)
Mäßig aktiv	(7500 - 9999)	Mäßig aktiv	(600 - 800)
Aktiv	(≥10000)	Aktiv	(≥800)
Sehr aktiv	(>12500)	Sehr aktiv	(>1000)

Für die Schrittzahl liegt eine Reihe von Orientierungswerten vor, die Auskunft darüber geben, ab wann eine Schrittzahl als aktiver Lebensstil gewertet werden kann. Die gebräuchlichste dieser Orientierungstabellen stammt von Tudor-Locke und Bassett (2004) und sieht die folgenden Kategorien vor (s. Tab. 1). Neben der Quantität (Schrittzahl pro Tag bzw. Schrittzahl pro Stunde) ist aber auch die Qualität (Intensität der Bewegung) von Interesse. Im Allgemeinen werden drei Intensitätsbereiche unterschieden und die Unterschiede in MET oder Kilokalorien ausgedrückt (Tab. 2).

Tabelle 2: Einteilung der Anstrengungsgrade (nach Ridley & Olds, 2008)

Anstrengung	MET Level	Kalorienverbrauch	Tätigkeitsbeispiele
Low (niedrig)	< 3 MET	< 3,5 kcal/min	Stehen, langsames Gehen
Moderate (mittelmäßig)	3 – 6 MET	3,5 – 7 kcal/min	Fahrradfahren, Treppensteigen
Vigorous (intensiv)	> 6 MET	> 7 kcal/min	Joggen, Handball

Um diese Angaben für die Schrittzählermessungen nutzbar zu machen, bedarf es eines Transfers der Schrittfrequenz zum Kalorienverbrauch. Für das von uns im Rahmen der Münsteraner Alltags-Aktivitäts-Studie (MAAS) untersuchte Kollektiv der Kinder liegt der Übergang von leichter zu moderater Aktivität bei einer Schrittzyklenzahl von 50 Zyklen pro Minute.

Wie steht es denn mit der Bewegung im Setting Schule? „Inform", Deutschlands Initiative für gesunde Ernährung und mehr Bewegung, formuliert als Ziel: Die Menschen in Deutschland sind im Alltag regelmäßig körperlich und sportlich aktiv, ihre Lebenswelt bietet ausreichend attraktive Bewegungsreize. Auf die Schule übertragen, sollte dies bedeuten, dass Bewegung nicht nur ein Thema für den Sportunterricht ist, sondern auch in anderen Fächern und im gesamten schulischen Konzept eine relevante Rolle spielt.

Betrachtet man das Aktivitätsniveau von Schülern der 1. und 3. Klasse bezogen auf eine Woche, so sind mit 777 Zyklen pro Stunde bei den Jungen und 691 Zyklen pro Stunde bei den Mädchen die Aktivitätsniveaus als „mäßig aktiv" einzuordnen. Der Anteil, der als moderate bis intensive Aktivität eingestuft werden kann (MVPA: mehr als 50 Zyklen pro Minute), ist mit 8 bzw. 5,3% der Gesamtaktivität relativ gering. Schule strukturiert den Alltag stark und erfordert lange Sitzphasen. Das Aktivitätsniveau sinkt daher mit 620 Zyklen pro Stunde in die Nähe des „wenig aktiven" Bereiches. Der Sportunterricht vermag das Aktivitätsniveau eines gesamten Schulvormittags auf 830 Zyklen pro Stunde anzuheben, was gerade bedeutet, dass dies als „aktiv" einzustufen ist.

Schule ist nur ein kleiner Ausschnitt des Tagesgeschehens eines Schülers. Wie steht es um die Aktivität in der Freizeit und am Wochenende? Die Freizeit-/Wochenendaktivität der untersuchten Schüler lag in der gleichen Größenordnung wie die als eigentlich bewegungsrestriktiv einzuordnende Schulzeit, nämlich im „mäßig aktiven" Bereich. Numerisch betrachtet lag sie sogar leicht unterhalb des Niveaus der Schulzeit. Welchen Einfluss haben Schulkonzepte wie die Offene Ganztagsschule (OGTS)? Liegt nicht gerade dieser Zeitraum, in der die OGTS-Betreuung stattfindet, in einer Phase die sonst durch Bewegungsaktivität gekennzeichnet ist? Auf der anderen Seite ist Sport ein wichtiger Bestandteil der OGTS und macht je nach Konzept 1 bis 7 Stunden pro Woche aus. In der Tat konnten wir in unseren Untersuchungen im OGTS-Zeitabschnitt eine erhöhte Aktivität beobachten, die mit 1000 Zyklen pro Stunde die Grenze zum „sehr aktiven" Bereich erreichte. Auch der Prozentsatz der intensiveren Aktivität war zwar mit 7,8% niedrig, lag aber höher als die in den anderen Zeitabschnitten dokumentierten Prozentsätze.

Betrachtet man unter der Perspektive möglicher Aktivitätsquellen den Sportunterricht und die Pausen, so lassen sich diese Zeitabschnitte als Phasen intensiverer Aktivität bestätigen. Sportunterricht mit 1325 Zyklen pro Stunde und die Pausen mit 1362 Zyklen pro Stunde liegen in ihrem Aktivitätsresultat in dem „sehr aktiven" Bereich und deutlich über allen Zeitabschnitten im schulischen Kontext. Auch die intensiveren Anteile sind mit 14,8% bzw. 21,6% deutlich höher als in den anderen Zeitabschnitten.

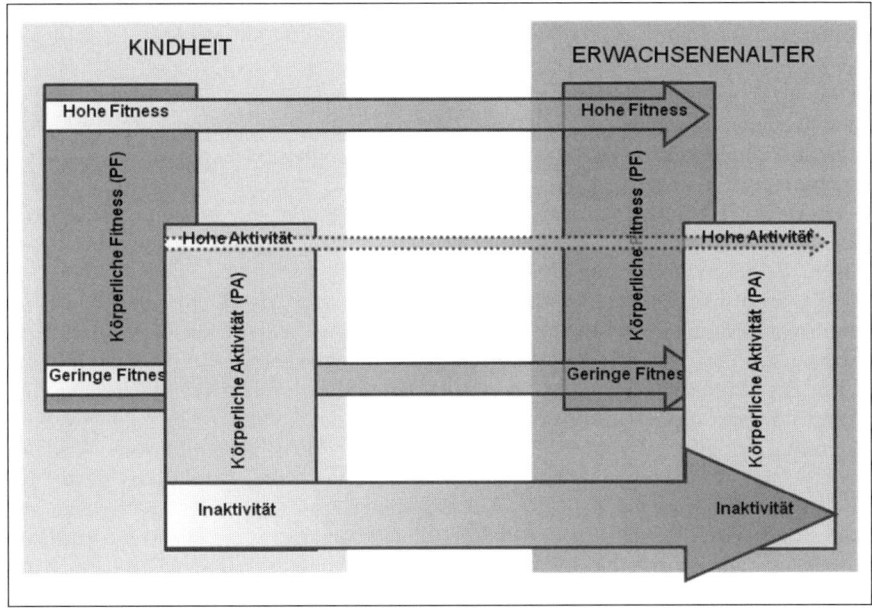

Abb. 1: Tracking von körperlicher Fitness und körperlicher Aktivität von der Kindheit ins Erwachsenenalter

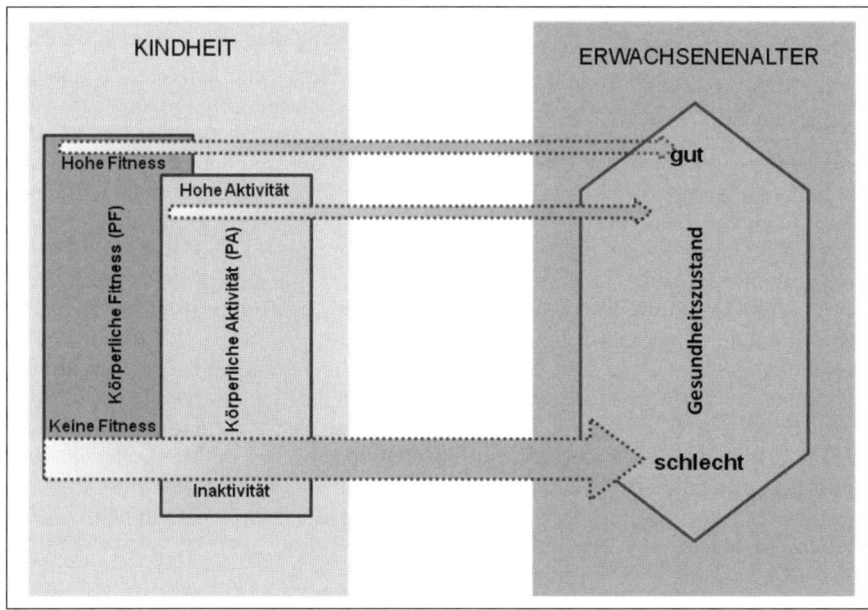

Abb. 2: Tracking von körperlicher Fitness und körperlicher Aktivität von der Kindheit auf den Gesundheitszustand im Erwachsenenalter

In nahezu allen beobachteten Zeitabschnitten gibt es geschlechtsspezifische Unterschiede. Abgesehen von der Aktivität im Regelunterricht findet sich für die Mädchen durchgängig ein deutlich geringeres Ausmaß der Bewegung im Vergleich zu den Jungen. Dabei fallen die Unterschiede in unserer Studie mit im Mittel 11% noch geringer aus als in Studien mit vergleichbaren Altersstufen in der Literatur, wo Unterschiede bis zu 25% beschrieben werden.

Die äußeren schulischen Gegebenheiten können partiell das Bewegungsniveau im schulischen Rahmen beeinflussen. Während die Größe einer Sporthalle kaum Einfluss auf die Aktivität im Sportunterricht auszuüben scheint, gibt es bezüglich der Größe des Schulhofes eine Tendenz. Kleine Schulhöfe scheinen das Bewegungsausmaß der Kinder negativ zu beeinflussen.

Der Schulweg gibt sich als eine wichtige Quelle der Aktivität zu erkennen. Wird der Schulweg zu Fuß oder mit dem Fahrrad zurückgelegt, so ist das Aktivitätsniveau hoch. Selbst bei Buskindern ist das Aktivitätsniveau fast in der gleichen Größenordnung wie bei den Kindern die zu Fuß den Schulweg bestreiten. Die Wege zur Bushaltestelle und von ihr weg sind vermutlich hierfür verantwortlich. Allerdings ist die Zeitdauer des gesamten Schulweges nahezu doppelt so hoch wie bei den Kindern, die zu Fuß gehen oder mit dem Fahrrad fahren. Quelle der Inaktivität, was den Schulweg betrifft, ist das „Mama-Taxi". Kinder, die mit dem Auto gebracht werden, weisen ein deutlich geringeres Aktivitätsniveau auf als Kinder, die zu Fuß, mit dem Fahrrad oder auch mit dem Bus kommen.

An dieser Stelle sei ein Blick auf die zukünftige Bewegungskarriere von Schülern erlaubt. In der Pubertät kommt es zu einem deutlichen Abwärtstrend, was das Ausmaß von Bewegung betrifft. In allen Zeitabschnitten der Sek I und Sek II waren die Schrittzahlen deutlich geringer als im Grundschulalter. In allen Altersstufen scheint das Niveau der Alltagsaktivität zurückzugehen.

Kommen wir abschließend noch einmal auf die Frage zurück, inwieweit das Verhalten in der Kindheit das Verhalten im Erwachsenenalter beeinflusst. Es gibt schwache Hinweise darauf, dass ein hohes Fitnessniveau in der Kindheit auch ein hohes Fitnessniveau im Erwachsenenalter erwarten lässt. Gleiches gilt für das Niveau mit sehr geringer Ausprägung im Fitnessbereich. Dafür, dass ein hohes Niveau körperlicher Alltagsaktivität in der Kindheit auch ein solche im Erwachsenenalter bedingt, liegen nur schwache Hinweise vor. Deutlichere und größere Wahrscheinlichkeit liegt jedoch für die Annahme vor, dass körperliche Inaktivität in der Kindheit auch Inaktivität im Erwachsenenalter nach sich zieht (vgl. Abb. 1).

Für den Transfer von Fitness bzw. Alltagsaktivität aus der Kindheit auf den Gesundheitszustand im Erwachsenenalter liegen nur schwache Andeutungen für die positive Seite der Ausprägung vor. Die Wahrscheinlichkeit, dass schlechte Fitness bzw. ein niedriges Niveau an Alltagsaktivität negative Folgen für die Gesundheit im Erwachsenenalter hat, ist jedoch wesentlich höher (vgl. Abb. 2).

Vornehmliches Ziel aller Bemühungen sollte es daher sein, in allen Altersklassen der Inaktivität entgegenzutreten. Für die praktische Umsetzung im Alltag bedeutet dies, die Phasen der Inaktivität zu detektieren und die Phasen, in denen sich eine Aktivierung lohnt und möglich ist, aufzuspüren und zu akzentuieren. Das MAAS-Projekt möchte hierzu einen wesentlichen Beitrag leisten.

Julia Schneewind

Psychische Gesundheit von Erzieherinnen

„Tue deinem Leib Gutes, damit deine Seele Lust hat, darin zu wohnen."
Theresa von Ávila (1515–1582)

Erzieherinnen und Erzieher sind in den letzten Jahren einer Vielzahl von Anforderungen ausgesetzt, so dass der Rat von Theresa von Ávila nicht leicht umzusetzen ist. Im Folgenden wird eine kurze Situationsanalyse vorgenommen, um davon ausgehend zu diskutieren, welchen Stressoren pädagogisches Personal ausgesetzt ist. Zum Schluss des Beitrags wird kurz darauf eingegangen, warum sowohl die physische, aber auch in besonderem Maße die psychische Gesundheit von Erzieherinnen im Berufsalltag so wichtig sind.

Erzieherinnen müssen über verschiedenste Kompetenzen verfügen (vgl. Kogel, 2007): Neben Eigeninitiative, Zielstrebigkeit, Zuverlässigkeit und Innovationsbereitschaft sollte eine Erzieherin auch mitbringen, dass sie resistent gegenüber Belastungen ist und sich als reif für die beruflichen Anforderungen sieht. Sie sollte kindgerecht erklären können und selbst Lernbereitschaft zeigen, sie sollte authentisch und empathisch sein, reflektionsbereit und auch in rechtlichen Fragen versiert. Neben der inneren Balance und der Ich-Stärke, die eine Erzieherin mitbringen sollte, kann sie individualdiagnostisch arbeiten und gut mit Eltern, Teammitgliedern und Vorgesetzten umgehen.

Auch die Ausführungen der Bosch-Stiftung (2008) zeigen auf, dass an eine professionelle pädagogische Fachkraft sehr hohe Erwartungen, insbesondere auch an ihre reflexiven und sozio-emotionalen Kompetenzen gestellt werden. Gegenüber Institutionen werden aktuell ebenfalls neue Anforderungen gestellt. So sollen Bildungsinstitutionen und die darin arbeitenden Personen die jeweils geltenden Bildungs- und Orientierungspläne umsetzen, verschiedene Ausgangslagen von Kindern berücksichtigen und ausgleichen, Halt bieten und die Übergänge unterstützend gestalten sowie mit Eltern, anderen Fachkräften und Dritten zusammenarbeiten und neue Aufgaben bewältigen. Welche neuen Aufgaben sind gemeint? Wehrmann (2008) fasst zusammen: Eine Erzieherin hat die Aufgaben, Konzepte für die aktive und unterstützende Familienarbeit zu entwickeln, Sprachstandserfassungen bei Kindern durchzuführen, gezielte Trainings für Sprachfähigkeit oder sozio-emotionale Kompetenzen durchzuführen, pädagogische Forschungsergebnisse, Positionen und Forderungen der (Fach-) Öffentlichkeit kritisch zu betrachten und angemessen in die Praxis einfließen zu lassen. Darüber hinaus sollte eine Erzieherin neue Konzepte entwickeln und fundiert begründen können, die individuellen Bildungsgeschichten von Kindern fördern, Kindertageseinrichtungen effizient und dienstleistungsorientiert aufbauen und leiten sowie für die Kinder der Altersgruppe 0 bis 3 ein qualitativ hochwertiges Bildungs- und Betreuungskonzept umsetzen.

Bei der verdichteten Betrachtung der Aufgaben wird deutlich, dass die Aufgaben-felder zum einen sehr komplex sind, zum anderen der „ganz normale Wahnsinn" in der Gruppenarbeit mit bis zu 25 Kindern darin nicht explizit berücksichtigt ist. Fraglich ist, ob die Zunahme der Aufgaben und die gesteigerten Erwartungen an die Bildungseinrichtung „Kindertageseinrichtung" von den Erzieherinnen mit den vor-handenen Ressourcen überhaupt umsetzbar sind. Ist das alles zu schaffen ...
... wenn der Personalschlüssel gleich bleibt?
... wenn die Qualifikation gleich bleibt?
... wenn die Anerkennung für die Arbeit fehlt?
... wenn das Gehalt bei zunehmender Arbeit nicht angehoben wird?

Außerdem ist fraglich, ob es unter den vorhandenen Bedingungen möglich ist, Bil-dungschancen zu bieten oder ob in den Kindertageseinrichtungen eher Bildungsstress bewältigen auf der Tagesordnung steht. Die Landschaft der Kindertageseinrichtungen ist sehr heterogen, ebenso wie die tatsächlichen Kompetenzen der dort arbeitenden Personen, so dass die Frage nach der Qualität von Bildungsarbeit überhaupt nicht klar zu beantworten ist. Sicher ist jedoch, dass schwierige Arbeitsbedingungen für das Personal negative Auswirkungen auf die zu betreuenden Kinder haben.
Bei verschiedenen größeren und kleineren Befragungen (vgl. z. B. Gewerkschaft Erzie-hung und Wissenschaft (GEW), 2007; Böhmer & Näpel, 2009) konnten verschiedene Stressfaktoren für die Arbeit in Kindertagesstätten identifiziert werden, die im Rahmen des Workshops von den anwesenden Erzieherinnen nochmals bestätigt wurden.

Was ist für Sie der größte Stressfaktor bei der Arbeit?
• der Lärmpegel in den Einrichtungen
• Zeitmangel und Zeitdruck sowie der Umstand immer gehetzt zu sein
• die permanente Unterbrechung der Handlungsabläufe
• Probleme im Team und Konflikte mit Kolleginnen
• die Herausforderung, unterschiedliche pädagogische Ansichten im Team unter einen Hut zu bringen
• Ansprüche, die erfüllt werden sollen – und die Diskrepanz zwischen Anspruch und Rahmenbedingung: Individuelle Förderung, Beobachtung und Entwicklung von Förderplänen von 25 Kindern
• Nicht-Nein-Sagen-Können
• Erledigung von organisatorischen Aufgaben, die zu Störungen im Spiel mit den Kindern führen
• allen Kindern mit unterschiedlichen Kompetenzen, sozialen und familiären Hin-tergründen gleichermaßen gerecht zu werden
Mehr als die Hälfte der Erzieherinnen und Erzieher ist unzufrieden mit der Bezah-lung und der gesellschaftlichen Wertschätzung ihres Berufs (vgl. GEW, 2007).

Welche Ursachen hat Stress?
Die Ursachen für Stress finden sich zum einen auf der persönlichen Ebene. Dazu gehören Beziehungsprobleme, negative Erlebnisse, Alltagssorgen, fehlende Balance

oder die eigenen Ansprüche, die uns selbst unter Druck setzen: Immer perfekt sein, immer stark sein, immer nett und freundlich sein, immer hart arbeiten, immer schnell arbeiten! Darüber hinaus können auch die Bedingungen am Arbeitsplatz Ursachen für Stress sein (vgl. Zimbardo & Gerrig, 2004), wie z. B. die von den Erzieherinnen genannten Faktoren:

• schlechte Rahmenbedingungen: Lärm
• unangemessene Anforderungen: Zu viel Arbeit in zu wenig Zeit verbunden mit nicht ausreichenden Ressourcen
• mangelnde Förderung: Zwischen Anforderungen und Ausbildung besteht eine Diskrepanz
• destruktive Führung: Vorgesetzte verhalten sich autoritär, respektlos und wertschätzen Leistungen nicht, sondern kritisieren destruktiv. Vorschläge werden abgeblockt
• intransparente oder uneinheitliche Werte: Einzelne Gruppen werden ungleich behandelt. Verstöße gegen zentrale Werte werden nicht sanktioniert, Fairness und Respekt werden missachtet
• mangelnde Zusammenarbeit: Keine Teamarbeit, keine Zeit für Austausch, Mobbing wird nicht sanktioniert, Konflikte werden unter den Teppich gekehrt
• destruktive Beurteilung: Gute Leistung wird nicht belohnt, Bezahlungen für gleiche Leistungen sind ungleich, Beurteilungs- und Vergütungssystem sind intransparent

Bei Rollenproblemen vermischen sich die persönliche und berufliche Ebene häufig, so dass durch Rollenüberlastung, Rollenkonflikte oder Rollenunsicherheit Überforderung und Stress entstehen. Die befragten Erzieherinnen zeigen eindeutig auf, dass in ihrem Berufsfeld die von wissenschaftlicher Seite identifizierten (und auch für andere beruflichen Kontexte gültigen) Stressfaktoren gehäuft auftreten.

Auf die Situationsanalyse sollte nun die Klärung folgen, wie auf die Ursachen von Stress reagiert werden kann, so dass die Belastung insgesamt verringert werden kann. Klar ist, dass im Rahmen eines Workshops oder Vortrags die Reduktion der Belastung nicht „organisiert" werden kann. Krenz (2007a, 2009) weist darauf hin, dass die Arbeit an der eigenen Persönlichkeit und die Auseinandersetzung mit den eigenen Bildern von Professionalität ein längerfristiger Prozess ist, auf den sich eine Erzieherin z. B. in einem Coaching, in kollegialer Supervision oder Selbstreflektion einlassen können muss.

Im vorliegenden Beitrag geht es vor allem darum, ein Bewusstsein zu wecken, warum die psychische Stabilität von Erzieherinnen und Erziehern für die gelingende Bildungsarbeit so zentral ist. Diese Argumentationslinie kann möglicherweise dazu führen, in den Kindertageseinrichtungen Prozesse in Gang zu bringen, die langfristig zur Verbesserung der Arbeitsbedingungen und zur Stressreduktion beitragen.

Nur wenn die Erzieherin selbst bereit ist, sich auf innere Auseinandersetzungen einzulassen und eine psychisch-emotionale Stabilität aufweist, wird sie in der Lage sein können, die Bildungs- und Entwicklungsprozesse der Kinder zu unterstützen. Insbesondere in der frühen Kindheit, in den ersten drei Lebensjahren des Kindes, ist die Bindung und Beziehung zur Erzieherin die Grundvoraussetzung für erfolgreiche

Lern- und Entwicklungsprozesse. Trotz der Einführung von Bildungs- und Orientierungsplänen stehen nicht einzelne Fachgebiete im Vordergrund der Bildungsarbeit, z. B. Mathematik oder Englisch, sondern immer die Entdeckung und Erschließung der Welt im ko-konstruktiven und sozialkonstruktivistischen Lernprozess (Fthenakis 2003, 2009; Völkel, 2006). Und dazu gehört für das Kind die Erzieherin, die als Begleiterin an der Seite des Kindes steht.

Wir wissen durch Erkenntnisse der Neurobiologie sowie der Entwicklungspsychologie, dass Menschen von Geburt an lernfähig, wissbegierig und mit intuitiven Kompetenzen ausgestattet sind. Menschen verlieren die maximale Nutzbarkeit ihrer Fähigkeiten, wenn diese nicht von Beginn an gefördert werden. Menschen benötigen die Sprache als Lerninstrument, als Verbindung zu anderen. Und Menschen (große und kleine!) lernen am besten aktiv handelnd und in einer respektvollen, authentischen und zugewandten Atmosphäre. Die Forschung zu Spiegelneuronen (vgl. Bauer, 2006a) hat eindrücklich aufgezeigt, welche Rolle möglichst optimal auf die persönlichen Bedürfnisse der Kinder abgestimmte Betreuung sowie spiegelnde, empathische Rückmeldungen in der frühen Kindheit spielen. Diese empathische und bezogene Betreuung kann nur eine Person leisten, die selbst mit sich zufrieden ist. Klar ist, nicht jeder Mensch ist täglich in gleicher Weise zufrieden und ausgeglichen. Auch von Erzieherinnen wird nicht erwartet, niemals schlechte Laune, Traurigkeit, Unzufriedenheit oder Stress zu empfinden. Jedoch ist für die Bildungsarbeit wichtig, dass die Kinder nicht in einer Atmosphäre ihre Tage verbringen, in der das Betreuungs- und Bildungspersonal dauerhaft hart an der Grenze der eigenen Kapazität läuft. In einer solchen Atmosphäre ist jeder Bildungsplan und jedes ausgeklügelte Förderkonzept sinnlos, denn die Stimmung der die Kinder ausgeliefert sind, ist eher bedrohlich als vertrauenerweckend.

In Anbetracht der immer höher werdenden Ansprüche bei gleichbleibend relativ schlechten Rahmenbedingungen ist es daher unerlässlich im Team zu klären: Was ist uns wichtig? Was können wir wann leisten? Wo können wir mit unseren Kapazitäten noch mithalten? Statt vielen einzelnen Projekten und der Hetze nach der Bildung wäre insbesondere für die Betreuung der unter Dreijährigen eher das Motto: Langsam, eins nach dem anderen! erstrebenswert. Sofern ein Kindergarten sich entschließt, lieber ein Projekt weniger durchzuführen, das den vorhandenen Ressourcen entspricht, aber dafür etwas Ruhe und Bezogenheit in die Gruppe bringt, wird die Entwicklung der Kinder eher gefördert. Auch Kinder müssen lernen – z. B. durch ihre Vorbilder in der Kita – dass nicht alles auf einmal geht, dass Gut-Zu-Sich-Sein-Können, eine wichtige Kompetenz ist, in einer Welt, die von uns verlangt, immer schneller, höher, weiter, besser zu sein, als wir gerade sind. Sich-Seiner-Selbst-Bewusst-Sein ist ein Bildungsziel, dass für viele weitere Kompetenzen Grundlage ist: Die Bewusstheit für die eigene Kompetenz, die vorhandenen Fähigkeiten und Ressourcen zu entwickeln, sollten Erzieherinnen bei sich – und damit auch bei den Kindern fördern. Die psychische Gesundheit der Erzieherin und ihr Mut, sich zu beschränken, ist zentraler Bestandteil der Bildungs- und Entwicklungsarbeit, denn Sicherheit, Zuversicht und verlässliche Beziehungen zu psychisch stabilen, sich ihrer selbst bewussten und – meistens – ausgeglichenen Personen sind die Basis für

Lernen und Entwicklung. Für die psychische Gesundheit ist es wichtig, über ein gesundes Selbstwertgefühl zu verfügen sowie über soziale und emotionale Kompetenz (vgl. für den folgenden Abschnitt Petermann & Wiedebusch, 2008; Schneewind, 2008). Saarni (1999) benennt die folgenden Schlüsselfertigkeiten für die emotionale Kompetenz:

* Bewusstsein über eigene Emotionen
* Erkennen des mimischen Emotionsausdrucks anderer Personen
* Sprachlicher Emotionsausdruck
* Emotionswissen und -verständnis
* Selbstgesteuerte Emotionsregulation

Soziale Kompetenz (d. h., die Beachtung sozialer Regeln im Umgang mit anderen) setzt sich zusammen aus Empathiefähigkeit, der Kompetenz zur Perspektivenübernahme, Problemlösefertigkeiten, der Fähigkeit zu Kooperation, Teamarbeit, Konfliktbewältigung, Kritikfähigkeit, Toleranz und der Übernahme von Verantwortung – für sich selbst und andere.

Erzieherinnen und Erzieher fördern die emotionale Entwicklung:

* wenn sie sich ihrer eigenen und der Gefühle ihres Kindes bewusst sind,
* wenn sie differenziert über Gefühle reden können und dem Kind helfen, Gefühle zu benennen,
* wenn sie negative Gefühle als Gelegenheit werten, Gespräche über den Umgang mit Ärger/Traurigkeit zu führen,
* wenn sie das Kind im Umgang mit negativen Gefühlen unterstützen, indem sie Regulationsstrategien und angemessene Verhaltensweisen vermitteln sowie Problemlösungen aufzeigen.

Emotionale und soziale Kompetenzen zu erlernen, setzt für Kinder Vorbilder voraus, die das selbst leben! Darüber hinaus sind die Beachtung einiger Grundregeln und die Verinnerlichung einer positiven Grundhaltung sich selbst und anderen gegenüber für die psychische Stabilität der Erzieherin – und damit auch für die Kinder – hilfreich.

Die Grundhaltung für psychische Gesundheit lautet:

* Ich bin wertvoll.
* Andere sind wertvoll. Hinterfragt wird nur das Verhalten, nicht der Mensch.
* Alle Menschen können reifen, wachsen, sich entwickeln, kompetent und kreativ sein.
* Alle Menschen können auf eigenen Beinen stehen und für sich selbst sprechen.
* Jeder Mensch ist einmalig.

Diese Grundhaltung äußert sich in der Kommunikation! Das bedeutet, dass man in Kommunikationsprozessen das Selbstwertgefühl und die Bedürfnisse des anderen achtet, den anderen motiviert, Abwehrmanöver des anderen nicht mit Abwehr beantwortet, Rückmeldungen anstrebt und annimmt sowie kongruent kommuniziert (Worte, Körper, Gesichtsausdruck, Stimmlage und Verhalten stimmen überein). Ein Projekt der Zuger Gesundheitsdirektion in der Schweiz hat im Rahmen eines kantonalen Projektes *zehn Schritte für psychische Gesundheit beworben, die die Bürgerinnen und Bürger beherzigen sollten.*

1. Sich selbst annehmen: Rede niemals schlecht über dich selbst. Genieße immer deinen Erfolg und dein Glück. Notiere die Qualitäten, die dich besonders und einzigartig machen. Denke daran, dass Fehler und Enttäuschungen manchmal ein Segen sind, denn sie sagen dir vielleicht, dass deine Ziele nicht die richtigen waren. Nie ein Schaden ohne ein Nutzen!
2. Aktiv bleiben: Treibe regelmäßig Sport und ernähre dich bewusst und ausgewogen.
3. Mit Freunden in Kontakt bleiben: Pflege Freundschaften.
4. Etwas Kreatives tun: Kultiviere gesunde Freuden und Leidenschaften.
5. Um Hilfe fragen: Stelle fest, dass du in Notlagen Hilfe erhalten kannst!
6. Sich entspannen: Schlafe 7 bis 8 Stunden jede Nacht, ruhe dich täglich aus, entspanne dich täglich.
7. Darüber reden: Denk daran, dass du nicht allein bist. Vielleicht geht es anderen ähnlich?
8. Neues lernen: Suche dir ein anregendes Hobby und entdecke dich wieder neu.
9. Sich beteiligen: Gestalte deine Umwelt mit. Übe an dir und anderen konstruktive Kritik. Wenn du das Gefühl hast, die Kontrolle über eine Situation zu verlieren, distanziere dich körperlich von der Situation.
10. Sich nicht aufgeben: Entwickle eine optimistische Sichtweise.

Es ergibt sich hier ein doppelter Bildungsauftrag: Sofern ich selbst psychisch stabil bin, gut zu mir selber bin und für mich selbst erlerne, meine Ressourcen gut einzusetzen, mir selbst bewusst zu sein, kann ich auch Kindern – fern jedes Förderprogramms – soziale und emotionale Kompetenzen, ein gesundes Selbstbewusstsein und Selbstwertgefühl vermitteln.

Ina Hunger

Verschiedene Geschlechter, gleiche Chancen?
Zur Bewegungssozialisation von Jungen und Mädchen in der frühen Kindheit

Im Bereich der Bewegungserziehung im Kindergarten scheint die Frage nach geschlechtsspezifischen Verhaltensmustern kaum von großer Bedeutung zu sein. Themen und Probleme, die sowohl Praxis als auch Theorie beschäftigen, verweisen weniger auf die Unterschiede zwischen Jungen und Mädchen, sondern vielmehr auf die Differenzen zwischen den Individuen (z. B. auf motorischer oder psycho-sozialer Ebene) und diskutieren vor diesem Hintergrund unterschiedliche Sozialisationsbedingungen, Entwicklungs- und Erziehungschancen der Kinder.
In diesem Beitrag wird der Blick auf die bereits im Kindergartenalter entwickelten geschlechtsspezifischen Verhaltenstendenzen von Jungen und Mädchen gelenkt und auf die dafür „verantwortlichen" Sozialisationsprozesse aufmerksam gemacht. Der Bereich Bewegung, Spiel und Sport erfährt hierbei besondere Beachtung. Es wird deutlich gemacht, dass es sich bei der elementaren Bewegungserziehung um kein neutrales Terrain handelt, in dem sich die Kinder fernab von Geschlechterrollenstereotypen entwickeln oder gefördert werden, sondern dass auch hier einschlägige (an das Geschlecht gebundene) Erfahrungsmöglichkeiten eröffnet und geschlechtsspezifische „Rollen" eingeübt werden.

Geschlechtsspezifische Sozialisation

Jungen und Mädchen werden bereits von Geburt an mit geschlechtsbezogenen Erwartungen konfrontiert und „lernen", was es heißt, männlich oder weiblich zu sein. Schon gegenüber dem Säugling gibt es Interaktionsformen und Verhaltensinterpretationen, die mit dem (angenommenen) Geschlecht variieren und die die weitere Entwicklung subtil prägen (vgl. Bilden, 1998, S. 281). So zeigen Eltern (zumeist unbewusst) gegenüber einem männlichen Säugling andere Erwartungen als gegenüber einem weiblichen bzw. heben jeweils unterschiedliche Verhaltensweisen bei den Babys hervor und interpretieren sie jeweils anders (z. B. „wie kräftig er strampelt"; „wie süß sie schläft"; „einem Jungen kann man aber keine rosa Jacke anziehen" etc.).
Im Kleinkind- bzw. Kindergartenalter haben Jungen und Mädchen bereits über unterschiedlichste soziale Lernprozesse und Informationsquellen, über Beobachtungen der Umwelt, erlebte Zugeständnisse, Sanktionen, Rückmeldungen etc. erfahren, dass weiblich oder männlich Sein etwas jeweils anderes bedeutet Sie wissen (implizit oder explizit) bereits über Erwartungen hinsichtlich der Geschlechtszugehörigkeit Bescheid und haben eine erste Identität über ihre Geschlechtszugehörigkeit entwickelt (Hagemann-White, 1984): Sie wissen, was bei dem jeweiligen Geschlecht als typisch oder untypisch bewertet, als normal oder abweichend angesehen

wird. Sie können unterscheiden, womit Jungen und Mädchen typischerweise spielen, welche Verhaltenseigenschaften ihnen gemeinhin zugeschrieben werden etc. Sie können unterscheiden, was typisch für Frauen und was für Männer ist (Fähigkeiten, zu verrichtende Tätigkeiten, Berufe etc.), welche körperlichen oder emotionalen Merkmale für Männer, welche für Frauen typisch sind u.v.m. Dabei handelt es sich einerseits um bewusste, polarisierende Zuschreibungen nach dem Motto „so sind Frauen/Mädchen, so sind Männer/Jungen", die einfache Orientierung erlauben, auch wenn die Kinder die zugeschriebenen Merkmale in Bezug auf nahe Bezugspersonen (Mutter, Vater, Erzieherin etc.) oder sich selbst (ohne Irritation) wieder relativieren können. Andererseits ist das Wissen über geschlechtstypische Merkmale „unbemerkt" gespeichert und orientiert unbewusst ihre Erwartungen und das Handeln im Alltag.

Mit etwa fünf/sechs Jahren sind bereits einschlägige Verhaltensmuster und geschlechtstypische Präferenzen verinnerlicht. „Kinder bewerten diejenigen Informationen positiv, die zu ihrer Geschlechtskategorie passen, und bauen sie in die eigene Identität ein" (Verlinden, 1995, S. 13). Eine klare Einordnung in die soziale Welt wird so ermöglicht. Insbesondere Jungen beginnen, ihre Geschlechtsrolle besonders streng auszulegen und sich vom „mädchentypischen" Verhalten (auch hierarchisch) abzugrenzen (Metz-Göckel, 1993, S. 104 ff.). Mädchen scheinen dagegen ihre eigene Geschlechterrolle noch wesentlich flexibler auszulegen (Bilden, 1998, S. 282 f.). Sie sind, was Kleidung, Bewegungsverhalten, Spielzeug etc. betrifft, zunächst weniger auf ein bestimmtes Rollenverhalten festgelegt als Jungen bzw. werden bei geschlechtsuntypischen Verhalten von ihrer Umwelt weniger deutlich sanktioniert als Jungen. Während bei Jungen z. B. nach wie vor ein als weiblich typisiertes Verhalten (sich „zurecht machen", schnelles Weinen etc.) argwöhnisch betrachtet wird, wird ein „jungenhaftes" Verhalten von Mädchen (zunächst noch) mit einem Anklang von Anerkennung kommentiert. In diesem Sinne zeigt sich auch eine hierarchische Wertschätzung der Geschlechtsunterschiede.

Der Prozess der geschlechtsspezifischen Sozialisation vollzieht sich in der Regel sehr subtil. Es sind nicht unbedingt die klaren traditionellen Ermahnungen („so was tut ein Mädchen nicht") oder auffällig stereotyp vorgelebten Rollenmuster, an denen Jungen und Mädchen lernen, was „männlich bzw. weiblich Sein" bedeutet Vielmehr ist es das Gesamt an unauffälligen Rückmeldungen, Ermunterungen und Unterstützungen, quasi-selbstverständlichen Symbolen, medialen Einflüssen, unscheinbaren Arbeitsteilungen etc., das Mädchen und Jungen verdeutlicht, was in geschlechtlicher Hinsicht sozial erwünscht ist und ihnen bei dem Aufbau ihrer Geschlechtsidentität Orientierung gibt.

Bewegung, Spiel und Sport im Kindergartenalter

Auch wenn im Kindergartenalter Jungen und Mädchen noch selbstverständlich miteinander spielen, sich geschlechtsspezifische Differenzen in den ersten Kindergartenjahren auf der Verhaltensebene noch nicht stringent zeigen und das motorische Verhalten aufgrund von Entwicklungsunterschieden noch nicht auffällig erscheint, darf das nicht darüber hinwegtäuschen, dass Jungen und Mädchen (auch) in Hinblick auf Körper, Bewegung und Sport unterschiedlich sozialisiert werden (Baur, 1989) und bis zum Schuleintrittsalter oftmals bereits typische Bewegungsinteressen, körperbezogene Interaktionsstile und sportliche Handlungsmuster entwickelt haben (vgl. u. a. Kuhn, Medick & Dudek, 2000;. Pfister, 1996; Schmidt, 2002). So werden *Jungen* in dieser Zeit durch ihr Umfeld eher bewegungsintensiv sozialisiert, in ihren material- und raumexplorierenden Aktivitäten unterstützt und an wettbewerbsorientierte Spiele sowie leistungs- und funktionsbezogene Körperaktivitäten herangeführt. Dabei eignen sie sich nicht nur in motorischer Hinsicht frühzeitig bestimmte Fähigkeiten und Fertigkeiten an, wie z. B. schnelles Laufen, körperbetonter Einsatz, sportspielspezifischer Umgang mit dem Ball, sondern machen im Rahmen ihrer sportlichen Aktivitäten gleichsam auch einschlägige psycho-soziale Erfahrungen. Sie lernen, da sie eher in größeren (gleichgeschlechtlichen und altersheterogenen) Gruppen agieren (Bilden, 1998, S. 287), frühzeitig mit hierarchischen Strukturen und somit auch mit Dominanz und Durchsetzungsfähigkeit umzugehen. Sie erfahren, was es heißt, etwas erobern (zu wollen), zu siegen, zu verlieren, etwas zu leisten, sich körperlich aggressiv zu messen, Kraft zu haben etc. Sie können sich schon frühzeitig mit öffentlichen Sportidolen identifizieren und ihnen in Form von Teilhabephantasien nacheifern, insofern die entsprechenden männlichen Vorbilder mit zunehmendem Medienkonsum präsent sind.

Mädchen werden zwar aus diesen Erfahrungsfeldern nicht grundsätzlich ausgeschlossen, die Angebote, die ihnen nahegelegt werden und die sie mit zunehmender Bewusstheit über ihre soziale Geschlechtsangehörigkeit selbst suchen, sind jedoch in der Anlage andere. Sie werden eher an sportartübergreifende Bewegungsformen herangeführt (z. B. Ballspielen, Springen, Klettern, Schaukeln), die in der Regel weniger raumexplorierend und wettbewerbsorientiert sind. Anstelle von Bewegungsformen, die ein direktes Gegeneinander erforderlich machen, dominieren kooperative Spiele. Tendenziell sind es auch eher ästhetisch-expressive Bewegungsformen als z. B. kräftemessende Interaktionen, in die Mädchen einbezogen werden. Die durch diese Bewegungsaktivitäten geförderten motorischen Fähigkeiten sind ebenso wie die an diese Bewegungskontexte geknüpften Erfahrungen entsprechend andere als bei Jungen.

Wie oben bereits angesprochen, sind es auch bei der Körper- und Bewegungssozialisation weniger die stereotypen Rollenvorstellungen des Umfelds, sondern vielmehr die unbewussten Verhaltensmomente der Bezugspersonen, das Gesamt an *unauffälligen Sozialisationsinstanzen* (Spielzeug, Sportgeräte, Medien etc.) sowie die zunehmende Auslegung der eigenen Geschlechterrolle durch das Kind selbst, die entsprechende Sozialisationseffekte erzielen. Nicht zuletzt darf vergessen werden, dass sich *die Kinder untereinander mit dem Alter zunehmend rigoros im Sinne geschlechtstypischen Verhaltens sozialisieren.* Schlaglichtartig zusammengefasst heißt das: Das elterliche Verständnis („Jungen müssen sich eben mal verausgaben!") oder die Bestätigung („Wie schön ihr zusammen Ball spielt!"), die erzieherische Einschränkung („Du tust dir gleich weh!"), die geschenkte Fußballausrüstung zum 4. Geburtstag, das allabendliche Kämpfchen mit dem Vater, die kindliche Rückmeldung („Hihi, der tanzt mit den Mädchen!") – all das sind Momente, die die geschlechtsspezifische Entwicklung im Kontext von Bewegung, Spiel und Sport mitlenken.

Bewegungserziehung im Kindergarten – geschlechtsneutral?

Der Kindergarten gilt neben der Familie als eine der wichtigsten Sozialisationsinstanzen für Kinder im Alter von drei bis sechs Jahren. Hier wird nicht nur in erzieherischer Absicht ein professionelles Umfeld (Spielzeug, Außengelände etc.) geschaffen, sondern auch reflektiert und in der Regel nach bestimmten Erziehungs- und Bildungszielen erzogen; hier haben die Kinder (oftmals erstmalig) peers; hier lernen sie tagtäglich in einem größeren sozialen Gefüge zu agieren etc.

Die Frage nach der geschlechtsspezifischen Sozialisation im Kindergarten scheint mittlerweile kein exponiertes Thema mehr zu sein. Obwohl im Kindergarten zu 95% Frauen arbeiten, scheint dieser (sicherlich folgenreiche) Umstand (z. B. Mädchen können sich mit dem Geschlecht der Erzieherin identifizieren; Jungen müssen in Abgrenzung zu diesen Bezugspersonen ihre geschlechtliche Identität aufbauen) kaum mehr von öffentlichem Interesse zu sein. In den jüngsten Bildungsvereinbarungen der Bundesländer wird die Thematik nur selten *explizit* behandelt. Vielmehr geht sie auf in allgemeinen Ansprüchen, wie Eintreten für eine gleichberechtigte Erziehung, Achtung der Individualität, Chancengleichheit u. Ä. bzw. allgemeinen Aussagen zur Bedeutung der sozialen Geschlechterkonstruktion (vgl. z. B. Senatsverwaltung für Bildung, Jugend und Sport Berlin, 2004, S. 20 f.).

Auch im Bereich der elementaren Bewegungserziehung scheint die Geschlechtsthematik keinen besonderen Stellenwert mehr zu haben. In den Bildungsvereinbarungen findet man diesbezüglich kaum konkrete Hinweise; konzeptionelle Entwürfe berücksichtigen nur äußerst selten die Frage nach geschlechtsspezifischen Vorerfahrungen, Benachteiligungen oder emanzipatorischen Zielsetzungen. Und auch psychomotorische Konzepte beziehen geschlechtsspezifische Fragen, z. B. ob Mädchen und Jungen die Angebote anders interpretieren, nur selten ein. Bewegungserziehung im Kindergartenalter scheint in diesem Sinne also eher ein geschlechtsneutrales Thema zu sein. Über die Gründe kann an dieser Stelle nur spekuliert werden:

- Sei es, dass die Thematik geschlechtsspezifische Sozialisation bzw. geschlechtssensible Erziehung so weit im Bewusstsein der Verantwortlichen ist, dass sie keiner besonderen Erwähnung mehr bedarf.
- Sei es, dass die elementare Bewegungserziehung die Geschlechterfrage ohnehin implizit mitberücksichtigt, da sie sich im Allgemeinen als *individuumsbezogene* Entwicklungsförderung versteht.
- Oder sei es, dass diese Thematik für die Verantwortlichen tatsächlich kaum von Bedeutung ist, insofern Jungen und Mädchen erst im Alter von fünf bis sechs Jahren ihre Geschlechtszugehörigkeit und die damit verbundenen Verhaltensmuster (vorwiegend gegenüber Gleichaltrigen) deutlich demonstrieren. Dass also eher altersbedingte körperliche Unterschiede oder motorische Auffälligkeiten bei einzelnen Kindern signifikant erscheinen und weniger die geschlechtssozialisatorisch bedingten.

Reflexionsanregungen für die Praxis

Auch wenn die meisten der im Kontext der elementaren Bewegungserziehung Tätigen wohl von sich behaupten würden, sie seien für die Geschlechterfrage sensibilisiert und würden sich für eine emanzipatorische Bewegungserziehung einsetzen, so ist der institutionalisierte Bereich Bewegung doch kein neutrales Terrain, in dem sich die Kinder fernab von Geschlechterrollenstereotypen entwickeln. Auch hier werden einschlägige geschlechtsspezifische Rollen eingeübt – und damit auch geschlechtsspezifische Benachteiligungen oder Bevorzugungen vollzogen, da Jungen und Mädchen in unterschiedlicher Weise Angebote annehmen oder ihnen verschiedene Erfahrungsmöglichkeiten eröffnet werden.

Dies muss – wie des Öfteren betont – kein von den Verantwortlichen intendierter Prozess sein. „Verantwortlich" sind vielmehr die in uns allen tief verwurzelten geschlechtsspezifisch geprägten Reaktionstendenzen und Deutungsmuster, die unauffälligen Momente des Alltags etc. Im Folgenden wird auf einige Bewegungssituationen hingewiesen, in denen aus meiner Sicht einschlägiges geschlechtstypisches Verhalten eingeübt wird. Die Hinweise und aufgeworfenen Fragen sollen als Reflexionsanregungen dienen und damit zu einer aufgeklärten geschlechtssensiblen Bewegungserziehung beitragen.

- Haben Mädchen und Jungen eigentlich die gleichen Identifikationsmöglichkeiten, wenn es um sog. *kleine Regelspiele* geht, in denen Stärke und Macht demonstriert wird? Oder sind die in diesen Spielen zu übernehmenden *wichtigen Rollen* vorwiegend männlich geprägt? (Zauberer, „Schwarzer Mann", Riesen etc.)
- Psychomotorische Angebote scheinen im Vergleich zu sportartorientierten Angeboten weitgehend geschlechtsneutral zu sein. Aber: In welche (realitätsnahen) Rollen schlüpfen Jungen und Mädchen eigentlich bei (offenen) *psychomotorischen Angeboten?* Sind es bei *bewegungsintensiven* Spielen unter Umständen vorwiegend männlich geprägte (Berufs-)Rollen, die eingenommen werden (Rennfahrer, Feuerwehr, Polizisten etc.) und denen gleichsam etwas als männlich typisiertes anhaftet (Mut, Härte, voller Einsatz)?
- Welche (realitätsnahen) *weiblichen* Rollen, die als (sportive) *Bewegungsvorbilder* dienen, werden eigentlich von Kindern übernommen bzw. welche populären weiblichen Sportidole sind Kindern im Kindergartenalter überhaupt präsent?
- Gibt es eigentlich Bewegungssituationen, in denen Mädchen *und* Jungen gleichermaßen eine bewegungsintensive, kraftvolle und positiv besetze weibliche Rolle übernehmen (können)? Welche Anlässe könnte man bieten, um dieses zu realisieren?
- Welche *Phantasiegestalten* werden in Bewegungssituationen von Jungen eingenommen? Sind es u. U. Rollen, die (wiederum) Macht, Stärke, Heldentum, (Gewalt) verkörpern (Superman, Batman, Monster)?
- Welche *Phantasiegestalten* werden von Mädchen eingenommen? Handelt es sich auch um mit Kraft, Macht und Mut assoziierte Rollen? Falls ja, um welche? Falls nein, welche Rollen nehmen Mädchen typischerweise ein?
- Schränken sich ältere Jungen in Bewegungssituationen u. U. in ihrem Bewegungsverhalten gegenseitig ein, insofern sie sich stets ähnlichen sportiven Hand-

lungsmustern zuwenden und werden durch einen gewissen Gruppendruck ‚Abweichler' sanktioniert?
- Können sich (ältere) Jungen auch mal „unbeobachtet" – aus ihrer Sicht – typischen „Mädchen(sport)spielen" widmen (Gummitwist etc.)?
- Welche Spiele oder Bewegungslieder, die in der Bewegungserziehung zum Tragen kommen, transportieren einschlägige Geschlechterstereotypen?
- Üben Jungen und Mädchen in freien Bewegungssituationen gleichermaßen kompetetive Spielformen aus? Suchen sie in gleichem Ausmaß Situationen, in denen sie ihre Kraft direkt messen können? Nehmen sie in ähnlichem Ausmaß ästhetisch-expressive Angebote an?
- Inwiefern verfügen Jungen und Mädchen im Kontext der Bewegungserziehung bereits über ein geschlechtsspezifisches symbolisches Repertoire (z. B. „Profi-Trikots", Siegergesten etc.)? Wäre ein Tausch der Symbolik für Jungen und Mädchen gleichermaßen akzeptabel?

Auch wenn einige der Beispiele u. U. eher für ältere Kinder zutreffend erscheinen, darf nicht vergessen werden, dass die jüngeren Mädchen und Jungen stets aufmerksame Beobachter/innen sind und insbesondere das Verhalten der älteren Kinder für sie nachhaltig orientierungswirksam ist. In diesem Sinne lernen die Kinder, die selbst noch unbefangen mit der Geschlechterfrage umgehen, stets was in ihrer Umwelt für Jungen bzw. Mädchen angemessen zu sein scheint.
Nicht zuletzt sollte sich die Erzieherin im Sinne einer geschlechtssensiblen Bewegungserziehung selbstreflexiv fragen:
- Mit welchem Bewegungsverhalten identifiziere ich mich eigentlich am ehesten? Sind es eher „jungentypische" oder „mädchentypische" Bewegungsformen?
- Hat meine Vertrautheit mit einem bestimmten Bewegungsverhalten Auswirkungen auf meine Begleitung, Sanktionierung oder Unterstützung der Angebote?
- Ermuntere ich z. B. Mädchen nicht zu körper(einsatz)betonten, wilden Spielen – oder versuche ich dieses Verhalten bei Jungen einzuschränken, da mir diese Bewegungsinteraktionen selbst fremd sind?
- Welches Bewegungsbedürfnis und -verhalten „verkörpere" ich selbst gegenüber den Kindern? Inwiefern ist dieses geschlechtsspezifisch geprägt? Welche Wirkung könnte mein Bewegungsverhalten auf das der Jungen und Mädchen haben?

CHRISTIAN WOPP

Kinder brauchen Spielräume

Der Titel dieses Beitrags ist im doppelten Sinne zu verstehen. Einerseits brauchen Kinder Räume als Voraussetzung zum Spielen, Toben und Entspannen. Andererseits brauchen Kinder Spielräume im Sinne von Freiräumen, um zu explorieren, experimentieren und um Neues zu probieren. Bekanntermaßen schränken viele Räume durch ihre Größe, Beschaffenheit und Ausstattung die Entfaltung kindlicher Handlungsmöglichkeiten ein. Besonders problematisch sind in diesem Zusammenhang Entwicklungen in den Städten. Die Leitideen der in Zonen (Fußgängerzonen, Industrie- und Handelszonen, Wohnbereiche, Tempo-30-Zonen), eingeteilten und an den Bedürfnissen des fließenden Verkehrs orientierten Stadtplanung hat zur Folge gehabt, dass das Ideal der Europäischen Stadt, in der es einen Zusammenhang von Arbeiten, Lernen und Freizeit gibt, zunehmend verloren geht.

Wenn betrachtet wird, wo Kinder und Jugendliche heute spielen, dann gilt als erste Feststellung, dass mehr als 70% von ihnen in urbanen Räumen groß werden. Die Wohnung ist der zentrale Aufenthaltsort, weil die Straße als „verlängertes Wohnzimmer" spätestens am Ende der 60er Jahre verloren ging. In der Wohnung dominiert der Medienkonsum, der in Abhängigkeit zum Bildungsniveau der Eltern steht. Der tägliche Fernseh-, Internet- und Computerspielkonsum eines Zehnjährigen in Norddeutschland aus bildungsferner Einwanderer-Familie am Wochenende beträgt 340 Minuten. Der tägliche Fernseh-, Internet- und Computerspielkonsum eines Zehnjährigen in Süddeutschland aus deutscher Familie, in der mindestens ein Elternteil Abitur hat, beträgt am Wochenende 54 Minuten.

Dennoch ist die heutige Kindheit nicht nur eine verhäuslichte Kindheit. Auffallend ist, dass viele Kinder und Jugendliche dazu übergegangen sind, sich durch Bewegung und Spiel urbane Räume (zurück) zu erobern. Beispielhaft dafür stehen die vielfältigen Rollgeräte wie Laufräder, Kickboards, Fahrräder, Skateboards oder Inlineskates, die deshalb einen Boom erleben, weil in urbanen Räumen versiegelte Flächen vorhanden sind, die kreativ genutzt werden. Kein Planer von Treppengeländern, Stufen und Begrenzungspfosten hat je daran gedacht, dass diese auch als Rutschen, Geschicklichkeitsparcours oder Hindernisse zum Springen verwendet werden können. Es gibt parallel verlaufende Prozesse der Raumanpassung und der Raumgestaltung durch Kinder und Jugendliche. Aus einer intensiven Analyse dieser Prozesse lassen sich Konsequenzen für die Gestaltung von Spielräumen ziehen.

Wohnungsnähe

Kinder bewegen sich überwiegend in ihrem unmittelbaren Wohnumfeld. Deshalb sollten in diesem die zu gestaltenden Spielräume liegen. Insbesondere im Sportanlagenbau, teilweise auch im Spielplatzbau, ist die Tendenz beobachtbar, Sportstätten möglichst an den Stadtrand außerhalb der Wohngebiete zu legen. Dort sind dann keine Anliegerproteste zu befürchten. Die Folge ist aber, dass Kinder diese Anlagen ohne Transporthilfen durch Eltern, Verwandte und Freunde nicht erreichen. Eine Gesellschaft, die den Geburtenrückgang beklagt, wird sich an den sogenannten Kinderlärm, der zumeist nur Ausdruck der Freude und des Engagements ist, vor der Haustür gewöhnen müssen.

Erlebnisvielfalt

Kinder können sich stundenlang mit einem so einfachen Gegenstand wie einem Ball beschäftigen. Ursache dafür ist, dass ständig neue Situationen entstehen, die immer wieder neue Herausforderungen bieten. Zumeist noch intensiver ist das Spielen an einem Bach oder im Wald. Da diese natürlichen Bedingungen im urbanen Raum nicht (mehr) bestehen, müssen Spielräume durch ihre Gestaltung und die Materialien eine möglichst große Erlebnisvielfalt bieten. Dazu gehört zunächst einmal, dass Ballspiele erlaubt und durchführbar sind. An den meisten Spielplätzen steht das Schild „Ballspielen verboten", wodurch eine elementare Erlebnisvielfalt verloren geht. Hinzu kommt, dass die Räume so gestaltet sind, dass sie vielfältige Erlebnisse nicht zulassen. Ein negatives Beispiel ist in diesem Zusammenhang leider der Sportstättenbau. Die meisten Sportanlagen sind normiert, standardisiert und monofunktional ausgerichtet an den Bedürfnissen des Wettkampf- und Leistungssports, der jedoch nur von einer Minderheit betrieben wird. Durch Veränderungen wie z. B. bei den Geräten und der Raumgestaltung entsteht relativ einfach eine Erlebnisvielfalt. Ein positives Beispiel sind die an vielen Schulen bewegungsanregend umgestalteten Schulhöfe. Informationen dazu sind der Internetplattform www.bewegteschule.de zu entnehmen.

Veränderbarkeit

Die Frage, welchen Sport Kinder und Jugendliche voraussichtlich in zehn Jahren treiben werden, lässt sich leider nur mit einem Achselzucken beantworten. Rückblickend konnte niemand vor 10 Jahren prognostizieren, dass einmal die kleinen Kickboards und nicht die Tretroller mit den Ballonreifen bei den Kindern beliebt sein werden. Da seriöse Prognosen nicht möglich sind, sollten Spielräume so gestalten sein, dass sie veränderbar sind. Wände sollten verschoben, Höhen verstellbar und Materialien gestaltbar sein. Ein positives Beispiel sind die BMX-Strecken, die dadurch entstehen, dass viele Kommunen dazu übergegangen sind, auf vorher mit den Kindern und Jugendlichen festgelegte Strecken LKW-Ladungen mit Lehm zu schütten. Die BMX-Fahrer modellieren sich die Strecke durch das Befahren der Hügel allmählich selbst. Wenn eines Tages das Interesse am BMX-Fahren erlahmen sollte, lässt sich alles wieder leicht beseitigen.

Barrierefreiheit

Weil Spielräume in urbanen Räumen knapp und wertvoll sind, sollten sie zu jeder Zeit zugänglich und benutzbar sein. Ein negatives Beispiel sind in diesem Zusammenhang leider wieder die Sportanlagen. Diese sind in der Regel an Wochenenden nicht zugänglich. Das ist jedoch der Zeitabschnitt, in dem viele Eltern Zeit haben, mit ihren Kindern gemeinsam etwas zu unternehmen. Das Ausweichen auf kommerzielle Angebote, die selbstverständlich die Bedeutung der Wochenendangebote berücksichtigen, ist dann vielfach unausweichlich. Leider sind auch viele Schulhöfe außerhalb der Schulzeiten nicht zugänglich. Wie die Beispiele veranschaulichen, ist eine Barrierefreiheit häufig schon durch einfache, organisatorische Maßnahmen zu erzielen. Bauliche Maßnahmen wie z. B. offene Zugänge minimieren die Zugangsbeschränkungen.

Gender Mainstreaming

Die Aneignung öffentlicher Räume ist bei Jungen und Mädchen sehr unterschiedlich. Während Jungen gerne öffentliche, belebte und gut einsehbare Räume bevorzugen, um dort bewegungsmäßig aktiv zu sein und sich dabei zu zeigen, bevorzugen Mädchen eher sogenannte geschützte Räume. Insofern nutzt der Bau öffentlicher Spiel- und Sportanlagen zumeist den Jungen, weniger den Mädchen. Aus diesem Grund ist in den zurückliegenden Jahren bei der Gestaltung der Spielräume eine Geschlechtersensibilität beobachtbar. Neben den öffentlichen Zonen werden Rückzugszonen für Mädchen geschaffen, was auch Mädchen mit Migrationshintergrund den Zugang erleichtert. Unterstützt wird dieser Prozess in Großstädten vor allem durch Wohnungsbaugesellschaften, die vielfach Wohnungen bis hin zu ganzen Wohnungsblockabschnitten zu Mädchenbewegungszentren umgestalten.

Ganzjährige Nutzung

Ein besonderes Problem besteht darin, dass viele Spielräume im Freien bei schlechtem Wetter nicht nutzbar sind. Kinder und Jugendliche müssen dann nahezu zwangsläufig auf Wohnungen, Eingangsbereiche oder Unterstellmöglichkeiten ausweichen. Eine einfache Lösung besteht darin, über Spielflächen Regendächer zu schaffen, wodurch sogenannte Freilufthallen entstehen wie z. B. in Oldenburg, Westerstede oder Neustadt (Rübenberge). In Bielefeld z. B. wurden transparente Dächer zwischen Wohnungsblocks gebaut, wodurch ganzjährig nutzbare Spiel- und Aufenthaltszonen entstanden.

Best Practice

Abschließend stellt sich die Frage, ob es ein Beispiel gibt, das alle oben genannten Qualitätskriterien für Spielräume erfüllt. Besonders gut gelungen ist der Sportgarten in Bremen, der in der Pauliner Marsch hinter dem Weser-Stadion liegt (www.sport garten.de). Im Zentrum steht eine große Freilufthalle mit vielen Rampen und Hindernissen zum Skateboarden, Inlineskaten oder für das BMX fahren. Die Hallenausstattung lässt sich ständig verändern und kann bei schönem Wetter in das Freie geschoben werden. Hinzu kommen Klettermöglichkeiten, verschiedenste Ballspielfelder und ein Unterstellplatz für Pferde, wohin sich auffallend viele Mädchen zurück ziehen. In unmittelbarer Nachbarschaft liegt ein Stadtteil, der als sozialer Brennpunkt gilt. Der große Andrang zeigt, dass sich Kinder Spielräume als Räume zum Spielen und als Freiräume nicht nur wünschen, sondern diese auch in Anspruch nehmen, wenn sie denn da sind. Es ist Aufgabe der Erwachsenen, mit den Kindern zusammen solche Räume zu planen und – wie in Bremen geschehen – zu realisieren.

III

Ansätze und Konzepte zur Bewegungsförderung

PETER ELFLEIN, SÖNKE KAMP, CLAUDIA TOTZKE

Projekt
„Gesundheitsfördernde Grundschule MoBil"

Vorgestellt werden im Folgenden die Grundidee, Entwicklungen und Zwischenergebnisse eines Schulprojekts zum gesundheitsfördernden Sportunterricht in der Primarstufe *(MoBil: Gesundheitsförderung im Setting der Grundschule)*. Das Projekt „Gesundheitsfördernde Grundschule MoBil" ist mit der Zielsetzung verbunden, einen innovativen Beitrag zur schulischen *Gesundheitserziehung und -förderung* im Ansatz bei der unterrichtlichen Bewegungserziehung bzw. dem *Sportunterricht (Motorik)* – unter Anschluss an fachübergreifend bedeutsame *Bildungsziele der Schule (Bildung)* – zu leisten (Gesundheitsförderung MoBil). Das Projekt nimmt dabei auf bereits vorliegende Projekte zum Themenkomplex *Gesundheit – Bewegung – Schule* Bezug (z. B. „Fit für PISA", „Niedersächsische Fitnesslandkarte", „Tägliche Sportstunde", „Bewegte Schulkultur") und wertet deren Ansatzpunkte und Erfahrungen kritisch-konstruktiv für das eigene Vorhaben aus (vgl. Totzke, 2007).
Im Rahmen des Projekts werden – im Sinne einer *didaktischen Handlungsforschung* – in Kooperation von Schule und Universität didaktisch-methodisch differenzierte Modelle gesundheitsförderlichen Bewegungs- und Sportunterrichts entwickelt, erprobt und evaluiert. Inhaltlich thematisieren die Unterrichtsmodelle eine Verbindung motorisch-körperlicher Entwicklungsförderung und gesundheits- und bildungsrelevanter psycho-sozialer, kulturell-interkultureller Perspektiven – einschließlich Sinn- und Verstehensdimensionen.

Gesundheit, Bildung und Bewegung

Das Gesundheitsverständnis von „Gesundheitsfördernde Grundschule MoBil" fußt dabei auf der Auffassung, dass vielfach das Wirkungspotenzial der Bewegung zu wenig gegenstands- und phänomenbezogen differenziert, sondern vor allem von der Grundlage eines rein physiologisch-biologischen Bewegungsverständnisses her diskutiert wird. Dieses reicht für ein schulisches Vermittlungskonzept im Hinblick auf gesundheitliche Problemstellungen im Schnittfeld von körperlichen und psychosozialen Dimensionen – im gleichzeitig zu beachtenden Kontext mehrdimensionaler Bildungsanliegen – prinzipiell nicht aus. Erforderlich ist dagegen ein Verständnis von *Bewegung* und *bewegungsbezogener schulische Gesundheitsförderung*, das über physiologische Wirkungsmechanismen (Trainingswirkungen auf Herz-/Kreislaufsystem und Muskulatur bzw. Halteapparat) hinaus auch die *emotionale, soziale und kulturelle Seite menschlicher Bewegung einschließlich des Sports im spezielleren Sinne* mit erfasst und in nachvollziehbaren praxisbezogenen Konsequenzen auch deren „salutogenetische", weiterreichende gesundheitsförderliche Wirkungspotenziale zur Entwicklung bringt (in Richtung Entwicklung von Selbstvertrauen, sozialer Verantwortungs- und Bindungsfähigkeit, Wahrnehmungsfähigkeit, Sinnverstehen

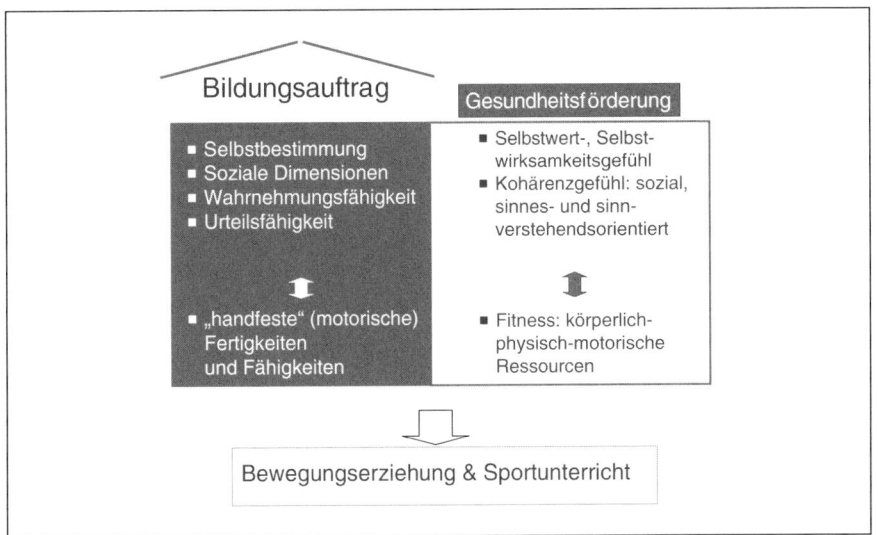

Abb. 1: Grundlegender Zielhorizont: Gesundheitsförderung im Kontext mehrdimensionaler Bildungsanliegen (MoBil)

etc. (Antonovsky, 1997). Die Abbildung 1 fasst den angedeuteten Zielkomplex „Gesundheitsförderung MoBil" modellhaft zusammen. Gleichzeitig ist hiermit in Grundzügen eine theoretische Ausgangsbasis der innovationsbezogenen Anliegen des Projekts markiert (ausführlichere Darstellung – auch zur Korrespondenz von *Bildung* und *Gesundheit* – vgl. Elflein, 2007a, b).

Forschungsdesign des Projekts

Das Projekt findet seit dem Schuljahr 2007/2008 an einer Osnabrücker Grundschule statt, in der eine Klasse von 18 SchülerInnen über die gesamte Dauer der Primarstufe hinweg – in einem quantitativ erweiterten und didaktisch von Mitarbeitern des Projekts betreuten Sportunterricht – begleitet wird. Die Entwicklung dieser Klasse, die als Projektklasse fungiert, wird ebenfalls seit dem Schuljahr 2007/2008 mit Klassen zweier weiterer Grundschulen aus der Stadt bzw. dem Landkreis Osnabrück im Hinblick auf die motorische sowie psycho-soziale Entwicklung der Schüler, synchron und diachron verglichen. Die Auswahl der beteiligten Schulen erfolgte vor dem Hintergrund eine gewisse Bandbreite unterschiedlicher Grundschultypen abbilden zu wollen:

– Schule der Projektklasse: kleine, einzügige Grundschule in einem sozial schwierigen, städtischen Umfeld, deren Schülerschaft vorwiegend aus demselben Stadtteil stammt.

– Kontrollschule I: mittelgroße mehrzügige Grundschule im städtischen Umfeld, deren Schülerschaft überwiegend aus dem gesamten Stadtgebiet stammt.

– Kontrollschule II: mehrzügige Grundschule im ländlichen Umfeld, deren Schüler auch vorwiegend aus diesem Umfeld stammen.

Entsprechend dem in das Projekt hineingelegten mehrdimensionalen Gesundheits- und Bildungsverständnis sind Entwicklungsperspektiven in *körperlich-motorischer* sowie *geistiger* bzw. *psychosozialer* Hinsicht grundlegende Blickpunkte jährlicher Untersuchungen. Das Forschungsinstrumentarium umfasst hierbei:

– *Videodokumentationen und interpretative Auswertung* des Bewegungs-, Spiel-, Sportverhaltens und -handelns der Gruppen und fokussierter SchülerInnen in *quasi-natürlichen Unterrichtshandlungssituationen* (Scherler, 2004).

– *Gruppendiskussionen* sowie *Einzelinterviews mit SchülerInnen* in Form „philosophischer Gespräche mit *Kindern*" (Matthews, 1993) zu relevanten Themen im Zusammenhang von Gesundheit, Bewegung und Bildung.

– Lehrer- *und Elternbefragungen.*

Die qualitativen Untersuchungen werden darüber hinaus in der Auswertung zu Ergebnissen eines, speziellere gesundheitsrelevante motorische Entwicklungsdimensionen erhebenden *Fitnesstests* in Beziehung gesetzt. Schließlich ist im Rahmen von synchronen Vergleichen von Projektklasse und Kontrollgruppen auch von Interesse, inwieweit gezielter didaktischer Input in Hinsicht auf bildungsorientierte Gesundheitsförderung in einem angemessen umfangserweiterten Sportunterricht ggf. *soziale Benachteiligung bezüglich Gesundheits-/Bildungsvoraussetzungen und -chancen teilweise kompensieren* kann.

Entwicklung innovativer Unterrichtsmodelle

Eines der weiteren Anliegen von MoBil ist die Entwicklung innovativer Unterrichtsmodelle für die Schulpraxis. Zu diesem Zweck werden auf der Grundlage des oben beschriebenen Gesundheitsverständnisses Unterrichtsstunden bzw. -einheiten von Seiten der Projektmitarbeiter entwickelt und zunächst in der Projektklasse erprobt und evaluiert. Nach diesem ersten Erprobungsschritt werden die Stundenentwürfe in den Kontrollschulen ebenfalls erprobt und evaluiert. Die Auswertung der gehaltenen Unterrichtsstunden erfolgt in der Projektklasse zunächst mit Hilfe von *Supervision* durch Experten für Sportdidaktik. An den Kontrollschulen erfolgt die Auswertung/ Kritik der Stunden im Dialog mit den unterrichtenden Sportlehrkräften. Die entwickelten Unterrichtsentwürfe erfahren somit eine vielfache Erprobung durch verschiedene Klassen (unterschiedlicher Schultypen) und unterschiedliche Lehrkräfte, um dem Anspruch der *Praxistauglichkeit* Rechnung zu tragen.

Jede gehaltene Stunde wird per *Videodokumentation* festgehalten, um die Entwicklung und Probleme der Unterrichtsentwürfe zu konservieren und für zusätzliche *Videoanalysen* nutzbar zu machen. Geplant ist zusätzlich, nach Abschluss des Projekts, einen umfassenden Band mit den entwickelten und evaluierten Unterrichtsmodellen zu erstellen, welcher von Schulen bzw. Sportlehrkräften dann für ihren eigenen Unterricht genutzt werden kann.

Abb. 2: Curriculares Grundmodell gesundheitsfördernden Sportunterrichts MoBil

Die Abbildung 2 zeigt das curriculare Themenspektrum eines innovativen gesund-
heits- und bildungsorientierten Sportunterrichts, auf dessen Grundlage die Projekt-
unterrichtsentwürfe entwickelt werden:

„Gesundheitsförderung MoBil" bedeutet, nach einer dem Projekt zugrunde liegenden theoretischen Prämisse, Anknüpfen an und Auseinandersetzung mit thematisch
relevanten „Dingen" von „Welt" oder m. a. W. Thematisierung gesundheitsrele-
vanter Erscheinungsformen des außerschulischen Sports in seinen bedeutsamen
breiteren Facetten: z. B. als *funktioneller Fitnessbewegungsbereich,* als *körperlich-
sinnesorientierter Erfahrungsbereich,* als *erlebnisbezogener Bewegungs- und Spielbereich,* als *Bereich wettkampfbezogener Bewegung* und *kultureller bzw. transkultu-
reller Bewegungsgestaltung.* Durch die angesprochenen Bereiche der Bewegung und
des Sports werden je unterschiedliche Aspekte und mögliche Ansatzpunkte sportun-
terrichtlicher Gesundheitsförderung und -erziehung markiert: Im einen Fall mehr der
Aspekt intensivierter und systematischer körperlicher Aktivierung, im anderen Fall
ist es mehr der Aspekt einer körperbezogenen Sensibilisierung, im dritten Fall der
Aspekt des Erhalts von Neugier und Offenheit und Gewinn von Selbstwertgefühl
(als bedeutsamer Ressource von Gesundheit), schließlich der Aspekt eines pädagogisch vertretbaren leistungsbezogenen Handelns, das – gegenüber einer absolut gesetzten Leistungsorientierung im Sport – durch Integration der Gesundheitsperspek-
tive im Sportunterricht eine bedeutsame Orientierungsregulative erfährt.

Zwischenergebnisse

Nach dem ersten Projektjahr lassen sich zunächst folgende Forschungszwischen-
ergebnisse schlaglichtartig festhalten:

- Das allgemeine motorische Leistungsvermögen der SchülerInnen der Projekt-klasse zeigt eine signifikante Verbesserung in allen überprüften motorischen Leistungsdimensionen. Einzige Ausnahme ist hierbei die Kraftausdauerfähigkeit, für die keine signifikante Verbesserung nachweisbar ist.
- Vor allem die getesteten koordinativen Fähigkeiten zeigen sich deutlich verbessert.
- Im Hinblick auf die psycho-soziale Entwicklung der SchülerInnen ist ein ambiva-lentes Ergebnisbild zu konstatieren: So ließ sich einerseits das subjektive Wohlbe-finden der SchülerInnen im (Projekt-)Sportunterricht stetig verbessern, doch zei-gen sich andererseits in der Entwicklung der Sozialstruktur der Projektklasse ge-genläufige Tendenzen, in denen etwa die Zahl der Klassenaußenseiter verringert werden konnte, die Ausprägung der geschlechtsbezogenen Gruppenbildung sich jedoch zeitgleich verstärkte.
- Die Fähigkeit zum prosozialen Handeln erweist sich in den Projektstunden sicht-lich verbessert, während außerhalb der Stunden dieser Trend nicht durchgehend bestätigt werden kann.
- Die anfangs starken Tendenzen zur ethnischen Gruppenbildung sind nach dem ersten Jahr deutlich rückläufig.
- Die Entwicklung des Reflexionsvermögens der SchülerInnen zeigt ebenfalls Am-bivalenzen. So entwickeln einige SchülerInnen ein deutlich besseres Artikulati-onsvermögen, während andere SchülerInnen dieser Entwicklung nicht anhängen und ihr Reflexionsvermögen folglich nicht dem Fähigkeitsniveau der Restklasse entspricht.
- Das Vermögen, fremdes bzw. eigenes Handeln wahrzunehmen, zu reflektieren und zu kommunizieren, differiert auffallend stark zwischen den Schulen.

Für die Entwicklung der Unterrichtsmodelle lässt sich stichpunktartig folgender Zwischenstand identifizieren:
- Nach Angaben der SchülerInnen ist die Zufriedenheit/das Wohlbefinden in den Projektstunden sehr hoch, da die Unterrichtsinhalte der Projektstunden eine grö-ßere Bandbreite abdecken, als der reguläre Sportunterricht.
- Als problematisch erweist sich zuweilen das Sportverständnis großer Teile der Schülerschaft, das den regelgeleiteten Sport zum expliziten oder impliziten Ziel hat. So präferieren vor allem die Jungen aller beteiligten Schulen deutlicher Un-terrichtsinhalte, die z. B. regelgeleitete Sportspiele (Basketball, Fußball etc.) the-matisieren. In der Konsequenz ist die Bereitschaft, an anderen Unterrichtsinhalten teilzunehmen, rückläufig. Dieser Befund ist an der Projektklasse jedoch weniger deutlich ablesbar als an den Kontrollklassen.

Ausblick

Effekte didaktischen Inputs sind nach dem derzeitigen Ergebnisstand des Projekts deutlich ablesbar. Die Qualität und Kontinuität dieser Effekte muss jedoch über einen größeren Zeitraum beurteilt werden, als die Zeitspanne eines Jahres zulässt. Die Ergebnisse der Begleitforschung werden somit erst nach Abschluss des Projekts offenbaren können, welche Zwischenergebnisse im Trend bestätigt und welche verworfen werden können. Der angestrebte Längsschnitteffekt des Projekts soll dabei vor allem Aufschluss über die Nachhaltigkeit etwaiger Veränderungen liefern. In den zu entwickelnden Unterrichtsmodellen wird parallel dazu von großer Bedeutung sein, wie gezielt eine stärkere Übertragung positiver Effekte (z. B. prosozialen Handelns) auf Situationen außerhalb des Projektunterrichts ermöglicht werden kann.

Die Entwicklung innovativer Unterrichtsmodelle verlangt einen stetigen Ideenfluss, der im Rahmen des Projekts vor allem durch die Bildung eines Netzwerks „Gesundheitsfördernde Grundschule MoBil" gewährleistet werden soll. Ziel dieses Netzwerks ist es, Schulen, die Interesse an einem gesundheitsfördernden Profil im Sinne von MoBil haben, zu vernetzen und somit eine Plattform zur Kommunikation über Unterricht zu geben. Zu diesem Zweck werden regelmäßige MoBil-Treffen der Projektteilnehmer installiert, auf denen über Ideen, Probleme, Perspektiven gesundheitsfördernder Unterrichtsmodelle kommuniziert wird. Es ist ein besonderes Anliegen von „MoBil", den oft bemängelten, nicht gegebenen Dialog zwischen Universität und Schule aufzubauen, zu führen und dauerhaft am Leben zu erhalten (auch über die Dauer des Forschungsprojekts hinaus).

RUDOLF LENSING-CONRADY

Kinderräume in Bewegung.

Perspektiven einer bewegungsfreundlichen Gestaltung von Kindertagesstätten

Seit die Psychomotorik ab den 80er Jahren mehr und mehr die Praxis der Bewegungsförderung von Kindern beeinflusst hat, wurde auch die Frage dringlicher, wie geeignete Räumlichkeiten für eine solche ganzheitliche Förderung aussehen sollten. Mit einigen Projekten entwickelte der Förderverein Psychomotorik Bonn diese Vorstellung für unterschiedliche Zielgruppen und Räumlichkeiten weiter und gründete 2005 aufgrund der steigenden Nachfrage die Fachgruppe PRAEGUNG© (Psychomotorische Raumentwicklung und -gestaltung), die pädagogische Einrichtungen in Fragen der Raumgestaltung berät.

Warum Kinderräume zunehmend diskutiert werden

Der traditionelle Kindergarten war ein Ort des Spiels, des Lernens grundlegender Kulturtechniken, des Einübens sozialer Verhaltensweisen in Verlängerung und Erweiterung der Erfahrungen, die Kinder bis zum Eintritt in den Kindergarten und in seinem Verlauf im Elternhaus gesammelt hatten. Insbesondere für den Bewegungsbereich konnte man von umfangreichen Vorerfahrungen im Kinderleben ausgehen, weshalb er dann für den Kindergarten auch nachrangig wurde. Viele Untersuchungen belegen, dass sich diese Vorannahmen deutlich geändert haben und deshalb der frühen Förderung neue Aufgaben erwachsen.
Die Eignung einer Kindertagesstätte für die Umsetzung pädagogischer Zielvorstellungen – etwa dem Bewegungskindergarten – hängt (auch!) von einer geeigneten Gestaltung und Verfügbarkeit der Räumlichkeit selbst sowie des Außengeländes ab. Führt nicht eine durchschnittliche Berechnungsgrundlage des umbauten Raumes in der Kindertagesstätte von 2,1 m² je Kind zur Verunmöglichung ausreichender Bewegung? Trotzdem oder vielleicht gerade deshalb sind auch Überlegungen hilfreich, verbleibende Spielräume kreativ zu nutzen, aus dem Wenigen mehr zu machen und die Nutzung zu effektivieren.

Aspekte einer bewegenden und bewegten Kita

Wie also sollte eine Kindertagesstätte aussehen, die der psychomotorischen Bewegungsförderung von Kindern breiteren Raum gibt? Dafür gibt es keine einfache Antwort. Eine „gute" Einrichtung kommt nicht von der Stange. Wie Personen, können auch Räume sehr individuell sein. Ein Wald- oder Bewegungskindergarten kann so gut oder weniger gut sein wie eine Regeleinrichtung.
Auch eine ausgefeilte Raumplanung muss offen bleiben für Veränderung, für Umgestaltung bis hin zur zeitweiligen Zweckentfremdung. Die Veränderung von Alters-

strukturen und pädagogischen Inhalten beispielsweise erfordern immer wieder, die Räume auf ihre gewünschte und tatsächliche Wirkung hin zu überprüfen. Ob ein Raum sich eignet, hängt davon ab, wofür er gebraucht werden soll. „Quadratisch – praktisch – gut" gilt manchmal, aber nicht grundsätzlich. Hilfreich ist eine Analyse, die die Form, Größe und Ausrichtung der Räume erhebt, um als Grundlage für Überlegungen zu ihrer Verwendung, Veränderung und Gestaltung zu dienen. Ein Strömungsbild gibt Aufschluss über notwendige oder häufige Laufwege, die dann beispielsweise die Eignung für Ruheräume beeinflussen. In einem Strömungsbild wird jede Fortbewegung aller Beteiligten (Kinder, ErzieherInnen – evtl. in unterschiedlicher Farbe) über einen längeren Zeitraum (z. B. einen Tag) mit Pfeilen im Gebäude-/Geländegrundriss festgehalten. Dadurch ergeben sich Häufungen, die ein aussagekräftiges Bild der Raumnutzung zeichnen.

Die Laufwege selbst sind ebenfalls Gegenstand der Betrachtung und ggfs. der Veränderung. Flure müssen keinesfalls immer der Zugangsfunktion vorbehalten bleiben. In Verbindung mit einem Zeitplan können sie durchaus als Bewegungsräume geeignet sein. Wenn ein Raum eine kleine Grundfläche hat, kann dies Anlass sein, über eine zweite Ebene oder Deckenhaken und Kletterseile nachzudenken, um die Nutzbarkeit zu vergrößern. Auch für den Übergang von Innen- zu Außenräumen und umgekehrt ist eine Analyse der Lage und Wege der Räume zueinander unerlässlich.

Neben den angesprochenen Kriterien von Form, Größe und Lage der Räume spielen andere konzeptionelle Überlegungen eine Rolle: Die Entscheidung, ob über spezifische Funktionsräume nachgedacht wird, oder aber multifunktionale Gruppenräume eingerichtet werden sollen, hängt von der Konzeption der Einrichtung ab. Wesentlich ist, dass möglichst alle für die kindliche Entwicklung wesentlichen Bereiche, insbesondere Bewegungsräume, zum Angebot kommen.

Spezifische Räume können auch unkonventionelle Nutzungen zulassen. So können Waschräume auch als Wasserspielbereich dienen, und damit eine Verbindung von Spaß und Hygiene herstellen. Es sind oft kleine Dinge, die Räume multifunktional machen. Wenn etwa, um beim Beispiel des Sanitärbereiches zu bleiben, alle Wasserhähne und Mischbatterien unterschiedlich funktionieren so wird eben auch für Wahrnehmung und Bedienmotorik „neues Futter" geboten.

Das Angebot an spezifischem und auch funktionsgerechtem Mobiliar ist reichhaltig. Auch an Robustheit fehlt es vielen Fabrikaten nicht. Zu empfehlen ist allerdings gerade bei relativ neuen Einrichtungen, nicht nur mehr oder weniger moderne Katalogware zu verwenden, sondern auch bewährte, vielleicht sogar antike, „Patina"-gezeichnete Möbelstücke Atmosphäre und Nutzungsgeschichte in die Kinderräume zu bringen.

Robustheit darf nicht mit harter Oberfläche verwechselt werden. Auf einer mit gehärtetem Lack überzogenen Möbelfläche ist es sicher schwieriger Spuren zu hinterlassen. In gewissem und sicher unterschiedlich toleriertem Maße sind es aber gerade diese Spuren, Kerben, Schrammen, die das Möbelstück „lebendig" machen und den Beleg seiner Nutzung liefern. Wirklich robust sollten hingegen die Holzverbindungen sein. Sie entscheiden darüber, wie lange das Mobiliar verwendet werden kann.

Dass Waschbecken in unterschiedlicher Höhe montiert und damit unterschiedlichen Körpermaßen gerecht werden, ist fast schon eine Selbstverständlichkeit

Ein anderes, dem Bewegungsinteresse widersprechendes, aber noch zu oft anzutreffendes Problem ist die Überausstattung mit Möbeln, insbesondere Sitzmöbeln. Die Forderung, „Schafft die Stühle ab" (Zimmer, 2002), ist nicht in erster Linie eine Hinterfragung des Stuhls selbst, sondern eine Aufforderung, Alternativen zu einseitigen Sitzpositionen oder zum Sitzen als Solchem anzubieten. Ob dann Hocker zu aktivem Sitzen auffordern oder ein Malteppich zur Kreativität in Bauchlage einlädt – es kommt darauf an, vielseitige Möglichkeiten anzubieten und das Wahlverhalten der Kinder zu beobachten.

Je weniger Möbel für die Räume angeschafft werden, desto größer ist natürlich die Forderung nach deren Multifunktionalität. Ein gesonderter Blick sollte auf das Mobiliar geworfen werden, das den ErzieherInnen zur Verfügung steht. Aus gesundheitlicher, ergonomischer Sicht ist es sicher notwendig, dass für die Körpergröße angemessene Sitz- und Arbeitsplätze zur Verfügung stehen.

Fenster sind Öffnungen für Licht, Frischluft, Kommunikation und Verbindung von drinnen und draußen. In jedem dieser Bereiche liegen Qualitäts- und Problemanteile. So ist die Sonneneinstrahlung als Licht für das Lebensgefühl unersetzlich, gleichwohl Quelle für eine Raumüberhitzung oder möglicherweise blendende Überbelichtung. Frischluft ist nicht gleich Zugluft, Kältebrücken können in kühleren Jahreszeiten empfindlich stören. Selbstverständlich sollten Fenster – mit einem den Gegebenheiten angepassten Schließsystem – vollständig zu öffnen sein, um die auch für die Heizperiode empfohlene Stoßlüftung zu ermöglichen.

Selbst die Kommunikationsfreundlichkeit der Fensteröffnung kann bei konzentrierten Beschäftigungen empfindlich stören, wenn etwa beim Vorlesen einer Entspannungsgeschichte andere Kinder „an der Scheibe kleben" und Grimassen schneiden. Auch hier kann eine Analyse der Himmelsrichtung, Bezugsflächen und Nutzungsintentionen die Gestaltungsmöglichkeiten verbessern.

Auch wenn das Licht zuviel wird, stellt sich die Frage geeigneter Abschirmung. Rollos, Vorhänge oder Jalousien, innen oder auch außen angebracht, haben jeweils Vor- und Nachteile, die in Bezug auf die geplante Nutzung in Erwägung gezogen werden können. Insbesondere bei Lichtkuppeln, aber auch an der Südseite von Gebäuden stellt die Wärmeerzeugung des Sonnenlichtes oft ein Problem dar, das Schutzmaßnahmen erfordert.

Fällt aber zu wenig Sonnenlicht ein, bietet eine Fülle künstlicher Lichtquellen Abhilfe. Die Auswahl geeigneter elektrischer Beleuchtung eröffnet eine breite Skala atmosphärischer Gestaltungsmöglichkeiten, die über die natürliche Licht-Schatten-Beziehung hinausgeht.

Gerade künstliches Licht ist sowohl Mittel zur Raumgliederung als auch Unterstützung jeweils anstehender Aktivitäten: Hell- und Dunkelbereiche, warme/weiche Lichttöne bzw. grelles Arbeitslicht, gleichmäßige Raumausleuchtung oder Lichtspots usw. können je nach Funktion des jeweiligen Platzes bzw. einer geplanten Aktivität zum Einsatz kommen. Bei der Einrichtung von Räumen sollte auf solche Veränderbarkeit geachtet werden.

In Wechselwirkung mit dem Licht stehen die Farben und Materialien. Wer von einem Farbcharakter spricht, meint, dass eine bestimmte Farbe und insbesondere ihre Nuancierung Empfindungen auslöst.

Auch wenn es eine allgemein akzeptierte Farbpsychologie gibt, sollte man sich vor allzu plakativen Wertungen (Rot macht aggressiv, Blau ist kalt …) hüten. Erstens gibt es zu jeder Grundfarbe ein Spektrum von kalt bis warm, zweitens obliegt die Farbempfindung in hohem Maße subjektivem Geschmack. Wichtiger als die Auswahl eines jeweiligen Grundtones ist die Zusammenstellung einer Farbpalette, die zueinander passt und nicht zusammen gewürfelt wirkt.

Starken Einfluss auf die Wirkung hat neben der Farbe selbst auch die Art des Farbauftrages (flächige Farbdeckung, gewischte/gebrochene Farbe, Kreuzstrichtechnik …). In jedem Fall aber geben Farben den Räumen individuellen und spezifischen Charakter und unterstützen (oder stören) zum Beispiel pädagogische Intentionen. Das individuelle Wohlgefühl ist sicherlich ein wesentlicher Indikator für gelungene Farbwahl. Es gibt hier eine Vielzahl von anregenden Büchern, die helfen, eigene Vorstellungen zu spezifizieren.

Farbe kann auch Raumdimensionen verändern und hierfür ganz bewusst eingesetzt werden. So wird man nicht einen langen schmalen Raum an den Längsseiten dunkel streichen, denn dies würde den Raum in unserer Empfindung noch schmaler machen. Eine tiefe Decke streicht man möglichst hell, um sie zu „heben". Streicht man

darüber hinaus an der Oberkante der Wand einen etwa 1–2 cm breiten Streifen ebenfalls in Deckenfarbe, wird der luftige Eindruck noch verstärkt.
Ein großes Problem vieler Einrichtung ist der oft sehr hohe Geräuschpegel, der nicht
nur störend, sondern für Kinder wie auch für ErzieherInnen gesundheitlich bedenk-
lich sein kann. Andererseits sind viele Menschen auf einem so kleinen Raum selbstverständlich eine hohe Geräuschquelle – und Bewegung ist laut! Umso wichtiger ist
eine Berücksichtigung von Schall- und Rückkopplung in der Raumplanung. Wenn
aus Kostengründen die Verwendung schallschluckender Decken- oder Wandplatten
nicht in Frage kommt, stehen schalldämmende Anstriche (z. B. Sajade) am Markt
zur Verfügung. Zudem lassen sich mit einer geeigneten Möblierung, Zimmerpflan-
zen, Vorhängen oder Deckensegeln Geräusch dämpfende Wirkungen erzielen.
Weniger ist oft mehr. Wer mit Materialien flexibel umgehen möchte, kommt an einer
Lagerung nicht vorbei. Die übersichtliche, ansprechende und auffordernde Präsen-
tation verschiedener Materialien ist einer Dauerpräsenz unüberblickbarer Vielfalt
vorzuziehen. Auch ansprechende Spiele und Materialien können zwischenzeitig
weggeräumt, verliehen oder ausgetauscht werden. Werden sie dann vielleicht nach
6 Wochen wieder angeboten, wird das die Attraktivität nur erhöhen. Da in vielen
Einrichtungen hierfür wenig Platz vorhanden ist, sind entsprechende Überlegungen
zur Materiallagerung ein Thema umsichtiger Raumplanung. Bereits Mahlke &
Schwarte (1997) empfahlen die Verwendung bespielbarer Einbauten (Podeste, zweite Ebenen etc.).
Anzustreben ist auch ein hoher Anteil an Naturmaterialien. Sie bieten eine Anknüp-
fung an unseren unmittelbaren Lebensraum, vielfältige Wahrnehmungserfahrungen
(z. B. schon beim Sammeln der Materialien) und setzen Phantasie und Kreativität
frei. Zudem tritt das oben genannte Lagerproblem nicht in dem Maße auf, wenn der
Jahreszeit entsprechendes Material jeweils frisch gesammelt, verwendet und anschließend der Natur zurückgegeben wird (z. B. über ein Kompostsystem).
Eine Kindertagesstätte sollte sich das Qualitätsmerkmal „in Bewegung" insbesondere dadurch verdienen, dass sie Kindern vielfältige und umfangreiche Bewegungserfahrungen vermittelt. Hierzu ist neben der verfügbaren Fläche an sich ein attrak-
tiver Bestand an Bewegungsgeräten Voraussetzung, die möglichst nicht nur in der
Turnhalle präsent sind, sondern in alle Lernräume integriert werden können. Insbesondere für Bewegungsgrundinformationen wie Beschleunigung, Rotation und
Schwingung sollten ausreichend Gerätschaften vorhanden sein.
Insgesamt gilt auch für diese Geräte: Vielfalt vor Häufigkeit und Variabilität vor
Spezialisierung.
Welches Gerät sich im Einzelnen eignet, hängt natürlich vom jeweiligen Raum ab.
Eine Sprossenwand braucht einen gewissen Fallraum, die Hängematte einen geeig-
neten Schwingbereich, die Rollbrettbahn einen entsprechenden Auslauf. Eine beson-
ders auch auf kleinem Raum sehr vielseitige und intensive Bewegungsmöglichkeit
eröffnet das Varussell (Thomas 1994).

Für das Außengelände gelten die bereits genannten Aspekte weitgehend auch. Es ist
meist die größte Fläche der Kindertagesstätte und ist schon deshalb für Bewegungs-

Beispiel einer ansprechenden Kletteranlage im Außengelände der „Wolke 7" in Bonn

angebote prädestiniert. Daneben stellt ein ansprechend und sinnvoll gestaltetes Außengelände aber einen kompletten und attraktiven Lernraum für nahezu alle Lernbereiche dar. Sie schaffen insbesondere einen Naturbezug, der für viele Kinder verloren zu gehen droht. Deshalb ist eine ausgewogene Planung des verfügbaren Geländes unter Einbeziehung des Gesamtangebotes der Einrichtung und etwa auch der Übergänge vom Außen- zum Innenraum (und umgekehrt) für jede Einrichtung von grundsätzlicher Bedeutung.

Wie das Außengelände ist die natürliche Umgebung der Kindertagesstätte ein reichhaltiges Feld materialer Erfahrung. Die Einbeziehung des Wohnumfeldes in die Raumplanung der Tageseinrichtung hat viele Facetten. Im Zusammenhang der Entwicklung zur bewegten Kindertagesstätte ist es beispielsweise gerade für raumbegrenzte Einrichtungen wichtig, erreichbare Gebäude und Gelände in der Umgebung für eine Mitnutzung zu analysieren und ggfs. einzubinden.

RALPH WEBER-HEGGEMANN

Waldkindergarten – Was kann die Bewegungserziehung im Kindergarten vom Waldkindergarten lernen?

Veränderungen in der Kinderwelt, Bewegungsmangel und Bewegungsdefizite sind seit Jahren wichtige Themen in der vorschulischen Erziehung. Die Bewegungserziehung im Kindergarten – zumeist psychomotorisch orientiert – versucht diesen Entwicklungen entgegenzuwirken. In den letzten Jahren sind die Themen Förderung der Sinneswahrnehmung und vor allem Spracherwerb zu den Aufgabenfeldern der Bewegungserziehung hinzugekommen.

Ein Ansatz, der die Bewegung alltäglich in den Mittelpunkt stellt und dabei ganz nebenbei, quasi automatisch, einen wichtigen Beitrag zur Sprachförderung und zur Förderung der Sinneswahrnehmung leistet.

Die Rede ist vom Waldkindergarten, den ich persönlich, vor dem Hintergrund meiner langjährigen Tätigkeiten in einem Bewegungs- und in einem Waldkindergarten, als den *optimalen, weil gelebten Bewegungskindergarten* ansehe. Im Folgenden werde ich versuchen, die wichtigsten Merkmale der Waldkindergärten, gemischt mit meinen persönlichen Erfahrungen und Vorstellungen, sowie ergänzt durch Ergebnisse einer Befragung, wiederzugeben.

Geschichte der Waldkindergärten

Waldkindergärten sind eine Entwicklung aus Schweden und Dänemark. In Schweden entstand bereits Ende des 19. Jahrhunderts eine Volksbewegung für das Leben im Freien, die sogenannte „Friluftsfrämjandet", die sich an alle Altersgruppen richtete und bis heute besteht. Erste Waldgruppen für Vorschulkinder wurden Mitte des 20. Jahrhunderts gegründet, seit 1985 gibt es dort reine Waldkindergärten, die sich ausschließlich in der Natur aufhalten. Durch diese Entwicklung angeregt, entwickelten sich auch in Dänemark in den 50er Jahren sogenannte „Storbornehaven", zu deutsch Waldkindergärten. In Deutschland wurde der erste staatlich anerkannte Waldkindergarten 1993 in Flensburg gegründet. Wie in Dänemark ging auch in Deutschland die Gründung von Waldkindergärten von begeisterten Eltern aus. Zurzeit gibt es in Dänemark über 100 und in Deutschland weit über 450 Waldkindergärten, die in der Regel als ein- und zweigruppige Einrichtungen von Elterninitiativen getragen werden. Viele Waldkindergärten sind in Landes- und Bundesverbänden organisiert.

Formen der Waldkindergartenpädagogik

Es können reine und gemischte Formen der Waldkindergärten unterschieden werden. Zu den ersteren zählen die Einrichtungen, die bei jedem Wetter und zu jeder Jahreszeit draußen in der Natur anzutreffen sind. Diese Kindergärten verfügen i. d. R. über einen Bauwagen, der als Treff- und Zufluchtsort genutzt wird. Der Bauwagen ist vergleichbar wie ein „kleiner Kindergarten" ausgestattet, d. h. es gibt Spiel-, Verkleidungs-, Mal- und Bastelmaterialien, Bücher, Eigentumsfächer für die Kinder, eine Toilette, usw. Die Öffnungszeiten, ein ehemals gerne und berechtigt geäußerter Kritikpunkt am Waldkindergarten, variieren von nur vormittags (8:00 bis 13:00 Uhr) bis zur Ganztagsbetreuung (7:30 bis 16:00 Uhr). Gerade in NRW ist, bedingt durch das neue Kindergartengesetz, ein Trend zu längeren Öffnungszeiten festzustellen. Durchschnittlich werden ca. 20 Kinder von zwei bis zu drei ErzieherInnen betreut. Unter gemischten Formen werden solche Kindergärten verstanden, die z. B. in einen „Hauskindergarten" integriert sind und nach dem Vormittag im Wald den Nachmittag in der „Hauskita" verbringen (eine Form, die in Dänemark sehr verbreitet ist), oder einen regelmäßigen Waldtag, Projektwochen o. Ä. im Wald anbieten. Es gibt auch Waldkindergärten mit besonderen zusätzlichen Schwerpunkten wie z. B. Ernährung, Kooperation mit Förderschulen u. a.

Ziele

Von den Zielsetzungen und Konzeptionen unterscheiden sich die Waldkindergärten von den Regelkindergärten, indem sie der Eigenverantwortlichkeit und dem selbstständigen und ganzheitlichen Lernen, der Umwelterziehung und der Naturpädagogik sowie dem Lernen auf der Grundlage des praktischen Anschauens und Tuns einen besonderen Stellenwert zumessen. Ansonsten orientieren sie sich – wie die Regelkindergärten – an den Zielformulierungen der jeweiligen Kindergartengesetze.

Praxisbeispiel

Voiswinkeler Waldwichtel in Odenthal bei Bergisch Gladbach:
Ein typischer Tagesablauf im Waldkindergarten sieht bei den Voiswinkeler Waldwichteln ungefähr so aus (die Zeitangaben sind natürlich nur Ca.-Angaben):

8:00 – 8:30 Eintreffen der Kinder am Bauwagen
8:30 – 9:00 Morgenkreis mit Begrüßungslied, Gesprächen zum Wetter, Festlegen des Tagesziels (Spielort im Wald, …) und Bewegungsspiel
9:00 – 9:30 Aufbruch zum ausgewählten Tagesziel
9:30 – 10:00 Frühstück (gemeinsam und meistens etwas länger)
10:00 – 12:00 Freispiel (je nach Spielort: klettern, bauen, graben, plantschen, sammeln von Naturmaterialien, Rollenspiele)
12:00 – 12:30 Abschlusskreis, Tagesreflektion, Rückweg
12:30 – 13:00 erste Abholzeit
13:30 – 14:00 Mittagessen
14:30 – 15:00 zweite Abholzeit.

Eine der für mich wichtigsten und schönsten Erfahrungen ist, dass die Kinder im Waldkindergarten Zeit und Ruhe zum Spielen haben. Es kommt häufig genug vor, dass sie sich z. B. mit dem Bau eines Tipis oder/und einem Rollenspiel über die gesamte Dauer der Freispielphase beschäftigen ohne von äußeren Reizen abgelenkt zu werden.

Möglichkeiten der Bewegungserziehung im Wald

Meiner Meinung nach gibt es im Waldkindergarten sehr gute Möglichkeiten über das Medium Bewegung an einer ganzheitlichen Förderung der Persönlichkeit des Kindes mitzuwirken. Ich teile dabei das Verständnis der Psychomotorik, die die Bewegung als das zentrale Medium ansieht, um eine geistige, emotionale, soziale und motorische Entwicklung des Kindes zu unterstützen. Aus meiner Sicht bietet die Bewegungserziehung im Wald den Kindern:

Raum und Zeit, ihr Bedürfnis nach Bewegung jeden Tag auszuleben;

- eine intensive Anregung der Körpersinne, die quasi nebenbei geschieht, wie z. B. die Förderung des Gleichgewichts durch das Gehen auf wechselnden, unebenen Böden, uvm.;
- vielfältige Bewegungsmöglichkeiten durch das Gelände an sich (Abhänge, Mulden, Kletterbäume, umgestürzte Bäume, Bäche, Wiesen);
- Bewegungsanreize durch die ständigen Veränderungen in der Natur (Jahreszeiten, Schnee, Regen …);
- Bewegungsanlässe, die neugierig machen und auf die Probe stellen und so die Neugierde als Motor der Entwicklung anregen;
- körperliche Grenzerfahrungen, z. B. beim Klettern, Springen, Rutschen und dadurch Erfahren und Erleben von eigenen Fähig- und Fertigkeiten;
- eine individuelle Deutungsmöglichkeit der „Raumelemente" des Waldes.

Diesen letzten, aus meiner Sicht einer der wichtigsten Punkte, möchte ich kurz erläutern. Unter Raumelementen verstehe ich die Gegenstände des Waldes, wie z. B. Bäume, Sträucher, Mulden, umgestürzte Baumstämme, Wurzelteller usw. In einem „Hauskindergarten" sind dies z. B. Tische und Stühle, Funktionsbereiche in den Gruppenräumen. Die Bedeutung dieser Elemente ist im Hauskindergarten vorgegeben, d. h. es liegt eine strukturierte Umgebung vor. Interpretationen dieser Umgebung können sehr schnell „problematisch" werden. Im Wald jedoch ist die Bedeutung der Raumelemente nicht festgelegt, kann also individuell gedeutet werden. Dadurch eröffnet sich eine unendliche Vielfalt der Spiel- und Bewegungsmöglichkeiten (ein umgestürzter Baum verwandelt sich in ein Flugzeug, Schiff, Bus, o. Ä.). Kreativität und Phantasie werden so gefordert und gefördert. Um die Bedeutungen festzulegen und somit ins gemeinsame Spiel zu kommen, müssen die Kinder miteinander kommunizieren, d. h. i. d. R. miteinander sprechen. Aus meinen Erfahrungen heraus kann ich bestätigen, dass dies besonders den Spracherwerb, vor allem bei so genannten „sprachauffälligen" Kindern fördert.

Was kann die Bewegungserziehung im Kindergarten vom Waldkindergarten lernen?

Die aus meiner Sicht wichtigsten Aspekte der Waldpädagogik, der Raum und die Zeit und die unstrukturierte Umgebung, können nicht einfach in einen „Hauskindergarten" übertragen werden. Und das ist auch gut so! Meiner Meinung nach lassen sich diese Faktoren aber zum Teil umsetzen, z. B. durch Tagesausflüge in den Wald oder Projektwochen im Wald. Bedingung dafür ist jedoch, dass Erwachsene und Kinder sich auf den Wald einlassen, sich vom Wald „berühren lassen" (Miklitz, 2005) können. Dies verlangt von den ErzieherInnen eine mitunter neue Sichtweise, die vielleicht zu Unsicherheiten führen kann, z. B. eine Reduzierung der pädagogischen Angebote, um den Wald auch entdecken zu können. Eine weitere Möglichkeit ist die Verwendung von Bewegungsmaterialien mit Interpretationsmöglichkeiten in der Kita, wie z. B. den Hengstenberg Bewegungsmaterialien, Baumstämmen o. Ä.

Für die Qualität der Bewegungserziehung von großer Bedeutung ist letztendlich auch das Verhalten der ErzieherInnen. Die ErzieherInnen sind gefordert, ihr Verhalten in Bewegungssituationen, besonders in Bezug auf die eigenen Ängste und deren eventuelle Übertragung auf die Kinder sowie in Bezug auf die Bestimmungsfaktoren der Aufsichtspflicht zu reflektieren (vgl. Hunger, 2000; Landschaftsverband Rheinland (LVR) & Landschaftsverband Westfalen-Lippe (LWL), 2005). Der Wald bietet dafür gute Möglichkeiten, weil zum einen „riskante" Bewegungssituationen nicht erst konstruiert werden müssen, sondern quasi vor der Tür liegen und zum anderen die Kinder sehr schnell über eine große Bewegungssicherheit verfügen. Aus meiner Sicht können die HauserzieherInnen vom Waldkindergarten lernen ein Stück weit gelassener mit „gefährlichen" Situationen umzugehen und den Kindern ein größeres Stück Selbstverantwortung zuzutrauen.

WERNER BECKER

Ökopädagogische Aspekte des Waldkindergartens unter interdisziplinär-integrativen Aspekten im (Vor-)Schulbereich – exemplarisch aufgezeigt am Beispiel von Luxemburg

Die durch den Osnabrücker Kongress angesagte „Bewegte Kindheit" findet sich seit Jahrzehnten auch u. a. in den wissenschaftstheoretischen bzw. didaktisch-methodischen Aspekten der Luxemburger LehrerInnenausbildung. Bereits am I.S.E.R.P. (Luxemburgische Hochschule für LehrerInnenausbildung und erziehungswissenschaftliche Forschung) wurde die sog. „Bewegungs-, Spiel- und Sporterziehung" im interdisziplinär-integrativen Kontext in der Vor- und GrundschullehrerInnenausbildung als tragendes Element mit einbezogen. Insofern liegt es nahe, von einer ganzheitlichen Bewegungserziehung im luxemburgischen Vorschulbereich ausgehend, den Stellenwert des Waldkindergartens – insbesondere unter ökopädagogischen Aspekten – herauszukristallisieren. Im heutigen Studiengang an der Universität Luxemburg (Bachelor professionnel en sciences de l'éducation) gibt es diesbezüglich ein transversales ECTS-System in Modularform, das u.a. die Inhalte der Waldkindergartenpädagogik implizieren soll.

In dem von uns beschriebenen Kontext erscheint es sehr interessant, dass es Waldkindergärten in den verschiedensten Formen gibt (Miklitz, 2005; Scheuring, 2000; Kiener, 2002):

– Der reine oder klassische Waldkindergarten findet immer draußen statt. Ausgangspunkt ist meist eine Schutzhütte oder ein Bauwagen am Waldrand. In der Regel werden vier bis fünf geeignete Waldplätze ausgewählt für die ganzjährige Begehung. Die Betreuung der Kinder im Freien vollzieht sich meist während fünf Tagen in der Woche zwischen drei und vier Stunden.

– Im integrierten Waldkindergarten wird das pädagogische Konzept in den Regelkindergarten aufgenommen. Es handelt sich um einen Ganztageskindergarten mit eigenen Räumen. Dieses Modell ist in Dänemark sehr verbreitet. In Deutschland existieren verschiedene Typen des integrierten Waldkindergartens.

– Der Regelkindergarten mit integriertem Waldtag wird vor allem in der Schweiz praktiziert. Bei dieser Variante werden regelmäßig mindestens einmal wöchentlich und bei jedem Wetter und zu jeder Jahreszeit Waldtage durchgeführt. Dies ist auch der Fall beim Lorentzweiler Schulprojekt „Natur erliewen an der Schoul".

Analog dazu gibt es die Waldpädagogik, wobei es das vornehmliche Ziel derselben ist, die Kinder zur selbstständigen Lebensführung in der freien Natur zu befähigen. Insofern haben sich im Rahmen der Thematik und der Diskussion im Hinblick auf die Umwelt neue Begriffe entwickelt: Naturpädagogik, Waldpädagogik, Naturerlebnispädagogik, Umweltpädagogik, Ökopädagogik.

Der Waldkindergarten gilt als neue Form der Kindergartenpädagogik und stellt die ideale Umsetzung der Natur- und Waldpädagogik (Scheuring, 2000) dar. Die pädagogischen Ideen und Erkenntnisse von Pestalozzi, Steiner, Montessori und Piaget finden hier Anklang. Sie beinhaltet auch Einflüsse der Reggio-Pädagogik. Norbert Huppertz (2004) gilt als Initiator des „lebensbezogenen Ansatzes", der in deutschen Waldkindergärten großen Anklang findet. Dabei orientiert sich die Waldkindergartenpädagogik vornehmlich an reformpädagogischen Leitlinien wie entdeckendes Lernen, Erleben mit allen Sinnen, die Sicht des Ganzen, selbstständige Problemlösung, Erkennen der Folgen von eigenem Handeln, Verantwortungsbewusstsein, Kritikfähigkeit, richtiger Umgang mit Umwelt und Natur, individuelles Durchhalten und Kreativitätsentfaltung. Weitere Aspekte der Waldkindergartenpädagogik sind eine kindorientierte und ganzheitliche Förderung, das Erleben der Natur als Lern- und Erfahrungsfeld, das Durchleben des Jahreszeitenrhythmus', die Stärkung der Abwehrkräfte und die Kräftigung des Körpers. Die Waldkindergartenpädagogik ist ein erster Schritt zur Umwelterziehung, die als globaler und nachhaltiger Prozess weitergeführt wird. Sie begreift alle Dimensionen der menschlichen Persönlichkeit: die physische, die affektive, die intellektuelle, die soziale, die kulturelle, die motorische, die sprachliche und die kreative Dimension.

Eine solche transversale Waldkindergartenpädagogik ist ureigentlich eine Bewegungspädagogik, wobei die kindlichen Bewegungsbedürfnisse Beachtung finden sollen. Durch das „Lernen mit allen Sinnen (Zimmer, 2009b) erhalten die Kinder die Möglichkeit, primäre Sinneserfahrungen zu machen. Analog dazu ist die Waldpädagogik mit der Erlebnispädagogik gleichzusetzen. Diese Reihenfolge wird kontinuierlich fortgesetzt, indem die Umweltpädagogik auf natürliche Weise mit einfließt, aber auch die Gesundheitsförderung (Kükelhaus & zur Lippe, 2008) ist mit allen diesen Bereichen verknüpft, wobei auch der Förderung der Autonomie und Identität eine zentrale Rolle zugeschrieben werden kann. Auf die Sozialpädagogik wird ebenfalls verwiesen, z. B. in Bezug auf gruppenspezifische Prozesse und Dynamiken. Und nicht zuletzt vollzieht sich das emotionale Naturerleben durch die Befriedigung des Bewegungsdrangs (Motorik).

Der Waldkindergarten bietet vielfältige Outdoormöglichkeiten. Dieses geht jedoch mit Vor- und Nachteilen einher. Die Forderung der Öffnung des Regelkindergartens nach außen ergibt sich aus den Schilderungen von Hugo Kükelhaus. Vorteile wie innere Motivation, Orientierungs- und Beobachtungsfähigkeit liegen auf der Hand. Dennoch müssen allgemein, unseren Erkenntnissen gemäß, auch Nachteile in Betracht gezogen werden, wie z. B. fehlende Motivation im Zusammenhang mit den Familien, Zeitmangel und Einschränkung der Flexibilität sowie Unterbrechung der Regelmäßigkeit durch Ausfall der Waldtage.

Die pädagogische Relevanz des Waldkindergartens haben wir sowohl im psychomotorischen Bereich (Stärkung des Immunsystems, Gelände mit Vielfalt von Möglichkeiten u. a. m.) wie auch im emotional-sozial-affektiven Bereich (z. B. Wagnis zu neuen, spontanen Situationen, Unterstützung der Naturverbundenheit) als auch im kognitiven Bereich (z. B. Entwicklung der Orientierung auf dem Gelände, Erwerb von konkreten Erfahrungen und Eigentätigkeiten) eingehend referiert. Der didaktisch-methodische Transfer wurde in Form von Bewegungsspielen, Wettlaufen/Fangspielen, Sinneserfahrungsspielen, Versteckspielen sowie weiteren Spielen aufgezeigt.

Den Abschluss unserer Ausführungen bildete das luxemburgische Schulprojekt, das in den außerschulischen Lernorten Neilithikum Blaschette sowie Kannerbesch Lorentzweiler realisiert wurde. Es trägt wohlweislich den Namen „ob Sonn ob Reen ob Wand" („ob Sonne, ob Regen, ob Wind"), wobei das Schulprojekt „Natur erleiwen

1. Beschreibung und Ziele des Schulprojekts
- Schulprojekte *„Natur erleiwen an der Schoul"*
- *Natur*bezogene Umweltbildung
- *Kompetenzen der Kinder* in den Bereichen Motorik, Intelligenz, Gefühle, soziale Bindungen und Kultur fördern
- Gelegenheit zum *ganzheitlichen Lernen mit den Lernschritten*

2. Zielsetzung
- *naturpädagogische Aktivitäten* in das reguläre Schulprogramm ein binden
- *natürliches* Lernen
- Teilnahme *aller Kinder*
- *Identifikation* der Kinder mit ihrem lokalen Umfeld
- *Gleiche Themen* mehrmals unter verschiedenen Aspekten behandeln
- in das lokale *Gemeinschaftsleben einfügen*

3. Programm
- Die in Natur- und Umweltpädagogik ausgebildeten Lehrbeauftragten organisieren *regelmäßig Aktivitäten von kulturellem und ökologischem Interesse in der freien Natur.*
- Die behandelten Themen sind Bestandteil des offiziellen Schulprogramms an den Luxemburger Schulen: **Plan-Cadre „Eis Spillschoul"; Plan d'Études**

4. Organisationsplan – siehe folgende Abbildung

an der Schoul" („Natur in der Schule erleben") mit den Erfahrungen in der freien Natur einhergeht. Die Kinder sollen eine Entdeckungsreise durch die Jahreszeiten erleben. Ihre Kompetenzen werden in den Bereichen Motorik, Intelligenz, Emotion, soziale Bindungen und Kultur gleichermaßen gefördert. Sie sollen u. a. ihr natürliches Umfeld und die von Menschen geschaffenen Landschaften kennenlernen sowie die Besonderheiten ihrer Gegend und den Einfluss des Menschen auf Fauna und Flora begreifen. Die Kinder finden dadurch Verständnis für die Komplexität ihrer natürlichen Umgebung und durch ihr breites Erfahrungsrepertoire können sie hiermit Schlüsse ziehen und Eigenverantwortlichkeit im Hinblick auf eine nachhaltige Entwicklung übernehmen. Laut der Zielsetzung werden naturpädagogische Aktivitäten in das reguläre Schulprogramm eingebunden. Es vollzieht sich ein natürliches Lernen unter Beteiligung aller Kinder, die dadurch schließlich eine Identifikation mit ihrem lokalen Umfeld bekommen. Für die Natur- und Umweltpädagogik gibt es speziell ausgebildete Lehrkräfte, die regelmäßig Aktivitäten von kulturellem und ökologischem Interesse in die freie Natur transferieren. Schließlich sind die behandelten Themen Bestandteil des offiziellen Schulprogramms an den Luxemburger Schulen:

– Plan-Cadre „Eis Spillschoul"
– Plan d'Études.

Des Weiteren gibt es einen übersichtlichen Organisationsplan „Natur erliewen an der Schoul" (Alesch, 2004), der von der Vorschule über den unteren Zyklus des 1. und 2. Schuljahres zum mittleren Zyklus des 3. und 4. Schuljahres bis hin zum oberen Zyklus des 5. und 6. Schuljahres naturpädagogische Aktivitäten anbietet, die von den Themenbereichen „Natürliche Umwelt" zum einen und „Menschliche Umwelt" zum anderen umschlossen werden. Dieses Schulprojekt wird kontinuierlich evaluiert und weiter entwickelt.

FRIEDRICH KRÜGER, RUTH HAAS

Der Bildungsbereich Bewegung in der Ausbildung von Erzieherinnen an Fachschulen für Sozialpädagogik und an Fachhochschulen

Perspektivenwechsel im Bereich Bewegung in Kindertageseinrichtungen

Die neu akzentuierten fachlichen Anforderungen an Erzieherinnen bei der Umsetzung des Bildungsbereichs Bewegung im Berufsalltag erschließen sich über die Erweiterung der Aufgabe von Tageseinrichtungen und des pädagogischen Auftrags sozialpädagogischer Fachkräfte. Drei Bezüge sind besonders heraus zu stellen:

- Mit dem „Gemeinsamen Rahmen der Länder für die frühe Bildung in Kindertageseinrichtungen" (Kultusministerkonferenz (KMK), 2004) wurde den Einrichtungen – neben dem bestehenden Erziehungsauftrag – nun auch ein Bildungsauftrag zugewiesen. Diesbezüglich wird „Körper, Bewegung, Gesundheit" von der KMK als einer von sechs Bildungsbereichen formuliert und Tageseinrichtungen sowie deren Fachkräfte sind verpflichtet, den Bildungsauftrag umzusetzen.
- In Verbindung mit der Konkretisierung der KMK-Verordnung auf Länderebene weisen 12 der 16 Länder Bewegung bzw. Bewegung/Gesundheit als Bildungsbereich aus. Die zugehörigen amtlichen Vorgaben sind zumeist verbunden mit sehr hohen Ansprüchen an die didaktische Ausrichtung und methodische Umsetzung im Berufsalltag sowie an die Prüfung, Sicherung und Dokumentation der Entwicklungswirksamkeit der pädagogischen Arbeit (Krüger, 2007). Sie stehen damit zugleich für die Anhebung der Qualität der pädagogischen Arbeit in diesem Handlungsfeld. Konkret geht es dabei auch um die Frage eines zeitgemäßen Kompetenzprofils von Erzieherinnen.
- Im Blick auf den neu gefassten Bildungsauftrag der Tageseinrichtungen und einhergehend mit dem geplanten Ausbau von Betreuungsplätzen für unter Dreijährige bis 2013, müssen sozialpädagogische Fachkräfte über eine erweiterte und profilierte Handlungsfähigkeit verfügen.

Im Bereich Bewegung sind fachliche Ansprüche vor allem zu sehen im Zusammenhang mit zwei übergeordneten beruflichen Handlungsfeldern: der Qualitätsentwicklung/ -sicherung und der Evaluation. Beide haben zentrale Bedeutung für professionelles Handeln in der bewegungsbezogenen vorschulischen Bildungsarbeit und sind in alle Phasen, Bereiche oder Vorhaben konzeptioneller wie auch praktisch-pädagogischer Arbeit mit Kindern involviert. Letztlich sollen so die Ausgangsvoraussetzungen der Kinder, der individuelle Förderungsbedarf und der Entwicklungsverlauf professioneller erfasst, pädagogisch begleitet, gesteuert und bewertet werden. Diesbezüglich werden erheblich umfassendere Kompetenzen notwendig, etwa im Bereich entwicklungspsychologischer, neurobiologischer und medizinischer Grundlagen, in der Diagnosefähigkeit sowie hinsichtlich der didaktisch-methodischen Gestaltung des Bewegungsalltages von Kindern.

Ausbildung an Fachschulen für Sozialpädagogik im Bildungsbereich Bewegung

Zeitgleich mit der KMK-Rahmenvereinbarung 2004 und in der Folgezeit wurden in allen Bundesländern Bemühungen unternommen, die Ausbildungsordnungen für Erzieherinnen durch didaktische Akzentuierung und in Orientierung an den Länderverordnungen zur frühen Bildung in Kindertageseinrichtungen anzupassen. Inwieweit dies ausreicht, um Erzieherinnen in ihrer Ausbildung angemessen auf die erweiterten Anforderungen im Bildungsbereich Bewegung vorzubereiten, muss im Zusammenhang mit den länderspezifischen administrativen Rahmenbedingungen für die Ausbildung im Bereich Bewegung gesehen werden:

- Aktuell (2008/09) weisen nur noch 11 Länder den Bereich „Bewegung" in der Stundentafel aus (z. B. als Bewegungserziehung, Sporterziehung, Psychomotorik, Bewegung/Gesundheit). Mit Blick auf die Absicherung des Bewegungsbereichs in den Ausbildungsordnungen der Länder hat sich die Situation aus bundesweiter Sicht im Vergleich zu den 90er Jahren (Krüger 2001) somit deutlich verschlechtert.
- In 9 Ländern existiert der Bereich Bewegung nur in Verbindung mit anderen Medienfächern, denen lediglich ein gemeinsames Stundenvolumen zuerkannt wird. Eine durch die Ausbildungsordnung definierte stundenmäßige Absicherung des Bewegungsbereichs besteht somit nicht; sie muss im gesamten Kollegium einer jeden Fachschule gesondert verhandelt werden.
- Den 11 Ländern, die in irgendeiner Form ein Deputat für den Bewegungsbereich ausweisen, verbleiben je nach Bundesland 70–200 Wochenstunden zur beruflichen Qualifizierung von Erzieherinnen für den Bildungsbereich Bewegung in Kindertageseinrichtungen. Die größten Volumina fallen hier auf NRW und Rheinland-Pfalz mit jeweils ca. 200 UE. In ¾ der Länder liegt das dem Bereich Bewegung zuerkannte Ausbildungsvolumen lediglich zwischen 115 und 140 Stunden.

Bezüglich der bundesweiten Entwicklung der Ausbildungsdeputate vor und nach der KMK-Verordnung zur frühen Bildung in Kindertageseinrichtungen ist zusammenfassend festzustellen: Bei den seit 2004 in 13 Ländern reformierten Ausbildungen hat sich das Ausbildungsvolumen in 3 Ländern reduziert, ist in 3 Ländern gleich geblieben und wurde in 3 Ländern leicht erhöht. In 4 Ländern wird in der Stundentafel kein Ausbildungsbereich Bewegung mehr ausgewiesen.

Erschließung beruflicher Kompetenz im Bereich Bewegung an Fachschulen für Sozialpädagogik und Reformbedarf

Angesichts der derzeitigen administrativen Rahmenbedingungen kann von den Fachschulen eine adäquate Qualifizierung der Erzieherinnen für die ihnen zugewiesenen Aufgaben im Zusammenhang mit dem Bildungsbereich Bewegung in Kindertageseinrichtungen kaum erwartet werden:

- Mit der Reformierung der Erziehungsausbildung (nicht zuletzt als Folge der veränderten und erweiterten Aufgaben in Tageseinrichtungen), haben sich die quantitativen Ressourcen für die Ausbildung im Bereich Bewegung lediglich in 3 Bundesländern tendenziell leicht verbessert. Für die breite Mehrheit der Länder wurden die Rahmenbedingungen dagegen zum Teil deutlich verschlechtert. Diese Gesamtsituation schmälert damit sogar die Chance, den an Fachschulen in den 90er Jahren erreichten Stand der Professionalisierung von Erzieherinnen im Handlungsfeld Bewegung/Bewegungserziehung aufrecht zu erhalten.
- Mit Blick auf die funktionale Wechselwirkung zwischen der Ausbildung sozialpädagogischer Fachkräfte und der Umsetzung der Länderverordnungen zur frühen Bildung ist erkennbar: Aktuell bewegen sich die Entwicklungstrends in der Ausbildung diametral entgegengesetzt zum Professionalisierungsbedarf für die erweiterten beruflichen Anforderungen bei der Umsetzung des Bildungsbereichs Bewegung.

Unzweifelhaft ist, dass sich, einhergehend mit den neu ausgerichteten Kompetenzanforderungen an Erzieherinnen in Kindertageseinrichtungen, ebenso die Erzieherausbildung an den Fachschulen kontinuierlich mit weiterentwickeln muss. Nur dann kann sie ihren Studierenden kurz-, mittel- und längerfristig eine adäquate Ausbildungsqualität sichern. Leistbar ist dies zunächst vorrangig durch optimierte administrative Rahmenbedingungen. Grundlegend gehört hierzu für den Bereich Bewegung in der Ausbildung:

- Der Bildungsbereich Bewegung sollte länderübergreifend mit einem amtlich festgeschriebenen, für alle Fachschulen verpflichtenden Stundendeputat ausgestattet sein, um bundesweit zumindest mittelfristig vergleichbare Ausbildungsstandards sicher zu stellen.
- Studierende mit dem angestrebten beruflichen Interessensschwerpunkt „Kindertageseinrichtungen" sollten in der Ausbildung einen Vertiefungsbereich Bewegung wählen können, in dem sie sich über den grundständigen Ausbildungsumfang hinaus für die pädagogische Arbeit in diesem Berufsfeld umfassender qualifizieren können.

Für bereits ausgebildete Erzieherinnen sollten zur weiteren Professionalisierung auf Fachschulebene als zusätzliche Optionen eröffnet werden:
- Einrichtung eines Aufbaubildungsgangs „Bewegung als Bildungsbereich in Kindertageseinrichtungen" für die vertiefte Qualifizierung im Berufsfeld frühkindlicher Bewegung/Bewegungserziehung" (600 Stunden).
- Schaffung einer direkten Übergangsmöglichkeit zum Besuch einer Fachschule für Motopädie mit dem Berufsabschluss „Staatliche anerkannte Motopädin/Staatlich anerkannter Motopäde" (1200 Stunden).

Erweiterung beruflicher Kompetenz von Erzieherinnen im Bereich Bewegung an Fachhochschulen

Auf akademischer Ebene entstanden in den letzten Jahren bundesweit an zahlreichen Fachhochschulen Bachelor-Studiengänge, zumeist angebunden an die Fachrichtungen Sozialwesen/Gesundheit, die sich durch ihre Akzentuierung auf das Anforderungsprofil sozialpädagogischer Fachkräfte in Kindertageseinrichtungen auszeichnen, auf den Bereich „Frühe Kindheit" oder „Frühpädagogik" fokussiert sind und Erzieherinnen als Adressatengruppe im Blick haben. Gemeinsam ist vielen dieser Studiengänge allerdings, dass der Studienanteil, der sich konkret auf die Professionalisierung im Bereich Bewegung/Bewegungserziehung ausrichtet, eher marginal ausgeprägt ist oder teilweise gar keine Berücksichtigung findet.

Für Erzieherinnen mit Interesse an einem erweiternden Studium und dem gleichzeitigen Wunsch nach vertiefender Professionalität im Bewegungsbereich scheinen hingegen Studiengänge attraktiver, die den Bereich Bewegung quantitativ und qualitativ deutlicher integrieren. Ein solches Angebot bietet Erzieherinnen zum Beispiel der Studiengang „Integrative Frühpädagogik" an der Fachhochschule Oldenburg, der den Bereich Bewegung in seiner Ganzheitlichkeit, Mehrdimensionalität sowie unter besonderer Ausrichtung an der Psychomotorik und der psychomotorischen Förderung in den Gesamtstudienverlauf einbindet.

IV

Vom Kleinkind zum Schulkind

Eva Schmale

„Gebt mir Raum und lasst mir Zeit" – Die eigenständige Bewegungsentwicklung von Kindern unter zwei Jahren

Der allgemeine Zustand der Kinder ist alarmierend, darüber sind sich viele Fachleute einig.
Schlechte Körperhaltung, mangelnde Konzentrationsfähigkeit und Interessenlosigkeit sind weit verbreitet, aber die Antworten greifen oft zu kurz. Im Bewusstsein vieler ist zwar meist, dass sich die Lebenswelt der Kinder sehr verändert hat; kaum beachtet scheint mir hingegen, wie entscheidend und gravierend dies für den Säugling, für das Kind im ersten Lebensjahr der Fall ist.
Der Mensch muss, anders als das Tier, nach der Geburt noch ca. 90% der Muskulatur, des Nervensystems und seines Gehirns entwickeln. Die Natur oder die Schöpfung hat phänomenale Dinge hervorgebracht und auch für das Neugeborene hat sie einen stimmigen Plan.
Das Kind bringt einen großen Impuls mit, sich zu entwickeln. Noch vor 30 Jahren konnten Säuglinge, weil sie flachliegend in breiten Kinderwagen, in Bettchen oder am Boden des Laufstalls gelagert waren, diesem Impuls verhältnismäßig ungehindert folgen.
Heute allerdings verbringt das Kind die meiste Zeit des Tages in einer sehr ungünstigen, halb sitzenden, halb liegenden Position, in MaxiCosis und ähnlich gebauten Sitzen. Das Becken hängt tief und fixiert den Körper, raubt ihm die Möglichkeit sich schon leicht zu verändern und eine Regulierung und Druckentlastung, ob im Schlaf oder im Wachsein, zu finden. So soll das Kind schlafen? Wollen wir, wenn wir krank sind, in einem Fernsehsessel gelagert sein? Da will man kein Bein heben und vergnügt mit den Füßen spielen, denn das ist anstrengend und auch eine Drehbewegung kann nicht initiiert werden, denn da kommt man nicht weit. Dieser starke Entwicklungsimpuls wird zum Teil früh abgewöhnt.
Die ungarische Kinderärztin Emmi Pikler (2001) hat erforscht und aufgezeigt, wie wir den wesentlichen Bedürfnissen des Kleinkindes gerecht werden können und ihm dadurch die Entwicklung zu einer selbstbewussten und gesunden Persönlichkeit ermöglichen.
Sie gründete in Budapest das Kinderheim „Lóczy", das zugleich zum Säuglingsforschungsinstitut wurde und zu einem weltweit beachteten und Impulse gebenden Modell für Kleinkindpädagogik geworden ist
Pikler erkannte den großen Wert der selbstständigen Bewegungsentwicklung und so durften und dürfen die Pflegerinnen die Kinder nicht in eine Position bringen, die das Kind noch nicht selbst einnehmen kann. Das Kind wird nicht hingesetzt, solange es noch nicht selbstständig zum sicheren Sitzen gelangt ist, nicht hingestellt etc., erhält auch keine Hilfestellungen in seinen Bewegungsversuchen. So kann es seinen Kör-

per entwickeln und immer erst die notwendigen Erfahrungen und muskulären Voraussetzungen erarbeiten, die für eine gesunde Aufrichtung und freie Bewegung nötig
sind. Es ist beeindruckend, wie stimmig es seine Entwicklung mit allen ihm dien-
lichen Zwischenpositionen und -schritten gestaltet.
Im „Lóczy" (heute „Pikler-Institut") hält man es für sinnvoll, Kindern immer ausreichenden Bewegungsfreiraum zu gewähren: Im Schlafen, in seiner Aktivität gemäß
seiner Entwicklung und in der Pflege. Das beginnt mit angemessener Kleidung, kei-
nerlei Fixieren und einem sinnvollen Untergrund.
Ab dem Alter von drei Monaten werden die Kinder (in Rückenlage), wenn sie wach
sind auf den Holzboden und zum Schlafen in ein Bett mit fester Matratze gelegt.
Hier finden sie den klaren Halt, der ihnen ihre Bewegungen erleichtert. (Wir können
das nachvollziehen, wenn wir uns vergegenwärtigen, dass wir für eine gymnastische
Übung auch den Boden wählen und nicht ein weiches Polster, ein Bett oder einen
Sessel.)
Jede Aufrichtung braucht festen Halt. Spätestens bei einem Erdbeben erfahren wir,
wie viel der Halt des Bodens in unserem Leben mit Schwerkraft bedeutet. Das Kind
braucht also den Boden und nimmt schon wenn es sich auf den Bauch zu drehen
gelernt hat zur Kenntnis, dass der Boden hart ist und es z. B. seinen Kopf schützen
muss.
Hier kommen wir zu dem nächsten wichtigen Aspekt: Dem Säugling wird von frü-
hestem Alter an durch eine vorbereitete Umgebung die Möglichkeit gegeben, alle
wichtigen Erfahrungen selbst zu machen, aber so, dass es nie wirklich gefährlich für
ihn wird.
Sobald er robbt oder kriecht, steht ihm ein Podest von ca. 60 x 60 cm Breite und
15 cm Höhe zur Verfügung, wo das Kind mit dem ganzen Körper Platz findet und in
unzähligen Versuchen lernt, sicher mit einem Höhenunterschied umzugehen. Es wird
sich bei den ersten Versuchen auch erschrecken und eventuell im Fallen etwas weh-
tun, ohne sich jedoch ernstlich verletzen zu können. Es beginnt, genau deshalb aufmerksam zu werden. Verhindert man sein Fallen, nimmt man ihm die Möglichkeit des
Lernens. Ebenso erfährt es eine niedrige Schräge, eine Sprossenschräge, etwas zum
Durchkriechen, was ihm später auch ein höheres Podest zum Erklettern wird etc. Es
hat Spielgitter zur Verfügung, an denen es sich zum Sitzen oder Stehen oder Entlang-
laufen hochziehen kann und die seinen sicheren Spielbereich abgrenzen.
So lernt schon der Säugling, (ohne dass jemand daneben stehen muss) beobachtend
und verantwortungsvoll, sich selbst sichernd, behutsam seine Fähigkeiten zu erweitern. Er wird sich später auch ohne Hilfe eine Treppe langsam und sicher erarbeiten
und schwierigere Kletterunternehmungen betreiben. Fallen hat er früh gelernt. Unfälle hat es im „Lóczy" all die Jahre nicht gegeben.
Dort lernt das Kind sich selbst kennen, wie auch die Wirkkräfte unseres Lebens-
raums, und es hat Zeit, dies in seinem Tempo zu tun und dabei ausreichend Gelegenheit, sich die notwendige volle Beweglichkeit für eine gesunde Körperstruktur zu
erarbeiten. (Frei zu laufen beginnen sie dort durchschnittlich erst mit 1 ½ Jahren,
dann aber überaus kompetent). Ein ‚langsames' Kind beunruhigt dort niemanden,
sofern es aktiv ist und keine Anzeichen von Depression zeigt. Die Erfahrung hat

gezeigt, es wird die Anderen einholen, meist spätestens mit 2 ½. In diesem Alter sind sie dort wahre Kletterspezialisten und unseren Kindern weit voraus. Die Qualität ihrer Bewegungen und ihre Sicherheit ist von Anfang an eine ganz andere als die, die wir allgemein sonst sehen können.

Das Kind erfährt mit Freude, dass es selbst Widerstände überwinden kann. Es bekommt ein starkes „Ich". Sein Experimentieren schärft seine Sinne und gibt ihm viele Möglichkeiten an die Hand. Sein „Selbstbewusstsein", seine „Selbstständigkeit", seine Freude am Lernen und seine physische wie psychische Gesundheit sind groß. Die vielfältigen Filmdokumente von dort berühren sehr. Die Qualität der Beziehung in dem respektvollen und liebevollen Umgang, auch in der Pflege, und die sinnvolle, entwicklungsgemäße Auswahl des Spielmaterials sind andere zentrale Themen von E. Pikler, die miteinander in Wechselwirkung treten. Nur ein Kind, das emotional sicher ist, wird sich so ausdauernd seinem Spiel und seiner selbstständigen Bewegungsentwicklung widmen. Es ist ein sehr menschlicher und ganzheitlicher Ansatz und dahinter steht eine auf langjähriger, präziser Beobachtung basierende Forschung, die auch von der neuesten neurologischen Forschung Bestätigung erfährt.

Emmi Pikler hat festgestellt, dass Kleinkinder im freien Spiel, wenn sie sich immer frei bewegen dürfen, durchschnittlich einmal pro Minute, spätestens jedoch nach höchstens 2–2 ½ Minuten ihre Position wechseln. Dies dient der Regulierung des Körpers und seinem Wohlbefinden.

Wenn wir uns davon inspirieren lassen und den Kleinsten wenigstens den Boden zurückgeben könnten und die Materialien, den Raum und die Zeit für ihre wichtigen Erfahrungen, in Familien, in der Krippe oder Kita, dann wären wir schon einen wichtigen Schritt weiter.

DAGMAR HAVERKAMP, MAGDALENA HOLLEN-SCHULTE

Den Übergang gestalten

Motokreativität – eine Bildungsidee zur Übergangsgestaltung vom Kindergarten in die Schule

Im Rahmen der Veränderungen im deutschen Bildungssystem ist der frühkindliche Bildungsbereich in den Fokus von Wissenschaft und Politik gerückt (vgl. Bundesministerium für Familie, Senioren, Frauen und Jugend (BMFSFJ) & Deutsches Jugendinstitut (DJI), 2004). Trends und Anforderungen machen sich sowohl in Gesetzen und Bildungsplänen (vgl. Fthenakis, 2006) als auch in der Entwicklung lokaler und überregionaler Projekte und Forschungsbemühungen (nifbe) bemerkbar. Ein Schwerpunkt in diesen Diskussionen formt sich um die Gestaltung des Übergangs vom Elementarbereich in den Primarbereich. An dieser Nahtstelle im Bildungswesen wird über die Notwendigkeit der Verzahnung des Elementar- und Primarbereiches verhandelt: über gezielte Vermittlung von Vorläuferkompetenzen und Kompetenzen für den Schulanfang (vgl. Riebel & Säger, 2008), über planmäßige Nutzung bestimmter entwicklungsbiologischer Zeitfenster (vgl. Hüther, 2006) im Sinne einer vorschulischen Bildung und über gelingende Kooperation auf der professionellen pädagogischen Ebene (BMFSFJ, 2009).

Motokreativität ist eine intermediäre Bildungsidee, mittels der sich Lernen und Wissenserwerb – die Weltaneignung in den frühen Jahren – über Wahrnehmung, Bewegung und Spiel dem Kind erschließen (vgl. Zimmer, 2004). Der affektive Zugang zum Lernen und die in der Fachwelt unbestrittene Bedeutung körperlicher Entwicklungsprozesse für die Reifung höherer kognitiver Abläufe bestimmen zentral die Inhalte dieses Konzeptes.

Die Dimensionen von Motokreativität – den Körper als unhintergehbares Gebilde für alle neuronalen Prozesse zu fokussieren und selbst initiiertes Bewegungslernen und kreatives Spiel(en) als Urform für alle höheren kognitiven Prozesse deutlich zu akzentuieren – leiten einen Perspektivenwechsel in der (früh-)kindlichen Bildung ein.

Theoriebezüge von Motokreativität

Basale Voraussetzungen für die Ausbildung kognitiver Leistungen und die Aneignung von Kulturtechniken sind Wahrnehmung und Bewegung: Systematische Wahrnehmungsförderung vermittelt den Weg zur Deutungs- und Symbolisierungsfähigkeit – diese Vorläuferfähigkeit impliziert das Erkennen von Symbolen und Zeichen bis hin zu Schriftsymbolen (vgl. Zimmer, 2009c); Bewegungsförderung über Körpererfahrung bahnt den Weg zum Raum- und Mengenverständnis – diese Vorläuferfähigkeit eröffnet das Wissen um Größen bis hin zum Zahlbegriff (vgl. Hellmich, 2008); psycho-emotionale Förderung in Spielerfahrungen ebnen den Weg zu Sozialkompetenzen – diese Vorläuferkompetenzen weisen den Weg zu personalen, sozi-

alen und methodischen Fähigkeiten hin zu Selbstregulations- und Selbststeuerungs-kompetenzen (vgl. Kuhl, 2001).
Motokreativität kennzeichnet ein Bildungsverständnis von selbstgesteuerten Bewe-gungs-, Wahrnehmungs- und Spielprozessen. Dies wird von uns als Trilogie der Weltaneignung bezeichnet, ist zentrales Anliegen des Konzeptes und verkörpert motorische und kreative Prozesse, deren Niederschlag sich in lebenslänglicher Lern-kompetenz abbildet. Der durch einen kompetenten Umgang mit dem Körper einset-zende Selbstbildungsprozess entfaltet beim Kind die Lern- und Bildungsprozesse und das Fähigkeitsselbstkonzept, welche den Übergang zum jeweils nächsten Bil-dungsabschnitt ermöglichen.

Inhalte von Motokreativität

Die im Folgenden genannten Bereiche dieser institutionsübergreifenden Bildungs-idee werden lediglich theoretisch und zum besseren Verständnis künstlich getrennt, in der Praxis sind sie nicht zu isolieren.

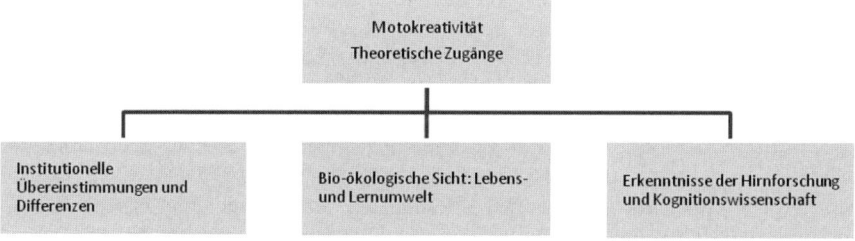

In der Auseinandersetzung mit den *institutionellen Übereinstimmungen und Diffe-renzen* werden jeweils die Schnittmenge der Bildungsaufgaben, des Rollenselbstver-ständnisses, der Strukturierung der Bildungssituation sowie inhaltliche Ausrichtung und Zielsetzung der Bildungsaufgabe näher bestimmt.
Die Perspektive der *bio-ökologischen Sicht* (vgl. Roth,1963) analysiert die multifak-torielle Lebens- und Lernumwelt und durchforscht die Erkenntnisse über das Kind in den verschiedenen Ebenen, also jene Interdependenzen von Zeit, Kultur, Anlage, Umwelt und Kind in der jeweiligen Bildungsinstitution. Aus ihr ergeben sich die Lernrealitäten der Kinder, auf die es optimale pädagogische Angebote zu konzipie-ren gilt. Aus der Sensibilisierung für dieses komplexe Bedingungsgefüge können wichtige Impulse für Entwicklung und Förderung generiert werden.
Die *Erkenntnisse der Hirnforschung und Kognitionswissenschaft* akzentuieren die Bereiche, die einen unmittelbaren Zugang zum praktischen pädagogischen Feld lie-fern – explizit die Erkenntnisse zur sensomotorischen, kognitiven, psychosozialen und emotionalen Entwicklung. Die Dimensionen von Reifung und Entwicklung so-wie von Lernen und Bildung werden für den Elementar- und Primarbereich ausdif-ferenziert. Danach wird Lernen als Problemlösen im jeweiligen Lebensumfeld defi-niert und sind selbstregulatorische Fähigkeiten von hoher Relevanz für das Lernen

und Erbringen von Leistungen (vgl. Hüther, 2006; Spitzer, 2006). Primär von Bedeutung sind Kenntnisse um die Funktionen der Sinnessysteme und ihre Einflussfaktoren auf das Handeln und Problemlösen. Ergänzt werden diese durch Forschungsergebnisse zur Bedeutsamkeit von Spiel, Emotion und Motivation für das Erkennen, Erinnern, Denken und Lernen (vgl. Kuhl, 2001). Die erworbenen Kenntnisse und Erfahrungen konvergieren in eine Bildungsmethode, welches beim Kind zu einem positiven Selbstkonzept (vgl. Zimmer, 2009a; Spangler & Schwarzer, 2008) und zu einer selbstkompetenten Persönlichkeitsentfaltung führt. Ziel der Motokreativität ist die positive Einflussnahme auf die individuelle Lernkompetenz und Entfaltung von Begabung, welches zur späteren aktiven und selbstbestimmten Partizipation am gesellschaftlichen System – hier die Wissensgesellschaft – befähigt.

Studien hierzu benennen als Merkmale für den Schulanfänger einige kognitive, motorische und psycho-emotionale/soziale Kompetenzen – systematische selbstgesteuerte Bewegung, Wahrnehmung und Spiel implizieren diese Vorläuferfähigkeiten. Anschlussfähigkeit ist Voraussetzung für Lernfähigkeit. Das Ziel von Bildung in einer Wissensgesellschaft ist nicht die Vermittlung von Fakten und Wissen, sondern die Begabung zum Erwerb von Schlüsselkompetenzen. Motokreativität orientiert sich an der Befähigung hierzu.

Mit einer situativ unterschiedlichen Gewichtung decken die Dimensionen von Motokreativität die Kategorien der angestrebten Schlüsselkompetenzen, wie sie die nachfolgende Graphik darstellt, umfassend ab:

– **Sich bewegen und bewegt sein** → die Interdependenz von motorischer und kognitiver Reifung und Entwicklung unterstreichen → Individualkompetenzen

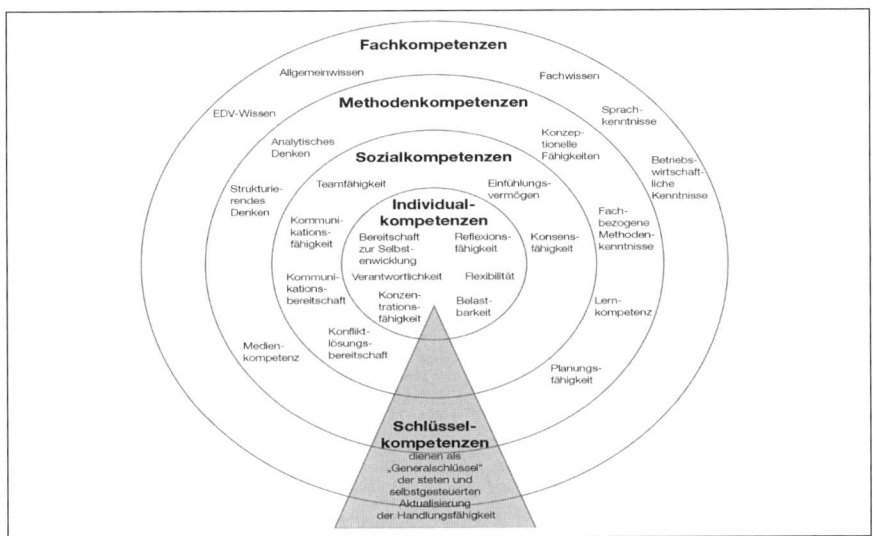

Abb. 1: (Thiessen, 2005, S. 257)

- **Staunen und Erkennen** ➔ in einer geeigneten (Lern-)Umwelt eine hinterfragende Haltung entwickeln und divergente Lösungswege fördern ➔ Methodenkompetenzen
- **Teil sein und sich mitteilen** ➔ Individualität fördern, Heterogenität wertschätzen und Kohärenzgefühl entfalten ➔ Sozialkompetenzen

Motokreativität in der Praxis

Im Zentrum der Bildungs- und Erziehungsarbeit von Motokreativität steht die auf Interaktionsprozessen zwischen ErzieherIn und Kind aufbauende Lernumwelt. Dies soll am Beispiel verdeutlicht werden: In den Förderangeboten einer Vorschulgruppe tauchte seit geraumer Zeit latent das Thema Konfliktbewältigung und Kooperation auf; hierfür wurde ein kreativer Zugang gesucht. Mit dem Hinweis auf anstehende Baumaßnahmen in der Institution, wurden die Kinder aufgefordert, aus großen unterschiedlichen Schaumstoffblöcken gemeinsam ein Gebäude zu bauen und dabei eigene Lösungen für die Materialbeschaffung, für eine stabile Konstruktion (Umgang mit geometrischen Formen) und für deren Realisierung (motorische und emotionale Anforderungen beim Bauen in die Höhe) zu finden. Welches Material kann wie allein, zu zweit oder in der Gruppe beschafft werden – auf welchen gemeinsamen Bauplan einigen sich die Kinder – mit welchen Hilfsmitteln können sie so hoch bauen, dass Dach und Schornstein angebracht werden können – wie lösen sie Bewegungsängste von Gruppenmitgliedern. Das Ergebnis war ein für alle zufriedenstellendes Haus.

Die Realisierung einer solchen auf Interaktionsprozessen aufbauenden Lernumwelt impliziert:

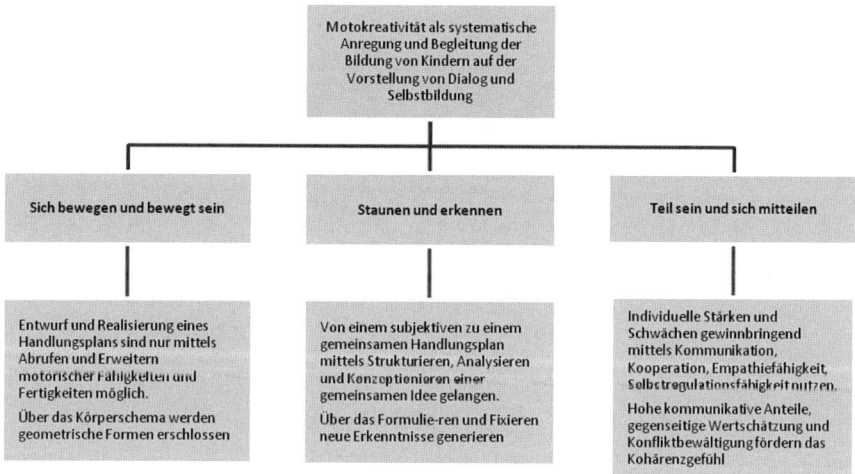

Aus der wissenschaftlichen Interdisziplinarität ergeben sich hier wichtige Zulieferer für kindgerechte und übergangserleichternde Bildungsarbeit: Lernen beginnt mit Wahrnehmungs- und Bewegungsentwicklung. Jedes Lernen ist Anschlusslernen; ohne die neuronale Verknüpfung mit Vorwissen ist kein Wissensgewinn oder Neulernen möglich (vgl. Roth, 2007). Zudem wird die Bedeutung der Emotionen beim Lernen unter Beweis gestellt. Freude fördert Neugier, Lust und Erfolg beim Lernen; Angst hingegen blockiert dieses.

Die gesamte Fort- bzw. Weiterbildung umfasst einen Zeitraum von 45 Zeiteinheiten, die sich auf drei Module verteilen. Die Vermittlung theoretischer Kenntnisse wechselt mit praktischer (Selbst-) Erfahrung und Methodenarbeit ab. Die Teilnehmenden erhalten Aufgaben, mit denen die erworbenen Kenntnisse, Erfahrungen und Methoden in ihre Alltagstauglichkeit überführt werden sollen. Die Ergebnisse und Erfahrungen dieser Praxisüberprüfung werden als integrale Bestandteile des Konzeptes gesehen. Das Konzept der Motokreativität ist kein abgeschlossenes Bildungskonzept, sondern sieht seinen Vorzug in der Ausrichtung auf das prozesshafte Geschehen von Entwicklung, Bildung und Begabung; eine Weiterführung und damit die Sicherung der Nachhaltigkeit, ist in verschiedener Form denkbar.

Astrid Krus

Der Ernst des Lebens – Einschulung als Entwicklungsaufgabe für die ganze Familie

Kinder und ihre Familien durch psychomotorische Förderung beim Übergang vom Kindergarten in die Schule begleiten

Im Fachdiskurs wurde die Thematik Einschulung über lange Jahre primär unter dem Aspekt der Schulreife (vgl. Kern, 1951) oder Schulfähigkeit (vgl. Rüdiger, Kormann & Peez, 1976) des Kindes betrachtet. Erst die Konzepte seit Ende der 1990er Jahre (vgl. Nickel, 1999; Griebel & Niesel, 2004) definieren die Einschulung als ein Konstrukt, in dem alle am System Beteiligte, d. h. die ErzieherInnen, die LehrerInnen, die Eltern und das Kind involviert sind und die im Sinne eines Ko-Konstruktionsprozesses den Übergang gemeinsam gestalten müssen. Der Übergang vom Kindergarten in die Grundschule wird als normatives kritisches Lebensereignis betrachtet, das mit neuen, zu bewältigenden Entwicklungsaufgaben für das Kind (und seine Familie) verbunden ist und zu Verunsicherung und Irritationen führen kann. Untersuchungen belegen, dass die Anschlussfähigkeit und ein erfolgreicher Start in der Grundschule für die weitere Schullaufbahn von besonderer Bedeutung sind und demzufolge auch einer besonderen Betrachtung bedürfen.

Die Veränderungen bei den Beteiligten unterscheiden sich dadurch, dass Eltern und Kinder den Prozess aktiv bewältigen, während ErziehrInnen und LehrerInnen ihn lediglich begleiten. Da der Schwerpunkt dieser Ausführungen auf die Kinder und Eltern gerichtet sein soll, werden im Folgenden nur überblicksartig die Anforderungen aufgezeigt, welche die ErzieherInnen im Kindergarten als abgebende Stelle und die LehrerInnen in der Schule als annehmende Stelle betreffen.

Anforderungsprofil für die ErzieherInnen beim Übergang eines Kindes in die Schule
– Umgang mit Erwartungen, Ängsten der Kinder bez. der Einschulung
– Auseinandersetzung mit Erwartungen der Eltern über:
– die Feststellung möglichen Förderbedarfes (im letzten Kindergartenjahr)
– die Förderung schulnaher Vorläuferkompetenzen (Sprache, Graphomotorik, Motorik, Zahlen- und Mengenkonzepte, etc.)
– Umsetzung der Bildungspläne und Vorschulprogramme
– Erstellung von Entwicklungsberichten als Vorlage für die Schule
– Kontakte zu und Kooperation mit den zuständigen Grundschulen (gegenseitige Besuche)
– Abschiede gestalten und Veränderungen in der Gruppenstruktur

Anforderungsprofil für die LehrerInnen beim Eintritt eines Kindes in die Schule
– Aufbau einer vertrauensvollen Beziehung zu den Kindern
– Individuelle Betrachtung und Förderung jedes einzelnen Kindes

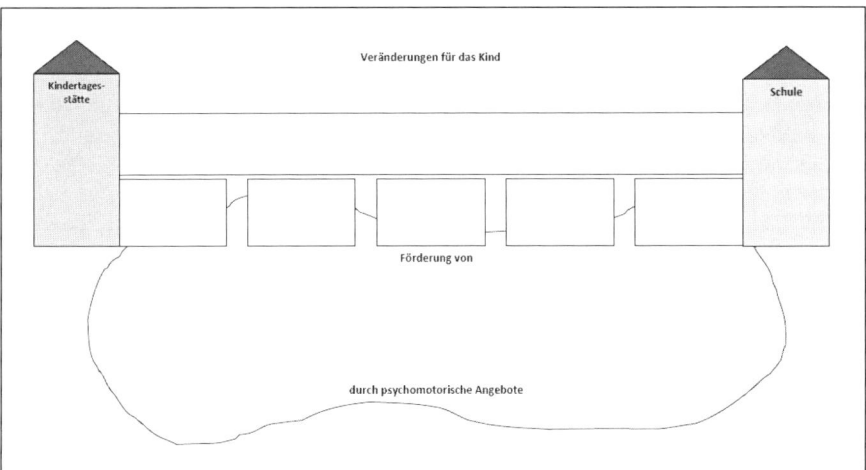

Abb. 1

– Aufbau einer vertrauensvollen Beziehung zu den Eltern
– Gestaltung der Gruppenprozesse
Sowohl ErzieherInnen als auch LehrerInnen werden in vielfacher Hinsicht mit den
Veränderungen bei Kindern und Eltern und den damit verbundenen Emotionen konfrontiert und müssen ihrerseits entsprechende Kompetenzen entwickeln, die Übergänge von ihrer Seite aus positiv zu gestalten (siehe auch Niesel, Griebel & Netta,
2008). Kindergarten und Schule sind sozusagen die beiden Eckpunkte des Übergangs, der für das Kind mit vielfältigen Veränderungen in unterschiedlichen Bereichen verbunden ist (siehe Abb. 1).

Anforderungsprofil auf Seiten des Kindes

Im *sozialen Bereich* wechselt das Kind in eine neue Sozialisationsinstanz, was mit
Verlusten von vertrauten Bezügen einerseits und dem Aufbau neuer Kontakte und
Bezugssysteme anderseits verbunden ist. Innerhalb der sozialen Peergroup muss das
Kind seine Rolle und Position neu definieren und ausfüllen, neue Freundschaften
schließen bzw. bestehende Freundschaften in einem neuen System überprüfen. Eine
besondere Situation stellen auch die Pausenzeiten in dem großen sozialen Schüler-
gefüge dar, in der die Kinder wieder in die Rolle der Jüngsten innerhalb des sozialen
Systems rutschen und sich dort neu behaupten und Konflikte eigenständig lösen
müssen. Der Kontakt zur erwachsenen Bezugsperson ist dadurch gekennzeichnet,
dass im Gegensatz zu der im Kindergarten üblichen dualen Besetzung eine pädagogische Fachkraft in der Regel alleine für die 25–30 Kinder zuständig ist. Die Kontakte zu den anderen LehrerInnen sind zumeist fachbezogen, zeitlich aufeinander
folgend und erschließen den Kindern nicht die Möglichkeit, die Bezugsperson im
Lernprozess auszuwählen.

Im *psychisch-emotionalen* Bereich muss das Grundschulkind lernen, seine eigenen Bedürfnisse für den Zeitraum des Unterrichts zurückstellen und sich mit von Außen vorgegebenen Aufgaben und Anforderungen auseinander zu setzen. In weitaus größerem Maße als im Kindergarten stehen die Bewertung der eigenen Leistungsfähigkeit und der direkte Vergleich mit den Klassenkameraden im Vordergrund. Die schulische Lern- und Leistungsüberprüfung verringert den Idealismus, die Allmachtsphantasien mit Anstrengung alles erreichen zu können und betont den Faktor der eigenen Fähigkeiten und Kompetenzen bei der Beurteilung von Erfolgen und Misserfolgen (vgl. Krus, 2004). Da oftmals nicht nur die schulischen, sondern auch die häuslichen Leistungserwartungen an das Kind herangetragen werden, setzt es sich viel intensiver mit Erfolg und Misserfolg, Freude und Stolz über gute Leistungen sowie Enttäuschung und Frustration bei schlechten Leistungen auseinander, die sein Selbstbild und seine Leistungsmotivation nachhaltig beeinflussen.

Die schulischen Aufgaben erfordern vom Kind eine gute körperliche Konstitution, was neben einer *körperlichen Gesundheit,* die Kraft für das Tragen des Tornisters, das längere Stillsitzen und auch die Konzentration im Unterricht ermöglichen. Unbeeinträchtigte kognitive Stützfunktionen (u. a. ungestörte Aufmerksamkeit, durchschnittliche Leistungen des verbalen Arbeitsspeichers) sind darüber hinaus zentrale Teilleistungsfunktionen für einen unproblematischen Schulerfolg. Zudem bilden die grapho-, fein- und *grobmotorischen Kompetenzen* eine wichtige Voraussetzung für den Erwerb der Kulturtechnik Schreiben, aber auch der Bewältigung bewegungs- bzw. sportorientierter Aufgabenstellungen im Sportunterricht. Die Möglichkeit sich zu entspannen ist eine weitere wichtige Voraussetzung für psychisches und physisches Wohlbefinden.

Im Bereich der *Selbstorganisation* kommen für das Schulkind vielfältige neue Aufgabengebiete hinzu. Beginnend mit einem neuen Schulweg über die Eingewöhnung und Orientierung in einem großen Schulgebäude mit verschiedenen Räumlichkeiten bis hin zu mehr Selbstständigkeit, was die Organisation des Tages in der Schule (Schulsachen entsprechend mitbringen, Sportsachen, An- und Umziehen, Ordnung halten) erfordert. Zudem verlangt der sehr strukturierte Tagesablauf eine veränderte Tagesorientierung beginnend mit rechtzeitigem Aufstehen und sich fertig machen über das pünktliche Erscheinen im Unterricht bis hin zur Anpassung an die Arbeits- und Entspannungsphasen des Unterrichts. Diese neue Tagesstruktur setzt sich im häuslichen Alltag fort, in dem die Zeiten für Essen und freies Spiel mit den Hausaufgaben und Vorbereitungsphasen sowie anderen Freizeitaktivitäten in Einklang gebracht werden müssen.

Der Transfer schulischer Aufgaben in den häuslichen Bereich stellt die Eltern vor große Herausforderungen, da sie einerseits den zeitlich-organisatorischen Rahmen schaffen müssen (rechtzeitiges Wecken, Anpassung ihres eigenen Arbeitsrhythmus, Ruhe schaffen für Hausaufgaben) und andererseits Erinnerungen an negative Erlebnisse ihrer eigenen Schulzeit Druck erzeugen und Konfliktpotenzial beinhalten.

Ein letzter wichtiger Aspekt umfasst den Bereich des Lernens und der *lernmethodischen Kompetenzen.* Neben dem Wissensbestand, den kognitiven Kompetenzen sowie den so genannten schulnahen Vorläuferkompetenzen (phonologische Bewusstheit, etc.) bildet der Erwerb lernmethodischer Kompetenzen (Erwerb von Lerninhalten, Transfer auf neue Inhalte) und neuer Lernformen einen zentralen Bestandteil des schulischen Alltags.

Durch psychomotorische Förderung Übergänge erfolgreich bewältigen

Ein erfolgreicher Übergang ist dadurch gekennzeichnet, dass die anstehenden Entwicklungsaufgaben bewältigt werden können und das Kind sich als handlungskompetent und wirksam erlebt. Entscheidend für den Bewältigungsprozess ist dabei, inwieweit auf vorhandene Ressourcen zurückgegriffen bzw. Ressourcen aktiviert werden können. Bezogen auf das vorliegende Anforderungsprofil für den schulischen Bereich kann die psychomotorische Förderung, so wie sie in den selbstkonzeptorientierten Ansätzen vertreten wird, die genannten Basiskompetenzen fördern.

Im Bereich *sozialer Kompetenzen* bieten psychomotorische Spiel- und Bewegungsangebote, die in der Regel in Gruppen durchgeführt werden, durch gemeinsame Spiel- und Erfolgserlebnisse die Grundlage für positive Beziehungen mit Gleichaltrigen, die als Peergroup eine zentrale Ressource darstellen. Die Kinder lernen in kooperativen Aktivitäten sich ihrer eigenen Emotionen und Bedürfnisse bewusst zu werden und zugleich die anderer Spielpartner wahrzunehmen und zu berücksichtigen. Psychomotorische Spielangebote, die auf gemeinsame Problemlösung, Zielerreichung und kooperatives Handeln ausgerichtet sind, erfordern Toleranz eines jeden einzelnen Gruppenmitgliedes, unterstützen die *Kooperationsfähigkeit* und zugleich die eigene Handlungsfähigkeit. Die Erfahrung der gegenseitigen Akzeptanz und Wertschätzung, das Wechselspiel von Geben und Nehmen eröffnet umfangreiche *selbstregulative Kompetenzen* in sozialen Bezügen.

Die in der aktiven Auseinandersetzung mit psychomotorischen Spiel- und Bewegungsangeboten erlebten Möglichkeiten des eigenen Handelns und Selbstwirksamkeitserfahrungen bilden dabei die Basis *psychisch-emotionaler Kompetenzen* für die Bewältigung von Entwicklungsanforderungen. Parallel dazu sind die kognitiven Verarbeitungsprozesse dieser Selbsterfahrungen beim Kind Ziel der Förderung. Im Vordergrund steht die Einwirkung auf die *Ursachenzuschreibung* eigener Wirksamkeitserfahrungen. Das Kind soll die Möglichkeit erhalten, eine möglichst reale Abbildung des Beziehungsverhältnisses von Aufgabenschwierigkeit und individuellem Leistungsvermögen zu bekommen, so dass die eigenen Kompetenzen, das eigene *Leistungsniveau realistisch* eingeschätzt werden können und Frustrationen bei überhöhten Anforderungen vermieden werden. Es sollten Zuschreibungen bevorzugt werden, die Veränderungs- (Handlungs-)möglichkeiten beim Kind zulassen wie der Faktor Anstrengung bei Misserfolg. Dieser Prozess wird zu Beginn primär vom Psychomotoriker geleitet, der in Form verbaler Rückmeldungen eine Zuschreibung stellvertretend für das Kind vornimmt. Im Verlauf der Förderung ist ein Übergang von der Fremdzuschreibung über die äußere Selbstverbalisation zur veränderten, inneren Selbstzuschreibung des Kindes intendiert. Selbstwirksamkeitserfahrungen, die in verschiedenen Bereichen und wiederholt erzeugt und erlebt (generalisiert) werden, führen langfristig zum Aufbau positiver *Kontrollüberzeugungen,* die ihrerseits ein positives *Selbstwertgefühl* mitbestimmen (vgl. Krus, 2004). Die entwicklungsadä-

quaten Spiel- und Bewegungsangebote sollten dabei einen mittleren Schwierigkeits-
grad haben, der Assoziationen zu vertrauten, bereits erfolgreich bewältigten Aufgaben
enthält und zugleich Optionen auf neue, dem eigenen Kompetenzspektrum entsprechende Herausforderungen aufweist. Die Wahrnehmung und Bewertung von Aufgaben als Herausforderungen und die Einschätzung verfügbarer Bewältigungskompe-
tenzen erfordern vom Kind eine differenzierte Betrachtung seiner Handlungs- und
Erfolgsmöglichkeiten, um zwischen den eigenen Kompetenzen und den Anforderungen ein Gleichgewicht zu schaffen, welches das Ausmaß an Problembewältigung,
psychischem Wohlbefinden und Stresserleben bestimmt. Eine zentrale Aufgabe des
Psychomotorikers ist es demnach, durch gezielte Beobachtung und gemeinsame Interaktionen, Anregungs- und Umgebungsbedingungen zu erfassen und zu schaffen,
die selbsttätiges, motiviertes Handeln in einem stressfreien Setting ermöglichen. Dies
kann unterstützend dadurch begleitet werden, dass die Kinder verbal auf ähnliche,
erfolgreich bewältigte Situationen hingewiesen bzw. handlungsrelevante Informationen (vorhandene Kompetenzen, Variation von Kompetenzen) betont werden. Derar-
tig gestaltete Spiel- und Bewegungsangebote stabilisieren und erweitern die *motorischen Handlungskompetenzen* in Bezug auf den eigenen Körper, die eigene Person,
auf die materiale und auf die soziale Umwelt. Die Erweiterung der Fähigkeiten verbindet dabei quantitative (Vergrößerung der zur Verfügung stehenden Kompetenzen)
und qualitative Aspekte (Verbesserung der Leistungsfähigkeit, Koordination, Tempo,
etc.). Die Extension der zur Verfügung stehenden Handlungskompetenzen befähigen
die Kinder dazu, die grob- und feinmotorischen Anforderungen des schulischen Alltags mittels verfügbarer Kompetenzen leichter zu bewältigen.
Psychomotorische Spiel- und Bewegungsaufgaben, welche die Entwicklung und
Umsetzung eigener Handlungspläne sowie konstruktiver Lösungen erfordern, bieten
situationsspezifisch Ansatzpunkte, *selbstregulative Kompetenzen* zu unterstützen.
Im Gruppensetting kann die Reflexion unterschiedlicher Lösungswege zur Aufga-
benbewältigung dazu beitragen, lernmethodische Kompetenzen zu fördern. Die Darstellung der verschiedenen Handlungsstrategien einzelner Kinder eröffnet nicht nur
ein weites Spektrum an Handlungsmöglichkeiten sondern bietet zugleich die Möglichkeit, das eigene Handeln und die eigenen Denk- und Handlungsstrukturen im
Vergleich zu reflektieren. Das Nachdenken über das eigene Denken und das Aufzeigen von variationsreichen Herangehensweisen an Problemlöseaufgaben stellen eine
der wesentlichen Komponenten *lernmethodischer Kompetenzen* dar, die auch im
schulischen Lernen von besonderer Bedeutung sind (vgl. Gisbert, 2004). Psychomotorische Förderung im Kindergarten oder Sportverein, welche die oben beschriebenen Erfahrungsbereiche und Handlungskompetenzen durch gezielte Angebote erschließt und die methodisch-didaktischen Grundlagen berücksichtigt, schafft eine
Basis für die erfolgreiche Bewältigung der anstehenden Anforderungen im schulischen Alltag.

Begleitende Elternarbeit in der psychomotorischen Förderung

Im Rahmen des Ko-Konstruktionsmodells werden auch die Eltern des angehenden
Schulkindes als aktiv am Prozess Beteiligte betrachtet, die ebenfalls Begleitung und

Unterstützung im Übergangsprozess brauchen. Da die Elternarbeit in der psycho-motorischen Arbeit ohnehin einen hohen Stellenwert hat, bieten sich auch hier – über die Aktivitäten des Kindergartens und der Grundschule hinausgehend – Ansatz-punkte für eine positive Übergangsbewältigung. Gespräche eröffnen die Möglichkeit den Perspektivenwechsel vom Kindergarten- zum Schulkind zu thematisieren, Kom-petenzen des Kindes aufzuzeigen und die Selbstständigkeit des Kindes unterstüt-zende Handlungsweisen anzuregen. Die psychomotorischen Angebote in entwick-lungs- bzw. altershomogenen Gruppen schaffen Raum für einen intensiven Aus-tausch zwischen den begleitenden Elternteilen über die anstehenden Veränderungen und Herausforderungen, die auf sie zukommen. Eine gut kooperierende „Elterngrup-pe" bietet gegenseitige Unterstützung bei der Bewältigung kritischer Ereignisse und begünstigt die Effektivität der psychomotorischen Intervention. Im Sinne eines „Na-tural caregiving systems" (vgl. Danish & D'Augelli, 1995, S. 164) finden die Eltern Ansprechpartner im Austausch über die neuen Anforderungen zugleich aber auch konkrete Informationen über Hilfsangebote z. B. für die Hausaufgaben- oder Mit-tagsbetreuung.

Die vorausgehenden Ausführungen haben Wege aufgezeigt, durch eine gezielte psy-chomotorische Förderung Kinder und Eltern im Übergang vom Kindergarten in die Grundschule zu begleiten und zu unterstützen. Dies gilt insbesondere für Kinder, die aus sehr unterschiedlichen Gründen auf Unterstützung im Bildungssystem angewie-sen sind. Sie erhalten durch eine derartige Förderung bessere Voraussetzungen den Übergang und damit ihre weitere Bildungsbiografie positiv zu gestalten.

CHRISTINA MÜLLER, MARIT OBIER, ANJA DINTER

Brücken bauen

Bewegte Grundschule – Bewegter Kindergarten

Brücken sind Übergänge. Der Übergang vom Kindergarten in die Grundschule ist für Kinder ein schwieriger Schritt. Er verlangt die Balance zwischen Kontinuität und Veränderung, zwischen Geborgenheit und neuer Herausforderung (vgl. Müller, 2008). Die Verantwortung dafür liegt bei beiden Institutionen. Schule muss die Kinder abholen, wo sie sich befinden, der Kindergarten aber auch Vorläuferkompetenzen im Blick haben (vgl. Tietze & Viernickel, 2007). Darum sind Überlegungen anzustellen, wie dieser Übergang aus der Bewegungsperspektive erfolgreich verlaufen kann.

In vielen Grundschulen haben sich bewegungsorientierte Konzepte bereits etabliert. Unterschiedliche Ansätze der Bewegungsförderung sind auch in den Kindergärten zu finden. Doch wie können die Konzepte der bewegten Grundschule und des bewegten Kindergartens sinnvoll aufeinander abgestimmt werden?

Bei unseren Überlegungen zu dieser Thematik sind wir auf folgende Ergebnisse hinsichtlich der Bewegungsaktivitäten in Kindergärten gestoßen (vgl. Göpfert & Klimsch, 2006):

– In Gruppenräumen finden vorrangig fein- und nur wenige grobmotorische Bewegungshandlungen statt.
– Der Anteil für Bewegungen mit koordinativem Anspruch ist während des Aufenthaltes der Kinder in den Gruppenräumen sehr gering. Wenn diese Aktivitäten nicht angeleitet werden, verbleibt ein Zeitwert von unter 1 Minute am Vormittag.
– Kinder, die von den ErzieherInnen als weniger aktiv eingeschätzt werden, weisen eine geringere Bewegungszeit auf als motorisch aktive.

Auch wenn die Ergebnisse nur als Trendaussagen zu verstehen sind, so liegen Reserven für mehr Bewegungsaktivitäten in den Kindergärten besonders in drei Faktoren:

– grobmotorische Bewegungshandlungen in den Gruppenräumen fördern
– Aktivitäten mit koordinativem Anspruch anbieten
– Impulse und phasenweise Anleitung geben (Müller, 2008, S. 12).

Diese drei Positionen fanden als Schwerpunkte im Konzept des bewegten Kindergartens (vgl. Müller, 2008) Berücksichtigung. Dieses Konzept erfährt gegenwärtig durch Veröffentlichungen sowie Fortbildungsveranstaltungen in sächsischen Kindertageseinrichtungen eine Verbreitung.

Für den Arbeitskreis und diese Veröffentlichung greifen wir aus dem Gesamtkonzept für Schule und Kindergarten mögliche Formen der Verbindung von kognitivem Lernen mit Bewegung heraus. Dabei sind folgende zwei Hauptzielstellungen bedeutsam, gleich ob die Anwendung in bewegten Lernsituationen in den Bildungsbereichen des Kindergartens oder in einzelnen Fächern der Schule erfolgt (vgl. Müller, 2008):

Zusätzliche Informationszugänge durch Bewegung

Zusätzlich zu der üblichen Informationsaufnahme über Auge und Ohr soll der Bewegungssinn (kinästhetischer Analysator) als Informationszugang genutzt werden. Die Rezeptoren liegen über den gesamten Körper verteilt in den Muskeln, Sehnen, Bändern und Gelenken. Die Informationsaufnahme erfolgt also nicht über die Umwelt, sondern über den Körper und seine Bewegung. So können z. B. (geometrische) Figuren mit den Händen oder Füßen erfühlt, mit dem Körper geformt oder durch Bewegungshandlungen erfasst werden, wie z. B. durch das Ablaufen oder Abhüpfen. Alle aufgeführten Möglichkeiten geben dem Kind zusätzliche Informationen über den Lerngegenstand und unterstützen damit den Lernprozess. Den Theoriehintergrund bildet das Begriffsverständnis von Grupe (1982), dass durch Bewegung Kinder die Welt erleben, erfahren, erkennen und gleichzeitig formen und gestalten können.

Zusätzliche Informationszugänge durch Bewegung
– etwas über Bewegung/über den Körper empfinden, wahrnehmen, erleben
– etwas über Bewegung erfahren, erkennen, begreifen
– etwas durch Mimik, Gestik, Körpersprache ausdrücken, mitteilen
– etwas szenisch gestalten
– etwas durch Bewegung formen, gestalten, verändern

Optimierung der Informationsverarbeitung durch Bewegung

Es gibt keine Untersuchungen, die belegen, dass Lernen nur im Sitzen möglich ist – im Gegenteil. Das wussten schon die alten Griechen, die in Wandelhallen unterrichteten oder Mönche, die bei geistigen Gesprächen durch die Klostergänge schritten. Folgende Bewegungsformen eignen sich zur Verbindung von Lernen und Bewegung:

Optimierung der Informationsverarbeitung
– durch Bewegung Zustimmung oder Ablehnung signalisieren
– beim Zuwerfen eines Balles etwas üben, einordnen o. Ä.
– beim Gehen durch den Raum oder beim Wechseln der Plätze Aufgaben lösen
Übergreifend sollte als Variante nach Möglichkeiten der Anwendung unterschiedlicher Arbeitshaltungen gesucht werden (nicht nur im Sitzen, sondern im Hocken, Liegen u. a.).

Nachfolgend werden Beispiele für Kindergarten und Grundschule aufgezeigt. Wir konzentrieren uns wegen der Parallelität auf die Fächer Mathematik, Deutsch, Sachunterricht sowie die entsprechenden Bildungsbereiche im Kindergarten.

KINDERGARTEN (KIGA) – Mathematische Bildung	GRUNDSCHULE (GS) – Mathematik
Bewegung als zusätzlicher Informationszugang	
Vorstellungen von Zahlen, Formen und Größen erlangen	
Die sieben Zwerge	**Wo ist mein Platz?**
7 Kinder sortieren sich z. B. der Größe nach	Die Kinder bekommen eine für sie unbekannte Zahl einer Zahlenfolge auf den Rücken geheftet. Durch Lesen der anderen Zahlen sollen sie ihre eigene herausfinden und sich im Anschluss der Größe nach ordnen.
Optimierung der Informationsverarbeitung durch Bewegung	
Plätze wechseln und dabei etwas üben	
Von Platz zu Platz	**Rechenreise**
Stationen im Raum, die zur Auseinandersetzung mit math. Inhalten anregen, z. B. Stäbchen nach der Länge ordnen.	Auf jedem Platz liegt eine Aufgabenkarte. Auf der Vorderseite steht die Aufgabe, auf der Rückseite zur Selbstkontrolle das Ergebnis. Die Schüler gehen von Platz zu Platz, lösen schriftlich die Aufgaben und kontrollieren eventuell mit der Rückseite.
Beim Gehen durch den Raum Aufgaben lösen	
Eckenlauf	**Eckenrechnen**
Alltagsgegenstände mit den geometrischer Figuren Kreis, Dreieck, Viereck werden gezeigt – Kinder gehen in die Ecke des Raumes, in der diese Form ausliegt.	Im Klassenzimmer werden Aufgabenzettel mit verschiedenem Schwierigkeitsgrad (Punkte) ausgehangen. Die Schüler entscheiden selbst wohin sie gehen.
Plätze wechseln und dabei etwas üben	
Platzwechsel	
Bei jüngeren Kindern mit Bildkarten/bei älteren mit Zahlenkarten: Kinder stehen im Kreis, jeweils 2 haben eine gleiche Zahl; 1 Kind steht in der Mitte und nennt eine Zahl; Kinder mit der genannten Zahl versuchen die Plätze zu tauschen; das Kind in der Mitte versucht einen dieser Plätze einzunehmen.	

KIGA – Kommunikative Bildung	GS – Deutsch
Bewegung als zusätzlicher Informationszugang	
Etwas über den Körper wahrnehmen	
Stille Post Es wird ein langes oder kurzes Wort genannt. Die Kinder sollen die Länge heraus hören und mit entsprechender Strichlänge auf dem Rücken darstellen.	**Mit der Hand des blinden Nachbarn schreiben** Ein Kind führt die Hand eines „blinden" Partners und schreibt mit dieser einen Buchstaben oder ein Wort. Der „blinde" Partner errät das Geschriebene.
Sprache über Bewegung begreifen	
Gedichte darstellen Kinder bewegen sich zu den – die Bewegung anregenden – Inhalten eines Gedichts.	**Gedichte darstellen** Inhalt an die Altersgruppe anpassen.
Sprache über Bewegung begreifen	
Über-unter-Spiel Die Erzieherin erzählt eine Geschichte in der Präpositionen (über, unter, …) enthalten sind. Die Kinder führen die Bewegung aus.	**Tu, was du liest!** An der Tafel/auf Folie werden Verben oder Sätze geschrieben. Die Kinder sollen die entsprechenden Bewegungen ausführen.
Optimierung der Informationsverarbeitung durch Bewegung	
Beim Gehen durch den Raum Sprachmaterial suchen und sortieren/ sich Informationen einholen	
Märchenbildsuche Im Raum werden Bilder zu einem Märchen ausgelegt. Die Kinder hören das Märchen und gehen zum passenden Bild im Raum.	**Litfasssäule** Mehrere Textteile von Märchen werden im Klassenzimmer ausgelegt. Die Kinder gehen umher und finden heraus, welche Märchen sich versteckt haben.
Durch Bewegung Zustimmung oder Ablehnung signalisieren	
Reimwörter Es werden Wortpaare vorgegeben. Mit vereinbarten Bewegungen wird Zustimmung oder Ablehnung signalisiert, ob sich die genannten Wörter reimen.	**Stimmt das?** Die Kinder gehen durch den Raum. Der Spielleiter nennt verschiedene Wörter (z. B. Verben). Hören die Kinder ein Verb gehen sie in die Hocke, sonst gehen sie weiter.

KIGA – Naturwissenschaftliche Bildung	GS – Sachunterricht
Optimierung der Informationsverarbeitung durch Bewegung	
Beim Zuwerfen eines Balles Begriffe zuordnen	
Farbenspiel	**Wochentage/Monate**
Es wird eine Farbe genannt; Kinder nennen entsprechend Tiere o. a.	Reihenfolge vorwärts/rückwärts aufsagen; typische Merkmale nennen (dabei Ball von Schüler zu Schüler werfen).
Durch Bewegung Zustimmung oder Ablehnung signalisieren	
Was gehört nicht zu …?	**Ja – Nein**
Ein Oberbegriff (Wald) und Unterbegriffe (Blatt, Feuerwehr) werden genannt. Kinder drücken durch vorher vereinbarte Bewegung aus, ob die Unterbegriffe zum Oberbegriff gehören.	Die Schüler gehen umher und betrachten sich gegenseitig. Anschließend stellt der Spielleiter Entscheidungsfragen, die die Kinder mit einer Bewegung beantworten (z. B. Haben wir Schüler mit blonden Haaren?).

Brücken zwischen (bewegten) Grundschulen und Kindergärten zu bauen, kann sich nicht allein auf Absprachen zu Lernsituationen beschränken. Es bedeutet viel mehr und vor allem, dass sich die Pädagogen/innen beider Institutionen für die erfolgreiche Gestaltung der Übergangsphase verantwortlich fühlen und sich auf gleicher Augenhöhe begegnen. Kooperationsvereinbarungen sollten dafür die Grundlage bilden. Bezogen auf die Bewegungsförderung könnten Formen der Zusammenarbeit u. a. sein:

– gemeinsame Fortbildungen zur Bedeutung der Bewegung für die kindliche Entwicklung
– wechselseitige Hospitationen, vor allem um den Bewegungsalltag in der abgebenden bzw. aufnehmenden Institution genauer kennen zu lernen, einschließlich Bewegungsverhalten der Kinder
– Gesprächsrunde zur Realisierung von mehr Bewegungsmöglichkeiten im Tagesablauf beider Einrichtungen und zur Gestaltung gleitender Übergänge (auch Einbeziehung der Elternvertreter und der Hortleitung)
– Bewegungsräume gegenseitig kennen lernen und nutzen, z. B. die Sporthalle durch den Kindergarten
– gemeinsam Bewegungsanlässe erleben, wie Spiel- und Sportfeste, eine gemeinsame Sportstunde in Klasse 1, das Spielen mit den Hortkindern, gemeinsame Bewegungsprojekte
– Bildung von Arbeitsgruppen

Als Ergebnis sollten gemeinsame institutionsübergreifende Vorhaben stehen, die sich sowohl auf Bewegungsbedingungen als auch -verhalten richten, die neue soziale Kontakte ermöglichen und die Eltern mit einbeziehen. Mit dem von uns skizzierten Brückenschlag zur Bewegungsförderung ist durchaus die Hoffnung auf eine insgesamt verbesserte Zusammenarbeit im Sinne unserer Kinder verbunden.

INES EISENBARTH, VERENA POPP, SONJA QUANTE, INA THIEME,
SUSANNE WOLF, ULRIKE UNGERER-RÖHRICH

Eltern im Kindergarten –
Beispiele für ein bewegtes Miteinander

Eltern – Kinder – Pädagogische Fachkräfte: zusammen ins „KiTa-Boot"!

Eltern bringen ihre Kinder morgens in die KiTa, sie verabschieden sie und nun beginnt für die Kinder die gemeinsame Zeit mit den pädagogischen Fachkräften. Um die Mittagszeit essen sie das vielleicht von einer hauseigenen Köchin bereitete Essen, zwischendurch repariert der Hausmeister eine Leitung im Waschraum; am Ende des Tages sind noch ein paar Kinder da, während eine Reinigungskraft schon mit dem Saubermachen beginnt … Diese möglichen Alltagsszenen in einer KiTa zeigen: Im „System KiTa" treffen viele verschiedene Menschen aufeinander. Wie alle „sozialen Systeme" (Grau, Möller & Rohweder, 1990, S. 39) ist auch das „System KiTa" gekennzeichnet durch die Beziehungen zwischen seinen Mitgliedern: In der täglichen Arbeit in der KiTa geht es meist um die Beziehungen zwischen Eltern, pädagogischen Fachkräften und Kindern (vgl. Eisenbarth, Popp, Quante, Thieme, Biemann & Ungerer-Röhrich, 2006).

Wird innerhalb dieses sozialen Systems eine nachhaltige Veränderung angestrebt, wenn z. B. Bewegung noch stärker in den Mittelpunkt rücken soll, so ist dies nur möglich, wenn alle Beteiligten in diese Veränderungsprozesse eingebunden sind. Auch werden Veränderungen in der Regel nur dann wirksam sein, wenn die geplanten Maßnahmen zum momentanen „inneren Zustand des Systems" (Grau et al., 1990, S. 39) passen – und damit auch zu den Systemmitgliedern!

Das bedeutet für die pädagogischen Fachkräfte in der KiTa: Sie müssen alle (vorrangig) Beteiligten am „System KiTa" mit ins Boot holen: Kinder, Eltern sowie sich selbst und die Kollegen/-innen (Abb. 1).

Abb. 1: Eltern – Kinder – Pädagogische Fachkräfte: zusammen ins „KiTa-Boot"

„Die Eltern" gibt es nicht

Gerade die „Beziehungsbildung" zu den Eltern, das Erreichen einer echten „Erziehungspartnerschaft", stellt das pädagogische Fachpersonal in den Einrichtungen oft vor große Herausforderungen. Denn Eltern in KiTas sind keine einheitliche Gruppe von Menschen, sondern begegnen aufgrund ihrer individuellen Lebenssituationen den ErzieherInnen mit unterschiedlichsten Bedürfnissen und Vorstellungen. So haben es die pädagogischen Fachkräfte mit Ein-Kind- oder Mehr-Kind-Eltern, mit Eltern bildungsnaher und bildungsferner Schichten, mit Alleinerziehenden, mit arbeitslosen Vätern oder berufstätigen Müttern, etc. zu tun. Alle diese „Eltern" haben unterschiedliche Ideen, Vorstellungen und Vorlieben, aber auch unterschiedliche persönliche „Grenzen", warum und wie sie an der KiTa partizipieren wollen und können, oder dies eben auch nicht tun können und wollen.

Eltern-Partizipation hat viele Gesichter

Wird diese Heterogenität der Elternschaft anerkannt, so ist eine logische Konsequenz, dass eine Partizipation der Eltern in der KiTa auf unterschiedlichsten Wegen – je nach persönlichen Stärken – erfolgen kann.

Wichtig erscheint in diesem Zusammenhang, dass die pädagogischen Fachkräfte einer Einrichtung nicht nur den Kindern, sondern auch deren Eltern mit einer ressourcenorientierten Grundhaltung begegnen. Es darf nicht darum gehen, „Was mache ich als Elternteil falsch?", sondern „Wie kann ich meine persönlichen Stärken hier in die KiTa einbringen, wie werde ich hier mit allem, was mich ausmacht, angenommen und wertgeschätzt, um mich hier so wohl zu fühlen wie mein Kind?".

„Schatzsucher" sein – auch bei den Eltern

Im Blended-learning-Seminar „Schatzsuche im Kindergarten", entwickelt von einer Projektgruppe am Institut für Sportwissenschaft der Universität Bayreuth, wurden in besonderem Maße die Eltern in das Projekt mit eingebunden, um im Sinne des systemischen Ansatzes (s.o.) alle Beteiligten mit ins Boot zu holen, und so eine gesundheitsorientierte Grundhaltung mit viel Bewegung im Alltag langfristig in den KiTas und zu Hause herauszubilden und zu fördern (vgl. Ungerer-Röhrich, Eisenbarth, Thieme, Quante, Popp & Biemann, 2007).

Die Erfahrungen im Laufe des Projektes haben gezeigt, dass mit einer ressourcenorientierten Grundhaltung – mit einem so genannten „Schatzsuche-Blick" – sich das Klima und das Miteinander von pädagogischen Fachkräften und Eltern deutlich verbessern kann und die Bereitschaft der Eltern steigt, sich einzubringen. Dies zeigt sich in „Tür-und-Angel-Situationen", bei Elterngesprächen, bei Aktionen, wo Mithilfe gefragt ist, und auch bei Festen und Projekten.

„Schatzsucher" sein – Stärken der Eltern erkennen

„Um Veränderungsprozesse im Kindergarten anzustoßen, sollte man Vertrauen in die Kompetenz aller Beteiligten haben" (Ungerer-Röhrich et al., 2007, S. 28). Die Kompetenzen der Eltern erweisen sich oft für die tägliche Arbeit in der Einrichtung als nützlich und können so auch zu einer Entlastung der Erzieher/innen beitragen. Eltern sind in vielerlei Hinsicht „Experten", z. B. in bestimmten Freizeitaktivitäten (Angeln, Sport, Bewegung, Kochen …), aber auch in ihren Berufen (Bäcker, Schreiner, Sportler …) und dürfen Ihre Stärken und Erfahrungen gerne auch in der KiTa

Abb. 2: Kreislauf: Eltern stärken – Wertschätzung erfahren – Stärkung der Familie

zeigen, wie z. B. eine Biologin, die den Kindern „das Meer" erklärt. Durch das Einbringen der eigenen Stärken erfahren Eltern Wertschätzung, die wiederum zur Stärkung der eigenen Familie (Stolz bei den Kindern: „meine Mama / mein Papa kann etwas Besonderes") beitragen kann (Abb. 2).

„Schatzsucher" sein – wertschätzende Grundhaltung einnehmen

Im Bezug auf das tägliche Miteinander ist es wichtig, dass pädagogische Fachkräfte und Eltern eine gegenseitig wertschätzende Grundhaltung einnehmen (vgl. Laewen, Andres & Hedervari, 2006). Dazu gehört auch, sich nicht nur als „Experten" in den jeweiligen Berufen oder Hobbys gegenseitig wertzuschätzen, sondern auch die beidseitige Expertenschaft in Bezug auf das Kind anzuerkennen (vgl. Textor, 2009): So sind *Pädagogische Fachkräfte Experten der öffentlichen Erziehung sowie der Lebenssituation im Kindergarten* und *Eltern Experten der Lebenssituation der Familie sowie des häuslichen Aufwachsens der Kinder* (vgl. Klein, 1998). Eine Teilnehmerin der „Schatzsuche im Kindergarten" hat beschrieben, welch positive Erfahrungen sie selbst mit dieser Haltung gemacht hat:

„Auch bei den Eltern ist es mir wichtig, sie zu stärken. Meine Erfahrung ist, dass es durch diese Haltung eher selten „schwierige" Elterngespräche gibt."
(Zitat einer pädagogischen Fachkraft aus der „Schatzsuche im Kindergarten")

Praxisbeispiele aus der „Schatzsuche im Kindergarten"

Ausgewählte Praxisbeispiele sollen im Folgenden zeigen, wie es gelingen kann, Eltern eine ressourcenorientierte Grundhaltung nahe zu bringen, und „sie für einen bewegungsreichen und gesunden Lebensstil im Kindergarten und Familienalltag zu begeistern.

„Die Ressourcenhand"

Die Ressourcenhand (Abb. 3) lässt Eltern erkennen, welch vielfältige Stärken sie haben. Sie spüren, wie gut es tut, über die eigenen Stärken zu reflektieren (Idee: Ungerer-Röhrich u. a., 2006). Jeder Finger der Hand steht für eine Stärke (z. B. der Mittelfinger für die offensichtlichste Stärke; der kleine Finger für eine Stärke, die noch wachsen sollte, usw.). Die Eltern können nun überlegen, welche persönliche Stärke sich hinter dem entsprechenden Finger „verbirgt". In Bezug auf die Ressourcen, die Eltern in die KiTa einbringen könnten, haben wir die Ressourcenhand aus Erzieher/innen-Sicht im Workshop wie folgt eingesetzt.

1 *Elternstärke,* welche die päd. Fachkräfte „leicht" von den Eltern einfordern können.
2 *Elternstärke,* welche die Kinder in der KiTa besonders gern haben.
3 *Elternstärke,* welche die päd. Fachkräfte am besten unterstützt.
4 *Elternstärke,* die für die KiTa momentan am wertvollsten ist.
5 *Elternstärke,* die noch wachsen sollte.

Abb. 3: Ressourcenhand

„Bewegter Start in den Tag"

Bei der Aktion „Bewegter Start in den Tag" gestalten die Schatzsuche-KiTas einen Bewegungs-Parcours im Eingangsbereich, Eltern und Kinder sind dazu eingeladen beim morgendlichen Ankommen in der KiTa diesen Parcours zu bewältigen. Wir haben festgestellt, dass bei dieser Aktion den Eltern ihr eigenes Bewegungsverhalten und ihre Haltung hinsichtlich der Bewegungslust ihrer Kinder (passives oder aktives Miterleben) oft erst bewusst werden. Auch können sich in dieser ungewöhnlichen, lockeren und ungezwungenen (Bewegungs-)Situation Gespräche zu ganz anderen Themenbereichen entwickeln. Ganz nebenbei kann situationsbezogenes positives Feedback zu einzelnen Kindern gegeben werden („Da hat sich Ihr Sohn aber mächtig angestrengt."; „Schön, zu sehen, wie viel Spaß Sie zwei dabei haben."). Pädagogischen Fachkräften bietet sich die Gelegenheit, auf Eltern, die eher passiv das ganze Geschehen betrachten, mit einer wertschätzenden Grundhaltung und entsprechenden systemischen Fragestellungen zuzugehen:

Zum Beispiel:
– Was müsste passieren, damit Sie Lust bekommen, hier mitzumachen?
– Wie könnte Ihr Kind Sie einladen, diesen Parcours mitzumachen?
– Was würde Ihr Kind sagen, wenn Sie hier auch mitmachen würden?
(in Anlehnung an Kindl-Beilfuß, 2008)

„Bewegter Elternabend"

Ein „bewegter Elternabend" bietet ebenfalls sehr gute Möglichkeiten, Eltern begreifen und spüren zu lassen, was es für Kinder bedeutet, in einem ressourcenorientierten Umfeld ihre eigenen Stärken entwickeln zu können.

Hierzu haben wir ein „Haus des Fehlerfahnders" und ein „Haus des Schatzsuchers" eingerichtet. In jedem imaginären „Zimmer" dieses imaginären Hauses können die Eltern nun kleine Bewegungsaufgaben erfüllen. So findet sich im „Haus des Fehlerfahnders" z. B. folgende Anweisung: *„Balancieren Sie mit einem Fernglas, das Sie verkehrt herum halten, über eine Langbank."* Diese Aufgabe „verengt" den Blick, im wahrsten Sinne des Wortes, und macht deutlich, wie „einengend" eine Sichtweise sein kann, bei der es (nur) darum geht, was ein Kind noch nicht kann.

Im „Haus des Schatzsuchers" hingegen, finden Eltern Bewegungsanweisungen, die den Fokus z. B. auf Kooperation, Wettbewerbsfreiheit, Kreativität, Selbsttätigkeit, Mitgestaltung, uvm. legen. Zwei kleine Beispiele:

- *„Machen Sie aus Ihrem Partner ein Model für den Laufsteg mit Zeitungen, Klammern, Klebeband, … Ihrer Fantasie sind keine Grenzen gesetzt."*
- *„Halten Sie zu zweit ein Handtuch gespannt, versuchen Sie Bierdeckel hochzuwerfen und wieder mit dem Handtuch aufzufangen."*

Um die eigenen Ressourcen zu stärken, bietet es sich im Rahmen eines bewegten Elternabends auch an, den Eltern „Zeit zum Auftanken" zu geben. Auch Erwachsene freuen sich über eine Igelballmassage, ein „Massagefließband" oder eine kleine Phantasiereise!

KLAUS BALSTER

Welche Kompetenzen brauchen Kinder und Erziehende, damit eine „Individuelle Förderung" überhaupt gelingen kann?

Mein Blick auf die „Individuelle Förderung"

Zurzeit erlebt die „Individuelle Förderung" eine vorrangige Beachtung in der Bildungslandschaft. Die meisten Publikationen und administrativen Vorgaben der Landesministerien entfalten das Thema dahingehend, dass im Mittelpunkt Förderkonzepte, also Maßnahmen der inneren und äußeren Differenzierung sowie zusätzliche Förderangebote für Mädchen und Jungen stehen.

Der in diesem Artikel angelegte Blick richtet sich nicht direkt auf den Weg „Individuelle Förderung", sondern fragt danach, welche Kompetenzen Kinder haben müssen, damit sie den Weg finden und gehen können und über welche Kompetenzen Erziehende verfügen müssen, damit sie Kindern entwicklungsunterstützende Wegweiser bieten können.

Was will die „Individuelle Förderung"?

Durch „Individuelle Förderung" soll erreicht werden, dass ein Kind selbstbestimmt und selbsttätig handeln und Lebensanforderungen bewältigen kann

Warum ist die „Individuelle Förderung" notwendig?

Jedes Kind kann nur für sich selbst Potenziale entfalten, erzieherische Werte annehmen und Kompetenzen erwerben. Nur was es gelernt hat und was es selbst will, wird in seinem Leben an Bedeutung gewinnen.

Ein Kind muss selbst Wege – seine Wege – gehen. Erziehende können aber mithelfen, diese Wege anzulegen und Kinder zu begleiten, sie zu unterstützen. Sie können helfen, dass sich Kinder selbst entdecken.

Welche Kompetenzen braucht ein Kind, damit eine „Individuelle Förderung" gelingt?

Damit ein Kind die Chancen und Möglichkeiten einer „Individuellen Förderung" nutzen kann, braucht es Kompetenzen.

Gemeint sind Ich-Kompetenzen (K für Kind: K1–K4), Sach-Kompetenzen (K5–K8) und Sozial-Kompetenzen (K9).

Vorrangig zählen dazu:

K1   Ein Kind braucht Kompetenzen, um seine Potenziale zu entwickeln und mit seinen Schwächen umzugehen; z. B. Bewegungstagebuch führen oder Experimentierlandschaften einrichten.

K2   Ein Kind braucht Kompetenzen, um sich selbst zu managen; z. B. Selbst- und Mitgestaltungsparcours nutzen, Selbstinstruktionen vornehmen und Reflexionsgespräche führen.

K3   Ein Kind braucht Kompetenzen, um Einsichten zu gewinnen und sich angemessen anzustrengen; z. B. einen Frageplan anwenden, mitgestalten wollen oder eine Strategie beherrschen.

K4   Ein Kind braucht Kompetenzen, um sich den Lernstoff selbstständig anzueignen; z. B. Muster erkennen, Ruheoasen einrichten oder eine Lernstrategie haben.

K5   Ein Kind braucht Kompetenzen, um eigenverantwortlich zu handeln und Entwicklungsaufgaben zu bewältigen; z. B. Körperbewusstsein aneignen und individuelle Merkmale erkennen.

K6   Ein Kind braucht Kompetenzen, um Gelerntes auf andere Situationen zu übertragen; z. B. übertragbare Inhalte an anderen Orten probieren.

K7   Ein Kind braucht Kompetenzen, um einen gebotenen lernförderlichen Gestaltungsrahmen nutzen zu können; z. B. Mitgestalten können und Beziehungsbereitschaft haben.

K8   Ein Kind braucht Kompetenzen, um verschiedene Bewegungsorte und -gelegenheiten zu nutzen; z. B. Räume gestalten oder Räume aufsuchen.

K9   Ein Kind braucht Kompetenzen, um sozial zu handeln; z. B. mitbestimmen, selbst reflektieren können und Rollen übernehmen.

Erziehende sollten alle Kompetenzen berücksichtigen. Wie intensiv und in welcher Form sie die Kompetenzen berücksichtigen, sollten sie abhängig von der jeweiligen Situation entscheiden.

Welche Kompetenzen braucht ein Erziehender, damit eine „Individuelle Förderung" gelingt?

Erziehende bieten Voraussetzungen an, damit ein Kind die „Individuelle Förderung" nutzen kann. Ein Erziehender kann nur ein guter Entwicklungsbegleiter für seine Kinder sein, wenn er über grundlegende Kompetenzen verfügt.

Gemeint sind Personenbezogene Kompetenzen (E/Ü= Erziehende E1 + E2) und Fachbezogene Kompetenzen (E3 – E6)

Vorrangig zählen dazu:

E1 Ein Erziehender braucht Kompetenzen, um ein ganzheitliches Erziehungs- und Bildungsverständnis umzusetzen; z. B. ein eigenes Bildungsverständnis und -profil haben.

E2 Ein Erziehender braucht personale Kompetenzen; z. B. Wissen, Können, Wollen, Sollen fordern und Vollbringen realisieren.

E3 Ein Erziehender braucht diagnostische Kompetenzen; z. B. diagnostische Kompetenzen und (eigene) Instrumente handhaben.

E4 Ein Erziehender braucht inhaltliche, methodische, didaktische und organisatorische Kompetenzen; z. B. Differenzierungsmöglichkeiten kennen, Förderarrangements planen.

E5 Ein Erziehender braucht lernpsychologische Kompetenzen; z. B. Strategien, Methoden und Lernprozesse unterstützen und Lernräume gestalten.

E6 Ein Erziehender braucht Kompetenzen für den Umgang mit Problemsituationen und Verhaltensauffälligkeiten; z. B. mit Problemsituationen umgehen, Konflikt-Gespräche führen.

Wann ist eine „Individuelle Förderung" überhaupt leistbar?

Eine realistische Einschätzung dessen, was durch eine „Individuelle Förderung" machbar ist, hilft dabei, Gestaltungsmöglichkeiten zu sehen, zu verändern und Neues auszuprobieren, aber auch um Grenzen zu erkennen. Die Vorstellungen über die Möglichkeiten und Grenzen einer „Individuellen Förderung" sind von Lehrkraft zu Lehrkraft verschieden.

Häufig genannte Aspekte, von denen eine „Individuelle Förderung" abhängt, sind:

- ein von Lehrkräften organisiertes und umsetzbares Förderkonzept
- Gruppengröße, die eine individuelle Entwicklungsförderung zulässt
- Zunahme verfügbarer Kompetenzen bei Lehrkräften und Schülern
- ausreichender Zeitumfang für einen einzelnen Schüler
- Gewissheit, dass es kein allgemein gültiges Rezept für eine „Individuelle Förderung" gibt
- Möglichkeit, einen Schüler auch über den Schulrahmen hinaus in seinem Lebensumfeld zu unterstützen
- Bereitstellung einer angemessenen Lernumgebung mit tolerantem Lernklima
- Entscheidung, nicht zu viele Förderziele in einer Bewegungszeit anzustreben
- umfängliches Netzwerk, in das auch Eltern und andere Spezialisten eingebunden sind
- Nutzung verschiedener Lern-Orte
- effektive Ausnutzung der Lernzeiten und aller möglichen methodischen Unterstützungen

- stabiles, positives Schulklima und gute Kooperation aller Beteiligten
- Sicherung der Qualitätssäulen: qualifiziertes Personal, Teamarbeit, optimal ge-staltete Räume und ein durchdachtes pädagogisches Konzept
- Qualität der Beziehung und Beratung

Auf weitere Fragen bietet Balster (2008) detaillierte Antworten:
- Wie gelingt eine praktische Förderung und deren Organisation?
- Welche Instrumente sollte eine Entwicklungsmappe beinhalten?
- Wie sehen konkrete Förderbeispiele für Schüler zu den o.g. Kompetenzen aus?
- Welche fachbezogenen und personenbezogenen Kenntnisse brauchen Lehrkräfte
- für eine gelingende Arbeit?
- Wie hilft ein Bewegungstagebuch?

V

Erkennen
und Fördern

HELMUT KÖCKENBERGER

Gestärkt lernt es sich leichter – Ressourcenorientierung in Diagnostik (RODI) und psychomotorischer Entwicklungsbegleitung (ROPE)

Kommt Ihnen folgendes bekannt vor?

Sie haben einer Kollegin ein Problem von sich geschildert und sie um ihre Meinung gebeten. Und Sie hören dann wohlmeinende Sätze wie: *„Das ist ja katastrophal! Da hast du wieder etwas falsch gemacht! Wie konntest du nur? Ich hätte aber anders gehandelt! Warum hast du nicht besonnen reagiert? Das ist doch ganz einfach zu lösen. Das kann doch jede. Das nächste Mal kannst du es besser machen, wenn du nur ...“* Und Sie wundern sich, dass Sie kraftlos und deprimiert aus dem Gespräch gehen. Sie denken sich, dieser Kollegin erzähle ich so etwas Besonderes nicht mehr, sie kann mir doch nicht helfen, sie versteht mich gar nicht. Sie selbst sind durch das Gespräch keinen Schritt weiter gekommen, Ihr Problem zu lösen. Wahrscheinlich reagieren Sie manchmal auf diese oben geschilderte Weise, obwohl Sie ein gut ausgebildetes Selbstwertgefühl besitzen und das Problem, mit Abstand betrachtet, eigentlich nicht sehr schwerwiegend erscheint. Wie müssen dann erst diejenigen Mitmenschen auf solche Behandlung reagieren, die bisher kein sehr positives Selbstkonzept entwickeln konnten? Mit Sicherheit „fallen" die sogenannten „auffälligen" Kinder darunter, die seit Jahren ständig solche negativen Formulierungen und Vergleiche zu hören oder zu spüren bekommen. Keine sehr geeignete Basis für Veränderungen.

Ressourcenorientierung

Um Missverständnissen vorzubeugen, „Stärken" heißt nicht, alle Verhaltensweisen für gut und positiv zu erachten, Schwierigkeiten zu verniedlichen oder die eigene Beteiligung an einem Problem zu übersehen. Ressourcenorientierung will die kindlichen Ressourcen aufdecken, damit das Kind sich einerseits akzeptiert, voll-wertig und wohl fühlt und andererseits in der Lage sieht, eigene Lösungen für Probleme finden zu können. Beides sind Resultate des Stärkens und Grundbedingungen jeglicher Entwicklungsmotivation. Dazu braucht es allerdings einen Perspektivenwechsel, denn wir haben bisher gelernt, eher zu kritisieren, auch uns selbst: Glück entsteht nicht in der Beachtung deines Mangels, sondern deines Reichtums.

Die ressourcenorientierte Sichtweise ist keine brandneue Erfindung. In verschiedenen Therapieformen der humanistischen Psychotherapie (vgl. u. a. Axline, 1972; Erickson, 1985; Rogers, 1993; Watzlawick, Weakland & Fisch, 1974) genauso wie in den Modellen von Salutogenese (vgl. Antonovsky, 1997) und Resilienz (vgl. Welter-Enderlin, 2006) beruhen schon seit Jahrzehnten die Interventionen hauptsächlich auf dem Stärken der eigenen Ressourcen. Die neuere Neurobiologieforschung (vgl. u. a. Bauer, 2006b; Spitzer, 2002) betont die Bedeutung für die kindlichen Lernprozesse durch Eigenmotivation, Selbstwirksamkeit, Bindung und Kontaktangebote. Selbst die bisherige defizitorientierte internationale Klassifikation von Krankheiten (vgl. ICD-10, World Health Organization, 2007) wurde durch die internationale Klassifikation von Funktionsfähigkeit, Behinderung und Gesundheit (ICF, World Health Organization, 2001, in deutscher Sprache seit 2005) um die Bereiche Körperfunktionen, Aktivitäten und Partizipation, umweltbezogene und personbezogene Kontextfaktoren erweitert.

Jeder Mensch, auch das „auffälligste" Kind, besitzt ein großes Potenzial an Ressourcen.

Allgemein werden Ressourcen als Güter und Werte, Kraft- und Energiequellen, Lösungswege und Lösungskompetenzen definiert, die Unternehmen, Arbeitsgruppen und einzelne Personen zur Handlung befähigen, Probleme selbst zu lösen.

Unter Ressourcen können in der Pädagogik mehrere Aspekte verstanden werden:

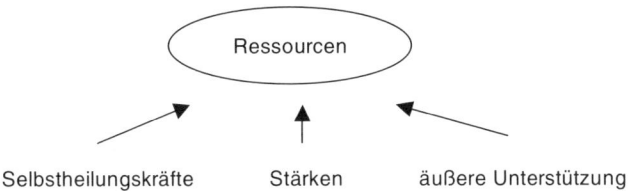

Als Ressourcen gelten neben den Fähigkeiten und Stärken die in jedem Menschen enthaltenen Selbstheilungskräfte, Lösungswege und Schutzfaktoren bzw. Widerstandskräfte in belastenden Situationen. Darunter zählt auch die Fähigkeit, „Störungen" als Signal für gestörte Situationen hervorzurufen. Alle diese Ressourcen beschreiben die individuelle Kompetenz des Menschen, selbstständig
• nach Gesundheit und Entwicklung zu streben und sich heilen zu können,
• Lösungen und Wege aus Problemen zu finden und
• an Problemen zu wachsen, indem diese selbst gelöst und verarbeitet werden.
Diese eigenen Lösungsmethoden benötigen allerdings Raum, Förderung, Anregung und Kreativität, um vom Kind zukünftig erkannt und wirksam zu werden. Sie sind wesentlich effektiver als von außen erteilte Ratschläge oder vorgegebene pauschale „unpassende" Problemlösungen. „Jedes Kind ist einzigartig und trägt alle Ressourcen zu seiner Veränderung in sich selbst" (vgl. Erickson, 1985). Jede Veränderung kann nach Auffassung Rogers nur durch das Individuum erfolgen. Jedes Individuum ist fähig, seine Konflikte selbst zu lösen. Die Kinder sind die kompetenten Helfer für sich selbst. Die Erwachsene bietet die Struktur, den Raum und sich selbst als Dialogpartnerin, um diese Selbstheilungskräfte in Erscheinung treten zu lassen.

Genauso können Ressourcen außerhalb des Kindes liegen. Sie werden als Unterstützung, als stärkende Bedingungen, Rückhalt, Kraftquelle, positiver Beziehungseinfluss oder als soziale Stützsysteme für das Kind beschrieben. Das Kind kann von sich aus, intuitiv oder bewusst, diese Unterstützung zur „Selbstheilung" suchen, entwickeln und benutzen. Die Beteiligten der kindlichen Systeme genauso wie Fachleute von außen können Hilfestellung anbieten. So können mögliche Lösungen gemeinsam gefunden werden.

Die Wirksamkeit dieser Ressourcen wird unterstützt durch bedingungslose Akzeptanz des Kindes, durch kindlichen Erfolg bei körperlichen Leistungen und Problemlösungen, durch gelungene Beziehungserlebnisse, durch Kompetenzerfahrungen und durch ein positives Selbstkonzept.

Ressourcenorientierte Diagnostik (RODI, Köckenberger 2007)

Die meisten bisherigen Diagnostikverfahren beruhen immer noch auf einer überwiegend defizitorientierten Sichtweise. Auffällige Symptome, anscheinende Schwächen und angeblich störende, evtl. sogar krankhafte Verhaltensweisen sollen beobachtet, analysiert und betont werden, um nach der Beurteilung diese Schwierigkeiten durch entsprechende Förderung beheben zu können.

In der psychomotorischen Förderung wird dagegen schon seit Jahren deutlicher auf die Stärken und Bedürfnisse des Kindes eingegangen und die frühere erwachsenenzentrierte Förderung in eine kindzentrierte Entwicklungsbegleitung gewandelt. In einem sogenannten offenen Dialog befindet sich die Erwachsene auf möglichst gleicher Ebene mit dem Kind. Auffälligkeiten werden kommunikationstheoretisch als „gemeinsame Störung" betrachtet und als bedeutsamer Ausdruck sinnvoller Handlungsbedürfnisse verstanden. Das Kind hat ein Recht auf Verständnis seiner Situation. Genauso dürfen auch die Beteiligten und das kindliche Umfeld sich verändern und weiterentwickeln.

Will man stärkenorientiert beginnen, aus dem Teufelskreis, in dem sich viele sogenannte „auffällige" oder beeinträchtigte Kinder samt aller Beteiligten befinden, auszusteigen, benötigt man nicht den diagnostischen Schwerpunkt der kindlichen „Schwachstellen". Es ist hilfreich, die ressourcenorientierte Sichtweise auch in einer Diagnostik zu berücksichtigen und vermehrt die Stärken, die „unauffälligen" und kompetenten Seiten, die erfolgreichen Strategien und hilfreichen Lernsituationen des Kindes zu betrachten. Für diesen Paradigmenwechsel der Diagnostik können mehrere unterschiedliche Beobachtungsperspektiven eingenommen werden:
• Die Stärken, Fähigkeiten und Bedürfnisse des Kindes
• Die Bedingungen der erfolgreichen Situationen
• Die Bedingungen der problematischen Situationen
• Die Erwartungen und Bedürfnisse der anderen Beteiligten
• Die Bedeutung kindlichen Verhaltens
• Die momentanen kindlichen Lern- und Entwicklungsthemen
• Die kindliche Selbsteinschätzung
• Die wichtigen individuellen Besonderheiten im kindlichen Leben
Sie eignet sich in folgenden Bereichen eingesetzt zu werden:
• Als alleiniges Diagnostikverfahren in einer ressourcenorientierten psychomotorischen Entwicklungsbegleitung, in der auf das Erforschen der Schwächen des Kindes verzichtet werden kann, da das Hauptmerk der Entwicklungsbegleitung auf den Ressourcen und Stärken des Kindes liegt.

- Als unterstützendes Diagnostikverfahren in allen anderen Förder- und Therapiegruppen, um den defizitorientierten Blickwinkel durch das Wissen um die Stärken und Ressourcen des Kindes zu erweitern. So können bisherige defizitorientierte Diagnostikverfahren durch RODI ergänzt werden.
- Als Diagnostikverfahren im Kindergarten, Sportverein und Schulbereich, um besonders förderliche und geeignete Lernsituationen für besondere Kinder zu finden und einzurichten.
- Als strukturierte Methode, um ein „auffälliges" Kind besser verstehen sowie „Störungen" für das Kind und die Beteiligten vermeiden zu können.
- Als Grundlage für ressourcenorientierte Beratungsgespräche mit Kolleginnen und Eltern, genauso wie für Supervisions- und Teamsitzungen.

Für die Hungrigen ist es keine Frage, ob es nützlicher ist,
die Löcher oder den Käse zu erforschen.

Ressourcenorientierte psychomotorische Entwicklungsbegleitung (ROPE)

Die ressourcenorientierte Psychomotorik stellt ein Verstehen und Stärken der Kinder in den Mittelpunkt einer Entwicklungsbegleitung – im Vertrauen auf die kindlichen Lösungswege sowie Kraftquellen in seiner Umgebung. Sie will dem Kind seine Ressourcen und Stärken deutlich machen. Dies kann innerhalb der Psychomotorik auf vielfältige Weise geschehen.

Entwicklungsbegleitung will die Entwicklung des Kindes in seiner individuellen Weise, mit seinen Bedürfnissen und Vorstellungen begleiten. Die Begleiterin ist bemüht, das Kind nur soviel zu unterstützen, wie es notwendig erscheint, und Hilfestellung zu verwehren, wenn sie nicht erforderlich ist. Die Verantwortung für den Weg und das Ziel bleibt bei dem Kind. Voraussetzung ist das Vertrauen in die eigenständige Entwicklungsmöglichkeit des Kindes bei geeigneten sinn- und reizvollen Angeboten (materiell, sozial, sensomotorisch, emotional, kognitiv). Das Kind kann selbständig auswählen und gestalten und am besten über den offenen Dialog mit der Begleiterin in Beziehung treten. Die Entwicklungsbegleiterin will das Kind für eine Zeit lang auf seinem Entwicklungsweg als gleichberechtigte Partnerin begleiten, auch, falls erwünscht, durch Fragestellungen und Reflexionen. Sie ist keine „alles besser wissende" Spezialistin, die Ratschläge und Motivation verkaufen will. Dies setzt zunächst voraus, von Förderabsichten loszulassen und die momentane Situation des Kindes verstehen zu wollen, um sensible Entwicklungsthemen unterstützen zu können. Die Entwicklungsbegleitung will Rahmenbedingungen schaffen, die eine kindliche Selbstentwicklung ermöglichen.

Folgende Ansatzpunkte, die sich auch ergänzen und gegenseitig bedingen, sind dazu geeignet (vgl. Köckenberger, 2007):

- Stärkenorientierung: Werden die Stärken, Fähigkeiten und Qualitäten des Kindes erkannt, bestärkt und weiter entwickelt, können dadurch Erfolgserlebnisse, eine veränderte Sichtweise und Raum für positive Beziehungsgestaltung geschaffen werden.
- Bedürfnisorientierung: Respekt für die kindlichen Bedürfnisse ermöglicht kindliche Motivation und bedeutsame Lern- und Spielsituationen.

- Selbstständigkeit: Raum für Selbständigkeit vermittelt Eigenverantwortung, Kompetenz, Selbstwirksamkeitsgefühl und eröffnet eigene Lern- und Lösungswege.
- Positives Selbstkonzept: Ein gestärktes positives Selbstkonzept verhilft zu persönlichen Erfolgen, besseren Entwicklungschancen, einfacheren Problemlösungen und größerer Lebensfreude.
- Unterstützende Bedingungen: Die individuell hilfreichen Faktoren der unauffälligen und erfolgreichen Situationen können vermehrt verwendet und auf andere Situationen übertragen werden. Die individuell erschwerenden Faktoren der auffälligen und schwierigen Situationen können, wenn möglich, vermieden oder verändert werden. In unvermeidlichen Situationen kann dem Kind gezielt Unterstützung gewährt werden.
- Bedeutung kindlichen Verhaltens: Das Wissen um die Hintergründe und Bedeutungen kindlichen Verhaltens bahnt ein Verstehen seiner Handlungen, ein besseres Verständnis für kindliche Themen an. Dies kann im direkten erlebten Dialog mit dem Kind, über Beobachtung des freien kindlichen Spiels oder durch Information über die anamnestischen Besonderheiten (der kindlichen Lebensgeschichte) erfahren werden. Dadurch kann ein geeigneter Rahmen für die kindlichen bewussten und unbewussten Inszenierungen angeboten werden.
- Präsenz: Reizvolles Material, ausgelassenes Bewegungsspiel, Humor und Aufmerksamkeit unterstützen das Kind unverfänglich den gelebten Augenblick zu genießen, selbst geschaffene Situationen intensiv zu erleben und an eigene Ressourcen zu gelangen.
- Kindliche Erwartungen und Ziele: Eine Wertschätzung der kindlichen Ziele und Problemlösungen setzt die kindliche Kompetenz und Eigenverantwortung ein und ermöglicht eine kindzentrierte Methodik. Die notwendige Distanz von den Erwartungen der Erwachsenen stärkt das kindliche Selbstvertrauen.

Dazu bieten sich in einer psychomotorischen Erlebniswelt in Förderung und Therapie genauso wie innerhalb der Bewegungserziehung in Kindergarten und Schule eine Reihe von Bewegungssituationen an.

Gemeinsames Erleben stärkt

Ein Bestärken der Stärken kann während des gemeinsamen Erlebens geschehen. Das gemeinsame Erleben von positiv besetzten und erfolgreichen Bewegungsspielen bestärkt auch die Beziehung zwischen Kind und Erwachsenen bzw. zwischen Kindern.

Sarah knotet das Seil an die obere Sprosse der Sprossenwand. Sie lädt mich ein, mit ihr am Seil den Berg zu besteigen. Ich stöhne, weil ich Angst habe, es nicht zu schaffen. Sie macht mir vor, wie es gelingen kann. Ich lasse mich auf halbem Weg fallen. Wir lachen beide. Sie macht mir Mut. Wir versuchen es gemeinsam noch einmal. Dabei schiebt sie mich am Rücken hoch. Sie rutscht aus und ich kann sie am Arm festhalten. Wir landen beide wieder auf dem Boden. Schließlich schaffen wir es den Berggipfel zu bezwingen. Wir genießen die Aussicht über die gesamte Turnhalle.
Das reicht. Es ist viel. Es ist bedeutend. Es ist Nähe. Ruhe.

Bedürfnisse im Rollenspiel entdecken

Rollenspiele mit selbstgewählten Rollen unterstützen das Entdecken der Bedürfnisse.

Sarah spielt mit Sebastian im Hängemattenland. „Komm, lass uns Piraten spielen. Wir fahren in einem Boot (Hängematte) auf das stürmische Meer." – „Ich würde aus dem Boot ins Meer (Weichbodenmatte) fallen und beinahe ertrinken. Und du würdest mich dann in letzter Minute knapp retten." – „Dann wärst du mein Freund und wir würden ein anderes Boot entern." – „Und dann würde ich in dem Boot Schätze finden."

Selbstverantwortung

Nur durch Eigenerfahrung kann das Kind schrittweise lernen, Gefahren selbst einzuschätzen.

Jessica schichtet einige Schaumstoffbausteine zu einer niedrigen Mauer aufeinander. Sie versucht, darauf zu balancieren. Die Mauer wackelt. Sie fragt mich, ob die Mauer stehen bleibt. Ich zucke mit den Schultern. „Ich weiß es nicht. Ich habe das noch nie ausprobiert." Sie entschließt sich, die Mauer breiter zu bauen. Als sie behutsam wieder die Mauer erklimmt, fällt sie beinahe hinunter. Sie verlangt nach einem Seil, das sie als Handlauf über ihrer Mauer befestigt.

Es ist nicht nur für das Kind sinnvoll, in seinen Stärken und Ressourcen gesehen und gefördert zu werden. Auch wir Erwachsenen erfahren dadurch eine Entlastung problematischer Situationen und Störungen und werden durch die veränderten positiven Sichtweisen und gemeinsamen Erlebnisse mit dem Kind bereichert. Eben:

Käse schmeckt nicht nur besser –
er ist auch nahrhafter als seine Löcher.

GERD THIENES

Interindividuelle Variabilität koordinativer Fähigkeiten in der motorischen Entwicklung von Grundschulkindern

Bei der Diskussion um Veränderungen der Bewegungswelt heutiger Heranwachsender werden zumeist schnell die Beobachtung nachlassender Leistungsvoraussetzungen und zunehmenden Bewegungsmangels als bestätigte Tatsachen vorausgesetzt. Obwohl Krisenszenarien und Katastrophenmeldungen ein höheres Maß – auch medialer – Aufmerksamkeit erwarten lassen, mangelt es nicht an differenzierten sportwissenschaftlichen Stellungnahmen, die einen generellen, alle Bereiche der Motorik umgreifenden und bedrohliche Ausmaße annehmenden Verfall motorischer Qualifikationen unserer Kinder und Jugendlichen zumindest kritisch hinterfragen (Thiele, 1999; Kretschmer, 2006). Für die Bewegungskoordination zeigen die wenigen einschlägigen Befunde kein einheitliches Bild. Während eine generalisierbare Verschlechterung der Koordination heutiger Kinder nicht nachgewiesen ist, deuten einige Befunde zugleich auf einen wachsenden Anteil von Kindern mit Koordinationsschwächen unterschiedlichen Ausmaßes hin (Dordel, 2000; Raczek, 2002). Eine im Mittel unveränderte Koordinationsleistung bei gleichzeitig sowohl höherem Anteil koordinationsschwacher Kinder als auch steigendem Niveau im Nachwuchsleistungssport und unvermindert hohem Organisationsgrad von Kindern in Sportvereinen, deutet auf einen „Schereneffekt" zwischen Kindern verminderter und solchen mit überdurchschnittlichen Motorikleistungen hin (auch Opper, Worth, Wagner & Bös, 2007). In Ergänzung quantitativer – v. a. am mittleren Leistungsniveau orientierter – Betrachtungen können qualitative Analysen vorschnelle Pauschalurteile vermeiden und differenziertere Einschätzungen ermöglichen. Für die motorische Entwicklung, insbesondere im Kleinkindalter, wird seit längerem darauf hingewiesen, dass interindividuelle ebenso wie intraindividuelle Variation als „Normalität" aufzufassen ist (Michaelis, Erlewein & Michaelis, 1996; Touwen, 1993; 1984). Nachfolgend werden das Ausmaß sowie altersbezogene Veränderungen interindividueller Variabilität der Bewegungskoordination von Grundschulkindern dargestellt.

Exemplarische Befunde

Variabilität kann sich im Bereich sportlicher Bewegungstätigkeit auf Trainings- und Lernprozesse („Übungsvariabilität"), die mehrfache Ausführung motorischer Abläufe („Bewegungsvariabilität") sowie das Resultat motorischer Handlungen („Leistungsvariabilität") beziehen. Maße für die Variabilität motorischer Leistungen sind die *Variationsbreite* als absolute Differenz von minimaler und maximaler Merkmalsausprägung, die Streuung als Merkmalsverteilung um den mittleren Wert oder der *Variationskoeffizient* (VK = SA / MW x 100), der den prozentualen Anteil der Standardabweichung (SA) am Mittelwert (MW) einer Verteilung angibt. Einem Strukturmodell von Roth (1982) folgend, lassen sich zwei Aspekte der Bewegungskoordination empirisch voneinander abgrenzen, die *„präzise motorische Steuerung"* (Koordination bei Genauigkeitsanforderungen) und die *„Koordination unter Zeitdruck"* (rasche Bewältigung von Koordinationsanforderungen). Im vorliegenden Beitrag wird die Variabilität der Bewegungskoordination für diese beiden Dimensionen im Zeitverlauf betrachtet.

Die Koordination unter Zeitdruck wird an Hand der Entwicklung bei Grundschulkindern im Projekt „Tägliche Sportstunde an Grundschulen in NRW" (Thiele, 2007) dargestellt. Zu drei Zeitpunkten, Mitte des ersten, zu Beginn des dritten und Mitte des vierten Schuljahres wurde die Koordinationsleistung in zwei Testaufgaben (Ringführen durch Slalomparcours und Hüpfen mit Richtungs- und Beinwechsel) geprüft. Die Kinder waren zu den drei Erhebungszeitpunkten durchschnittlich 6,6 (SA 0,58), 8,3 (0,47) und 9,6 (0,70) Jahre alt. Vor der Berechnung der Variationskoeffizienten (VK), wurde die Summe aus den Zeiten beider Testaufgaben gebildet. In der Gruppe von 325 Kindern (166 Mädchen und 159 Jungen) ist ein individuell sehr breites Aktivitätsspektrum abgebildet (ausschließlich regulärer Sportunterricht bis hin zu täglicher Sportstunde und zusätzlicher Vereinsaktivität).

Ebenfalls mit drei Messzeitpunkten (im Weiteren: MZP) wurde der Verlauf koordinativer Variabilität bei Präzisionsleistungen über einen Zeitraum von 8 Monaten bestimmt. Die insgesamt 47 Kinder waren zum ersten Testzeitpunkt durchschnittlich 6,4 (1,08) Jahre alt. Die Koordination wurde nach Intervallen von 5 Monaten (MZP 2) und weiteren 3 Monaten (MZP 3) erneut überprüft. In den Aufgaben „rhythmisches Hüpfen", „Zielwerfen" sowie „Springen in den Stand" rechts und links, waren maximal 20 Punkte (0 bis 5 je Aufgabe) zu erreichen. Von den 47 Kindern waren zum Zeitpunkt der Tests 22 regelmäßig in einem Vereinstraining (Turnen oder Judo) aktiv. Die anderen Kinder nahmen an keinen zusätzlichen außerschulischen Sportaktivitäten teil.

Tab. 1: Koordinationsleistungen von Grundschulkindern (MW; SA)

	Testzeitpunkt 1	**Testzeitpunkt 2**	**Testzeitpunkt 3**
Koordination unter Zeitdruck (n = 325)	25,53 (4,26) Sek.	21,04 (2,74) Sek.	18,80 (2,06) Sek.
Koordination bei Präzisionsanforderungen (n = 47)	11,7 (3,39) Punkte	12,8 (3,01) Punkte	13,7 (2,68) Punkte

Die Koordinationsleistungen zeigen die für diesen Altersbereich typische deutliche Zunahme (Tab. 1). Ein gleichzeitiger Rückgang der Streuung (SA) führt zu den in Abbildung 1 und 2 dargestellten Verringerungen interindividueller Unterschiede sowohl in der längerfristigen (über 3 Jahre) als auch in der mittelfristigen (8 Monate) Betrachtung. Für Jungen und Mädchen resultieren keine differentiellen Entwicklungsverläufe der Variabilität bei konsistent geringfügig niedrigerer Leistungsvariabilität der Mädchen (außer Präzision zu MZP 1).

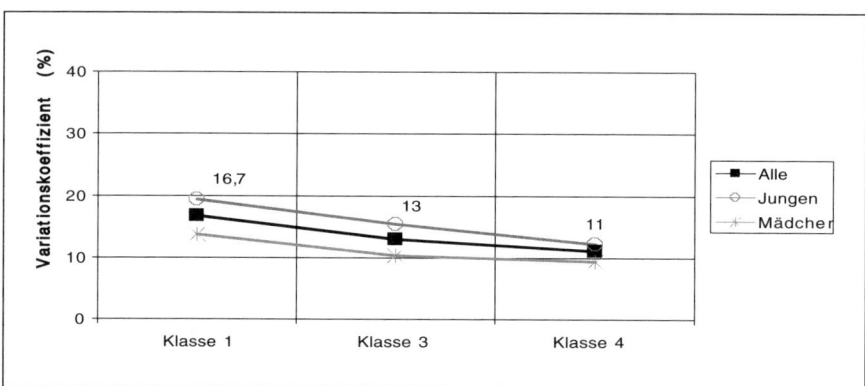

Abb. 1:   Variabilität (VK in %) der Koordination unter Zeitdruck im Längsschnitt

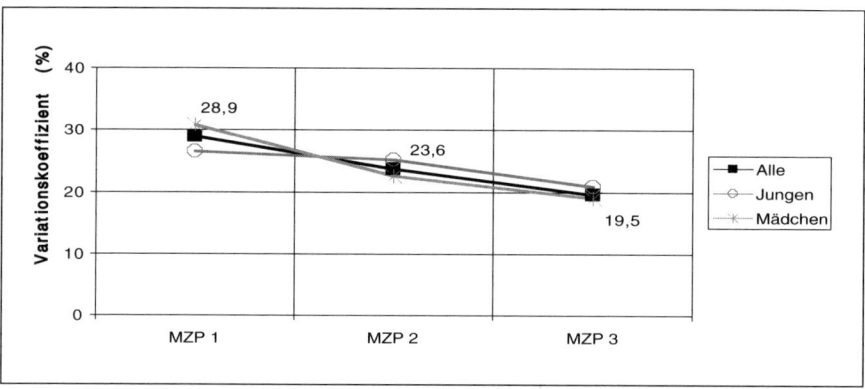

Abb. 2: Variabilität (VK in %) der Koordination bei Präzisionsaufgaben im Zeitverlauf

Diskussion und Perspektive

Die exemplarischen Befunde geben keinen Hinweis auf eine Zunahme interindividueller Differenzen in den Koordinationsleistungen von Grundschulkindern im Zeitverlauf. Unterschiede zwischen Kindern mit anfänglich hohem und denen mit zunächst niedriger ausgeprägtem Fähigkeitsniveau werden im Zeitverlauf geringer. Hierfür können unterschiedliche Faktoren verantwortlich sein. In beiden Untersuchungen handelte es sich nicht um Interventionsstudien, d. h., es fand keine kontrollierte Schulung der Bewegungskoordination statt. Die zum ersten Erhebungszeitpunkt koordinationsschwächeren Kinder sind nicht zugleich diejenigen, die weniger Bewegungsangebote wahrnehmen. Eine Förderung motorischer Fähigkeiten ist gerade bei geringem Ausgangsniveau sehr effektiv, wodurch regelmäßige Übungsmöglichkeiten tendenziell variationsmindernd wirken (Thienes, 2008, S. 142 ff.). Daneben können methodische Aspekte das Ergebnis in Teilen bedingen. Durch „Regression zur Mitte" bei wiederholten Messungen kommt es – auch in Abhängigkeit vom Testverfahren – zu statistischen Einschränkungen der Variation. Der fehlende Nachweis deutlicher ebenso wie im Zeitverlauf zunehmender Variabilität der Bewegungskoordination, ist demnach kein hinreichendes Indiz für die Widerlegung eines möglichen „Schereneffektes". Hierzu müssen ergänzende Zeitwandelstudien (Trautner, 1992, S. 260 ff.) herangezogen werden.

Falls man der These folgt, dass auch im Bereich der Bewegungskoordination interindividuelle Variation als „Normalität" gilt, muss eine Verständigung darüber erfolgen, welches Maß der Variabilität zu Grunde gelegt wird und auf welcher Bewertungsgrundlage Variation als hoch, „normal" oder gering eingeordnet wird. Eine breite Diskussion oder gar Beantwortung dieser Fragen steht derzeit noch aus. Über den fehlenden empirischen Nachweis zunehmender interindividueller Variation und zeitbezogenem auseinander Scheren der Leistungskurven, dürfen die Kinder mit koordinativen Schwächen nicht „übersehen" werden. Der Appell nicht zu dramatisieren, sollte nicht in den Aufruf zum Bagatellisieren gewendet werden. Extremgruppenvergleiche und Analysen relevanter Förderungsmöglichkeiten wie Deprivationsbedingungen bleiben zentrale Aufgaben der Bewegungsforschung zur Koordinationsentwicklung im Kindesalter.

RUDOLF LENSING-CONRADY

RisKids – Bewegungsrisiken in der psychomotorischen Förderung

Paradigmenwechsel

War nicht Risiko etwas, das wir für Kinder vermeiden wollten? Und jetzt soll Risikobeteiligung Förderung sein? Jahrzehntelang glaubte man in Deutschland, Unfälle dadurch vermeiden zu können, dass man potentiellen Unfallbeteiligten nur alle Hindernisse aus dem Weg räumt. Normierungen, Vorschriften und einschlägige, nachdrückliche Beratungen waren die Folge. Allerdings war dieses Konzept nicht erfolgreich. Im europäischen Vergleich schnitten wir in Deutschland schlecht ab. Zudem kursierte Anfang der 90er Jahre ein anderes Gedankengut, das der Filmautor Reinhard Kahl (1992) auf den Punkt brachte: „Fallen lernt man erst beim Fallen. Viele kleine Unfälle helfen, den großen Unfall zu vermeiden". Solche Gedanken gab es schon lange (z. B. bei Kurt Hahn, der in den 20er Jahren des letzten Jahrhunderts seine „Pädagogik des Erlebens" formulierte), nur wurden sie jetzt zunehmend akzeptiert. Zugleich veröffentlichte Kunz (1990) seine Untersuchungsergebnisse, die die Senkung der Unfallzahlen aufgrund einer Bewegungsförderung von Kindern belegten. Veröffentlichungen, die sich mit der entwicklungspsychologischen Bedeutung des Umgangs mit Risiken (Lensing-Conrady, 2001) oder den bewegungspädagogischen Dimensionen von Wagnissen und Erlebnissen (Warwitz, 2001) beschäftigten, beeinflussten die Diskussion. Ein Wechsel der Sichtweise auch für den Bereich der Sicherheitserziehung, etwa der Unfallversicherungen, wird 2002 vollends deutlich, wenn Hundeloh als Vertreter des westfälischen GUVVs den Begriff der Risikokompetenz als Fähigkeit und Bereitschaft, sich aktiv mit Risiken auseinanderzusetzen und daraus lernen zu können, definiert. Dass die Unfallversicherer des Landes Nordrhein-Westfalen die Auftraggeber der „Bonner Risikostudie" waren, ist ein letzter sicherer Hinweis auf den genannten Paradigmenwechsel, der mit dieser Untersuchung auch wissenschaftlich belegt werden sollte.

Zum Risikobegriff der Bonner Risikostudie

Bei der nach 3-jähriger Forschungstätigkeit Anfang 2004 vorgelegten Risikostudie (Vetter, Kuhnen & Lensing-Conrady, 2004) ging es um den Nachweis präventiver Bedeutung von psychomotorischen Förderangeboten für das Unfall- und Verletzungsgeschehen von Kindern im Kindergartenalter.
Für die Definition eines Risikobegriffes, auf den sich diese Studie stützt, war die Frage entscheidend, ob sich eine Situation dem Einzelnen als Entscheidungssituation mit einem kalkulatorischen Handlungsspielraum stellt, oder außerhalb seiner Kontrollmöglichkeit auf ihn „zustürzt". Hier stellt sich als wesentlichster Bereich, von dem es sich abzugrenzen gilt, die „Gefahr" dar:

Eine GEFAHR ist ein potentieller, aber nicht selbst zurechenbarer, nicht kalkulierbarer Prozess mit negativen Folgen für den Betroffenen.
Demgegenüber verstehen wir RISIKO als einen erkennbaren oder vorhersehbaren und durch Einstellungen, Einschätzung und/oder individuelles Verhalten beeinflussbaren Prozess, der potentiell negative oder positive Folgen für die Beteiligten hat.
Diese Definition ist der Hintergrund für den wesentlichen Ansatzpunkt des mit der Studie verbundenen Förderkonzeptes: Ziel aller Maßnahmen ist die Erhöhung der Risikokompetenz von Kindern. Diese Zielsetzung korrespondiert mit aktuellen Ergebnissen der Resilienzforschung (Opp & Fingerle, 2007), die nach protektiven Faktoren von Risikopopulationen sucht. Konkret stellt sich hier die Frage, warum sich Kinder in gesellschaftlichen Risikopopulationen – Studien sprechen von bis zu einem Drittel eines Jahrgangs (Werner, 1999) – zu erfolgreichen Jugendlichen entwickeln und somit die Risiken ihrer unmittelbaren Umgebung bei ihnen nicht wirksam werden.

Hundeloh (2002) sieht in der Risikokompetenz einen Begriff, der die Bandbreite des Scheiterns und Gelingens abdeckt. Risikokompetenz bezeichnet zunächst die Fähigkeit eines Individuums, sich mit Gefahren handelnd auseinanderzusetzen. Handeln heißt dabei nicht unbedingt, dass man ein bestehendes Risiko immer aktiv bewältigen muss. Zur Risikokompetenz gehört es auch, sich rechtzeitig zu entziehen, nicht teilzunehmen, oder anderen helfend zur Seite zu springen. „Unter Risikokompetenz wird die Fähigkeit und Bereitschaft verstanden, Risiken und Gefahren zu erkennen, zu bewältigen und ggf. zu beseitigen, um dadurch neue Sicherheit zu gewinnen" beschreibt Hundeloh (2002, S. 189) diesen Zusammenhang. Vetter, Kuhnen und Lensing-Conrady (2004) erweitern diese Definition um eine entwicklungstheoretische Perspektive: Risikokompetenz beinhaltet auch die Fähigkeit, den Nutzen der erlebten riskanten Situation als persönlichen Entwicklungsfortschritt zu generieren. Der Sicherheitsgedanke und der Entwicklungsgedanke treffen sich, wenn Kinder die generierte Erfahrung in zukünftige Situationen so übertragen, dass diese für die eigene Person und ggf. für die daran beteiligten Personen gleichzeitig bereichernd und weniger riskant sind.

Risikokompetenz soll Kinder demnach befähigen, Sicherheit in riskanten Situationen selbst herzustellen und gleichzeitig ihr Entwicklungspotential in allen Bereichen des Lernens auszuschöpfen. Versteht man also Risikokompetenz als Entwicklungsaufgabe, so ergibt sich daraus, dass sie nicht lediglich als notwendiges Angebot einer Unfallverhütung im Kindergarten, sondern als unabdingbare Voraussetzung einer Erziehung zur selbstständigen Entwicklung des Kindes unter Nutzung der persönlichen Ressourcen anzusehen ist. Somit ist auch das pädagogische Ziel einer Verbesserung von Risikokompetenz umrissen.

„Der Begriff Risikokompetenz umschließt in diesem Verständnis weiterhin die kindliche Urlust am Aufsuchen von Bewegungssituationen, die zu bewältigende, aber herausfordernde und kontrollierbare Bewegungsrisiken beinhalten, um das darin vorhandene Potenzial für persönliche Entwicklungsfortschritte zu nutzen. Dies impliziert, dass ängstliche Kinder, die Bewegungssituationen erst gar nicht aufsuchen, nicht als risikokompetent anzusehen sind, wie man vordergründig annehmen könnte" (Vetter, Kuhnen & Lensing-Conrady 2004, S. 20 f.).

In ihrer Studie spezifizieren Vetter, Kuhnen und Lensing-Conrady im Rahmen einer Faktorenanalyse Risikokompetenz als mehrdimensionales Konstrukt aus sensomotorischen Fähigkeiten, dem Selbstkonzept, sozialen Kompetenzen, einer Konfliktorientierung und wahrgenommener potentieller Unfallgefährdung. Auf diese Faktoren soll hier im Einzelnen nicht näher eingegangen werden.

Psychomotorische Förderung von Risikokompetenz

Von Bedeutung für die Förderpraxis ist sicherlich der für die Studie entwickelte Fundus an Spielvorschlägen, die im Rahmen einer Förderkonzeption unter spezifischen Fragestellungen zur Anwendung kamen. In Handlungen und in Bewegungen lassen sich nicht nur motorische Anteile beobachten, sondern sie sind Ausdruck aller Ebenen menschlicher Verhaltensorganisation. Auch die Ätiologie von Verletzungen und Unfällen ist nicht auf einer einzelnen Ebene zu verorten. Die Annahme, dass die Motorik für Unfälle verantwortlich ist oder Unfälle auf rein motorische Defizite zurückzuführen sind, erweist sich als „zu kurz gesprungen". Darüber hinaus ist es notwendig, Maßnahmen im Vorschulbereich nicht kognitiv anzulegen, sondern sie mit Emotionen zu verknüpfen, um einen Lernerfolg zu gewährleisten. Das in einer aktuellen Veröffentlichung (Vetter, Kuhnen & Lensing-Conrady, 2008) vorgestellte Förderkonzept geht deshalb von einem ganzheitlichen, kindzentrierten (Zimmer, 1997) Ansatz aus und nimmt in erster Linie die Erweiterung individueller Risikokompetenz sowie die Stärkung des Selbstkonzeptes in den Blick.

Erlebtes Risiko: die „Zeitungsmauer": Zwei Kinder halten ein großes Zeitungsblatt zwischen sich hoch. Ein Kind läuft (fährt auf dem Rollbrett, auf dem Roller ...) durch diese Zeitungsmauer hindurch

Perspektiven

Insgesamt ist festzustellen, dass mit der Risikostudie nicht nur wissenschaftlich unterstrichen wurde, dass die kompetente Durchführung risikohaltiger psychomotorischer Bewegungsangebote Risikokompetenzen erhöht. Darüber hinaus wurde zum einen mit dem RisKids Risikokompetenz-Fragebogen (Vetter, Kuhnen & Lensing-Conrady, 2008, S. 57) ein Früherkennungsverfahren entwickelt. Zum zweiten wurde ein praxistaugliches Know-how zusammengetragen, wie Förderangebote strukturiert und inhaltlich ausgewählt sein sollten, um die gewünschten Effekte zu erzielen. Eltern, ErzieherInnen und LehrerInnen, die im oben beschriebenen Sinn riskante Bewegungssituationen zulassen oder sogar fördern, können sich bestätigt fühlen. Wenn wir risikokompetente Kinder wollen, gibt es zur Risikobeteiligung keine Alternative.

SONJA QUANTE, INES EISENBARTH, VERENA POPP, INA THIEME,
SUSANNE WOLF, ULRIKE UNGERER-RÖHRICH

„Schatzsuche im Kindergarten" – Ressourcen stärken durch Bewegung

„Schatzsuche" bedeutet den Blick auf das Positive, auf die Stärken und Fähigkeiten der Kinder zu richten, um so die Entwicklungspotentiale der Kinder erfolgreich zu aktivieren. Das Institut für Sportwissenschaft der Universität Bayreuth hat mit dem Projekt „Schatzsuche im Kindergarten" ein Blended-Learning-Seminar für Kitas und Krippen entwickelt, bei dem unter Nutzung moderner Medien Kitas auf dem Weg zu gesunden und bewegten Institutionen begleitet werden (Universität Bayreuth, 2009).

Eine kleine Übung zum Einstieg:

Jeder von uns verfügt über Ressourcen, über Fähigkeiten, liebenswerte und nützliche Eigenschaften, die es uns ermöglichen, die täglichen Herausforderungen zu meistern.

Bitte tauschen Sie sich mit einem Kollegen/einer Kollegin darüber aus, welche der in der Hand abgebildeten Ressourcen Ihnen ganz spontan einfallen. Gehen Sie dazu die Finger der Reihe nach durch.

Variante für Seminargruppe oder Team:

Die TN bewegen sich nach Musik im Raum. Bei Musik-Stopp sucht sich jede/r einen Partner/eine Partnerin und die Spielleiterin sagt einen Finger an, über dessen Ressource die zwei sich austauschen sollen.

Ressourcenorientierte Gesundheitsförderung

„In der frühen Kindheit wird der Grundstein für eine erfolgreiche Bildungslaufbahn gelegt und somit die Grundlage für lebenslanges Lernen geschaffen" (Ungerer-Röhrich et al., 2007). Startchancen ergeben sich im Kindergarten aber auch durch die Prägung von gesundheitsförderlichen Verhaltensweisen, die – einmal verankert – die spätere Lebensweise entscheidend mitbestimmen.
Auf der Grundlage von gut ausgebildeten Gesundheitsressourcen sind Kinder in der Lage, Anforderungen mit einer hohen Leistungs- und Widerstandsfähigkeit zu begegnen. Da fast alle Kinder im vorschulischen Alter den Kindergarten besuchen, bietet sich hier ein ideales Feld für eine frühzeitig ansetzende Gesundheitsförderung (Ungerer-Röhrich et al., 2007).

Risiken vermeiden oder Ressourcen stärken?

Lange richtete sich der Blick bei Maßnahmen zur Prävention vor allem auf Risikofaktoren und damit auf die Identifikation von Gefährdungen und Beeinträchtigungen von Gesundheit. „Iss nicht so viel, sonst wirst du später mal ernsthafte Probleme kriegen", „Du musst dich mehr bewegen" sind Warnungen, die in vielen Fällen sicherlich berechtigt sind. Sie taugen jedoch wenig, um gerade Kinder zu gesundheitsrelevanten Einsichten und Verhaltensweisen zu bewegen. Denn „die Anerkennung und Vermeidung von Risikofaktoren erfordert Vernunftdenken und Selbstdisziplin, da sie in ihrer Wirkung erst weit in der Zukunft wirksam werden. Kinder tun Dinge aber nicht, weil sie aus Sicht der Erwachsenen vernünftig sind, sondern weil sie ihnen Freude machen und sie für sie in der aktuellen Situation Sinn machen" (Liebisch & Quante, 2006, S.385).

Mit der Betonung der Frage „Was erhält Menschen gesund" (Antonovsky 1997; zusammenfassend Bengel, Strittmatter & Willmann, 2001) richtet das gesundheitswissenschaftliche Modell der Salutogenese den Blick verstärkt auf die Schutzfaktoren. Gesundheitsförderung bedeutet demnach, konsequent nach den vorhandenen, vielleicht verborgenen Schätzen der Person zu forschen, was Schiffer (2001) in seinem Beitrag „Wie Gesundheit entsteht: Schatzsuche statt Fehlerfahndung" zum Ausdruck bringt.

Folgende Ressourcen wurden in verschiedenen Studien als Schutzfaktoren gefunden: (siehe zusammenfassend Bengel, Meinders-Lücking & Rottmann, 2009; Ergebnisse der Resilienzforschung im Überblick: Opp & Fingerle, 2007; Wustmann, 2004):

„innere" Ressourcen	„äußere" Ressourcen
z. B.	z. B.
• sich selbst wertschätzen	• sichere Bindungen
• Vertrauen in die eigenen Fähigkeiten	• Unterstützung durch Eltern,
• Gefühl, etwas bewirken zu können	Freunde, pädagogische Fachkräfte
• flexibel auf Anforderungen reagieren können	• anregender, warmer Erziehungsstil mit klaren Regeln und Strukturen
• körperlich „fit" sein	• soziale Netzwerke
• neugierig, wach und aktiv die Welt erkunden	• „gesundes" Wohnumfeld
• ausdauernd Ziele verfolgen	• finanzielle Absicherung
• Gefühle ausdrücken und regulieren können	
• sich entspannen können	
• sich in andere hineinversetzen können	

Ausschlaggebend für die Mobilisierung und Nutzung der vorhandenen Widerstandsquellen ist nach Antonovsky die Ausprägung des Kohärenzsinnes (Abb. 1), welcher einer positiven Grundhaltung zum Leben entspricht und drei grundlegende Überzeugungen beinhaltet (vgl. Antonovsky, 1997, S. 35 f.):

Abb. 1: Kohärenzsinn

Aus entwicklungspsychologischer und pädagogischer Sicht stellt sich die Frage, welche Erfahrungen für den Aufbau des Kohärenzsinnes im Kindesalter bedeutsam sind (vgl. Antonovsky, 1997, S. 93):

- Verstehbarkeit:

„Die Welt ist für mich verständlich, stimmig und geordnet."

Kinder benötigen Verlässlichkeit, Rituale, klare Regeln und Strukturen und die Erlaubnis, ihre „Experimente" häufig wiederholen zu dürfen, um ein Gefühl dafür zu entwickeln, dass die Geschehnisse in der Regel nicht zufällig auftreten, sondern wiederkehrenden Regeln und Gesetzmäßigkeiten folgen. Dieses Gefühl gibt Sicherheit im Umgang mit der materialen und sozialen Welt. Auf der Basis dieses Gefühls ist dann ein flexibler Umgang mit unerwarteten Ereignissen möglich.

- Handhabbarkeit:

„Die Aufgaben, die sich mir stellen, werde ich bewältigen können."

Das Gefühl der Handhabbarkeit von Anforderungen ergibt sich aus Erfahrungen der erfolgreichen Bewältigung von Herausforderungen. Auf diese Weise entsteht Zuversicht, auch zukünftige Herausforderungen bewältigen zu können. Häufige Erfahrungen von Über- oder Unterforderung können dazu führen, dass ein Kind das Vertrauen in die eigenen Fähigkeiten verliert.

• Sinnhaftigkeit:

„Das, was ich tue, ist für mich von Bedeutung. Es lohnt sich, sich dafür zu engagieren."
Ein Gefühl von Sinnhaftigkeit entsteht über die Beteiligung an Entscheidungsprozessen und Einflussnahme. Kinder erleben ihr Tun als bedeutsam, wenn sie es selbst initiieren oder nach ihren Bedürfnissen und Vorstellungen mitgestalten können. Wahlmöglichkeiten und Gelegenheiten zu Eigentätigkeit und selbstbestimmtem Handeln sind grundlegende Voraussetzungen zum Erleben von Sinnhaftigkeit.

„Alle Maßnahmen, die Kindern helfen, selbstbewusste, sozial geachtete Persönlichkeiten zu werden, haben somit eine herausragende gesundheitliche Bedeutung" (Liebisch & Quante, 2002, S. 62).

Dies wird auch von Hurrelmann (2004) in Anlehnung an Gründler & Schäfer (2000) bestätigt, der als entscheidende Störquelle für eine gelingende Balance von Risiko- und Schutzfaktoren bei Kindern den Mangel an alters- und körperangemessener Bewegung sieht. „Bewegung ist [...] das wichtigste Medium der körperlichen und psychischen Entwicklung, es ermöglicht die Erkundung und Aneignung der sozialen und physikalischen Umwelt, sorgt für die Koordination aller Sinneserfahrungen und ist der Motor für die gesamte körperliche, psychische und soziale Entwicklung eines Kindes" (ebd., S. 29). Bewegung als ganzheitliches Medium zur Stärkung der Persönlichkeitsentwicklung kombiniert mit der Orientierung an den Stärken der Kinder findet sich im Ansatz der Psychomotorik konsequent umgesetzt wieder (Köckenberger & Hammer, 2004; Passolt & Pinter-Theiss, 2006). Hier bietet sich eine Fundgrube an praktischen Anregungen und grundlegenden methodischen Hinweisen, die sich auch in der Gestaltung einer „Schatzsuche-Kita" als hilfreich erweisen (siehe auch Beins & Cox, 2002; Beudels, Lensing-Conrady & Beins, 2008).

Systemische Grundlagen und Methoden der „Schatzsuche"

Wir gehen auf der Basis systemischer Ansätze (vgl. v. Schlippe & Schweitzer, 2002; Königswieser & Hillebrand, 2006) davon aus, dass jedes Kind einzigartig ist und jedes Kind seine besonderen Stärken hat. Oft nehmen wir diese Stärken gar nicht bewusst wahr oder sehen sie als selbstverständlich an. Stattdessen orientieren wir uns an Normen (ein Kind in dem Alter sollte rückwärts balancieren können) oder lenken unser Augenmerk darauf, was ein Kind (noch) nicht kann, um es „optimal zu fördern". Ein systemisch lösungsorientierter Ansatz geht aber davon aus, dass nicht Probleme und ihre Ursachen, sondern das Nutzbarmachen der Ressourcen von Individuen und sozialen Systemen im Zentrum stehen. Jeder trägt im Grunde die Ressourcen in sich, die er zur Bewältigung von Anforderungen braucht. Unterstützung kann aber nötig sein, um diese Ressourcen zu entdecken, zu aktivieren und zu entwickeln.
Das heißt jedoch nicht, wahrgenommene Defizite zu negieren. Die entscheidende Frage ist, wie wir mit diesen Defiziten – besser gesagt, den Passungsproblemen zwischen Kind und Umwelt – umgehen. Wenn etwas nicht so gelingt wie erwartet, kann man jemanden als hoffnungslos unfähig beurteilen oder als Lernkandidaten.

Abb. 2: Programm: „Ich schaff's!" (Furman, 2005)

Abbildung 2 von Furman (2005) macht deutlich, welchen Unterschied der Perspektivwechsel – von den Problemen zu den Fähigkeiten – machen kann.
Der Blick auf die Probleme gibt uns keine oder kaum Hinweise auf Lösungen. Diese finden sich eher, wenn wir Möglichkeiten und Potentiale in den Blick nehmen und darauf schauen, was ein Kind schon kann oder gelernt hat und unter welchen Bedingungen das Kind seine Fähigkeiten zeigen und seine Potentiale am besten entfalten kann (z. B. durch die Frage nach Ausnahmen von Problemen: Auf der Linie am Boden kannst du schon prima rückwärts gehen).

Schatzsuche bedeutet also:

> **Den Blick vermehrt auf Ressourcen und Stärken**
> **eines jeden einzelnen Kindes zu richten!**

In der Praxis helfen „Schatzsucher"-Fragen den Kindern, ihre eigenen Stärken zu entdecken, so z. B.:
• Was kann ich gut?
• Wo ist mir etwas gelungen?
• Womit habe ich Erfolg gehabt?
• Wo haben mich andere gelobt, bewundert, beneidet?
• Was hat mir Freude gemacht?
• Wobei habe ich mich wohl gefühlt?
(mehr Anregungen zu Ressourcenfragen: siehe auch Kindl-Beilfuß, 2008)
Viele pädagogische Fachkräfte und Übungsleiter/innen agieren intuitiv als „Schatzsucher/innen", was ihr „Kerngeschäft" angeht, nämlich die tägliche Arbeit mit den Kindern. Systemisch arbeiten heißt aber auch, in Beziehungsgeflechten zu denken

und den Kontext nicht nur zu berücksichtigen, sondern als Teil von Realität jederzeit mitzudenken.

Alle an Bord! – So lautet das Motto einer „Schatzsuche"-Einrichtung. Ziel ist es, ein Umfeld zu schaffen, in dem …

• Kinder mit Freude und in Bewegung spielen, lernen und wachsen.
• Eltern sich willkommen fühlen und ihre Stärken und Kräfte einbringen können.
• Pädagogische Fachkräfte/ÜbungsleiterInnen gern und im Bewusstsein ihrer Stärken tätig sind.

Praxisinhalte: Sichtbarmachen und Aktivierung von Ressourcen

Bewegter Einstieg:

• *„Schnappi":* Nach Musik frei im Raum bewegen und begrüßen. Bei Musik-Stopp Partner/in schnappen und 1 Runde gemeinsam rennen, bis die Musik wieder startet.
• *„Namenklatsch":* Freies Bewegen im Raum (nach Musik). Wenn sich zwei treffen, die Handflächen aneinander klatschen und Silben der Namen abwechselnd laut sagen und jede Silbe dabei hüpfen): z. B. Mar-ti-na
• *„Ressourcenhand":* Nach Musik frei im Raum bewegen. Bei Musik-Stopp mit einem Partner/einer Partnerin zusammen gehen und sich über Ressourcen austauschen, die in den einzelnen Fingern stehen (siehe oben).

„Ressourcen-Luftballons":

• *„Sorgenkind":* Jede/r TN bekommt einen Luftballon und wird gebeten, alle Ressourcen auf dem aufgeblasenen, nicht verschlossenen Luftballon zu notieren, die ihr/ihm zu einem Kind, das ihr/ihm eher Sorge bereitet, in den Kopf kommt.
• *Ballon als Metapher:*
  → Den Ballon aufpusten, fliegen lassen (indem die Luft entweicht) und wieder einfangen.
  → Reflexion: Ressourcen sind je nach Fokus und Kontext manchmal nicht gut sichtbar; Ziel ist es: Ressourcen suchen, groß werden lassen, anderen zeigen, Raum dafür geben.
• *Ballonspiel mit Partner/in:*
  → Den Luftballon verschließen und sich erst den einen, dann den anderen Ballon gegenseitig zuspielen.
  → Das Kind vorher ganz kurz vorstellen (1 Satz: Was mir Sorge bereitet), dann im Zuspiel Ressourcen laut vorlesen, sofern sie erkennbar sind.
  → Anregung: In der kommenden Woche bewusst auf Situationen achten, in denen sich die Ressourcen des Kindes zeigen.

„Schatzsuche"-Praxis mit Luftballons:

• *Hoch in die Luft:* Alle Luftballons in der Luft halten, egal wer und wie.
  → Alternative: Wie können wir den Ballon ohne Hände in der Luft halten?
• *Mein Luftballon kann …:* Jede/r probiert mit dem eigenen Luftballon aus, was man damit alles machen kann. Nach einer Erprobungsphase entscheidet sich jede/r für *ein* Kunststück, das er beibehält. Die Idee ist, dass *ein* Luftballon immer nur *ein*

Kunststück ausführen kann. Die Ballons werden nach Belieben untereinander getauscht und die Kunststücke entsprechend fortgeführt.

- *Kreatives mit Luftballons (Stationen):* In Kleingruppen widmen sich die TN verschiedenen Themen und setzen diese gemäß ihren eigenen Ideen um.
  → *Haltbares:* z. B. Ballons in einem Betttuch: Ein gemütliches Lager! Ballons unter Matte: darauf balancieren, hüpfen, mit Anlauf darauf springen, etc.
  → *Zielscheibe:* z. B. Luftballontreiben mit Flummis, Socken, Zeitungsbällen, etc.; Luftballon am Faden/Seil aufhängen und abschießen.
  → *Mutsprünge:* z. B. einen Luftballon zerplatzen lassen, ohne die Hände oder spitze Gegenstände zu benutzen.
  → *Neue Mode:* mit Luftballons ein Outfit gestalten (Hilfsmaterial: Wäscheklammern, evtl. Seile).
  → *Luftballon-Entspannung:* z. B. im Kreis mit einem Luftballon den Vordermann massieren oder paarweise massieren.

Was sind die Merkmale von „Schatzsuche"-Praxisinhalten?

Positive Effekte von Bewegung sind nicht per se zu erwarten, sondern hängen davon ab, inwieweit es uns gelingt, Kinder als „Schatzsucher/innen" zu begleiten. Kinder brauchen von uns keinen erhobenen Zeigefinger, keine Wissensvermittlung, keine Abschreckung und keine Bestrafung, wenn wir sie in ihrer gesunden Entwicklung stärken wollen. Stattdessen geht es darum, ihnen Gelegenheiten zum Erfahren von eigenem Können und von Erfolgen zu geben und sie erleben zu lassen, dass Andere an sie glauben (Du schaffst das!).

Zukunftsweisende Lernformen

Das Seminarangebot „Schatzsuche im Kindergarten" versucht hierzu Antworten zu finden und gemeinsam mit den Einrichtungen auf der Grundlage schon vorhandener Ressourcen Ideen weiterzuentwickeln.

In einem Blended-Learning-Seminar lernen die Teilnehmer/innen hauptsächlich online; es gibt aber auch zwei Präsenzveranstaltungen, bei denen persönliche Kontakte geknüpft und Inhalte ergänzend zum Online-Seminar thematisiert und praktisch erprobt werden können. Während der virtuellen Phase lernen und kommunizieren die Teilnehmer/innen überwiegend in einer von Tutoren begleiteten, gemeinsamen Internetplattform. Die teilnehmenden Kindergärten unterstützen sich gegenseitig bei der Umsetzung und entwickeln gemeinsam vielfältige kreative Ideen der Ausgestaltung, die sie sofort in ihren Einrichtungen ausprobieren können.

Über geeignete Aufgabenstellungen werden Entwicklungen angestoßen, die sich auf alle Ebenen des Kindergartens auswirken. So werden auch Eltern aktiv in das Projekt eingebunden und erhalten Gelegenheit, auf vielfältige Art mitzuwirken, nach dem Motto: Nur wenn alle Beteiligten "an einem Strang ziehen", kann sich etwas bewegen.

Das Seminar sowie weitere Leistungen zur gesundheitsbezogenen Organisationsentwicklung werden auf Antrag von der Techniker Krankenkasse gefördert. Weitere Infos unter:

www.schatzsuche.uni-bayreuth.de

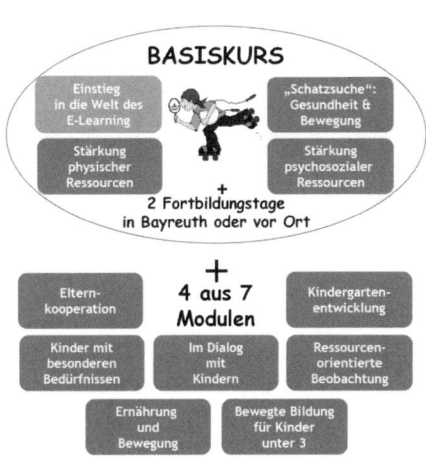

BASISKURS

Einstieg in die Welt des E-Learning

„Schatzsuche": Gesundheit & Bewegung

Stärkung physischer Ressourcen

Stärkung psychosozialer Ressourcen

+
2 Fortbildungstage
in Bayreuth oder vor Ort

+
4 aus 7
Modulen

Eltern-kooperation

Kindergarten-entwicklung

Kinder mit besonderen Bedürfnissen

Im Dialog mit Kindern

Ressourcen-orientierte Beobachtung

Ernährung und Bewegung

Bewegte Bildung für Kinder unter 3

=
Zertifikat
„SCHATZSUCHE – KINDERGARTEN"

ULLA KEIENBURG

Beobachtete Bewegung – Bewegte Beobachtung

Wenn Tränen tropfen, glauben wir, ein Mensch sei traurig. Das stimmt, statistisch gesehen, sicherlich auch. Doch haben wir diesen Menschen gefragt? Oder haben wir in unseren Biografien gelernt, etwas anzunehmen und auf der Basis dieser Annahmen zu (re-)agieren? „Ich habe gedacht, du hättest gedacht, ich hätte gedacht … Und deshalb habe ich …" Wie oft verlieren wir uns in Erklärungen!

Wer hat heute den Mut, hinzuschauen? Was könnten wir alles entdecken – Großes, Kleines, Wichtiges – wenn wir uns die Zeit nähmen, hinzuschauen, hinzuhören, hinzufühlen, zu fragen!

Kinder haben uns gegenüber einen riesigen Vorteil. Sie lernen viel schneller, sie verarbeiten zügiger, sie sind aufmerksamer, mutiger, neugieriger – wenn wir Großen sie lassen. Die Natur hat sich schon etwas dabei gedacht, wenn sie den Kindern in den ersten vier Jahren abverlangt – und gleichzeitig die psychischen und hirnphysiologischen Voraussetzungen dafür geschaffen hat –, so schnell und so viel wie möglich zu lernen, unter welchen Bedingungen auch immer.

Die Hirnforschung verifizierte in den letzten Jahren mit viel Aufwand, was Freud und Kollegen längst als Grundlage ihrer Betrachtung des Menschen und des Umgangs mit ihm verstanden. Die ersten Jahre sind die entscheidenden. Nun bekommen Psychoanalyse und Entwicklungspsychologie endlich die Wertschätzung, die sie schon lange verdient haben. Vertreterinnen und Vertreter dieser Disziplinen hatten bereits gewagt, „mindestens ein halbe Stunde am Tag das Gegenteil von dem zu denken, als das, was in der Wissenschaft als gesichert gilt", um Albert Einstein zu zitieren. Sie hatten gewagt, hinzuschauen, haben viele Menschen beobachtet, haben das ausführlich getan, haben sich davon bewegen lassen, haben erkannt und tun das heute ebenso.

Kinder lernen anders, schneller und mehr als wir Erwachsenen. Sie sind die Meister ihrer Lernprozesse, solange sie in Beziehung zu sich, zu den Menschen, zu den Dingen und zur Natur sind. Dann können sie nichts anderes als lernen. Nicht lernen geht nicht.

So haben Kinder seit Olims Zeiten gelernt, was sie sollen, nicht unbedingt was sie wollen und hätten lernen können. Normen entstanden. Keiner weiß so recht, wie. Naturverhältnisse, Kulturen, Traditionen, politische Verhältnisse und ihnen entsprechende Menschenbilder waren es, die diese Normen beeinflussten.

Im vorletzten Jahrhundert bereits hatten Fröbel und Pestalozzi dafür plädiert, Kinder als aktive Mitgestalter ihrer Lernprozesse zu sehen, hatten erkannt, dass Kinder alles, was man ihnen beibringt, nicht mehr selbst lernen können. Später wurden Inhalte, Bewegungsformen, Regeln, Zeiten und Ziele festgelegt, aus denen fast jeder herausfallen muss, weil kaum ein lebendiger Mensch hineinpasst.

Angst vor Eigenständigkeit und Überraschendem hat Menschen im Bereich der Bildung und Betreuung verführt, zu regulierenden Maßnahmen zu greifen, anstatt die Lernprozesse, die Kinder durchlaufen, zu achten und sie zu steuern, indem sie Umwelten der Kinder zu Lernumwelten werden lassen. Andererseits ist der Mensch in seinem Berufsalltag einem hohen Maß an Fremdbestimmung ausgeliefert. Wie soll er, eingedenk dessen, gegenüber emotionalen und unkonventionellen Lernprozessen von Kindern offen sein?

Grundannahmen über Kinder

Die Psychomotorik geht davon aus, dass jeder Mensch sich jede Erfahrung merkt, dass sich jede Erfahrung in den Bewegungen niederschlägt, dass man selbst in späten Jahren zum Beispiel noch den Schmerz fühlt, den ein aufgeschlagenes Knie, eine Ohrfeige oder ein verschlucktes Apfelstück verursachte, aber auch das Gefühl eines Streichelns oder eines Gute-Nacht-Kusses bleibt. Der Körper speichert jede Erfahrung psychischer und physischer Natur.

Die Bewegung ist das Erste und Wichtigste, das Kinder entwickeln. In ihren ersten Lebensjahren lernen sie, den Kopf zu heben, sich abzustützen und aufzusetzen, zu greifen, zu sitzen, zu krabbeln, zu laufen, zu essen und zu trinken. Jeder Entwicklungsschritt geschieht, weil sie etwas erreichen wollen.

Häufig werden die Kleinen hingesetzt, bevor sie sich aufsetzen können. Sie werden aufrecht durch die Weltgeschichte getragen, bevor sie sich selbst aufrichten können. Sie werden aufgestellt, ohne dass sie eine Motivation oder gar die körperlichen Voraussetzungen haben, sich an etwas hochzuziehen, geschweige denn die psychische Stabilität, die Eindrücke zu verarbeiten, die sie nun empfangen.

Jede körperliche Entwicklungsphase ist gekoppelt an die psychische und intellektuelle Entwicklung. Kinder, die nicht die Chance hatten, sich ausgiebig zu bewegen, selbst zu entdecken, wie man sich hinsetzt, läuft und krabbelt, haben später nachweislich Schwierigkeiten mit der Sprach- und Zahlenwelt. Wem zuliebe also setzen wir die Kinder hin, beschleunigen via Krankengymnastik die Bewegungsentwicklung?

Kinder brauchen ihre Zeit. „Entwicklungsrückstände", also eine defizitäre Betrachtung und Bewertung der kindlichen Entwicklung, sind Grund für die endlosen „Reparatur"-Maßnahmen, die es niemand anderem als den Erwachsenen ermöglichen sollen, die Eigenwilligkeit der Kinder leichter auszuhalten. Erst müssen die Kinder den Erwachsenen zuliebe stehen, bevor sie sich selbst hinstellen können, und dann müssen sie zur Therapie, weil ihnen Entwicklungsschritte wie Krabbeln oder Aufrichten fehlen, was sich womöglich auf die Sprachentwicklung oder die feinmotorischen Fähigkeiten auswirkt. Immer öfter müssen sie etwas tun, das ihrer natürlichen Entwicklung nicht entspricht. Eine gemeine Falle.

Grundlegende Kenntnisse über die körperliche und seelische Entwicklung der Kinder sollten für Menschen verpflichtend sein, die mit Kindern arbeiten.

Grundannahmen über Menschen, die mit Kindern arbeiten

Menschen, die mit Kindern arbeiten, müssen sich selbst begegnen, um zu einer befriedigenden Bewältigung ihres (Arbeits-)Alltags zu gelangen. Da sie dies aufgrund eines hohen Maßes an Fremdbestimmung nicht gewohnt sind und es, verschiedener Ängste wegen, nicht von sich aus tun, muss einer solchen Begegnung mit sich selbst ein hohes Maß an Versorgung vorausgehen.

Erzieherinnen und Erzieher, Pädagoginnen und Pädagogen haben ihren Beruf und den entsprechenden Arbeitsbereich aufgrund ihrer persönlichen Geschichte gewählt. Wenn auch zunächst vielleicht unbewusst, streben sie damit eine Begegnung mit ihrer eigenen Person an.

Über die grundlegenden emotionalen und fachlichen Fähigkeiten, um diese Begegnung zu vollziehen und sie für sich, im Team und für die Arbeit mit den Kindern und deren Eltern zu nutzen, verfügen sie. Deshalb verstehen wir eine Arbeitsweise wie zum Beispiel in diesem Workshop als „Verständigungsangebot an als zumindest potentiell kompetent und aktiv gedachte Persönlichkeiten" (Funke, zit. nach Keienburg, 1998). Daraus rekrutieren sich auch die Kompetenzen, die wir den Menschen, die in dem wichtigen Bereich der frühkindlichen Förderung tätig sind, zutrauen und abfordern. Sie kennen den Katalog der Kompetenzen aus den Zielen der frühkindlichen Förderung für Kinder:

• Wahrnehmungskompetenzen

• Bewegungskompetenzen

• emotionale Kompetenzen

• soziale Kompetenzen

Die genannten Kompetenzen beziehen sich jedoch nicht ausschließlich auf abprüfbare Fähigkeiten der Kinder. Jeder beobachtende Mensch – insbesondere in Lernkontexten – sollte sie auch bei sich selbst überprüfen, verifizieren und erweitern. Dazu schlage ich folgende Fragen vor:

* Welche Grundhaltungen bewegen mich und treiben mich an?
* Kann ich die Unterschiedlichkeit der Menschen wirklich akzeptieren?
* Nach welchen Vorgaben wurde ich selbst erzogen?
* Was rührt der Blick, insbesondere der längere und zielgerichtete, auf das mir anvertraute Kind in mir selbst an?
* Definiere ich mich über die Erfolge, die ein Kind dank meiner „Förderarbeit" erbringt?
* Wie nah bin ich damit dem Bild der Mutter, die das „gelungene" Kind für ihre „Leistung" und das „gestörte" Kind für ihr „Versagen" hält?
* Welchen Druck erzeugt es bei mir, Kinder fördern zu sollen?
* Wozu will ich Kinder „fördern"?
* Wonach halte ich Ausschau, wenn ich ein Kind beobachte?
* Welche Ressourcen entdecke ich, welche bleiben mir vielleicht verborgen?
* Was verstellt möglicherweise meinen Blick?
* Wie viel mehr achte ich auf Probleme als auf Lösungen?
* Was bedeutet für mich Elternarbeit? Arbeit mit Eltern? Bearbeitung von Eltern? Gar eine Last, eine Störung, Kontrolle? Oder Hilfe, Partnerschaft?
* Wie weit ist der Beruf der Erzieherin für mich ein Kompromiss zwischen halbmännlichem Karrierewunsch und exklusiver Mutterschaft? Immerhin liegt das Erzieherinnendasein so dicht am „Mutterarbeitsbereich Liebe", dass die Tätigkeit inklusive der relativ geringen Bezahlung am unteren Ende des pädagogisch-professionellen Bereichs rangiert.
* Gestehe ich mir Ängste, Inkompetenz, Unsicherheit zu und (wie) äußere ich diese?
* Die Bildungsvereinbarungen verpflichten mich plötzlich zur Beobachtung und Dokumentation von kindlichen Lernprozessen. Kann ich überhaupt beobachten, ohne selbst beteiligt zu sein?

Grundannahmen zur Beobachtung

„Dabei geht es zunächst darum, das, was uns bewegt, zuzulassen und bewusst zu beschreiben. Dadurch sind wir eng mit dem Geschehen verbunden; wir spüren, wenn uns das Verhalten eines Kindes berührt, eine ganz persönliche Nähe zu den Ereignissen. Wir werden an unsere Kindheit erinnert, Ereignisse, die wir schon vergessen haben, werden neu belebt, aber auch Lebensprobleme, die uns im Alltag bewegen, tauchen gleichsam in der Beobachtungssituation auf und beschäftigen (bewegen) uns: Wir nehmen Ähnlichkeiten zwischen unserer und der Situation des beobachteten Kindes wahr und merken, dass das Geschehen auch mit uns etwas zu tun hat. Dieser Blick kann uns den Blick auf die Struktur der Entwicklung des Kindes versperren. […] Wir sind keine Apparate, die seelenlos, unbeteiligt, ‚objektiv' registrieren, was ist. Wir sind immer beteiligt, das heißt, Teile des Prozesses" (Westphal, zit. nach Keienburg, 1998).

Was bedeutet das für uns?
• Dass wir unser pädagogisches Verhalten und unsere Rolle regelmäßig über-
denken.
• Dass wir den Mut haben sollten, die Ereignisse auch aus der Perspektive der Kin-
der, Eltern, Mitarbeiterinnen und Mitarbeiter zu betrachten.
• Dass wir uns als Lernende verstehen.
• Dass wir uns als Begleiterinnen und Begleiter der Kinder verstehen.
• Dass wir uns die Frage stellen, was uns persönlich im schlimmsten und im besten
Falle passiert, wenn wir unsere Haltung auf diese Weise verändern.
• Dass wir unser Handeln jederzeit auch in Frage stellen.
Mütter, Väter, Erzieherinnen, Erzieher und andere Erwachsene schaffen ein förder-
liches Umfeld für Kinder, wenn sie selbst in den Spiegel schauen, ihre eigenen
Begrenzungen, Chancen und Fähigkeiten erkennen und zunehmend unabhängiger
davon die Potenziale der Kinder wahrnehmen, ihnen also mehr Raum, Zeit und Gelegenheit für selbsttätige Erfahrungen schaffen und lassen.
Aufgabe der Erwachsenen ist es, gesellschaftliche Vereinbarungen zu kennen und sie
verantwortlich als Ziel und Rahmen anzusehen. Wenn Erwachsene sich als Lernende
verstehen und mit Kindern dem Bedürfnis nachgehen, sich zu entwickeln, steht Bildung tatsächlich nichts im Wege.
In dem rasanten Tempo, in dem Wissen veraltet, ist Bildung die wichtigste Grundlage, um Strategien zu entwickeln, mit denen der Mensch, ob klein oder groß, sich
neues und notwendiges Wissen aneignen kann. Wir als Erwachsene haben die Aufgabe, uns selbstverständlich als Vorbild zu verhalten. Das sollte beinhalten, dass wir
uns als Lernende zeigen, dass wir akzeptieren, dass nicht alles gelingt, dass wir warten, wenn es sich lohnt, dass wir uns ein Bewusstsein über unsere Fähigkeiten und
Fertigkeiten, Chancen, Wünsche und Begrenzungen verschaffen.

Grundannahmen zur Selbstbeobachtung

Wie habe ich mich selbst bei der Beobachtung erlebt?
• Was fühle ich?
• Was denke ich?
• Was halte ich für gefährlich? Ist es das wirklich? Woher weiß ich das?
• Um was geht es eigentlich?
Die Selbstbeobachtung ist die wichtigste Erfahrung und ein unverzichtbares Instru-
ment in der Arbeit mit Kindern, insbesondere mit ganz kleinen Kindern.
Niemand hat diese Forderung in seiner Ausbildung zur Pädagogin/zum Pädagogen
– welcher Kategorie auch immer – angetragen bekommen. Erst der therapeutische
Bereich hat als notwendig erachtet, die eigene Biografie als Grundlage für die Struk-
tur der eigenen Handlungs- und Denkweisen und die Berufswahl zu erachten und sie
entsprechend zu reflektieren. Erst durch den Bereich der therapeutischen Arbeit sind
das Bedürfnis und die Notwendigkeit, sich zu entwickeln, identifiziert worden. Die
Tradition der Supervision hat sich daraus entwickelt. Leider wurde sie lange zum

Zweck der Intervention genutzt und wird erst gewährt, wenn intern unlösbare Probleme in Einrichtungen und bei Trägern auftauchten.

Doch heute verfügen wenige einzelne Menschen in den Einrichtungen über entsprechende Ausbildungen und lassen ihre (Er-)Kenntnisse in ihre Arbeit einfließen. Mit ihrer Hilfe lassen sich Instrumente, die zunächst zur eher unbeteiligten Beobachtung von Kindern und deren Lernprozessen gedacht waren, auch als Selbstbeobachtungsinstrumente einsetzen. Bildungs- und Lerngeschichten zum Beispiel kann jedes Team, jede Erzieherin und jeder Erzieher für sich als Spiegel benutzen. Teamspiele wurden entwickelt, die zur Reflexion der Stimmung in den Teams dienen. Mitarbeiterbesprechungen werden genutzt, um einander zu spiegeln.

Eines ist sicher: Die Kinder sind mit ihrem sichtbaren Verhalten Spiegel der Stimmung und Haltung in den Einrichtungen, Spiegel der Beziehungen zwischen den Erzieherinnen und Eltern, und sie sind ein Spiegel der inneren Haltung ihnen gegenüber. Wenn wir das akzeptieren, bleibt uns nur, Antworten auf die immer wiederkehrenden Fragen zu finden:
• Warum sehe ich, was ich sehe, und wozu sehe ich es so, wie ich es sehe?
• Warum rege ich mich auf?
• Warum und wozu bewegt mich das Erkannte?

Wir werden schnell hinter alte Setzungen kommen, schnell auf die Werte, die uns, vielfach unbewusst, regieren. Umwege erhöhen die Ortskenntnis.

Die uns anvertrauten Kinder zeigen deutlich, welchen Interessen sie gerade nachgehen.

Unsere Aufgabe ist es, ihre Handlungslogik zu entschlüsseln. Nur dann können wir sie mit dem Blick auf das Ziel begleiten und Prozesse steuern. Wenn wir diese Aufforderung ernst nehmen, sollten sich unsere Angebote an den Bedürfnissen und Interessen der Kinder und der jeweiligen Situation orientieren.

HOLGER JESSEL

Dimensionen und Perspektiven der psychomotorischen Gewaltprävention

Die innerhalb der Gewaltforschung nahezu durchgängig erhobene Forderung nach Mehrperspektivität und Multidimensionalität birgt das Risiko der Unübersichtlichkeit. Um die Vielfalt möglicher Phänomene in der Entwicklung sowie in der Entwicklungsförderung von Jugendlichen in einem konsistenten Modell systematisieren und zueinander in Beziehung setzen zu können, wird in diesem Beitrag ein Ordnungsvorschlag formuliert. Die hier vorgestellte Übersicht wirkungsrelevanter Aspekte der psychomotorischen Gewaltprävention basiert auf einer Systematik, die Klaus Grawe (vgl. 1998, S. 591ff) für den Bereich der Psychotherapie entwickelt hat. Diese Systematik kann in ihrer Struktur auf den Bereich der psychomotorischen Gewaltprävention übertragen werden, da hier wie dort der Mensch in Entwicklung und in Beziehung im Vordergrund steht. Die einzelnen Dimensionen und Perspektiven dieses Rahmenmodells integrieren und differenzieren sämtliche für den mehrperspektivischen Ansatz der psychomotorischen Gewaltprävention (vgl. Jessel, 2008a) relevanten theoretischen und praxeologischen Perspektiven.

Spannungsfelder der psychomotorischen Gewaltprävention

In den fünf Dimensionen, die jeweils in zwei Perspektiven unterschieden werden (vgl. Abb. 1), kommen grundlegende Spannungsfelder zum Ausdruck, die einerseits unmittelbare Praxisrelevanz besitzen und die andererseits in ihren einzelnen Kombinationsmöglichkeiten nahezu alle in der Gewaltpräventionsforschung diskutierten Theorien und Modelle berücksichtigen können. Die besondere Qualität dieser Systematik besteht in der engen Verschränkung von Komplexitätsreduktion und Ordnung mit einem hinreichenden Differenzierungsgrad. Sie berücksichtigt sowohl das für den Psychomotoriker elementare Bedürfnis nach Orientierung und Kontrolle (vgl. Grawe, 1998, S. 385ff) als auch die Beobachtung von Reich (vgl. 2002, S. 195), dass Pädagogik trotz der nachvollziehbaren Bedürfnisse nach Komplexitätsreduktion und Vereinfachung im Grunde ein Fach der Komplexitätssteigerung sein sollte, da es nur so der Vielfalt menschlicher Lebenswelten gerecht werden kann.

Entscheidend ist hier, dass sämtliche Entwicklungsphänomene sowie alle Konstellationen, die im Rahmen der psychomotorischen Gewaltprävention auftreten, immer einer Kombination der folgenden Dimensionen und Perspektiven entsprechen:

1. Die Bewertungsdimension: Sämtliche Aspekte des Entwicklungsgeschehens und damit auch alle Prozesse der psychomotorischen Gewaltprävention können (und müssen) sowohl aus der *Ressourcen-* als auch aus der *Problemperspektive* betrachtet werden. Aus den beiden Perspektiven resultieren sehr unterschiedliche Eindrücke und Handlungsoptionen, die sowohl gleichzeitig als auch alternativ realisiert werden können (vgl. Grawe, 1998, S. 592).

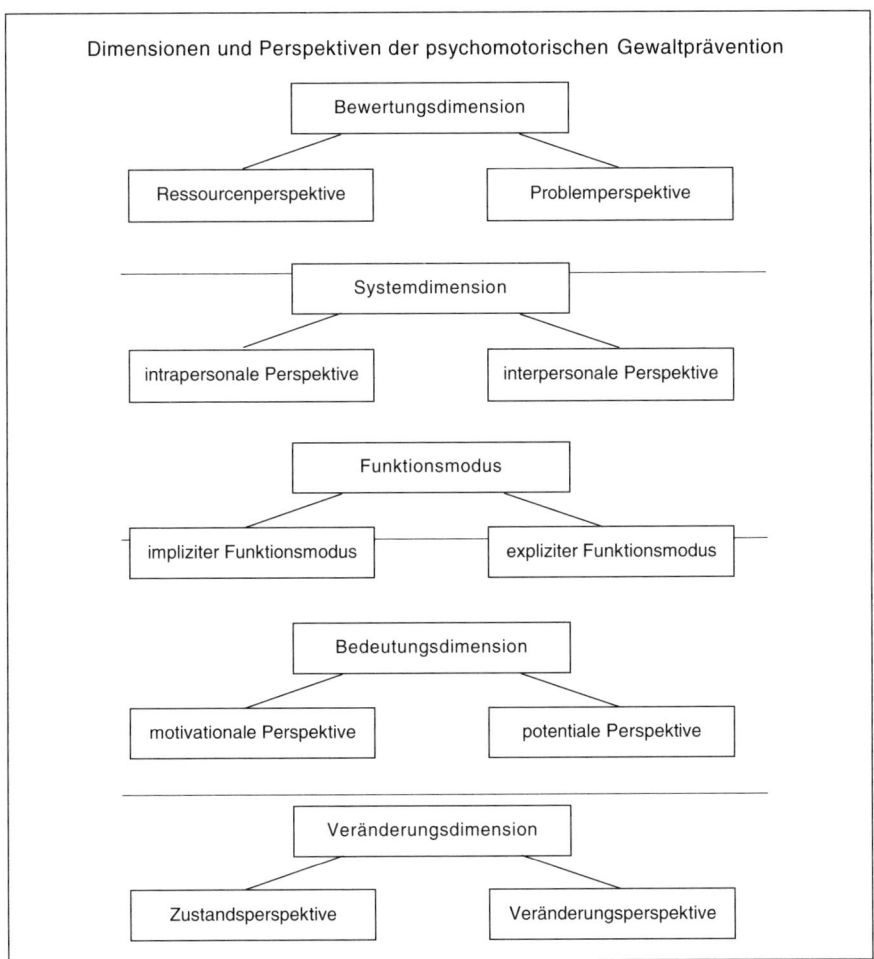

Abb. 1: Dimensionen und Perspektiven der psychomotorischen Gewaltprävention (in: Grawe, 1998, S. 591)

2. Die Systemdimension: Hier kann zwischen einer *intrapersonalen* und einer *interpersonalen Perspektive* unterschieden werden. Erstere verweist auf psychische bzw. psychomotorische Prozesse auf Seiten des Klienten. In dieser Perspektive werden diejenigen Prozesse und Strukturen betrachtet, die im Rahmen eines dialogischen Geschehens beim Klienten aktiviert oder gehemmt werden sollen. In diesem Zusammenhang geht es um die Frage, wie der Psychomotoriker psychische und psychomotorische Prozesse bzw. Strukturen verstehen und wie er Veränderungen anregen kann. Hier erfolgt demnach eine Konzentration auf Erregungs-, Wahrnehmungs- und

Verhaltensmuster, Sinnkonstruktionen und Gewaltmotive; in ihr wird u. a. die Frage gestellt, welche Erregungsmuster gegenwärtig aktiviert sind und wie der Klient bestehende Erregungsbereitschaften im Rahmen eines selbsttätigen Prozesses mit neuen Erfahrungen überschreiben kann (vgl. ebd.).
Die interpersonale Perspektive bezieht sich auf sämtliche Beziehungen, die den Entwicklungsprozess sowie den Prozess der psychomotorischen Gewaltprävention beeinflussen. Hier stehen sowohl die Beziehungen zwischen dem Psychomotoriker und den Klienten bzw. der Klienten untereinander im Vordergrund, als auch diejenigen, die außerhalb des psychomotorischen Kontextes wirksam sind. Rotthaus schreibt hierzu: „Ohne Zweifel ist die System-Perspektive gerade in der Arbeit mit Kindern und Jugendlichen eine heute nur noch schwer fortzudenkende Erweiterung der Verstehens- und Behandlungsmöglichkeiten. Und unzweifelhaft ist das Setting Familientherapie in der Arbeit mit Kindern und Jugendlichen die Methode der Wahl" (Rotthaus, 2005, S. 10).
Die intrapersonale und die interpersonale Perspektive ergänzen sich gegenseitig (vgl. Grawe, 1998, S. 593). Im Falle von Gewalt geht es häufig nicht nur um interpersonale, sondern zugleich auch um intrapersonale Probleme: Leiden zeigt sich sowohl in bestimmten neuronalen Erregungsmustern als auch in Form eines bestimmten psychischen Geschehens bei einem bestimmten Individuum. „Das intrapsychische Geschehen des Menschen ist allerdings von Grund auf auf andere Menschen bezogen. Es wird motiviert von menschlichen Grundbedürfnissen und diese sind nur im zwischenmenschlichen Kontext erfüllbar" (ebd., S. 618).
3. Der Funktionsmodus: Dieser Modus bezieht sich auf das intrapsychische und interpersonale Funktionieren. Psychische und soziale Prozesse können sich im *impliziten* (unbewussten) und im *expliziten* (bewussten) *Funktionsmodus* abspielen, wobei beides nicht alternativ, sondern gleichzeitig stattfindet (vgl. Grawe, 1998, S. 593). Entscheidend ist, „dass die Bezüge und Transformationen zwischen den beiden Funktionsmoden der psychischen Aktivität therapeutisch hochrelevant sind" (ebd.). Diese Zusammenhänge sind nicht nur empirisch gut belegt (vgl. ebd., S. 380), sie sind außerdem theoretisch differenziert begründet (vgl. u. a. Ciompi, 2005, S. 292ff) und stellen eine zentrale Grundlage der körperpsychotherapeutischen sowie der psychomotorischen Praxis dar (vgl. u. a. Wehowsky, 2006, S. 193; Seewald, 2004, S. 31).
Die aktuelle Gewaltforschung hat gezeigt, dass die Entstehung von gewalttätigen Verhaltensweisen eng an die Körper- und Leiberfahrungen sämtlicher Beteiligter gekoppelt ist (vgl. u. a. Sutterlüty, 2003). Missachtungs- und Ohnmachterfahrungen stellen bedeutsame Risikofaktoren für die transgenerationale Übertragung von Gewalt sowie für den Kreislauf von familiären Gewalterfahrungen und außerfamiliärer Gewalt dar. Diese Erfahrungen hinterlassen in der Regel deutliche Spuren, häufig auf der basalen Ebene der leiblichen Integrität (vgl. van der Kolk, 2006, S. IX). Das bedeutet jedoch zugleich, dass sich Menschen diesen Spuren meist nicht vom Bewusstsein aus, gleichsam top-down bzw. explizit gesteuert, nähern können, sondern – wie die Traumaforschung gezeigt hat (vgl. u. a. Levine & Kline, 2007; Opitz-Gerz, 2008) – in erster Linie bottom-up bzw. implizit angeregt, nämlich über körperlich-leibliche Erfahrungen.

4. Die Bedeutungsdimension: Sämtliche Abläufe im psychischen Geschehen können unter dem Gesichtspunkt betrachtet werden, welchen Sinn bzw. welche Funktion sie für die Ziele oder die Bedürfnisse des Individuums haben. In diesem Zusammenhang wird die These vertreten, dass es kein sinnloses Verhalten gibt und dass demnach auch gewalttätiges Verhalten keinesfalls sinnlos ist, sondern vielmehr mit der Verwirklichung von individuellen Bedürfnissen zusammenhängt. Dieser *motivationalen Perspektive* (dem Aspekt des Wollens) muss allerdings eine *potentiale Perspektive* gegenübergestellt werden, denn alle diese Prozesse können gleichzeitig auch unter dem Aspekt des (Nicht-)Könnens betrachtet werden (vgl. Grawe, 1998, S. 594). In dieser Perspektive stehen Fragen der Verfügbarkeit von gewaltfreien Bewältigungsstrategien und Problemlösekompetenzen im Vordergrund, deren Beantwortung in der Regel zu anderen Veränderungsprozessen bzw. Interventionen im Rahmen der psychomotorischen Gewaltprävention führt. Während es im ersten Fall um die Destabilisierung von Gewaltmotiven geht, steht im Falle von Bewältigungs- bzw. Ressourcendefiziten die Entwicklung von Bewältigungsstrategien bzw. die Wahrnehmung und Aktivierung von Ressourcen im Vordergrund.

5. Die Veränderungsdimension: Innerhalb dieser Dimension hat der Psychomotoriker die Möglichkeit, sowohl eine *Zustands-* als auch eine *Veränderungsperspektive* einzunehmen. Kombiniert man beispielsweise die Problemperspektive (in der Bewertungsdimension) mit dem expliziten Funktionsmodus, so entspricht der Zustandsperspektive die Bereitschaft zu gezielter Schmerzzufügung, die sich darin zeigt, dass Person X Person Y in den Bauch tritt. Der Veränderungsperspektive entspricht demgegenüber ein Versuch der Problembewältigung (z. B. X trägt eine Woche lang die Schultasche von Y).

In prozessualer Hinsicht bedeutet die Einnahme der Zustandsperspektive die Aktivierung einer bestehenden Erregungsbereitschaft bei einem Jugendlichen (z. B. wenn bei diesem Wut durch Provokation mittels Blickkontakt entsteht). Die Einnahme einer Veränderungsperspektive beinhaltet dagegen „das Überschreiben bestehender Erregungsbereitschaften mit neuen Erfahrungen" (ebd., S. 595), beispielsweise mit der Erfahrung, sich trotz Provokation nicht gewalttätig verhalten zu müssen.

Da Gewalt in erster Linie als Interaktionsphänomen betrachtet werden muss, spielt die interpersonale Perspektive (in der Systemdimension) in der psychomotorischen Gewaltprävention eine besondere Rolle. Kombiniert man diese Perspektive mit der Problem- und der Zustandsperspektive, so entspricht dies der Beobachtung eines problematischen Beziehungsmusters (z. B. X erpresst Y unter Androhung von Schlägen, wobei dies wiederholt und über einen längeren Zeitraum geschieht). Verbindet man die interpersonale Perspektive hingegen mit der Problem- und der Veränderungsperspektive, so entspricht dies der Destabilisierung eines interpersonalen Attraktors (z. B. wird das Verhalten von X klar konfrontiert; Y wird ermuntert, die Erpressungsversuche von X umgehend zu „veröffentlichen" und sich Hilfe zu holen).

Systematik der Perspektivenkombinationen

Aus den oben beschriebenen Dimensionen und Perspektiven ergeben sich insgesamt 32 Kombinationen, die in der folgenden Matrix (Abb. 2) dargestellt sind.

		Intrapersonale Perspektive				Interpersonale Perspektive			
		Motivational		Potential		Motivational		Potential	
		Zustand	Verän-derung	Zustand	Verän-derung	Zustand	Verän-derung	Zustand	Verän-derung
Problem-perspektive	Impliziter Funktionsmodus	1	2	5	6	9	10	13	14
	Bewusster Funktionsmodus	3	4	7	8	11	12	15	16
Ressourcen-perspektive	Impliziter Funktionsmodus	17	18	21	22	25	26	29	30
	Bewusster Funktionsmodus	19	20	23	24	27	28	31	32

Abb. 2: Systematik der Perspektivenkombinationen in Form einer 32-Felder-Matrix (in: Gra-we, 1998, S. 602)

Diese Matrix lässt sich wiederum in vier Untermatrizen aufteilen: die intrapersonale (Felder 1–8) und die interpersonale (Felder 9–16) Problemperspektive sowie die intrapersonale (Felder 17–24) und die interpersonale (Felder 25–32) Ressourcen-perspektive. Mit Hilfe dieser Perspektivenkombinationen lassen sich nahezu alle Phänomene, die in der psychomotorischen Gewaltprävention relevant sind, erfassen. Eine Ausnahme stellen soziokulturelle, soziohistorische und institutionelle Ent-wicklungsprozesse bzw. Strukturen dar, die für die Gewaltprävention ebenfalls eine zentrale Rolle spielen.

Die intrapersonale Problemperspektive der psychomotorischen Gewaltprävention

Die folgende Abbildung 3 veranschaulicht exemplarisch die erste Untermatrix, die intrapersonale Problemperspektive der psychomotorischen Gewaltprävention. Die einzelnen Felder stellen Kombinationen der oben ausführlich beschriebenen Dimen-sionen und Perspektiven dar. In ihnen werden die für die Gewaltprävention rele-vanten Phänomene sowie die entsprechenden psychomotorischen Interventions-bzw. Handlungsmöglichkeiten systematisiert. Die Tabelle erhebt dabei keinen An-spruch auf Vollständigkeit, sondern dient der Darstellung übergeordneter Zusam-menhänge. Zugleich sind (fettgedruckt) die zentralen Wirkkomponenten der psychomotorischen Gewaltprävention integriert (vgl. hierzu ausführlich Jessel, 2008b). Diesen Wirkkomponenten sind grundlegende Themen der psychomoto-rischen Gewaltprävention zugeordnet, die prinzipiell durch das gesamte Spektrum psychomotorischer Angebote bzw. Interventionen bearbeitbar sind.

		Zustand	Veränderung/Intervention
M O T I V A T I O N A L E P E R S P E K T I V E	impliziter Funktions-modus	**1** • unbewusste unerfüllte Bedürfnisse (nach Macht, Anerkennung, Selbstwerterhöhung etc.) • unbewusste affektlogische Prozesse (Sinnattraktoren, Komplettierungsdynamiken) • unbewusste Emotionen (Ärger, Wut, Angst, Hass, Ohnmacht etc.) (Täter, Opfer, Zuschauer) • unbewusste dysfunktionale motivationale Schemata (Vermei-dungsschemata etc.) • Verdrängung; Widerstand • Abwehrmechanismen • unbewusste Wahrnehmungs-muster (erhöhte Feindlichkeits-wahrnehmung etc.) • Gewaltbereitschaft, um das Selbstwertgefühl wiederherzu-stellen • unkontrollierte Wutausbrüche (Bereitschaft zu affektiver Gewalt) • Bedürfnis nach Selbstwerterhö-hung (Bereitschaft zu expressiver Gewalt) • Abwehraggression (spontan, impulsiv)	**2** • Klärungserfahrungen durch bewusstseins-schaffende Interventionen: • Wahrnehmen/Artikulieren von Emotionen, Bedürfnissen und körperlich-leiblichen Empfindungen • körperlich-leibliches Erleben von Bedürfnissen bei intrapersonalen Konflikten Bewusstmachung persönlicher Wahrnehmungsmuster und subjektiver Theorien • Auseinandersetzung mit dem subjektiven Sinn des Gewalt-, Opfer- bzw. Zuschauerverhaltens • Destabilisierung von Störungs-attraktoren: • Regeln, Grenzen, Konsequenzen, Konfrontation • Inkonsistenzreduktion durch Veränderung motivationaler/ emotionaler Schemata: • korrektive emotionale Erfahrungen • Auseinandersetzung mit der eigenen Identität (Entwicklungsthemen; Realselbst/Idealselbst etc.) • Entmythologisierung von Gewalt • geschlechtsreflektierende Psycho-motorik • phänomen., tiefenherm. und dialekt. Verstehen
	expliziter Funktions-modus	**3** • bewusste unerfüllte Bedürfnisse, als negativ empfundene Emoti-onen (Angst, Scham, Eifersucht etc.), problematische Wahrneh-mungsmuster und Erwartungen • bewusste dysfunktionale motivationale Schemata (Vermei-dungsschemata, Rechtfertigungs-muster, Neutralisierungstechniken, Konflikte zwischen Annäherungs- und Vermeidungsschemata) • Bereitschaft zu zweckrationaler und wertrationaler Gewalt • bewusste Suche nach emotionaler Befriedigung durch expressive Gewalt (intrinsische Gewaltmotive) • Bereitschaft zu gezielter Schmerz-zufügung (Vergeltungsaggression) • Abwehraggression (gezielt, bewusst)	**4** • Destabilisierung von Störungs-attraktoren: • Konfrontation, Umdeutungen, paradoxe Interventionen etc. • Umgang mit körperlichen/ emotionalen Grenzen • Verstörung gewaltfördernder Kognitionen und Rechtfertigungs-muster (Gut-Böse-Schemata etc.) • Inkonsistenzreduktion durch Veränderung motivationaler/ emotionaler Schemata: • korrektive emotionale Erfahrungen • Betonung persönlicher Verantwor-tung • Identitätsziele und -projekte • auf individuelle Bedürfnisse zugeschnittene Verstärkungspläne • Auseinandersetzung mit Risiken der Grenzenlosigkeit (Entmythologisie-rung von Gewalt etc.) • hermeneutisches Verstehen

		Zustand	Veränderung/Intervention
POTENTIALE PERSPEKTIVE	impliziter Funktions- modus	**5** • fehlende/defizitäre intrapersonale Bewältigungsstrategien/ Ressourcen • Gewalt- bzw. Opferverhalten als männliche/weibliche Lebens- bewältigung • Gewalt- bzw. Opferverhalten als Ausdruck biographischer Ohnmacht- bzw. Missachtungs- erfahrungen • Gewalt als Stabilisierung eines bedrohten Selbst (Bindungserfah- rungen, Traumata etc.) • Stressreaktionen auf problema- tische Entwicklungsthemen, kritische Lebensereignisse • Emotionsdysregulation (Angst, Unsicherheit etc.) • gewaltfördernder Habitus (täter- und opferbezogen) • mangelnde Selbstkontrolle als Risikofaktor für affektive Gewalt • Einfluss von Hormonen auf Gewaltbereitschaft	**6** • Klärungserfahrungen durch bewusstseins-schaffende Interventionen: • Auseinandersetzung mit gewalt- förderndem Täter-, Opfer-, Zuschauerverhalten (Habitus, Körpersprache etc.) • Destabilisierung von Störungs- attraktoren: • Konfrontation mit den Grenzen individueller bzw. männlicher/ weiblicher Bewältigungsstrategien • Entwicklung von intrapersonalen Bewältigungs-strategien: • Emotionsregulation, Impulskontrolle (Provokationen), positive Strategien der Angstbewältigung • Förderung der Ausdrucksfähigkeit • Überwindung von Opfergefähr- dungen • Entspannung, Meditation • individuell zugeschnittene Aspekte verschiedener (u. a. sozialer) Trainingsprogramme • gewaltfreies Ausleben von Aggressivität
	expliziter Funktions- modus	**7** • bewusst erlebte fehlende bzw. defizitäre Bewältigungsstrategien (täter-, opfer- und zuschauer- bezogen) • bewusst erlebte fehlende kognitive, sprachliche, körperlich- leibliche, motorische, emotionale oder soziale Kompetenzen bzw. Ressourcen • u. a. bewusst erlebte mangelnde Selbstkontrolle und Empathie- defizite • soziale Hemmungen oder Ängste • Komorbiditäten (z. B. AD(H)S, emotionale Störungen, Bindungs- störungen, Persönlichkeitsstörun- gen, Sucht)	**8** • Destabilisierung von Störungs- attraktoren: • Konfrontation mit Ressourcen- defiziten, Fehlern und Schwächen • Entwicklung von intrapersonalen Bewältigungs-strategien: • Selbstreflexions- und Selbstkritik- fähigkeit, Selbststeuerungsfähigkeit etc. • Erweiterung der sprachlichen, motorischen, körperlich-leiblichen, emotionalen, kognitiven und sozialen Kompetenzen • gewaltfreie Selbstwirksamkeits- erfahrungen • individuell zugeschnittene Aspekte verschiedener (u. a. sozialer) Trainingsprogramme • gewaltfreies Ausleben von Aggressivität

Abb. 3: Die intrapersonale Problemperspektive der psychomotorischen Gewaltprävention

HAVVA ENGIN

Bewegungsorientierte Sprachförderung für Kinder mit Deutsch als Zweitsprache – warum die Förderung von phonologischer und prosodischer Kompetenz so zentral ist

Ausgangssituation

Der KMK-Bericht „Bildung in Deutschland" (2006) sowie die Zahlen des Mikrozensus 2005 offenbarten, dass mittlerweile jeder fünfte Einwohner in Deutschland, dies sind rund 15,3 Mio. Menschen, einen sogenannten Migrationshintergrund hat, wobei der Anteil in der jüngsten Altersgruppe 0–6 Jahre über 32,5% liegt (Abb. 1). In einigen deutschen Großstädten wie Augsburg oder Stuttgart hat sogar die Hälfte der Kinder unter sechs Jahren einen sogenannten Migrationshintergrund. Schülerbefragungen an Grundschulen in verschiedenen Bundesländern ergaben, dass an diesen neben dem Deutschen eine große Zahl an Herkunftssprachen gespro-

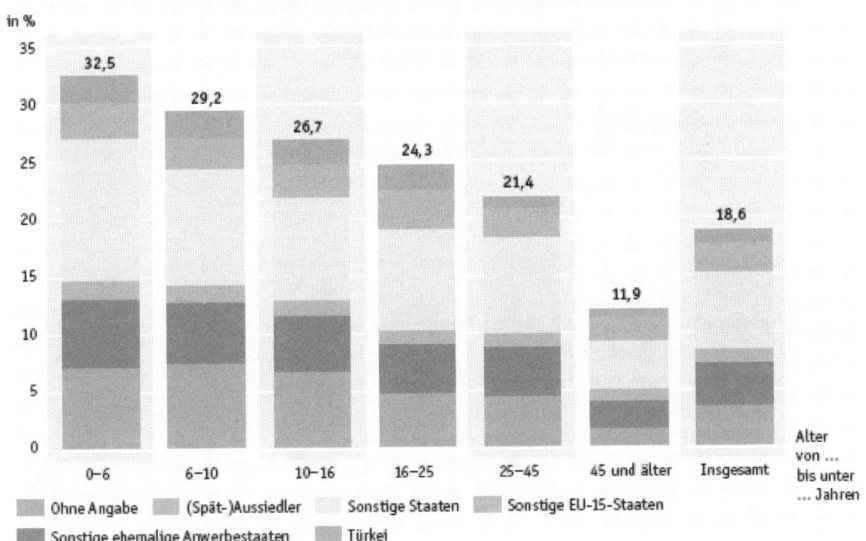

Abb. H2-3: Anteil der Bevölkerung mit Migrationshintergrund 2005 nach Altersgruppen und Herkunftsregionen (in %)

Quelle: Statistisches Bundesamt, Mikrozensus 2005 (vorläufige Ergebnisse)

Abb.1: Bildung in Deutschland (aus: Konsortium Bildungsberichterstattung, 2006)

chen wird und sich an dieser Praxis auch in den kommenden Jahren nichts Wesentliches ändert (vgl. Deutsches Jugendinstitut (DJI), 2000; Fürstenau, Gogolin & Yagmur, 2003; Chlosta, Ostermann & Schroeder, 2003).

Stand der Forschung

Bei den jährlich in allen Bundesländern durchgeführten Schuleingangsuntersuchungen sowie Sprachstandserhebungen schneiden Kinder mit Deutsch als Zweitsprache bei Sprachstandserhebungsverfahren wie beispielsweise dem HASE (Heidelberger Auditives Screening in der Schuleingangsphase), womit in Baden-Württemberg die Sprachkenntnisse überprüft werden, und dem DELFIN 4 (Diagnostik, Elternarbeit und Förderung der Sprachkompetenz 4-Jähriger in NRW) signifikant schlechter ab als einsprachig deutsche Kinder (Keilmann & Schöler, 2004; Landesregierung NRW, 2007).

Kinder mit Migrationshintergrund kommen also weiterhin mit heterogenen Deutschkenntnissen in den Kindergarten bzw. in die Grundschule und eine Studie des Deutschen Jugendinstituts mit Kindern im Alter von 5–11 Jahren in verschiedenen deutschen Großstädten zeigte, dass im Rahmen der familiären Sprachpraxis 38% der befragten Kinder ausschließlich die Erst-/Muttersprache verwenden, 50% einen Sprachenwechsel (Codeswitching/Codemixing) praktizieren und lediglich 12% nur Deutsch sprechen (Abb. 2) (vgl. DJI, 2000, S. 82).

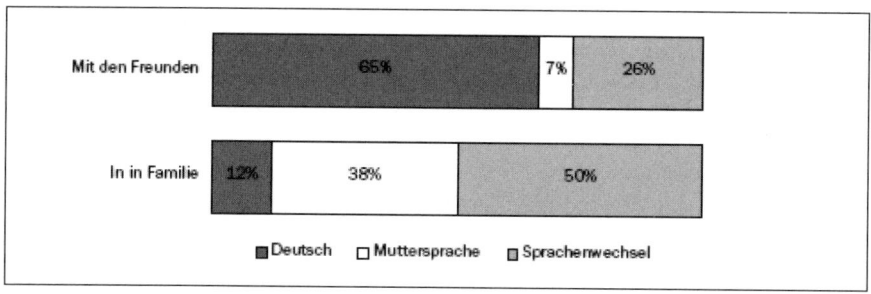

Abb. 2: Sprachverhalten unter Freunden und mit der Familie (DJI, 2000, S. 82)

Damit sind für die meisten Migrantenkinder der Kindergarten und später die Grundschule die zentralen Orte für den Erwerb der Zweitsprache Deutsch, d. h. es sind primär die schulisch-institutionellen Kontexte, die den Bildungserfolg von Migrantenkindern determinieren. Dies unterstreicht die herausragende Aufgabe der Bildungsinstitutionen des Elementar- und Primarbereichs, für diese Klientel von Anbeginn organisatorisch effektive und didaktisch-methodisch nachhaltige Förderangebote für den Erwerb des Deutschen als Zweitsprache zu formulieren.

Leider ist die pädagogische Realität in vielen Fällen von dieser Forderung weit entfernt. Auf die Schule bezogen, bemerkt Belke zu Recht (2003, S. 2):

„Sie werden nach Richtlinien unterrichtet, die für einsprachige deutsche Kinder gedacht sind, mit Lehrmaterialien, die das Deutsche als Muttersprache voraussetzen, von Lehrkräften, die für den muttersprachlichen Deutschunterricht ausgebildet sind. Die unterschiedlichen Bemühungen zur schulischen Integration nicht-deutschsprachiger Kinder haben noch kein Konzept erbracht, das deren sprachlichen Lernbedürfnissen und denen der deutschen Kinder gleichermaßen gerecht wird." Fakt ist leider, dass viele Elementar- und Primarpädagogen und -innen häufig über zu wenig Wissen über die Sprachbiografien der Migrantenkinder haben und kaum über linguistischen Besonderheiten der Migrantensprachen verfügen. Daher haben sie keine Erfahrungen, auf welche zu erwartenden Fehlerschwerpunkte der Kinder im Deutschen sie achten müssen (z. B. Artikel- und Präpositionsfehler bei Schülerinnen und Schülern mit türkischer Erstsprache) und auf welche grammatisch-syntaktischen Bereiche sie in der Sprachförderung fokussieren sollten.

Was sollte Sprachförderung im Kindergarten bzw. in der Grundschule leisten?

Die Sprachförderung bzw. der Deutsch-als-Zweitsprache-Unterricht in der Grundschule muss endlich den Blick vom Defizit- zum Ressourcenansatz vollziehen und eine institutionelle Berücksichtigung und Einbeziehung der mitgebrachten Erst-/Herkunftssprachen sicherstellen.

In der Sprachförderarbeit muss eine professionelle Sprachbeobachtung stattfinden, und zwar in der Form, dass eine kontinuierliche Dokumentation der kindlichen Sprachentwicklung erfolgt. Eine punktuelle Sprachstandsdiagnose mit anschließender förderdiagnostisch orientierter Sprachförderung „gaukelt" dagegen eine Objektivität und Wissenschaftlichkeit über den „gemessenen" kindlichen Sprachstand vor, die so nicht eingelöst werden kann – schon gar nicht, wenn bei mehrsprachigen Kindern ausschließlich die Deutschkenntnisse „überprüft" werden! Stattdessen sollte in der Grundschule eine präventive Sprachförderung realisiert werden, d. h. eine sprachliche Förderung der Kinder mit Berücksichtigung der linguistischen Besonderheiten der mitgebrachten Erst-/Herkunftssprachen, mit dem Ziel auf die zu erwartenden Förderschwerpunkte zu fokussieren.

Warum eine durch Bewegung unterstützte Sprachförderung für DaZ-Kinder sinnvoll ist

In therapeutischen bzw. sprachheilpädagogischen Kontexten ist anerkannt, dass Bewegung einen positiven Einfluss auf die kindliche Sprachentwicklung hat. Der in diesem Zusammenhang bekannteste Ansatz ist die integrierte Sprach- und Bewegungstherapie, die von Olbrich vertreten wird.

Empirisch gesicherte Daten über den Zusammenhang von Sprachentwicklung und motorischer Reife bei Kindern mit Deutsch als Zweitsprache liegen gegenwärtig noch nicht vor. Doch neuere neurobiologische und kognitionspsychologische Studien (vgl. Wendler, 2001; Spitzer, 2003; Gasse & Dobbelstein, 2003) zu kindlicher Sprachentwicklung zeigen, dass es effektiver für den Lernprozess ist, wenn Spracherwerb von Handlung begleitet bzw. mit Handlung verknüpft wird, da dadurch das Wissen im Gehirn vernetzt abgespeichert werden kann. Geht man von der Tatsache aus, dass Kinder einen natürlichen Bewegungstrieb und das Bedürfnis nach sinnlicher Erfahrung haben, so wird deutlich, wie viel Potenzial ein Sprachförderansatz enthält, der Sprache mit Bewegung kombiniert. Angesichts des Faktums, dass eine bedeutende Zahl der DaZ-Kinder in Schuleingangsuntersuchungen (vgl. z. B. Berlin, Schleswig-Holstein) eine Merkmalskombination aus nicht altersangemessen ausgebildeten Deutschkenntnissen, Verzögerungen in der motorischen Entwicklung sowie starkem Übergewicht zeigt, ist es notwendig, für diese einen Förderansatz zu konzipieren, in dessen Zentrum die präventive Förderung von Sprache und Motorik steht, die idealerweise im frühen Kindergartenalter beginnt.

Die herausragende Bedeutung des Erwerbs von „phonologischer Kompetenz" sowie „prosodischer Kompetenz"

Phonologie/Phonetik

Entwicklungsbiologisch ist die enge Verbindung zwischen Bewegung und Sprache in der „Sprachmotorik" angelegt, da zum Sprechen bestimmte motorische Prozesse notwendig sind (z. B. dass sich der Kehlkopf hebt und dass die Lippen und die Zunge koordiniert bewegt werden können). Mit der Möglichkeit der Bewegung von Sprechorganen und den Artikulationsmöglichkeiten der Stimme kann der Mensch eine Vielfalt an Lauten, Tönen und Geräuschen produzieren.

Die hoch komplexe Fertigkeit der normgerechten Artikulation muss während der individuellen Entwicklung der Erstsprache schrittweise angeeignet werden. Hierzu zählt, dass Kinder ungesteuert lernen, wie Laute kontrastiert und miteinander kombiniert werden, ebenso wie Laute je nach ihrer Stellung im Wort auf unterschiedliche Art und Weise auszusprechen sind.

Bei Kindern, die in zwei- bzw. mehrsprachigen Kontexten aufwachsen, was für die größte Gruppe der Kinder mit Migrationshintergrund zutrifft, müssen die Regeln der normgerechten Artikulation für die zweite Sprache ebenfalls schrittweise gelernt und angeeignet werden. Gerade für sie ist daher eine klare und verständliche Artikulation des pädagogischen Fachpersonals der Ausgangspunkt und die Basis aller sprachlichen Verständigung und eine „Überlebensfrage", was ihre weitere Bildungsbiografie betrifft.

Dies hat seine Ursache darin, dass sich das Lautinventar verschiedener Sprachen entschieden voneinander unterscheiden kann bzw. unterscheidet (z. B. Türkisch – Deutsch; Arabisch –Deutsch; Chinesisch – Deutsch). So kann es sein, dass DaZ-Kinder in ihrer Erstsprache Laute zu artikulieren gelernt haben, die sie in die Zweitsprache Deutsch übertragen, diese aber im Deutschen nicht existieren. Oder sie müssen in der Zweitsprache Deutsch Laute artikulieren lernen, die nicht im Lautinventar ihrer Erstsprache existieren, deren Artikulation also noch gezielt geübt werden muss. Prominente Beispiele sind z. B. der „ach"-Laut oder die Aussprache der Diphtonge im Deutschen, die es im Türkischen nicht gibt.

Didaktisch-methodische Konsequenzen

Körperliche und/oder musikalisch-rhythmische Bewegung kann entscheidend die Wahrnehmung und Artikulation sprachlicher Laute unterstützen. Kinder lernen eine zweite Sprache gut, wenn sie sich in die Laute (Phoneme) und Betonungsmuster der fremden Sprache einhören und dabei gleichzeitig durch eine bewegte Körpersprache des Sprachvorbildes (lebendige Mimik und sprechende Gestik) das Gesagte inhaltlich verstehen und nachvollziehen können.

Besonders zentral ist dieser Aspekt für Kinder mit Deutsch als Zweitsprache, da sie zunächst über das Hörverstehen aufmerksam für die neue Sprache werden und auf dem Gehörten aufbauend die eigene Sprechfähigkeit ausbilden.

Grundsätzliches Förderziel: „akustisches Identifizieren und Diskriminieren":

1. Erweiterung des Phonemsystems durch Sensibilisierung der Lautfilter;
2. Entwicklung von Hörstrategien für die deutsche Sprache bzw. für die deutschen Phoneme;
3. Schulung im Artikulieren in den Bereichen:
   a. Länge und Kürze der Vokale (Ofen – offen; Miete –Mitte – mit)
   b. Diphtonge und Umlaute (eu/äu, au, ei; Baum – Bäume)
   c. Doppelkonsonanten im Anlaut (pf, sp, st, ...)
   d. Auslautverhärtung
   e. Sprossvokale („Mogelbuchstaben") im Mündlichen (*Bulume)
4. Des Weiteren: Erkennen der identischen Grundstruktur von Morphemen (z. B.: „nahm" und „genommen" werden von „nehmen" abgeleitet!)

Übungsvorschläge

Die Einübung von Ausspracheformen und Betonungsmustern des Deutschen für Deutsch-als-Zweitsprache-Lerner kann mit Hilfe von Singspielen, Fingerspielen sowie einer Vielzahl an kreativen Rhythmikspielen, bei denen Körperbewegungen stimmlich begleitet werden, unterstützt werden. Diese erlauben, dass Kinder den Bedeutungsgehalt sowohl visuell als auch kinästhetisch wahrnehmen und kognitiv verankern.

Folgende exemplarische Übungsvorschläge sollen verdeutlichen, mit welchem Material zu den genannten sprachlichen Schwerpunkten gearbeitet werden kann:

- *Auditive Wahrnehmung der Phonem-Opposition kurz – offen versus lang – geschlossen*

Lautgedicht

O
Das *O*
ist rund
und deshalb
rollt es aus dem Mund
Ach wo
Doch doch
und innendrin
da ist ein Loch
Soso
Ist außen glatt

So wie
ein Po
das *O*

• *Auditive Wahrnehmung der Diphtonge und Umlaute im Deutschen*

Kleiner Käfer (Terhechte-Mermeroglu, zit. nach Engin, Müller-Böhm, Steinmüller
& Terhechte-Mermeroglu, 2004, S. 75)

Kribbel, krabbel, Käfer klein
Krabbelt dort im Sonnenschein!
Krabbelt hoch
und krabbelt runter,
ist den ganzen Tag
lang munter.

Fliegt mal hin
Und fliegt mal her,
das Fliegen fällt ihm gar nicht schwer.

Und er setzt sich auf meine Hand,
und krabbelt dort bis an den Rand,
dann helfe ich ihm und setze ihn gern
auf ein Blatt oder einen Blütenstern.

Zungenbrecher

Fischers Fritze fischt frische Fische.

• *Übung zum ch-Laut (besonders relevant für Kinder mit türkischer Erstsprache)*

Hexen-Zungenbrecher (Belke, 2007, S. 18)

Hexen sechs Hexen
um sechs Uhr sechs Echsen,
dann sind die sechs Echsen
sechs Hexenechsen.

• *Betonungsmuster im Deutschen*

Abzählverse (Tophinke, 2008, S. 31)

Pitsche, Patsche, putsche,
wir gehen auf die Rutsche.
Der Regen macht euch nass!
Sagt mal, wollt ihr das?
Jaaaaaaaaaaa!

Pitsche, patsche, putsch,
mach du auch mit und rutsch!

Zusammenfassung und Ausblick

Pädagogische Fachkräfte sollten wissen, dass die am häufigsten gesprochenen Migrantensprachen in Deutschland wie Türkisch, Russisch, Polnisch, Arabisch, Italienisch etc. mit anderen Regeln Wörter bilden und diese Regeln nicht minder komplex sind als die der deutschen Sprache. Es sollte ihnen bewusst werden, welche Leistungen bereits kleine Kinder beim Sprachenlernen in kürzester Zeit erbringen (müssen), um mehrere Sprachen gleichzeitig sprechen zu lernen. Diese Erkenntnis sollte ihren Blick auf die Kinder in positiver Weise verändern und dazu beitragen, die sprachlichen Leistungen der Kinder wertzuschätzen und anzuerkennen.

HANS JÜRGEN BEINS

Die spielen ja nur!?
Kinder zwischen Laptop und Sandkasten

„Kinder sollten mehr spielen, als viele Kinder es heutzutage tun. Denn wenn man genügend spielt, solange man klein ist – dann trägt man Schätze mit sich herum, aus denen man später sein ganzes Leben lang schöpfen kann. Dann weiß man, was es heißt, in sich eine warme, geheime Welt zu haben, die einem Kraft gibt, wenn das Leben schwer ist. Was auch geschieht, was man auch erlebt, man hat diese Welt in seinem Inneren, an die man sich halten kann."
(Astrid Lindgren)

Diese Aussage von Astrid Lindgren können viel Erwachsene gut nachvollziehen. Wir erinnern uns an Spielerlebnisse aus unserer Kindheit, auch wenn diese lange zurückliegen. Diese vielfältigen und individuellen Erlebnisse sind für unsere Entwicklung bedeutsam, denn sie sind eine Auseinandersetzung mit der eigenen Person und der materiellen und sozialen Umwelt. Das Kinderspiel hat früher überwiegend

draußen stattgefunden, es war geprägt durch viel Bewegung, einen geringen materiellen Aufwand (keine oder einfache Spielzeuge), durch das Spiel mit anderen Kindern und die weitgehende „Abwesenheit" von Erwachsenen.

Kindgemäße, naturnahe Spielräume für Kinder werden seltener. Das heutige Spiel der Kinder findet vermehrt in Kinderzimmern statt, wobei sie häufig allein spielen. Es ist nicht selten geprägt durch aufwendiges Spielzeug und moderne Medien. Die Welt der Kinder ist eine zwischen Laptop und Sandkasten und zwischen Gameboy und Klettergerüst. Das bewegte, spontane Spiel mit anderen Kindern ist seltener geworden. Dafür finden wir eine Institutionalisierung des Spiels von der Krabbelgruppe bis zum Sportverein.

Hier sind Erwachsene bestimmend, sie geben die Zeitrhythmen, die Inhalte und die Spielräume vor.

Erzieherinnen und Eltern stehen vor einem Dilemma, wenn sie an ihr eigenes, weitgehend selbstbestimmtes Spiel unter freiem Himmel denken. Brauchen Kinder heute ähnliche Erfahrungen, wie viele Erwachsene sie in ihrer eigenen Kindheit gemacht haben oder lassen sie sich beliebig durch andere Tätigkeiten ersetzen? Ist ein selbstbestimmtes, bewegtes Spiel mit anderen Kindern für die emotionale, motorische, soziale und kognitive Entwicklung grundlegend? Wie lassen sich heute solche Erfahrungen noch eröffnen?

Die Meinungen zur Bedeutung und Form des Spiels im Kindergarten gehen weit auseinander. So gibt es z. B. im Internet-Kindergarten den regelmäßigen Zugang zum PC und die Waldkindergärten setzen auf intensive Naturerfahrung. In vielen Einrichtungen finden sich zunehmend Förderprogramme mit kognitiven Schwerpunkten. Die „Abenteuer" mancher Kinder finden nicht selten im Zahlen- oder Buchstabenland statt. Was würde wohl Pippi Langstrumpf bzw. Astrid Lindgren davon halten?

Die Bewegung und das freie Spiel werden nicht selten vernachlässigt. Diejenigen, die den Kindern heute freudvolle Bewegungserfahrungen und sinnvolles Spiel eröffnen wollen, werden bei der Psychomotorik fündig.

Psychomotorik im Kindergarten

Psychomotorische Angebote eröffnen für Kinder geschützte Spiel- und Bewegungsräume. Pädagogen und Therapeuten schaffen einen Rahmen, bereiten einen Raum vor und stellen Gruppen zusammen. Auf dieser „Basis" ist spontanes Handeln und eine freie Entscheidung der Kinder möglich. Die Kinder machen positive, ganzkörperliche und emotionale Erfahrungen, sie erfassen die Welt aus erster Hand. Die Stärken der Kinder stehen im Mittelpunkt und ihnen wird eigenständiges Handeln ermöglicht. Wenn sie mit Rollbrettern Polizei, Feuerwehr und Verbrecherjagd spielen, geschieht dies in „ganzheitlichen Bedeutungszusammenhängen" (Zimmer, 2009a, S. 92). Das heißt, ihre ganze Person und nicht nur ihre Koordinationsfähigkeit und ihre Wahrnehmungsleistungen stehen im Vordergrund. Ziel ist es, dazu beizutragen, dass Kinder „ein positives Selbstkonzept" entwickeln. „Körper und Bewegungserfahrungen stellen […] für das Kind nicht nur wesentliche Medien der Aneignung der Wirklichkeit dar, sie werden auch als *Grundlage seiner Identitätsentwicklung* angesehen" (Zimmer, 2009a, S. 45).

Ein hohes Maß an Selbstbestimmung und Ent-
scheidungsfreiheit wird angestrebt und in der
Regel auch erreicht. Werden klassische Kin-
derspiele ausprobiert, wird mit Regeln frei und
lebendig umgegangen. Die Regeln dienen den
Kindern und nicht umgekehrt. Sie sind Absprachen zur Strukturierung der Spielsituation
und können den Bedürfnissen entsprechend
abgeändert werden. Psychomotorikerinnen
bringen sich dabei als Mitspieler ein, begeben
sich mit Kindern auf eine Ebene (z. B. wenn
sie auf dem Rollbrett liegend mit den Kindern
auf Augenhöhe sind) und sind nicht immer die
Besserwisser. Raum für Fehler zu geben, gehört zu einer Spiel- und Lernkultur, die Entwicklung und nicht Stillstand möchte. So ist
es nicht ungewöhnlich, wenn in einer Psycho-

motorikstunde ein Geräteaufbau auf unterschiedlichste Art und Weise von den Kindern genutzt oder möglicherweise komplett umgebaut wird.
Der Erwachsene ist liebevoller und verantwortlicher Begleiter. Die Psychomotorik
nach Prof. E. J. Kiphard hat diesen Gedanken besonders betont. Sich auf die Beziehung zum Kind einzulassen und Kindern in der Gegenwart zu begegnen, ohne dabei
ausschließlich an die Zukunft der Kinder zu denken, ist Grundvoraussetzung für das
gemeinsame Spiel.
Lebendig umgesetzte Psychomotorik schafft Anlässe und Räume, wo Kinder sich
bewegen, wo sie handeln, spielen und lernen. Kinder wollen genauso wenig wie wir
Erwachsene belehrt, behandelt, bespielt und bewegt werden!

Einige Praxisbeispiele

Flizziparcours

Kinder, die schon Grunderfahrungen auf dem Rollbrett (Flizzi) gemacht haben, suchen sich neue Herausforderungen, wie z. B. einen Parcours. Hier sind Pylonen
(Kunststoffhütchen), Zollstöcke, Gymnastikstäbe mit Stabhaltern und -klammern
gute Hilfsmittel. Auch aus Tischen mit einer Decke für die Seiten entsteht schnell ein
Tunnel. Wichtig ist, dass die Kinder selbstständig ihren Weg entwickeln und die
Erzieherin ihnen bei Bedarf hilft. Die individuelle Bewältigung des Weges ist wichtig, nicht die Zeit, die dafür benötigt wird.

Die Frisbee-Jäger

Alle Kinder sind Jäger und tragen einen Soft-Frisbee als Hut auf dem Kopf. Sie begrüßen sich durch kräftiges Händeschütteln, sodass die Hüte wackeln und evtl. run-
terfallen. „Im Wald" angekommen, klettern, balancieren und springen sie, möglichst
ohne die Hüte dabei zu verlieren. Oh, da ist ein frecher Bär auf unseren Hochsitz

geklettert (die Erzieherin steht auf einem kleinen Kasten oder einem Stuhl und die Kinder versuchen den Hut der Erzieherin zu treffen). Getroffen! Jetzt geht es auf Hasenjagd. Die Erzieherin oder 1–4 Kinder haben alle Frisbees als Wurfmaterial und versuchen die anderen damit zu treffen. Die Getroffenen erstarren – die Starre wird bei Berührung durch die Mitspieler gelöst. So eine Jagd ist anstrengend, da brauchen die Jäger (und Hasen) Erholung. Abwechselnd fächern sich zwei Partner mit ein oder zwei Frisbees frische Luft zu – so geht die Jagd entspannt zu Ende.

Die Spinnen – ein Kitzelspiel für den Rücken

Bei diesem Partnerspiel ist eine Sitz- oder Liegeposition auf dem Bauch möglich.
Hoch oben in den Regenrinnen
sitzen zwei kleine freche Spinnen ...
(Beide Hände laufen mit den einzelnen Fingern auf den Schultern hin und her.)
Hi-hi-h,. so denken sie munter,
jetzt kommen wir zu dir herunter ...
(Beide Hände trippeln senkrecht den Rücken herunter.)
Sie krabbeln hin, sie krabbeln her,
das fällt den Spinnen gar nicht schwer ...
(Mit beiden Händen kreisförmig von unten nach oben laufen.)
Kommt der Wind und schaukelt dann
unsere kleinen Spinnen an ...
(Mit den flachen Händen zweimal von unten nach oben und umgekehrt streichen.)
Doch die kleinen frechen Spinnen
ziehen sich hoch zu ihren Rinnen ...
(Mit den Fingern den Rücken hinauf krabbeln.)
Oh, la la, was sehen sie da,
deine Seiten sind ja auch noch da ...
(Mit den Fingern an beiden Körperseiten nach unten krabbeln.)
Hi-hi-hi, jetzt beißen sie zu
und verschwinden dann im Nu.
(Mit beiden Händen in die Hüften zwicken und dann die Hände verstecken.)
(Aus: Beins & Cox, 2002: Die spielen ja nur!?)

Tisch decken

Dieser Tisch ist etwas Besonderes, ein echter Wackeltisch, der seine Tücken hat. Zunächst wird eine stabile Pappröhre von ca. einem Meter Höhe aufgestellt. Je nach Untergrund und Röhre sollte sie am Fuß noch etwas stabilisiert werden. Darauf liegen ein Gymnastikball aus Gummi und ein rundes Sperrholzbrett. Auf diesen labilen Untergrund werden nun Gegenstände (z. B. Holzklötze, kleine Gummireifen, Plastikbecher) gelegt, die nicht rollen und die beim Fall nicht kaputt gehen.

Sehr beliebt ist das Tisch decken: Der Wackeltisch wird mit Plastikgeschirr wie ein richtiger Tisch gedeckt. Im Außengelände können die Kinder auch versuchen die Becher mit Wasser zu füllen.

INGRID CLAUSMEYER

Ene mene mu und aus bist du – Sprachförderung durch Bewegung, Tanz, Reim und Rhythmus!

Sprache und Sprechen sind Grundlagen der menschlichen Kommunikation und von größter Bedeutung für die ganzheitliche Persönlichkeitsentwicklung des Kindes. Spätestens durch die Ergebnisse der PISA Studie wurden die Probleme, die mit unzureichender Sprachkompetenz einher gehen, einer breiten Öffentlichkeit deutlich und die Notwendigkeit von vorschulischen Sprachfördermaßnahmen erkannt.

Warum und wodurch lernt ein Kind sprechen?

Die Sprachentwicklung ist ein vielschichtiger, ganzheitlicher Entwicklungsprozess, der parallel zu Veränderungen in den Entwicklungsbereichen Motorik, Wahrnehmung, Spiel-, Sozialverhalten und Kognition verläuft. Dabei verläuft die Evolution der genannten Bereiche nicht isoliert nebeneinander, sondern miteinander vernetzt. Im Verlauf dieses kontinuierlichen, aktiven, selbstgesteuerten, synergetischen Prozesses erwirbt das Kind das muttersprachlich spezifische Lautsystem, Wortschatz und Wortbedeutung, Grammatik, den kommunikativen Gebrauch von Sprache sowie metasprachliche Kompetenzen, wie z. B. die „Phonologische Bewusstheit". Dabei beruht der Spracherwerb zum einen auf genetischen Dispositionen, die sich aus neuroanatomischen Strukturen ergeben. Das bedeutet, Sprachentwicklung ist bis zu einem bestimmten Grad einfach eine Konsequenz der Gehirnreifung, der Vernetzung von Broca-Areal (ein motorisches Sprachzentrum, zuständig für Sprachproduktion und die grammatikalische Korrektheit und Bedeutung einer Wortfolge) und Wernicke-Areal (ein sensorisches Sprachzentrum, das zuständig ist für das Sprachverstehen und die Verarbeitung von Lexik) im Gehirn und der Feinabstimmung der Verbindungen zwischen ihnen. Dieser Entwicklungsverlauf ist Teil eines genetischen Gesamtprogramms, das in der frühen Embryonalphase beginnt und den Verlauf der Gehirnentwicklung steuert (vgl. Eliot, 2001). So gesehen, ist der Mensch zur Sprache „verurteilt", er ist neurologisch so konzipiert, dass er Sprechen lernen wird. Damit Spracherwerb gelingen kann, braucht es jedoch auch das Hinzukommen externer sozial-emotionaler und senso-motorischer Bedingungsfaktoren, wie z. B. Liebe, Zuwendung, lebendige Interaktion und Kommunikation mit Sprachvorbildern in einer anregenden Umgebung, die zur Verwendung von Sprache motiviert und in der sich Wahrnehmung und Bewegung entwickeln können. Unter den genannten Bedingungen lernt ein Kind eigentlich „automatisch" sprechen; ganz ohne Sprachförderkonzept und andere besondere didaktisch-methodische Anstrengungen. Einfach so und ganz umsonst, denn Kinder sind Selbstlerner.

Welche Bedeutung haben Bewegung (Tanz) und Wahrnehmung für die Sprachentwicklung?

Bewegungs- und Wahrnehmungserfahrungen bedingen sich gegenseitig, stehen in einer untrennbaren Wechselwirkung zueinander und stellen die Basis für kindliches Lernen dar. Bewegung entwickelt sich durch Wahrnehmung und Wahrnehmung durch Bewegung. Der Begriff der Sensomotorik bringt diese Tatsache gut zum Ausdruck. Das „Begreifen" wird so zur Voraussetzung für die Bildung von Begriffen und damit zur semantischen Grundlage für den Erwerb von Sprache. Über die Bewegung im Raum werden Raumvorstellungen und Zeitstrukturen entwickelt. Das Erinnern und der symbolische Umgang mit Bewegungshandlungen führt zur weiteren Entwicklung von Denkvorgängen und Sprache. Sprache als sehr anspruchsvolle Form der Organisation räumlicher und zeitlicher Wahrnehmungsstrukturen ist somit auf Bewegung angewiesen, um mit Hilfe der Sprache eine innere Repräsentation der Wirklichkeit zu erschaffen. Dem Tanzen, als sensible Bewegung in der Auseinandersetzung mit Raum, Zeit und Dynamik kommt hier eine besondere Rolle als Möglichkeit der ganzheitlichen Wahrnehmungsschulung zu.

Besonders interessant ist die intensive neurophysiologische Vernetzung, die zwischen Sprache und Handgeschicklichkeit besteht. Die motorischen Areale für Sprache und Fingerbeweglichkeit überschneiden sich teilweise auf der Hirnrinde und stehen so in einer engen wechselseitigen Beziehung. Dem Daumen, durch den anatomisch gesehen das Greifen erst möglich ist, kommt in diesem Kontext noch besondere Bedeutung zu. Durch gezielte, regelmäßige Fingerspiele kann das Sprechen aktiviert und unterstützt werden. Generationen unserer Vorfahren haben so mit Hilfe einer „intuitiven Didaktik" ihre Kinder mit Handgestenspielen etc. in der Sprachentwicklung gefördert.

Welche Bedeutung haben Klang, Reim und Rhythmus für die Sprachentwicklung?

Melodie, Rhythmus und Akzentuierung sind die Klangmerkmale (prosodische Elemente) von Sprache. Sie sind der Schlüssel, mit dessen Hilfe sich das Kind Informationen über die ihn umgebende Sprache erschließt. Kinder werden im Alltag mit so etwas wie einem „Sprachbad" überschüttet. „In phonetischer Hinsicht bildet die gesprochene Sprache ein dynamisches Kontinuum, innerhalb dessen keine Lautgrenzen erkennbar sind" (Röber-Siekmeyer & Tophinke, 2003, S. 48). Das heißt, die elementare Aufgabe des Kindes besteht zunächst darin, aus kurz aufeinanderfolgenden akustischen Ereignissen Wörter herauszufiltern. Diese wahrlich nicht triviale Aufgabe, prosodische Informationen zu entschlüsseln, löst das Kind mit Hilfe einer Art „Wortfilter", der bereits pränatal (etwa ab der 27. Schwangerschaftswoche) wirksam wird, und der es ihm erlaubt, das Betonungsmuster, den Rhythmus seiner Muttersprache zu erfassen. Dieser Sprachrhythmus entsteht durch die Abfolge von betonten und unbetonten Silben. Die Deutsche Sprache bevorzugt als Rhythmus den Trochäus, dass heißt, die Betonung der ersten Silbe (**Blu** – me). Mit Hilfe des genannten prosodischen Wortfilters entschlüsselt das Kind sprachliche Informationen, indem es eine metrische Segmentierungsstrategie verfolgt, d. h. es vermutet vor einer betonten Silbe eine Wortgrenze und integriert die folgende unbetonte Silbe in diese Wortform. Die Silbe ist somit das Gliederungsinstrument, das Kindern „aus dem Bauch heraus" zur Verfügung steht. Die beschriebene Segmentierungsstrategie ist nicht nur grundlegend für den Wortbildungsprozess sondern wird im weiteren Verlauf des kindlichen Spracherwerbs über sogenannte „Bootstrapping-Verfahren" (Hilfslernverfahren) auf andere Bereiche wie den Grammatikerwerb übertragen.

Die vorangegangenen Ausführungen machen deutlich, dass die Sprechsilbe als rhythmische Sprecheinheit und als Hilfsmittel zur weiteren lautlichen Analyse den Kindern relativ leicht zugänglich ist. Fingerspiele, Abzählverse, Sprechverse, Bewegungslieder nutzen die Silbe als rhythmische Einheit. Da die Silbe an sich keine Bedeutung trägt, wird an dieser Stelle die Bedeutungsebene des Wortes verlassen und die Aufmerksamkeit auf den Klang des Wortes gelenkt. Sprachspiele die auf Silben- oder Reimebene basieren, können im Vorschulbereich dem Kind große Hilfe sein, grobe Segmentierungsstrategien zu entwickeln, wie z. B. die phonologische Bewusstheit im engeren Sinn. Abzählreime wie „Ene, mene, mu" und Klatschspiele wie „Bei Meiers hat's gebrannt" nutzen diese Stärke von Silbe und Reim spielerisch.

Welche Bedeutung haben Musik und insbesondere Lieder für die Sprachentwicklung?

- Sprache und Musik sind enge Verwandte. Beide unterliegen den Regeln der Prosodie, (Melodie, Rhythmus, Kontrast), werden durch den Atem geregelt und neurologisch identisch verarbeitet.
- Reime und Lieder vermitteln Wortschatz und grammatische Formen. Kinder können beim Sprechen und Singen sprachliche Strukturen übernehmen, die noch nicht zum Repertoire ihrer Spontansprache gehören.
- Singen fördert die Artikulation, die Intonation und den Sprachrhythmus. Reim, Rhythmus und Bewegung unterstützen die genaue Reproduktion, verhindern das Weglassen wichtiger Morpheme und Funktionswörter und unterstützen die Merkfähigkeit.
- Häufiges Singen führt zu einer kindgemäßen Form der Wiederholung und des Übens von Sprachstrukturen.
- Kindern mit nicht-deutscher Muttersprache geben Lieder und Reime Sicherheit, durch die regelgerechte Anwendung von Sprachstrukturen in den Texten.
- Durch die Kopplung von Sprache und Musik, kontrolliert durch das Ohr, wird die Fähigkeit der sensorischen Differenzierung trainiert, die wiederum für die richtige Speicherung des Gehörten benötigt wird.
- Lieder stimulieren die Motorik, die auf ihre Weise den Lernprozess und das Erinnern des Gelernten unterstützen (vgl. Fuchs & Röber, 2005).

Nicht vergessen werden soll in diesem Zusammenhang, dass Kinder an Sprachspielen über die Freude am Klang zum aktiven Sprechen angeregt und so in ihrer Sprachentwicklung gefördert werden. Sprechen entwickelt sich durch Sprechen, durch den aktiven Sprachvollzug in der lebendigen Kommunikation und nicht durch das Hören von Sprache in den Medien oder allein vor dem Computer. Durch die ständigen Wiederholungen stärkt rhythmisch gesprochene Sprache den Atemstrom und fördert so durch die bessere Belüftung des Nasen-, Rachen- und Ohrenraumes die gesunde Bildung der Sprechorgane.

Zusammenfassend ist zu konstatieren, dass unsere Vorfahren über Generationen hinweg intuitiv ihren Nachwuchs durch Tänze, Lieder und Reime in der Grob- und Feinmotorik, in der Sprachentwicklung gefördert haben. Hieraus ergibt sich didaktisch die Konsequenz, dass Spielangebote mit Tanz, Musik und Sprachspielen einen ganzheitlichen Powercocktail für die Entwicklung des Kindes darstellen und einen festen Stellenwert in der vorschulischen und schulischen Erziehung verdienen.

Ergänzend zu den theoretischen Ausführungen wurden vielfältige praktische Fördermöglichkeiten des oben genannten Ansatzes vorgestellt. Beispielhaft hierfür soll genannt werden:

Schnecke geht spazieren heut – ein kurzes, witziges Fingerspiel

Schnecke geht spazieren heut'
das Regenwetter macht ihr Freud'.

Abbildung 1: Die rechte Hand wird zur Faust geballt, Zeige – und Mittelfinger ausgestreckt. Die linke Hand wird geballt auf der rechten Hand platziert.

Die Fühler hat sie ausgesteckt,
doch ach! Jetzt hat sie mich entdeckt.

Abbildung 2: Die linke Hand dreht sich so, dass „die Fühler der Schnecke" dem Sprecher in die Augen schauen.

Sie zieht vor Schreck die Fühler ein
und kriecht ins Schneckenhaus hinein.

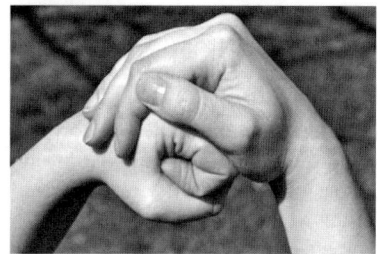

Abbildung 3: Die rechte Hand schließt sich zur Faust und wird von der linken Hand bedeckt.

GISELA HUCKRIEDE

Mehrsprachigkeit und Bewegung

Im Elementarbereich nimmt die Sprachförderung eine zentrale Rolle in der Entwicklungsförderdung ein bei Kindern mit und ohne Migrationshintergrund. Sprachförderung kann aber auch eine besondere Aufgabe im Rahmen der Bewegungserziehung sein.

Deutschland ist auf dem Weg in eine mehrsprachige Zukunft. Die PISA-Studie hat jedoch gezeigt, dass insbesondere Kinder mit Migrationshintergrund erhebliche sprachliche Defizite in allen Sachfächern haben, nicht nur in Deutsch. Diese Kinder verlassen häufiger als Kinder ohne Migrationshintergrund die Schulen ohne Schulabschluss. Deshalb ist ein neuer Blick auf den Zweitspracherwerb des Deutschen wesentlich. Die Begrifflichkeit zu Herkunfts- und Neusprache ist vielfältig, z. B. „Familiensprache", „Muttersprache", „Erstsprache", „Landessprache", „Deutsch als Zweitsprache" (DaZ), „Migrantensprache", „Fremdsprache". Es liegen derzeit für Deutschland jedoch nur wenige Forschungsergebnisse im Bereich der Zweisprachigkeit vor. Studien hierzu finden sich eher in Ländern wie Kanada, Belgien, Südafrika und Australien.

Kleine Kinder lernen Sprachen im frühen Alter durch Kommunikation, nicht durch abstrakten Sprachunterricht. Somit kann der Spracherwerb als eine aktive Auseinandersetzung mit der Umwelt gesehen werden. Kinder haben dabei ganz verschiedene Lernstrategien. Wissenschaftler sprechen von „Sprachbad", „ungesteuertem Spracherwerb" und „gesteuertem Spracherwerb". Eine besondere Herausforderung im Kindergartenalltag stellen in diesem Zusammenhang Gruppen mit einem hohen Anteil an DaZ-Kindern dar: Diese Kinder benötigen nicht nur ein Sprachbad, für sie ist außerdem eine von den pädagogischen Fachkräften gesteuerte sprachliche Begleitung wesentlich. Eben weil auch das Erlernen der deutschen Sprache in den Herkunftsfamilien der Kinder mit Migrationshintergrund oft nicht in Form eines Sprachbades erfolgen kann, ist es wichtig, dass ErzieherInnen und LehrerInnen die betreffenden Kinder beim Erlernen des Deutschen unterstützen. Dabei ist zu bedenken, dass, wer Kindern Sprache vermitteln will, sie selbst beherrschen muss (vgl. Tracy, 2007). Dieses erfordert neben kommunikativen Fähigkeiten ausreichend implizites und explizites Wissen über Sprache im Allgemeinen sowie den Zweitspracherwerb im Besonderen.

Kleine Kinder sind sprachinteressiert, sie sind flexibel und sehr anpassungsfähig. Sie erwerben eine weitere Sprache schneller als Erwachsene und sind fähig, mehrere Sprachen gleichzeitig zu erlernen. Das Sprechenlernen ist dabei abhängig von Bedingungsfaktoren der Umwelt. Qualität und Quantität der Kommunikation sowie die dort herrschende Einstellung zur betreffenden Sprache spielen eine zentrale Rolle. Eine gezielte Spracharbeit systematisiert und vertieft diesen Spracherwerbsprozess auch bei Bewegungsspielen. Eine Sprache zu erlernen ist mehr als Sprechen. Für die Kinder ist die Beherrschung der Sprache zunächst nicht das Ziel, sondern vielmehr ein Medium zur Erreichung von Zielen. Sie wollen mit anderen Menschen sprechen können, die Welt kennenlernen, verstehen lernen und auch selbst verstanden werden, Bedürfnisse mitteilen, sie wollen sich angenommen fühlen und eine gute Beziehung zu den Erwachsenen haben. Sprachliches Lernen ist dabei immer auch mit sozialem Lernen verbunden. In Familien und Nachbarschaften werden Sprachen ähnlich gesprochen. Beispiele hierfür sind die Dialekte in Süddeutschland und das Plattdeutsche in Norddeutschland. Überall auf der Welt finden Menschen heraus, wer ihre Landsleute sind, wenn sie in gemischten internationalen Gruppen zusammen sind.

Es gibt viele Vorurteile über Zweisprachigkeit. So lässt sich immer wieder hören, Mehrsprachigkeit überfordere Kinder, sie lernten weder die eine noch die andere Sprache richtig, sie hätten keine Muttersprache mehr, sie könnten sprachlich verspätet sein, sie könnten sprachlich nicht so kreativ sein. Das bisherige Verständnis vom Zweitspracherwerb in Schulen sieht häufig vor, dass Deutsch im Deutschunterricht gelernt werden solle und muttersprachlicher Unterricht als schädlich für das Erlernen der deutschen Sprache zu betrachten sei. Diese Haltung kennzeichnet gelegentlich einen gewissen Habitus von Schulen, welcher Kultur und Herkunftssprache der Kinder weitgehend ignoriert. Problematisch ist zudem, dass es fast nur deutschsprachige ErzieherInnen und LehrerInnen gibt. Die Alphabetisierung der DaZ-Kinder beginnt in der Schule mit der Fremdsprache Deutsch und ohne eine eigene Fremdsprachendidaktik für den Anfangsunterricht. Bisher sah man die Förderung der deutschen Sprache als alleinige Aufgabe des Faches „Deutsch als Zweitsprache" an.

Kindliche Mehrsprachigkeit bedeutet nach Tracy (2007) nicht zwangsläufig Überforderung. Mehrsprachigkeit ist auf der Welt kein Ausnahmezustand und in multilingualen Lerngruppen können Kinder sehr gut interkulturelle Verständigung und die Landessprache zugleich lernen. Mehrsprachigkeit sollte als Chance verstanden werden. So bringt Mehrsprachigkeit in der Konsequenz Möglichkeiten mit sich, die auf der Ebene des Individuums Schul- und Berufserfolg beeinflussen sowie auf der Ebene der Gesellschaft wirtschaftlichen und kulturellen Interessen dienen können.

Was bedeutet dies nun für Sprache und Bewegung? Bewegungsangebote ermöglichen Kindern beispielsweise den Wortschatz für verschiedene Bewegungsarten schnell und differenziert zu lernen. Hierzu gehören Wörter wie „langsam", „schnell", „hoch", „tief", „schwingen", „steigen", „rennen", „laufen", „hüpfen", „über", „unter", „vor", „neben", „hinter" usw. Ebenfalls können Spiele, die Sprachelemente enthalten, helfen Sprachlernprozesse zu unterstützen. Dies sind z. B. Rollenspiele, Fantasiegeschichten, Bewegungslandschaften, bewegte Kreis- und Singspiele. Die Aufgabe der Lehrer und Erzieherinnen ist es, neben der Schaffung einer anregenden Bewegungs- und Sprachumwelt, u. a. die Bewegungsaktivitäten der Kinder sprachlich differenziert zu kommentieren, wo es angebracht ist. Wenn alle Bewegungsspielhandlungen auch als Sprachsituationen verstanden werden, ergibt sich eine Vielfalt von Lernmöglichkeiten zum Erwerb der deutschen Sprache.

Das besondere Bedürfnis der Kinder nach Bewegung und sinnlicher Wahrnehmung kann somit als ein sinnvoller Ausgangspunkt für Sprachlernprozesse insbesondere beim Zweitspracherwerb betrachtet werden.

VI

Bewegen und Wahrnehmen

MARIA THÜNEMANN-ALBERS

Im Leben Fuß fassen!

Barfuß unterwegs – sinnvolle, natürliche und naturnahe Erfahrung in der psychomotorischen Praxis im Kindergarten- und Schulalltag

„Es ist nicht der Fuß, der fühlt, sondern der Mensch, der ‚ganz Fuß' ist;
es ist nicht der Fuß, der sich bewegt, sondern der bewegte und sich bewegende
Mensch."
(Kükelhaus, 1979, S. 8)

Auch wir Menschen der Postmoderne beziehen in unserem alltäglichen Sprachge-
brauch die Füße selbstverständlich mit ein. Redewendungen wie z. B. „im Leben
Fuß fassen", „den Boden unter den Füßen verlieren", „über die eigenen Füße/Beine
stolpern", „jemandem auf die Füße helfen", „kalte Füße kriegen", „jemanden/etwas
mit Füßen treten" oder „die Füße unter den Arm nehmen" werden in ihrer Symbolik
für viele Lebenssituationen angewandt. Schon allein dadurch wird die Bedeutung
der „tragenden Säulen" unseres Körpers verdeutlicht und ihnen eine wichtige Rolle
zugeschrieben.
Dies müsste sich im konkreten Umgang mit unseren Füßen doch dementsprechend
spiegeln, wobei die Realität leider ein anderes Bild offenlegt.
In der Säuglings- und Kleinkindphase ist Berühren und Spielen mit ihnen noch
selbstverständlich. Das Massieren und Streicheln der Füße und Spielen mit ihnen
erzeugt Wonne, Wohlgefühl, bereitet großes Vergnügen.
Beherrschen Kinder nach langer Übung sicher das Gehen und Laufen, machen die
Füße genau das, was von ihnen verlangt wird. Sie heben sich, sie senken sich, sie
strecken sich und sie tragen uns im Laufe eines Lebens über 160000 km weit. Sie
sind wahre Wunderwerke der Natur und geniale Alleskönner und machen jedes Jahr
durchschnittlich über 5 Millionen Schritte. Allein in den Füßen befinden sich ein
Viertel der 208 Knochen des menschlichen Körpers.
Viele PsychologInnen, PädagogInnen und MedizinerInnen richten den Blick aber
nicht nur auf die komplexe funktional-gesundheitliche Bedeutung der Füße und betrachten sie nicht nur als Basis für Aktivitäten. Denn genau wie an den Händen befinden sich an Fußsohle und Zehen Nerven/Rezeptoren der Haut in besonders hoher
Dichte wie sonst nur an Lippe, Zunge und Fingerspitzen. Das bedeutet, die Füße
sind ebenso feinfühlig und empfindlich wie die Hände. Wir fühlen und nehmen fort-
während intensiv mit ihnen alle Reize auf, die sich ihnen bieten, und diese Sinneswahrnehmungen werden mit spezifischen Gefühlen verknüpft. Bekommen wir z. B.
kalte Füße, löst dieser Zustand auch eine psychische „Antwort" aus. Nicht nur im

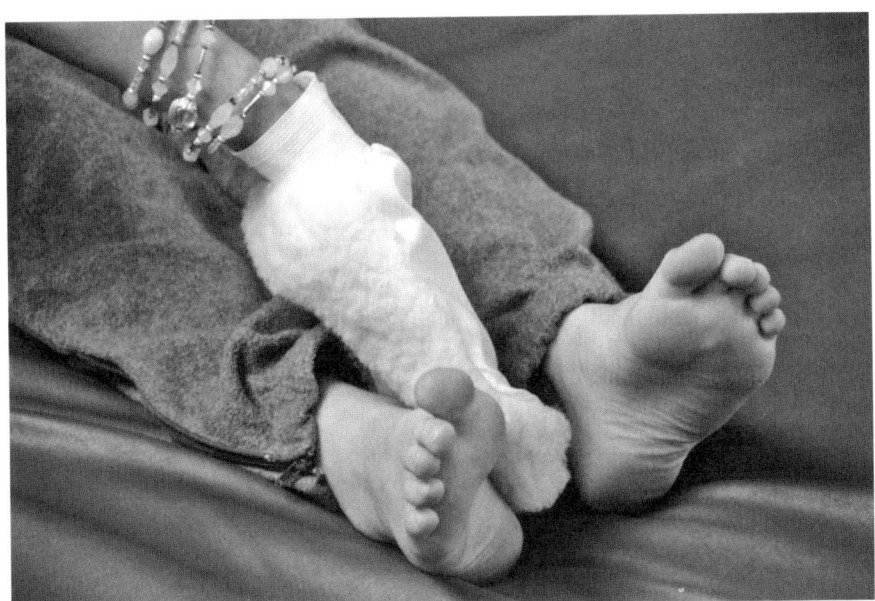

Eine gute und intensive Erfahrung von Mutter/Vater/ErzieherIn und Kind: an den Füßen mit selbstgewählten Materialien gestreichelt und massiert werden

Säuglings-, Kleinkind- und Schulalter, sondern auch noch als Erwachsene bereitet z. B. eine Fußmassage eine entspannende, wohltuende, belebende und erfrischende Wirkung.

Berührung der Füße kann auf vielfältige Art und Weise geschehen. In der Beziehung und im Dialog mit Kindern könnte dieses positive Element der Körper-/Selbstwahrnehmung mit einer besonderen Zuwendung und Aufmerksamkeit wertvolle „Lebenselexier-Momente" hervorbringen und ganzheitliche Entwicklung, Bildung und Lernen unterstützen. Auch sonst könnten sich einfache, aber nicht weniger wirkungsvolle und angenehme gemeinsame situativ oder bewusst geplant eingesetzte „Fuß-Erlebnisse" für beide Seiten – Kind und Erwachsener – ergeben.

Im Kontext der neuen Bildungsdimensionen und zur Entwicklung und Förderung des Selbst- und Körperbewusstseins innerhalb der Psychomotorik gehört, dass jeder Körperzone – vom Scheitel bis zur Fußsohle – gleichviel Aufmerksamkeit gewidmet wird. Somit sollte unbedingt die positive und sinnliche Wahrnehmung der Füße nicht vernachlässigt werden, was jedoch in der Praxis sowie in der Fachliteratur leider häufig zu kurz kommt. Welche Gründe liegen dafür vor? Was bewirkt das Vorhanden- oder Nichtvorhandensein eines „Fuß-bewusstseins"? Feinmotorik bzw. Händigkeit zu fördern erscheint logisch und sinnvoll, „Füßigkeit" dagegen führt immer noch ein „Schattendasein". Aber gerade auch ein natürlicher, spielerisch-lustvoller „Fuß-Umgang" kann Kinder und die sie begleitenden PädagogInnen dabei unterstützen, nicht – im übertragenen Sinne – den Boden unter den Füßen zu verlieren! Dies kann in ganzheitlich ausgerichtete Lern- und Wahrnehmungsprozesse eingebunden werden und sie somit verstärken.

Die Leitfrage: Wie und wodurch könnte ein selbstverständlicherer, positiver und gesunder Umgang mit den ‚tragenden Säulen unseres Körpers' verstärkt werden?" sollte uns bei allen Überlegungen begleiten.

Die folgenden Anregungen sollen nur Anstoß für das Kreieren ganz eigener „Fuß-ideen" sein: z. B. Entwicklung und Angebot einer „Fuß-Werkstatt" für den Innen- und Außenraum als sinnvolle Unterstützung der prozessorientierten/ganzheitlichen Bildungsarbeit.

Je nach Alter und Entwicklung könnten als Einstimmung „Fußfragen" und „Fußauf-gaben" entwickelt werden:

• Was können meine Füße alles?
• Was mögen meine Füße, was nicht?
• Was magst Du an Deinen Füßen?
• Charakterisiere Deine Füße!
• Was brauchen meine Füße, damit sie sich wohlfühlen?
• Welche Aufgaben haben meine Füße?
• Welche Rolle spielen die Füße im Kontext von Sprache und Kulturspezifika?
• Welche Rolle spielen die Füße im Kontext der Salutogenese?

Outdoor: Die Ursprünglichkeit in der freien Natur hat Priorität! Wie und wo können wir barfuß laufen? Dabei möglichst unbeeinflusste und ruhige Landschaftsgebiete – in jeder Jahreszeit und jedem Wetter! – mit verschiedenartigen Untergründen, wechselndem Bodenbewuchs, unterschiedlichen Oberflächenstrukturen, schattigen und sonnigen Flächen, trockenen, feuchten, und nassen Stellen, unebenen, in der Höhe wechselhaften Böden auswählen, denn gerade sie fordern zu vielfältigen und unmittelbaren Erlebnissen und Erfahrungen heraus.

Indoor: Warum nicht auch hier der Prämisse folgen: So oft wie möglich barfuß laufen!

Fußparcour mit diversen ursprünglichen Naturmaterialien

Mit Steinen, Kies, Stroh, Gras. Moos. div. Baum-/Holzteilen, Erde, Ton, Moor …

Fußparcours mit diversen aufbereiteten Naturmaterialien

Mit Holzschredder, Sisal/Tauwerk, Ziegeln, Torf, Fellen, Gräsern …

Fußparcours mit diversen Verpackungsmaterialien

Mit Folien, Papier, Pappen, Fußbodenbeläge …

Wasser-, Kneippanwendungen

In der Natur zu allen Jahreszeiten und im Haus …

Massage, Verwöhnen, Hege und Pflege

Mit und ohne Massagehandschuhen, Bürsten, Rollen, Farben, einer Creme, Öl oder Schaum …

Fußtheater/Fußgeschichten/Fußzirkus/Fuß-Kunst-Aktion
Mit Verkleidung der Füße oder durch das Anmalen und Zeichnen, Kunststücke …

Künstlerische Fußaktivitäten
Fußstraßenbild, Fußabdruck, Fußbuchstaben/-zahlen/-geschichten …

Insgesamt fällt auf, dass bei allen Aktivitäten die beteiligten Kinder und Erwachsenen ihrer Kreativität freien Lauf lassen können und auch sollten, so dass der Spaß und die Freude als wichtiger Lernmotor nicht zu kurz kommen. Daneben wird deutlich, dass eine ganzheitliche psychomotorische Einbeziehung der meistens vernachlässigten Füße spielerisch in die Alltagskultur eingebettet werden könnte.
Also: Wie wäre es mit einem Barfuß-Spaziergang, dabei Erde spüren, weiches Moos, warmen Sand, taufrisches Gras, raue Kieselsteine? Vielleicht sogar im Schnee, aber dann mit anschließendem warmen Fußbad und einer Massage …
Übrigens gehörte in frühen Kulturen die Fußwaschung zu einer Form der Ehrerbietung für neue Gäste und Besucher eines Hauses. Neben der erfrischenden Wirkung sollte es zeigen, wie sehr sie willkommen waren und wie man sich um ihr Wohlbefinden sorgte.

FIONA MARTZY, NADINE MATSCHULAT

„Auf leisen Tatzen durch die Taiga" – Entspannungsangebote individuell gestalten

Visuelle und auditive Reize sind unsere stetigen Begleiter im Alltag. Kindern fällt es häufig schwer, mit dieser Flut von vielfältigen Informationen umzugehen. Sie werden mit vielen wechselnden medialen Reizen konfrontiert und leben in einer schnelllebigen Leistungsgesellschaft. Ruhe und Entspannung gehören jedoch zu den Grundbedürfnissen eines jeden Kindes und sind für eine gesunde Entwicklung essentiell. Wenn Erwachsene aufgefordert werden, eine Entspannungssituation zu beschreiben, werden häufig Begriffe wie Ruhe, lesen, spazieren gehen, sich fallen lassen, die Augen schließen oder Musik hören genannt. Mit Entspannung wird oft die Assoziation „sich wohlfühlen" verbunden.

Aber: wann fühlt sich wer wohl? Was für Situationen brauchen Kinder, um ihr Gleichgewicht zu finden, um Spannungen loslassen zu können? Vielleicht ist Max entspannt, wenn er durch die Halle rennt und nicht schon wieder still sitzen muss. Tim fühlt sich wohl, wenn der Tiger über seinen Rücken schleicht, Sarah, wenn sie zu Feenmusik tanzt und Finn, wenn er zwischen den dicken Matten liegt.
In psychomotorischen Förderangeboten ist Entspannung ein wichtiger Bestandteil. Ein Hauptanliegen der Psychomotorik ist dabei die Orientierung an den Bedürfnissen des Kindes. Die Psychomotorikerin stellt sich die Frage, welche Entspannungssituation könnte für das Kind aus entwicklungstheoretischer Perspektive in dem jeweiligen Moment ansprechend sein?

Um Entspannungssituationen individuell gestalten zu können, ist es hilfreich, die didaktischen Grundprinzipien der Psychomotorik zu Grunde zu legen.

Prozessorientiert

Wenn die Spielthemen der Kinder aus der aktuellen Stunde jeweils in die Entspannungssituationen integriert werden, bringen die Kinder verstärkt eigene Ideen mit ein und können so besser in die Situation eintauchen. Sie haben ihre Bilder schon im Kopf und können sich auf die jeweiligen Entspannungsthemen einlassen. Es entsteht eine dichte Atmosphäre, die meist von den Kindern sehr genossen wird. Ist zum Beispiel in der Stunde das Thema der Kinder „Zugfahren" gewesen, könnte in der Entspannungsphase von einer Zugfahrt erzählt und diese mit entsprechenden Berührungen auf dem Rücken der Kinder nachgezeichnet werden. Der Zug fährt los, die Türen schließen sich (mit beiden Händen zur Mitte des Rückens hinstreichen), der Zug fährt über die Alpen (Kurven auf dem Rücken malen), es fängt an zu regnen (mit den Fingerspitzen auf den Rücken klopfen) usw.

Erfahrungs- und handlungsorientiert

Es ist schwer, genau zu wissen, welche Entspannungssituation das Kind im jeweiligen Moment benötigt. Hilfreich ist, die Impulse der Kinder aufzugreifen und ihnen genügend Raum für eigene Ideen zu geben. Denn so entstehen vielfältige und individuelle Entspannungssituationen.

Selbstbestimmtheit

Allein die Aussage „Entspann dich!" ist ein Widerspruch in sich. Kinder müssen über die Teilnahme an der Entspannungssituation selber entscheiden dürfen. Auch die Art und Weise der Teilnahme sollte selbstbestimmt sein. Da auch Entspannungspositionen individuell sind, ist es wichtig, den Wünschen der Kinder gegenüber offen zu sein und sie entscheiden zu lassen. Vielleicht ist es ihnen unangenehm in der Gruppe auf dem Rücken zu liegen und sie möchten lieber im Sitzen oder im Stehen zuhören.

Unterstützend für die Gestaltung von Entspannungssituationen sind methodische Überlegungen:

Rituale	Sie bieten Sicherheit und Vertrauen
Wiederholung	In bekannten Situationen ist es einfacher, sich auf die Situation einzulassen. Man weiß, was kommt, und mit dieser Sicherheit besteht die Möglichkeit sich zu entspannen.
Vielfalt	Durch die Differenzierung können unterschiedliche Bedürfnisse der Kinder angesprochen und abgedeckt werden.
Selbstständigkeit	Den Kindern individuelle Auswahlmöglichkeiten anbieten.
Bewegung	Fangspiele, Toben und Sich ausagieren können zum Spannungsabbau beitragen und können so auch eine entspannende Wirkung haben.

Abwechslung	Der Wechsel zwischen ruhigen und bewegungsintensiven Elementen fördert die Entspannungsfähigkeit.
Achtsamkeit	In der Beobachterrolle ist es dem Psychomotoriker möglich herauszufinden, welche Entspannungsbedürfnisse die einzelnen Kinder haben.
Berührungen	Sie haben oft eine beruhigende Wirkung; z. B. Massagespiele wie Pizza backen oder Waschstraße.
Raumgestaltung	Hierzu zählen u. a. Licht, Decken, Positionen der TN zueinander, Ruhe, Störungsfreiheit, Position im Raum.
Anleitung	Eine ruhige Sprechweise und leisere (nicht zu leise) Stimme können zu einer entspannten Atmosphäre beitragen. Die innere Haltung der Leitung wirkt sich auf die Stimmung im Raum aus.

Praxisideen

Der Reifenstecher

Alle Kinder laufen umher und ein Kind, je nach Gruppengröße können es auch mehr sein, ist der Reifenstecher. Wenn der Reifenstecher ein Kind (bzw. Auto) gestochen hat, geht die Luft aus dem Autoreifen heraus und das Kind sinkt langsam zu Boden. Die anderen Kinder können die zerstochenen Reifen wieder aufpumpen, indem sie die Hände auf die Schultern auflegen und mit einem Pumpgeräusch den Reifen wieder mit Luft füllen. Ist der Reifen aufgepumpt, können die Kinder wieder weiter laufen bzw. die Autos wieder herumfahren.

Einordnung: Bei diesem Spiel geht es um den bewussten Wechsel zwischen Anspannung und Entspannung.

Kuhstall

Die Kinder teilen sich in Dreiergruppen auf. Zwei Kinder bilden den Kuhstall, indem sie sich gegenüberstellen und an den Händen fassen. Das dritte Kind befindet sich im Kuhstall (zwischen den Armen) und spielt den Part der Kuh.

Kommandos für das Spiel:
- Kommando „Kuh": Alle Kühe wechseln ihren Stall.
- Kommando „Stall": Die Ställe lassen sich los, suchen sich eine neue Kuh und einen neuen Partner mit dem sie einen Kuhstall bauen.
- Kommando „Kuhstall": Alle Kühe und alle Ställe laufen los und finden sich neu wieder zusammen. Hierbei können die Rollen beliebig gewechselt werden.

Einordnung: Ein lustiges Spiel, das für eine lockere, entspannte Atmosphäre in der Gruppe sorgen kann. Durch den Wechsel zwischen Durcheinanderlaufen und Einsortieren finden die Kinder immer wieder neue Plätze, sind kurz an einem sicheren Ort, um dann wieder neu auf die Suche zu gehen.

Waldspaziergang

Um den Waldspaziergang mit den Kindern durchzuführen, müssen diese zuerst in zwei gleich große Gruppen aufgeteilt werden. Eine Gruppe stellt sich zu einem Innenkreis zusammen, die anderen Kinder stellen sich jeweils hinter einem Kind auf. Der Innenkreis verkörpert hierbei die Bäume, die im Wald stehen. Die Kinder im Außenkreis stellen die Spaziergänger dar, die die unten beschriebenen Aktionen durchführen. Sie gehen im Uhrzeigersinn um die Kinder herum und hören der Geschichte zu, die die Psychomotorikerin erzählt. Die Geschichte vom Waldspaziergang kann nach eigenen Vorstellungen frei erfunden werden. Einzelne Elemente, die in die Geschichte eingebaut werden können, sind z. B.:

- Es kommt ein Wind auf, der die Bäume leicht vor und zurück bewegt (die Hände der Kinder im Außenkreis liegen auf den Schultern der Kinder im Innenkreis und bewegen sie sanft vor und zurück)
- Ameisen krabbeln den Baumstamm hoch (von der Ferse hoch zum Rücken), rüber zum ersten Ast (rechter Arm), zurück zum Baumstamm (Rücken) und herüber zum anderen Ast (linker Arm). Dann krabbeln sie hoch bis in die Spitze (Kopf), sehen dass es nicht weiter geht und krabbeln wieder herunter
- nach kurzer Zeit sehen wir einen Hirsch, der sein Geweih leicht gegen den Baumstamm stößt
- wir sehen ein Herz, das in einen Baumstamm geritzt wurde (Ergänzung mit Initialen)
- wir sehen ein Wildschwein, das sich am Baumstamm rubbelt.
- wir sehen einen Specht, der mit seinem Schnabel am Baumstamm pickt etc.

Einordnung: Ein Wechsel zwischen lustigem Miteinander, wenn die Wildschweine sich am Baumstamm rubbeln und Momenten des Zulassens, wenn die Ameisen auf den Baumstamm krabbeln. Die Kinder nehmen untereinander Körperkontakt auf und können Vertrauen entwickeln.

Schildkröten

Die Turnmatten werden zu einem quadratischen Feld ausgelegt. Einige Kinder verteilen sich am Feldrand, um die Seiten zu sichern. Die übrigen Kinder kriechen als Schildkröten mit verschlossenen Augen vorsichtig über das Feld. Wenn sich zwei Schildkröten berühren, ziehen die Schildkröten sich zurück in den Panzer (Kinder rollen sich ein) und warten, bis sie erneut von einer Schildkröte berührt werden. Nach einer erneuten Berührung kommen sie aus ihrem Panzer heraus und kriechen wieder über das Feld.

Einordnung: Sich auch einmal auf die anderen Sinne verlassen. Bei diesem Spiel steht die taktile und die auditive Wahrnehmung im Vordergrund. Die Kinder haben ruhige Phasen, in denen sie trotzdem aufmerksam sind, um zu spüren, wann sie wieder weiterkriechen dürfen.

MICHAEL WENDLER

Den Körper bilden – der Körper bildet.
Frühkindliche Bildungsprozesse und Kulturtechniken

Denkprozesse entstehen nicht unabhängig von sensomotorischen Funktionen, von der Sprache, der Wahrnehmung und der Vorstellungskraft. Konkret handelt es sich vielmehr um ein unteilbares System dynamischer Wechselbeziehungen, dessen Faktoren sich nur theoretisch voneinander isolieren lassen. So liegt der Ausgangspunkt der Entwicklung intellektueller Fähigkeiten nicht etwa nur in einem Anstoß von außen in Form von Bildungsprogrammen, sondern vielmehr in den konkreten Handlungen, in denen ein Kind be-greifend seiner physikalischen und sozialen Umwelt begegnet und sie auf bereits vorhandene Schemata bezieht. In diesen Lernprozessen erobern sich Kinder ihre Erkenntnisse über die vielfältigen Gegebenheiten schrittweise über den eigenen Körper. Dadurch wird der Körper zunehmend zum Bezugspunkt des Bewusstseins und zu einem festen Kristallisationspunkt für Orientierung (Lebens-, Rechen- und/oder Schreibraum u. a.), Selbstverwirklichung und Lebensbejahung (vgl. Trumpfheller, 2004, S. 7).

Bewegung, Körperlichkeit und frühkindliche Bildung

Vor allem in der Kindheit bilden Bewegungshandlungen die Basis, um sich die Welt räumlich-dinglich und in ihren personellen Bezügen zu erschließen (vgl. Fischer, 1996, S. 27). Als Grundkategorie vermittelt Bewegung soziale und körperliche Erfahrungen. „Über seinen Körper erlebt das Kind seine Fähigkeiten, aber auch seine Grenzen; es lernt sie zu akzeptieren oder sie durch Üben zu erweitern. Seine zunehmende Geschicklichkeit, Kraft und Schnelligkeit erweitern seinen Bewegungsraum und damit seine Handlungsmöglichkeiten" (vgl. Zimmer, 2008a). Zeitlebens erhält das Körperkonzept seine spezifische Bedeutung als Träger von Aneignungsprozessen, in denen Individuen (Subjekte) Daten aus der Umwelt in ihre subjektiven Erlebniswelten transferieren. In diesen Prozessen steht der Körper eines Menschen immer – physisch wie psychisch – an der Nahtstelle zwischen Person und Außenwelt (vgl. Fischer, 2004, S. 56). Damit erhält das Körperkonzept eine tragende Rolle und bleibende Bedeutung für das Selbstkonzept als Teil der eigenen Identität (vgl. Eggert, Reichenbach & Bude, 2003, S. 32). Ist beispielsweise einem Kind mit mangelnder Körperorientierung nicht bewusst, wo sich welche Extremitäten wie befinden, so besteht nur eine diffuse Vorstellung über die Raumbegriffe vor, hinter, neben, auf oder in. Sind diese Ortsangaben nicht mit konkreten Erfahrungen des eigenen Körpers verbunden, erscheint es einleuchtend, dass sie auch nicht auf den persönlichen und sozialen Raum transportiert werden können und die mangelhafte Orientierung beim Kind Unsicherheiten im Lernen (Orientierung im Schreib- oder Zahlenraum) oder bei Sozialkontakten hervorrufen kann.

Die „Beherrschung" des Körpers und das Wissen über die damit verbundenen Fähigkeiten kann somit als die Grundlage für die Entwicklung der eigenen Identität eines Menschen gesehen werden und bildet den Ausgangspunkt für jegliche Erfahrung (affektiv wie kognitiv, bewusst wie unbewusst). Einfluss auf das Körperkonzept haben zwei verschiedene Funktionsbereiche: Das Körperschema (Kognition) und das Körpergefühl (Emotion). Das Körperschema setzt sich zusammen aus dem Körperwissen, der Körperausdehnung, dem Körper in Raum und Zeit sowie aus der Körperorientierung. Körperwissen kennzeichnet die Kenntnisse über den eigenen Körper, dessen Bau und Funktionen. Die Körperausdehnung hingegen beschreibt die Einschätzung der Grenzen des Körpers auf rein kognitiver Ebene. Der Körper in Raum und Zeit beschreibt nach Eggert et al. (2003, S. 33) den Umgang des Menschen mit räumlichen und zeitlichen Strukturen. Die Körperorientierung ist die Kopplung von den Erfahrungen am Körper mit anderen Faktoren, Erfahrungen und Informationen.

Das Körpergefühl orientiert sich im Gegensatz zu dem Körperschema an emotionalen Inhalten und befasst sich mit dem Körperausdruck, dem Körperbewusstsein, der Körpereinstellung und der Körperausgrenzung. Die Körpereinstellung zeigt, wie der Mensch zu seinem Körper steht, der Körperausdruck zeigt hingegen, was der Mensch mit seinem Körper ausdrückt bzw. ausdrücken möchte. Wenn ein Mensch sich mit seinem Körper bewusst auseinandersetzt, ihn erlebt und wahrnimmt, nennt man das Körperbewusstsein, während Körperausgrenzung die Fähigkeit beinhaltet, seinen Körper als eigen und unabhängig von der Umwelt betrachten zu können.

Voraussetzung für die Wahrnehmung des eigenen Körpers ist die Bereitschaft zu sinnlichen Erfahrungen, während die mit dem eigenen Körper gemachten Erfahrungen wiederum die Bereitschaft beeinflussen, mit der Umwelt in Kontakt zu treten und sich neuen Erfahrungen zu stellen. Erst durch sinnliche Aufgeschlossenheit kann ein Individuum wahrnehmen, was in seinem Körper und im Kontakt seines Körpers mit der Umwelt geschieht. Körpererfahrungen sind daher eng gebunden an die Sensibilität für das, was in Bewegungshandlungen geschieht und setzen somit auch die Bewusstmachung von taktil-kinästhetischen, visuellen und akustischen Sinneswahrnehmungen voraus (vgl. Zimmer & Cicurs, 1993, S. 66). Das bewusste und unbewusste Verarbeiten von körperbezogenen Empfindungen, Vorstellungen und Gefühlen ist für die positive Einstellung zum eigenen Körper von besonderer Bedeutung. Über ihn verfügen und bestimmte Handlungsziele erreichen zu können, ist eine unabdingbare Voraussetzung für Zufriedenheit und ein positives Selbstbild.

Körperbezogene Eigenaktivitäten des Kindes müssen daher als Scharnierstelle (vor-) schulischer Bildungsprozesse und Entwicklungsdeterminanten betrachtet werden, denn im Umgang mit dem eigenen Körper (Leib) erschließt sich dem Individuum eine identitätsbildende und erkenntnisstrukturierende Perspektive zugleich. Im Zuge der aktuell diskutierten Bildungsreform sind als wesentliche Aufgaben frühkindlicher Bildung die Bereiche Bildung sinnlicher und emotionaler Wahrnehmung, sprachliches Denken und (Aus-)Bildung der Körpersinne aufgeführt (vgl. Schäfer, 2005, S. 75 ff.) und damit ihr Anteil am Lernen anerkannt.

Der Körper als Fundament des Lernens
Im Folgenden werden die Meilensteine in der Entwicklung der Raumpräsentation beim Kind dargestellt und ihre Bedeutung im Lernprozess der Kulturtechniken aufgezeigt: Die Repräsentation des Raumes lässt sich allgemein als eine Entwicklungslinie von der Orientierung am eigenen Körper (Körperraum) über eine Orientierung vom eigenen Körper aus (egozentrischer und topologischer Raum) zu einer außerkörperlichen Raumpräsentation (euklidischer Raum) charakterisieren. Medium dieser qualitativen Differenzierung ist die Bewegung(-shandlung).

Im Verlauf ihrer Entwicklung lernen Kinder Reize aus dem eigenen Körper und aus ihrer Außenwelt bezüglich ihres Informationsgehaltes zu interpretieren. Das Kind baut sich durch Wahrnehmung und Bewegung ein räumlich-zeitliches Orientierungssystem auf und entwickelt so seine praktische und begriffliche Intelligenz (vgl. Vortisch & Wendler, 1993, S. 113). Die Art und Weise, wie sich Kinder Räume erschließen bzw. sich in ihnen orientieren und sie erleben, ist grundlegend in Bezug auf ihre Gesamtentwicklung zu sehen. Diesen entwicklungsabhängigen Prozess beschreibt Bertrand (1982) in drei Entwicklungsstadien. Zunächst ist die Entwicklung auf den eigenen Körper/Leib bezogen, und richtet sich zunehmend nach außen auf die Umwelt. Die Entwicklung des Körper-Leibraumes ist für die Erschließung der Umwelt und die Orientierung darin von großer Bedeutung.

Auf unterster Ebene lernt das Kind sich selbst, seinen Körper und seine Empfindungen kennen. Über taktil-kinästhetische Sinneskanäle nimmt es den eigenen Körper zunehmend differenzierter wahr, was ihm ermöglicht, seine Bestandteile im Sinne einer Architektur des Körpers zu unterscheiden. Leboulch (1981, zit. nach Bertrand, 1982) beschreibt diesen Zeitraum von drei bis sechs Jahren als Phase des perzeptiven Unterscheidens. Nicht nur die Diskriminationsfähigkeit verschiedener Körperwahrnehmungen, sondern auch Richtungsangaben, -unterscheidungen, wie zur Seite, hinauf/hinab, vor/zurück, rechts/links sowie Raumangaben, wie auf, in, neben und Ausdehnungen des Raumes in lang/breit, hoch/niedrig, nahe/fern/weit verschmelzen zu einem gesamträumlichen Wahrnehmungskonzept (vgl. Vortisch & Wendler, 1993, S. 114).

Zum repräsentierten Raum gelangt das Kind, indem es „lernt", mit seinem Körper umzugehen und die Kontrolle über sich zu haben. Erst wenn diese Erfahrungen ausreichend gemacht sind und in ein sinnvolles Bild eingeordnet werden können (verinnerlicht sind), ist es dem Kind möglich, sich ungehindert nach außen wenden zu können. Der Raum wird in seiner Begrenzung, seiner Enge und Weite, Höhe und Tiefe, Nähe und Ferne durch Geräusche und Klang, durch Ausgehen, Auslaufen, Kriechen, Rollen und Fahren wahrgenommen. Durch Bewegung und Wahrnehmung erlernt ein Kind die oben bereits erwähnten Raumrichtungen wie oben-unten, rechts-links, vorn-hinten etc. und damit feste Bezugsgrößen für die Lage von dreidimensionalen Objekten im Raum. Die Lagebeziehungen des eigenen Körpers im Raum können begriffen werden, Entfernungen eingeschätzt, Richtungen erkannt und ein Weg eingeteilt bzw. unterteilt sowie in Raum und Zeit eingeordnet werden. Eines der wesentlichen Erkenntnisse des Kindes ist dabei, dass der eigene „Standpunkt" die Ordnung der Welt und seine räumlichen Strukturen der Welt herstellt.

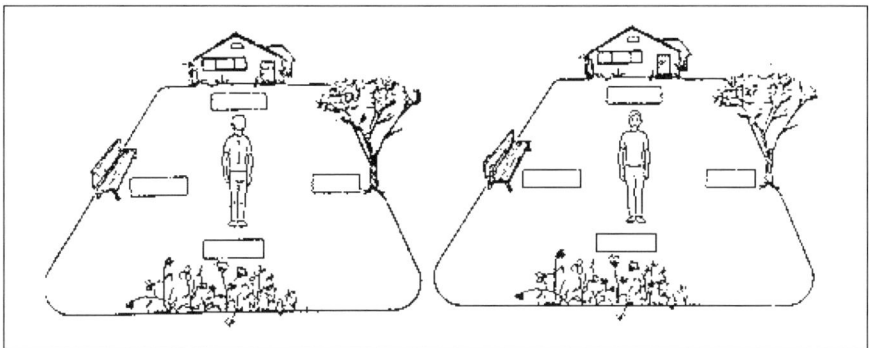

Abb. 1: Veränderungen der Raumstruktur durch Positionswechsel im Raum

Wie sich die „Weltordnung" durch die eigene Position verändert, soll ein Übungs-beispiel des Konzepts *„Lernen zu Lernen"* von Feuerstein (1986) exemplarisch auf-zeigen (Abb. 1). Dieses Konzept versucht durch vielfältige räumliche und soziale Orientierungsaufgaben die psycho-kognitive Entwicklung von (sozial-)beeinträchti-gten israelischen Kindern und Jugendlichen zu fördern.

Anhand der Puppe werden die Dimensionen des Raumes (vorn-hinten und die bei-den Seiten links-rechts) thematisiert. Die Kinder werden durch die Stellungsverän-derungen der Puppe immer wieder neu herausgefordert, die sich veränderten Raum-dimensionen zu erkennen und zu benennen.

Körperwahrnehmungen und Raumerfahrungen sind Voraussetzung für die Orientie-rung des Kindes in allen Lebenssituationen, zu Hause, auf dem Spielplatz oder auf der Straße, in der Turnhalle oder auf dem Weg zum Kindergarten. Neben der Bewäl-tigung des Lebensalltages hat die Entwicklung der Raum-Zeitbegriffe auf der Basis einer genauen Körperkenntnis entscheidende Bedeutung für einen erfolgreichen Schulstart und den weiteren Lernerfolg (vgl. Abb. 2).

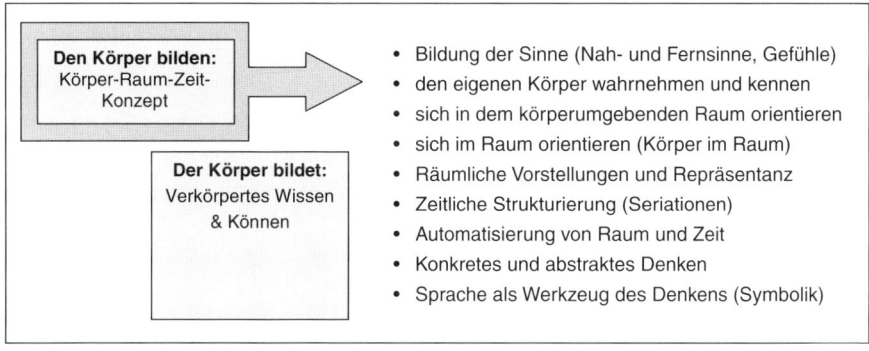

Abb.2: Bildungsprozesse im Kontext des körper- und bewegungsorientierten Handelns

Bedeutung der Körper-Raumerfahrungen für den Schriftspracherwerb

Lesen und Schreiben vollziehen sich im europäischen Kulturkreis von links nach rechts und von oben nach unten. Die räumliche Struktur ist damit genau vorgegeben, so dass Kinder eine bestimmte Reife in der körperlich-räumlichen Strukturierungsfähigkeit erlangt haben müssen, um sich den Regeln der Kulturtechniken anpassen zu können.

Schon das bloße Abschreiben eines Symbols oder eines Buchstabens birgt Schwierigkeiten: Die einzelnen räumlich dargebotenen Schriftzeichen müssen optisch in der richtigen Stellung im Raum (also vom eigenen Körper aus) wahrgenommen und zeitlich nacheinander in eine schreibmotorische Bewegung umgesetzt werden, so dass sie wieder als ein räumliches Nebeneinander auf dem eigenen Blatt Papier erscheinen (Abb. 3).

d   b   q   p   oder   12   21

Abb. 3: Stellung der Buchstaben oder Zahlen im Raum

Zuvor muss ein Kind erst die räumliche Struktur realer Dinge begreifen, d. h. durch die Handhabung von Gegenständen wie rund oder dünn erfahren, bevor es diese Qualitäten in zweidimensionalen Abbildungen (oben/unten) wieder erkennen kann.

Voraussetzungen für die Orientierung im Zahlenland

Auch die Grundrechenarten beanspruchen räumliches Denken, das erst in konkreten Handlungssituationen erworben werden kann: ehe ein Kind mit Zahlen operieren kann, muss es Begriffe, die raumzeitliche Relationen beschreiben, wie mehr, weniger, früher etc., verstehen. Nur durch das Herstellen und Vergleichen von Beziehungen kann das Kind Zahlen als Einheiten verstehen lernen, die man zusammenzählen kann, egal ob es sich um Teekannen, Zeitintervalle oder etwas anderes handelt. Das mathematische Verständnis ist entscheidend davon abhängig, inwieweit ein Kind das Prinzip der räumlichen Gruppierung verstanden hat (vgl. Kephard, 1977, zit, nach Eggert & Bertrand, 2002, S. 167). Gruppen von Objekten, mit denen sich der mathematische Anfangsunterricht beschäftigt, können nur im Raum existieren.

Fazit

In der kindlichen Entwicklung dient der Körper also als Bezugspunkt für die Exploration des Handlungsfeldes und des umgebenden Raumes. Die daraus resultierende Entwicklung der räumlichen Vorstellung aus der Bewegung des Körpers im Raum beruht auf der sicheren Orientierung am eigenen Körper des Kindes. So sind die räumliche und zeitliche Orientierung und das sichere Bewegen in diesen Dimensionen eine wichtige und notwendige Voraussetzung für den Erwerb des Lesens, Schreibens und Rechnens (vgl. Eggert & Bertrand, 2002).

ANNELIE E. ADLER

Das Gleichgewicht ist nicht alles, aber ohne Gleichgewicht ist alles nichts!

Das Gleichgewicht ist das einzige System, das bereits bei der Geburt vollständig myelenisiert ist. Dies ist ein Hinweis auf die herausragende Wichtigkeit dieses Systems. Es ist unser Kompass zur Erdanziehungskraft, so dass wir im wahrsten Sinne des Wortes wissen, „wo uns der Kopf steht."

Unsere Kopfstellung ist der Hauptregulator der Gleichgewichtskontrolle. Haben wir keine gute Kopfkontrolle, ist auch unser Gleichgewicht „außer Rand und Band." So stellen sich ja auch viele ADHS-Kinder dar. Sie sind oft völlig aus dem Gleichgewicht, was sich darin widerspiegelt, dass sie ständig in Bewegung sein müssen in dem Versuch, ihr Gleichgewichtssystem einzueichen.

Verändert der Kopf seine vertikale Stellung, indem er sich vor oder zurück neigt oder horizontal zur Seite dreht, verändert sich unsere vestibuläre Situation. Die Muskulatur sollte entsprechend in guter Kokontraktion anspannen, damit wir „nicht den Halt verlieren". Sonst würden wir zum Beispiel im Extremfall bei der Kopfneigung nach vorne eine Rolle vorwärts machen oder zumindest auf die Knie plumpsen.

So wie ein Kapitän auf hoher See, in den Zeiten bevor es elektronische Navigationssysteme gab, ohne Kompass hilflos gewesen und unter Umständen ständig im Kreis gefahren wäre, „drehen viele Kinder ständig auf", um sich im Raum zu orientieren. Dies gelingt ihnen jedoch nur bedingt, da sie sich durch ihre eigene Unruhe oft nicht ausreichend konzentrieren können und stattdessen für ihre eigene Aufmerksamkeit und die der Anderen ein Störpotenzial in sich tragen, das oftmals die ganze Gruppe sprengt (Kindergarten, Schule, Familie …).

Wir sind immer eine Einheit aus Körper, Geist und Seele, das zeigen auch die zuvor aufgeführten Redewendungen (in Anführungsstrichen). Derer gibt es zahlreiche weitere, wie zum Beispiel: „von der Rolle sein", „die Gedanken drehen sich im Kreis", „man ist durchgequirlt", ist man verliebt, „schwebt man drei Meter über dem Boden", ist man verzweifelt „zieht es einem den Boden unter den Füßen weg" …

Neben der Kopfstellung regulieren die Augen den Vestibulo-ocularen-Reflexbogen mit. Sie können „Fehleichungen" bis zu einem gewissen Grad ausgleichen. Oft zu Ungunsten der Gesichtssymmetrie. So wie die Augen das Gleichgewicht mit regulieren, reguliert das Gleichgewicht über den Muskeltonus auch die Augenmotorik. Fehlsichtigkeiten sind daher oftmals muskulär bedingt, was häufig über Abklebebehandlungen zu korrigieren versucht wird. Mit fragwürdigem Erfolg, da hier nicht die Ursache behoben wird, sondern wie so oft, ausschließlich am Symptom gearbeitet wird. Es gilt, die vestibuläre Situation zu organisieren, so dass darüber die angemessene Muskelspannung zur Normalität in der Augenmotorik und dem funktionalen Zusammenspiel der Augen führt.

Woran liegt es, dass immer mehr Kinder aus dem Gleichgewicht sind?

Sicherlich spielen Erziehung und falscher Medienkonsum eine große Rolle. Aber auch in Familien, in denen alles „richtig" gemacht wird, gibt es Problemkinder; dann werden gerne die Gene zur Erklärung herangezogen. Ganzheitlich betrachtet sollte jedoch zunächst das Augenmerk auf die Geburt gelegt werden. War es keine „normale Geburt", bei der das Kind ohne Fremdeinwirkung, nach etwa 12 Stunden Wehen das Licht der Welt erblickt hat, sondern eine Geburt bei der „nachgeholfen" werden musste, in Form von Kaiserschnitt, Saugglocke, Zange, Kristellern (Arzt oder Hebamme liegen auf dem Bauch der Gebärenden und schieben das Kind raus, oder eine „Bauchbinde" kommt zum Einsatz), wehenfördernden Mitteln, Sturzgeburt, oder weil der Kopfumfang sehr groß war (KU von mehr als 34 cm sind keine Seltenheit mehr), ist die Gefahr, dass die hochcervikale Region (Atlas/Axis- erster Halswirbel oder erster auf zweitem Halswirbel) in Mitleidenschaft gezogen wird. Es kommt zu Funktionsstörungen unter Anderem der Art, dass der Kopf seiner vollen Bewegungsbrandbreite beraubt ist. Die normalen Entwicklungsschritte können nun nicht mehr ablaufen und es kommt zu Fehlentwicklungen, die vermieden werden könnten, wenn nach der Geburt das Kind auf eine Symmetriestörung (KISS) hin untersucht würde, wie es zum Beispiel unter Anderem in Schweden und Frankreich längst der Fall ist.

Frühkindliche Reflexe, die sich der Säugling während der Schwangerschaft erworben, die ihn durch die Schwangerschaft gebracht haben und nachgeburtlich für das Einleben außerhalb des Mutterleibes dienen, können nicht zeitgerecht abgebaut werden, da diese nur unter großhirngesteuerte Kontrolle geraten, wenn sie zuvor auf Stammhirnniveau vollständig ausgelöst werden konnten.

Der Säugling erlernt zunächst in Rücken- und Bauchlage die Kontrolle seines Kopfs

Kann er in Rückenlage seinen Kopf in der Mitte stabilisieren, kann er in seine Mitte kommen, hier die Augen-Hand-Kontrolle einüben, die Füße in der Mitte ergreifen und Blickkontakt zur Mutter halten.

In Bauchlage kann er sich erst auf die Unterarme, später auf die Hände stützen, den Körper in eine Ganzkörperstreckung (Flieger) bringen, sich nach und nach in den Vierfüßlerstand (VFST) aufrichten und dann über den Seitstütz ins Sitzen übergehen.

Eine blockierte Halswirbelsäule (HWS) führt häufig zu Zwangshaltungen und zur Vermeidung der notwendigen entwicklungsrelevanten Positionen. So lehnen diese Kinder oftmals die Bauchlage ganz und gar ab oder orientieren sich nur zu einer Seite, die dann fatalerweise kurzerhand zur Lieblingsseite erklärt wird.

Der gesamte Muskeltonus gerät aus dem Gleichgewicht. So hat das Kind manchmal besonders an einer Brust, je nachdem ob die Kopfdrehung dorthin gelingt oder nicht oder gar schmerzhaft ist, nicht die Kraft zum Saugen. Manche Kopfstellungen und Liegepositionen schmerzen, so dass das Kind Tag und Nacht schreit. (Denken sie an ihren letzten steifen Nacken oder ein Schleudertrauma. Ohne Halskrause oder Schmerzmittel hätten sie gewiss auch schreien mögen.)

Diese Kinder richten sich später oft zu frühzeitig auf, manches Mal bereits mit neun Monaten und kommen dadurch zu früh in die vertikale Ebene, ohne auf horizontaler Ebene Sicherheit, Stabilität und Automatismen entwickelt zu haben. So fehlt später die Voraussetzung für automatische posturale Haltereaktionen. Die so wichtige Krabbelphase, in der das erste Mal alle Basissysteme – Gleichgewicht, Tiefeninformation, Taktilität, visuelles System (Verfolgen der Hand, die sich nach vorne streckt), auditives System (die Hand, die aufpatscht) – miteinander arbeiten und sich verschalten, wird komplett übersprungen oder zu kurz durchlaufen.

Die Auswirkung der fehlenden Krabbelphase lässt sich am deutlichsten an Schulschwierigkeiten fest machen, weil sie erst jetzt deutlich in Erscheinung treten. Ein Beispiel ist die mangelhafte Fähigkeit zum Überkreuzen der Körpermittellinie sowohl mit den Händen, als auch mit den Augen. Dadurch kann sich keine klare Dominanz der Hand, des Auges und des Ohres entwickeln.

Ohne gut eingeeichtes Gleichgewicht kann sich eine gute Raum-Lage-Organisation nicht entwickeln. Die Kinder „ecken" nicht nur ständig an, sondern können geometrische Figuren oft nur fehlerhaft wiedergeben, sich unzureichend im (Schul-)Alltag organisieren, Linien nicht einhalten oder Zahlen nicht genau untereinanderschreiben.

Die Darlegungen sind alle nicht neu und den einzelnen Berufsgruppen nur zu allgegenwärtig. Unser Fachexpertentum hat jedoch dazu geführt, dass jede Berufsgruppe ständig mit neuen Erkenntnissen konfrontiert und beschäftigt wird und darüber hinaus zu wenig Netzwerkarbeit stattfindet. So wird der Gynäkologe selten die Weiterentwicklung seiner von ihm entbundenen Kinder verfolgen. Kinderärzte lernen in ihrer Ausbildung nicht, wie die Entwicklungsschritte der einzelnen Bewegungsstufen abzulaufen haben, um in Folge zum Beispiel erfolgreich grammatikalisch korrekt sprechen und artikulieren zu können. Physio- und Ergotherapeuten sind nicht flächendeckend in der Problematik persistierender frühkindlicher Reflexe fortgebildet usw. Von daher ist es von immenser Wichtigkeit, dass Erzieherinnen, besonders im Krippenbereich, von diesen Zusammenhängen wissen, um frühzeitig Fehlentwicklungen zu erkennen, Eltern darauf aufmerksam machen zu können und über ein Netzwerk an Fachleuten verfügen, an die sie zur Abklärung weiter verweisen können. Wir würden nicht nur glücklichere Kinder und Familien haben, sondern auch Kosten für lang dauernde Therapien und Sondereinrichtungsplätze sparen.

CHRISTINA JASMUND, MATTHIAS WILK

Raum – Gefühl erleben!

Räume prägen den Alltag in Kindertageseinrichtungen und umgekehrt prägt die pädagogische Konzeption die Gestaltung der Räume – ein spannungsvolles Wechselverhältnis. Räume geben Signale, die wir mit den Sinnen aufnehmen. Sie können anregen oder langweilen, beruhigen oder aufregen, zum Handeln auffordern oder lähmen, unsere Sinne stimulieren oder abstumpfen lassen. Räume haben Auswirkungen auf das Wohlbefinden, auf Handlungsmöglichkeiten und den Zugang zu Kulturgütern.

Begriffsbestimmung Raum

Räume sind nicht nur die dritten Erzieher, sondern auch die ‚dritte Haut‘. Ebenso wie unsere Kleidung (zweite Haut) unterliegen sie den Schwankungen der Mode, sind aber, und hier wieder der Bezug zur zweiten Haut, dem Anlass entsprechend zu wählen. Die Schnelllebigkeit der Mode ist bei der zweiten Haut identifikationsstiftend, ich identifiziere mich mit der Gruppe bzw. hebe mich aus der Gruppe hervor, wenn ich modisch gekleidet bin. Im Gegensatz zur dritten Haut (Räume und Häuser) können Fehlgriffe, Fehlkäufe oder Fehlentscheidungen leicht retuschiert werden. Der Kleiderschrank, Altkleidersammlung und Flohmarkt sind probate Mittel dagegen.

Räume dagegen sind langlebiger, nicht so leicht zu verändern, sind autarker im Erscheinungsbild und prägen unser Empfinden nachhaltiger. Wenn Sie nach Jahren an einen Ort ihrer Jugend zurückkehren, werden sofort die Emotionen, die an diesen Ort gebunden sind, wach. Analog dazu werden Orte in Ihrem geistigen Auge bildlich, wenn Sie sich an für Sie wichtige Erlebnisse erinnern. Emotion ist an Raum geknüpft.

Gestaltungselemente von Räumen

Umso wichtiger ist es, dass in Räumen jedes Detail durchdacht ist und z. B. der Lichtschalter nicht willkürlich den Raum gestaltet, sondern bewusst für diesen Raum ausgewählt und platziert wurde, Bilder an der Wand untereinander kommunizieren und Linienabhängigkeiten bilden können und Elternmitteilungen bis auf das Schriftbild durchgestaltet sind. Schließlich sind sie die Außendarstellung der Professionalität der Arbeit in der Kindertageseinrichtung.

Eine Tür hat nicht nur die Funktion ein Loch in der Wand zu verschließen. Sie ist Eingang, Durchgangssperre, Sicht- und Lärmschutz. Ich kann die Tür hinter mir zumachen und die Welt außen vor lassen. Die Tür gibt mir Sicherheit.

Das Fenster hingegen öffnet die Wand. Es verschließt das Loch in der Wand transluzent, schützt vor Wind und Wetter, ermöglicht aber den Blick nach außen. Das Fenster ermöglicht mir den Blick auf die Straße, zum Nachbarn und belichtet den Raum natürlich.

Eine Treppe dient nicht nur dazu, zwei Stockwerke zu überwinden. Sie ermöglicht auch einen Perspektivwechsel und bietet mir eine andere Sicht auf die Dinge. Wir sollten also unsere dritte Haut oder die dritten Erzieher maßgeschneidert konzipieren und im Hinterkopf behalten, dass der Mensch das Maß der Dinge ist und aufrechte Menschen aufrechte Räume mit natürlichem Licht und genügend Luftraum benötigen.

Erinnerungen als Handlungsschablonen

Im Prozess der permanenten Auseinandersetzung mit der Umwelt werden Informationen durch die Tätigkeit der Sinnesorgane (fühlen, hören, sehen, schmecken und riechen) in das zentrale Nervensystem weitergeleitet. Die dann erfolgende Adaptation von Neuronenverbindungen aktualisiert das gespeicherte „innere Bild" der Umwelt. Dieses innere Bild dient künftig als Handlungsschablone für den weiteren Umgang mit einzelnen Umweltfaktoren und ermöglicht eine effektive Modifizierung des Verhaltens. Die Kinder erforschen ihr Umfeld, um sich ihm anzupassen (Akkomodation) oder um es sich passend zu machen (Assimilation).

Jeder Umweltreiz wird durch neuronale Funktionen des limbischen Systems emotional bewertet. Er kann dadurch als positive oder negative Erfahrung gespeichert werden und entsprechendes künftiges Verhalten beeinflussen. Positive Reize werden gesucht, negative Reize vermieden.

Da dieser Auseinandersetzungsprozess bei jedem Menschen in seiner persönlichen Umgebung verläuft und individuell emotional erlebt wird, sind auch die konstruierten inneren Bilder der Welt immer individuell (Spitzer, 2007).

Raumerfahrungen von Kindern

Die erste Umwelt eines Kindes ist die intrauterine Umgebung der Gebärmutter. In diesem relativ konstanten Milieu reift und wächst das ungeborene Kind 40 Wochen, das heißt 280 Tage oder 6720 Stunden. Dort macht es auch seine ersten Erfahrungen mit dieser Umwelt. Das Kind erlebt sie als warm, dunkel, eng, weich, wiegend bewegt und schallgedämpft. Diese gespeicherten sensorischen Reize werden zu ersten neuronalen Verknüpfungen.

Die Geburt bedeutet eine radikale Veränderung der frühkindlichen Umwelt und erfordert eine aktive Adaptation frühkindlichen Verhaltens. Das Kind sucht einerseits Teile der „alten, intrauterinen" Welt. Sie bieten Vertrautheit, Geborgenheit, Entspannung und Erholung. Dies findet das Kind bei seiner engsten Bezugsperson, in der Regel der Mutter. Sie bietet neben Nahrung Körperkontakt, Ruhe, Wärme, Reizreduktion und Schutz. Zu dieser Bezugsperson baut das Kind ein Bindungsverhalten auf, um diese als positiv gespeicherte Umweltsituation jederzeit herbeiführen zu können. Wenn diese sichere Basis verlässlich und stabil ist, kann das Kind andererseits durch Explorationsverhalten seine neue Umwelt kennenlernen (Bowlby, 1980).

Das Hin- und Herpendeln zwischen Vertrautem und Neuem, zwischen Sicherheit und Abenteuer ermöglicht eine allmähliche Adaptation an die neue Umwelt und damit erweiterte Handlungsschablonen.

Frühkindliche Umwelten

Dieses in früher Kindheit als erfolgreich abgespeicherte Handlungsschema wendet das Kind wieder an, wenn sich seine Umweltsituation verändert. Der Besuch einer Kindertagesstätte und der Schulbeginn sind gravierende Veränderungen. Sie erfordern Adaptationsleistungen des Kindes. Auch hier werden sichere Elemente früherer Umgebungen gesucht, Neues erforscht, das innere Bild der Welt erweitert und kognitive Handlungsschablonen für ein erweitertes Verhaltensrepertoire adaptiert.

Malaguzzi, als geistiger Vater der Reggio-Pädagogik charakterisierte Räume als dritte Erzieher, weil sie dem Kompetenzerwerb der Kinder durch vielfältige Aktivitäts- und Kommunikationsmöglichkeiten dienen. Auch Montessori (1974) und Steiner nutzten in ihrer Pädagogik vorbereitete Räume für die eigenaktive Umweltauseinandersetzung des Kindes.

Räume in Kindertageseinrichtungen

Das heutige Verständnis vom aktiven Selbstbildungsprozess des Individuums als erkenntnistheoretische Grundlage schreibt Räumen als Ausgangspunkt zur Umweltauseinandersetzung der Kinder eine große Bedeutung zu und definiert es als Aufgabe für Pädagoginnen, Raumgestaltung bewusst für die pädagogische Arbeit zu nutzen.

Diese lässt sich in vier Thesen zusammenfassen:
1. Emotionales Erleben von Kindern in Räumen erkennen, verstehen und nutzen
   – Wohlgefühl, Entspannung, Neugier, Angst, Erregung
2. Entwicklungspsychologischen und individuellen Bedürfnissen gerecht werden
   – entspannend (ruhig, weich, eng, dunkel, reizarm) bei Ankunft, Mahlzeiten, Ruhezeiten, Abschied
   – abenteuerlich (hell, neu, veränderbar, reizvoll, stimulierend, „vielsinnlich erfahrbar") für Aktivität, Auseinandersetzung, Kommunikation, Spiel, Bewegung
3. Zugangsmöglichkeiten anbieten zu:
   – eigenaktivem Handeln
   – Kulturgütern, Medien
   – AHA-Erlebnissen
4. Imitationsverhalten von Kindern nutzen
   – Ältere Kinder und Erwachsene sind Vorbilder der Raumnutzung
   – Ordnung, Verhalten, Bedürfnisbefriedigung, Materialnutzung, Kreativität etc.

Alle Personen, die gemeinsam Räume nutzen, sollten partizipierend an deren Gestaltung mitwirken können. Allzu oft bestimmen wenige Pädagoginnen, wie Räume für viele Kinder aussehen sollen, ohne diese zu fragen und sie an Veränderungen teilhaben zu lassen. Selbstbestimmung und Eigenverantwortung einerseits und kreatives Handeln in der Gemeinschaft andererseits kann auch dabei eingeübt werden. Und der Stolz über das gemeinsam Erreichte vermittelt positives Erleben, welches mit diesen Räumen verbunden bleiben wird.

YOONSUN HUH

Bewegendes und Besinnliches.
Gesundheitsförderung unter dem Aspekt interkultureller Bildung

In dem Workshop wurden Elemente gesundheitsorientierter Bewegung aus West und Ost unter dem Aspekt interkultureller Bildung zum Thema gemacht. Der folgende Beitrag erläutert zunächst grundlegende Ziele: interkulturelle Bildung und Gesundheitsförderung. Es folgen vergleichende Analysen der Gesundheitsbezüge ausgewählter Bewegungsformen aus West (Fitness) und Ost (Yoga, Taichi und Qigong). Abschließend werden Grundzüge eines integrativen Vermittlungsmodells diskutiert.

Interkulturelle Bildung

Interkulturelle Bildung steht für eine Position im Diskussionszusammenhang des interkulturellen Lernens, die drei pädagogische Grundorientierungen miteinander verbindet: Subjektbezug, Ganzheitlichkeit, Gegenstandsorientierung (vgl. Reich, 2000).

Subjektbezug deutet auf eine emanzipatorische Grundlegung der Position hin. Im Vordergrund steht die Aufgabe der Entwicklungsförderung von Menschen im Hinblick auf Autonomie und Mündigkeit. Dieses Ziel steht über allen Ansprüchen nach Sozialisation bzw. Einfügung von Menschen in den Rahmen einer nationalen gesellschaftlichen Konfiguration. Interkulturelle Bildung richtet sich als Zielsetzung an alle Kinder, Jugendlichen, Menschen jeder Nation, an Einheimische ebenso wie an Fremde. Ziel ist die Entwicklung eines Selbstverständnisses von Menschen als Bürgern einer Welt-Gesellschaft bzw. Mitwirkenden an einer Nation übergreifenden humanen Kultur. Interkulturelle Bildung ist somit auch als allgemeine Menschenbildung zu verstehen (vgl. Gogolin & Krüger-Protratz, 2006).

Ganzheitlichkeit verweist auf das Ziel, Menschen im Hinblick auf mehrere Entwicklungsdimensionen zu fördern und zu stärken: in kognitiver, emotionaler und sozialer Hinsicht. Interkulturelle Bildung strebt „geistige" Entwicklungen an, geht aber nicht in kognitivistischer Unterweisung bspw. kompensatorischem Sprachunterricht auf. Vielmehr geht es im Hinblick auf kognitive Bildungsdimensionen um Entwicklung von Kompetenzen: Verstehen, Vernunft und Urteilskraft als Grundlagen rationaler Verständigung, Friedfertigkeit und Problemlösefähigkeit. Als gleichbedeutend wird die Förderung „psycho-sozialer" Kompetenzen im Rahmen interkultureller Bildung angesehen. Eine Grundlage in dem Zusammenhang ist die Entwicklung von Ich-Identität. Dies ist kein Widerspruch zu sozialen Zielen im Zusammenhang interkultureller Bildung: der Entwicklung von Empathie und Perspektivenübernahmefähigkeit, Kommunikations- und Kooperationsfähigkeit. Nach Erdmann (1999) sind mangelnde Ich-Identität, gering ausgebildetes Selbstwertgefühl und Selbstbewusstsein häufig Ursachen für Abwehr von Neuem und Fremdem, für Abgrenzung, Feindseligkeit und Gewalt. Insofern ist individuelle Identität als eine Voraussetzung für soziale Kompetenzen im Rahmen interkulturellen Lernens anzusehen. Interkulturelle Bildung basiert zudem auf positiv entwickelter „Emotionalität". Mitmenschlichkeit und Empathie sind nicht einfach Verstandeskompetenzen, sondern gründen ebenso auf Gefühl. Kultivierung von Gefühlen ist somit als Element ganzheitlich orientierter interkultureller Bildung anzusehen. Interkulturelle Bildung weist Schnittbereiche zur ästhetischen Bildung auf und bietet sich für Lernen und Erziehung im Rahmen von Bewegung, Sport und Spiel an (vgl. Zimmer, 2007).

Gegenstandsbezug als Prinzip interkultureller Bildung bedeutet, dass die Herausbildung der vielfältigen Fähigkeiten von Menschen in einem Prozess aktiver Auseinandersetzung mit relevanten Gegenständen der „Welt" geschieht. Hiermit sind materiale Dinge, Gegenstände der Natur, andere Menschen, Institutionen sowie kulturelle Errungenschaft wie Sprache, Religion, Bewegung, Sport und Spiel gemeint. In den von Menschen geschaffenen kulturellen Gegenständen sind überindividuelle Bedeutungsgebungen eingebunden. In Bewegungs-, Spiel-, Tanz- und Sportformen kommen z. B. kulturell geprägte, unterschiedliche Verständnisse von Leistung oder Gemeinschaft oder auch von *Gesundheit* zum Ausdruck. Lernen im Sinne interkultureller Bildung bedeutet nun nicht primär Rezeption, bloße Pflege oder allein motorischer Nachvollzug entsprechender Bewegungsformen. Stattdessen wird eine zielgerichtete Auseinandersetzung angestrebt unter Anwendung und Fortentwicklung aller oben angesprochenen Sinne und Fähigkeitsdimensionen von Menschen. Die Auseinandersetzung erfolgt somit wahrnehmungs-, erfahrungs- und handlungsorientiert sowie kritisch und reflexiv. Ziel ist auch die Fortentwicklung der Gegenstände zu Ausdrucksformen allgemeiner menschlicher Kultur (Interkulturalität).

Gesundheitsorientierte Bewegung aus West und Ost

Im Titel werden zwei weitere Schlüsselbegriffe am Anfang gegenübergestellt: „Bewegendes und Besinnliches". Die Begriffselemente stehen für zwei unterschiedliche kulturelle Zugänge zur Gesundheitsförderung. Das erste soll auf einen Zugang zur bewegungsbezogenen Gesundheitsförderung in einer westlich-modernen Tradition hinweisen. Das zweite steht für ein mittel- und fernöstliches Konzept bewegungsbezogener Gesundheitsförderung. Die beiden Richtungen sollen nun in ihrem je spezifischen Zugang auf Gesundheitsförderung charakterisiert werden. Anschließend erfolgt eine Einordnung nach einem „globalen" Verständnis von Gesundheitsförderung, das mit dem o.a. Grundverständnis von interkultureller Bildung in Beziehung steht.

Bewegendes und Besinnliches: Gesundheitsförderung nach West und Ost

„Bewegendes" steht hier für Bewegungsformen, die ein europaisch-nordamerikanisches Grundverständnis von Gesundheitsförderung repräsentieren. Die gemeinten Bewegungsformen haben sich aus einer aufklärerisch-rationalistisch-modernen Kultur- und Wissenschaftstradition im Zusammenhang einer pathogenetisch orientierten Medizin und Trainingswissenschaft entwickelt. Beispiele sind: 1. das klassische Aufwärmprogramm, bestehend aus zeitlich bemessenem Laufen (z. B. 5 Minuten im

Kreis) und Gymnastik-Übungen (z. B. Armkreisen, Rumpfbeugen, Dehnübungen). Das klassische Aufwärmprogramm stand ursprünglich mehr im Dienst des wettkampfbezogenen Sports und war nur mittelbar auf Gesundheitsförderung bezogen. Der Körper sollte auf „Betriebstemperatur" gebracht und die Muskeln für Training oder Wettkampf vorbereitet werden. Bezüge zu Aspekten von Gesundheitsförderung sind in der Absicht der Verletzungsprophylaxe zu sehen. 2. Vor dem Hintergrund einer problematischen Zunahme von Zivilisationserkrankungen in der westlichen Welt (Herz-Kreislauf-Erkrankungen und Probleme des Halteapparats) entwickelte sich der sog. Präventions- oder Gesundheitssport und löste bereits in den Aufwärmprogrammen grundlegend enthaltende Elemente aus dem Funktionszusammenhang für den wettkampfbezogenen Sport. Übungen, die die Funktionen des Herz-Kreislauf-Systems verbessern sollten, wurden durch modernere Inszenierungsformen „aeroben" Körpertrainings weiterentwickelt, differenziert und spezialisiert. Übungen für den Bereich der Muskeln und des Halteapparates wurden zu medizinisch kontrollierten Programmen „physiologischer" Bewegungsführung im Dienst von „Rückengesundheit" oder anderer spezieller Maßnahmen der Prävention und Rehabilitation weiter ausgebaut (funktionelle Gymnastik). Grundprinzipien der modernen westlichen Welt, die hier einflossen, sind: Dynamik, Differenzierung, Spezialisierung, Technikorientierung, Funktionalität. Charakteristisch insgesamt scheint eine Konzentration der Gesundheitsförderung im Rahmen der Bewegung auf *körperlichphysische Momente* zu sein.

„Besinnliches" steht im Beitragstitel für eine andere, mittel- und fernöstlich kulturelle Zugangsweise zur Gesundheitsförderung im Kontext von Bewegung. Das Yoga indischer Tradition ist in spezielleren Fachkreisen auch in der westlichen Welt bekannt. Auch das Taichi und das Qigong finden in Europa und den USA inzwischen eine gewisse Anhängerschaft. In diese Bewegungskonzepte fließen Orientierungen aus dem Daoismus, dem Buddhismus oder der Traditionellen Chinesischen Medizin mit ein, die den Bewegungen andere Sinnrichtungen und Gestalt als den Bewegungsformen der westlichen Gesundheitswelt geben. Gleichwohl werden Elemente beider Seiten als Bedeutungsträger für ein heute relevantes interkulturelles Verständnis von Gesundheitsförderung zu ermitteln sein.

Es wird an dieser Stelle nur ein bedeutsames Element mittel- und fernöstlicher gesundheitsorientierter Bewegungskultur angesprochen: das Moment der *metaphorischen Bewegungsgestaltung*. Dieses Element ist in dem Yoga, Taichi und dem Qigong in ähnlicher Weise enthalten. Bei Taichi und Qigong sind Einflüsse aus der Naturphilosophie des Daoismus als Ausschlag gebend zu verstehen. Bewegung steht hier in einer Beziehung zu ursprünglichen, inzwischen imaginierten Naturerlebnissen, die für Gesundheit und Wohlbefinden positive Bedeutung tragen. Im Unterschied zu den funktionellen Übungen der gesundheitsbezogenen Bewegung und Gymnastik des Westens, die in ihrer Ausführung durch Angabe von Zeit- oder Raummaßeinheiten sowie den Einsatz von Messinstrumenten bestimmt werden (z. B. 20 Minuten bei einer Pulsfrequenz von 130 laufen, oder Rumpfbeugen von einer Bank herab, bis die Finger eine Linie parallel zur Stehfläche der Bank unterschreiten), „leben" die Bewegungen der genannten asiatischen Konzepte durch Bewegungsgestaltung. Die Übungen der Bewegungskonzepte aus dem Osten sind nicht wie Übungen im westlichen Sinne zu verstehen und auch nicht dementsprechend praktisch zu vollziehen. Die Bezeichnungen der Bewegungen lauten nicht Laufen, Sit-up oder Rumpfbeugen, sondern „Sonnengruß", „Ziehender Kranich", „Baum", „Tiger" oder „Affe". Die Bilder weisen auf Bewegungsgestalten, metaphorische Zusammenhänge, Ausdrucksbewegung, gestaltendes Handeln von Menschen hin. Es wird weniger eine nach physiologischen Gesichtspunkten normierte Bewegung wie bei der Funktionsgymnastik ausgeführt, sondern ein Ursprungserlebnis, das den Bewegungsgestalten zu Grunde liegt, nachempfunden, gestaltet und in Variationen wiederholt. Beim Bild des „Sonnenaufganges" ist es das Erleben des Lichts und der Wärme, das in einem natürlichen Ereignis tatsächlich erfahrbar ist. Dieses Gefühl soll wieder geholt, kunstvoll erzeugt werden, auch wenn der Naturvorgang selbst im Moment nicht verfügbar ist. Im Laufe der Wiederholungen stellen sich Bewegungsfertigkeiten ein, kunstvolle Veränderungen, choreographische Entwicklungen der Bewegungen. Bei der Thematik „Bär" mag es weniger die Wärme einer aufgehenden Sonne als vielmehr die Kraft und Stärke sein, die mit dem mächtigen Tier verbunden wird. Durch Rollenübernahme wie im Spiel überträgt sich ein Teil der imaginierten Stärke als seelische Kraft auf die Akteure (vgl. Sutton-Smith, 1978). Beim Bild der „Affen" kann dies deren Spiel und Lebenslust sein, beim „Kranich" das Gefühl des Schwebens, der Leichtigkeit und Freiheit der Bewegung.

Interkulturelle Gesundheitsförderung

Es soll nun ein Begriffsverständnis interkultureller Gesundheitsförderung dargestellt werden, das als Integrationsbasis für Aspekte beider Bewegungskonzepte, aus West und Ost, dienen kann. Grundlegend wird ein Solches bereits durch Begriffsbestimmungen der Weltgesundheitsorganisation WHO zum Ausdruck gebracht. Gesundheit wird dort nicht mehr primär krankheitsbezogen definiert wie im pathogenetischen Medizinverständnis des Westens. Gesundheit wird umfassender, salutogenetisch als eine Form subjektiv erfahrbaren Wohlbefindens aufgefasst, das auf einem Zusammenspiel ganzheitlicher körperlicher, psychischer und sozialer Einflussfaktoren sowie auf Handlungskompetenzen von Subjekten beruht. Entschieden hebt die WHO die Bedeutung der Fähigkeit zum „selbstbestimmten" Handeln und entsprechender Lebensführung von Menschen als Ressource von Gesundheit hervor. In einem Beitrag zu den Beziehungen von „Bildung, Bewegung und Gesundheit" greift Elflein (2007a) grundlegende Aspekte des WHO-Gesundheitsverständnisses auf, ergänzt und differenziert diese durch Perspektiven gesundheitswissenschaftlicher Ansätze von Antonowski und Hurrelmann und zieht Schlussfolgerungen für eine gesundheitsrelevante Bewegungserziehung: Danach würden gegenwärtige Programme gesundheitsorientierter Fitness, zielgerichteten aeroben Trainings oder funktioneller Gymnastik (z. B. Rückengymnastik) den Ansprüchen eines zukunftsweisenden ganzheitlich-mehrdimensionalen Gesundheitsförderungskonzeptes i. d. R. noch nicht gerecht. Insbesondere sei zu überlegen, wie die in dem globalen Gesundheitsverständnis hervorgehobenen psycho-sozialen Gesundheitsressourcen (Selbstwertgefühl, selbstständiges Handeln, soziale Kompetenzen) in Vermittlungsprozessen der Bewegung nachvollziehbar zu berücksichtigen sind. Häufig würden diese

Gesichtspunkte als zwangsläufige Folge körperlicher Aktivität bzw. physikalischer Bewegung angesehen und damit indirekt erforderliche didaktisch-methodische Maßnahmen zur Umsetzung psycho-sozialer Gesundheitsperspektiven für obsolet erklärt (vgl. Elflein, 2007a).

Vermittlungsperspektiven von Ost und West

Wie stellen sich nun Vermittlungsperspektiven gesundheitsbezogener Bewegungserziehung im Zusammenhang interkultureller Bildung dar? Vom Grundsatz her sind Aspekte beider Seiten gesundheitsbezogener Bewegung, West und Ost, integrativ aufeinander zu beziehen. Beide Bewegungskonzepte haben nach dem zu Grunde gelegten interkulturellen Gesundheitsbegriff eingeschränkte Bedeutung. Aufwärmprogramme, aerobe Bewegung und funktionelle Gymnastik repräsentieren einen körperorientierten rationalen Zugang zur Gesundheitsförderung, während bei den Bewegungselementen östlicher Prägung mehr psychische Ansatzpunkte im Vordergrund stehen. Unangemessen wäre es, die Ansätze gegeneinander auszuspielen und nur in der einen oder der anderen Position einen adäquaten Weg der Gesundheitsförderung zu sehen.

Es wird nun – holzschnitzartig – ein Vermittlungsweg in dialektischer Struktur dargestellt, der die hier zu Grunde liegenden Vorstellungen von Gesundheitsförderung unter dem Aspekt interkultureller Bildung veranschaulichen soll. Für die konkrete Umsetzung in authentischen Handlungssituationen sind weitere Überlegungen, z.T. auch modifizierende Auslegungen im Einzelnen erforderlich. Hierfür sind die belassenen Spielräume zu nutzen.

Schritt 1: Thematisierung gesundheitsorientierter Bewegung westlich-moderner Art

Basis ist die Frage, wie würden die Kinder mit Bewegung etwas für ihre Gesundheit tun. In der Regel werden die Befragten Beobachtungen aus der Erwachsenenwelt und von den Medien her reproduzieren. Beispiele sind aufzugreifen und als „Aufwärmphase" praktisch in den Unterricht zu integrieren. Anschließend könnten an Wahrnehmungen veränderter Körperfunktionen (außer Atem, warm geworden, roter Kopf) weitereiche Wirkungen von körperlicher Aktivierung auf die körperliche Konstitution besprochen werden: Einfluss auf Herz, Lunge, Muskeln, Haut, Stoffwechsel, Körperfülle etc. Frage: „Was ist eigentlich gesund an Laufen und gymnastischen Übungen?" Auch wenn eine solche Thematisierung adressatenorientiert geschieht, bleibt ein mit dem Konzept verbundenes grundsätzliches Problem bestehen: die Schwierigkeit einer unmittelbaren Sinnerfahrbarkeit des Tun. Die gesundheitsrelevanten Wirkungen stellen sich erst in einer der Übenden nicht sofort verfügbaren Zukunft ein. Gleichzeitig ist ein in der Bewegungsgestalt begründeter Sinnverlust zu sehen, je mehr Bewegungen zweckrational in den Dienst speziellerer Gesundheitsziele gestellt und dementsprechend „konstruiert" werden. Dies ist offenkundig an funktionsgymnastischen Übungen zu demonstrieren. Die Übungen sind nach physiologischen Gesichtspunkten konstruiert worden, nicht aber wie Spiel- und Sportformen organisch gewachsen. Deswegen ist Gymnastik nur schwer mit Lust zu erleben. Solche Zusammenhänge werden im ersten Schritt mit zu erörtern sein.

Schritt 2: Metaphorische Bewegungsgestaltung östlicher Prägung

Im zweiten Schritt werden Elemente gesundheitsorientierter Bewegungskonzepte des Ostens zum Thema gemacht. Ansatzpunkt sind nicht gleich fertige, komplizierte Bewegungsformen aus dem Yoga, Taichi oder Qigong. Vielmehr soll von Beginn an das grundlegende Prinzip der aktiven metaphorischen Bewegungsgestaltung im Vordergrund stehen: die selbstgesteuerte Bewegungsführung und Gestaltgebung der Bewegung in Folge von Bildern, Geschichten bzw. Phantasien. Bei einer Reihe solcher Bilder scheinen salutogenetisch relevante Gefühle und Gefühlswahrnehmungen im Bewegungsvollzug eine bedeutende Rolle zu spielen: Wahrnehmung wohltuender Wärme, positiver Energie (Sonnenaufgang), von Stärke (Bär), Standhaftigkeit (Baum), Mut (Tiger), Leichtigkeit (Kranich), Lebensfreude (Affen). Die Gefühle sind allerdings kaum zu erleben, wenn die Bewegungsformen nach dem Muster westlicher Gymnastik, als Funktionsfolge der Bewegung von Körperteilen, vermittelt und vollzogen werden. Die Vermittlung sollte stattdessen von den zu Grunde liegenden Bildern her, mit genügend Zeit und Gestaltungsspielräumen der Akteure erfolgen. Erst in weiterer Folge sollte beispielhaft eine der bereits kunstvoll entwickelten Bewegungsformen zum Thema werden. Auch dann wäre das Grundprinzip genetischer Entwicklung bzw. Nachentdeckung, Arbeit in Gruppen, gegenseitiges Zeigen und Lernen aber beizubehalten. Die in den Lernprozessen gesammelten Erfahrungen sind schließlich zum Gegenstand von Nachdenken bzw. „Philosophieren" zu machen (vgl. Matthews, 1993): Haben die erlebten Gefühle u.U. auch etwas mit Gesundheit zu tun? Wie ist Gesundheit überhaupt in einem weiteren Sinn zu verstehen? Welche Rolle spielt die körperliche Fitness, welche Rolle können Gefühle oder Empfindungen spielen?

Schritt 3: Interkulturelle Vernetzungen, experimentelle kulturschöpferische Akte

Zu dem Vermittlungskonzept gehört ein weiterer Schritt, in dem am Thema interkulturelle Perspektivenvernetzungen vorgenommen oder – wie Dietrich (1993) es bezeichnete – „kulturschöpferische Akte" spielerisch-experimentell erprobt werden sollen. In Gruppen sollten Lösungen für Fragen und Probleme gesucht und erprobt werden, wie das eine mit dem anderen ggf. zu verbinden ist. Wie könnte z. B. Laufen spielerisch mit mehr Phantasie angereichert werden? Wie wäre ein Aufwärmprogramm durch Einbezug bildhafter Bewegungen zu „beflügeln"? Sind „Bewegungsgestalten" nach Bildern zu finden, die zugleich physiologischen Gesichtspunkten von Bewegungsführung gerecht würden? An der Stelle im Vermittlungsprozess sollten solche Elemente interkultureller Gesundheitsförderung und Bildung noch mehr Berücksichtigung finden, die bei den unter den Schritten A und B thematisierten Bewegungskonzepten „von der Sache her" weniger im Vordergrund stehen, z. B. soziale Perspektiven von Gesundheitsförderung. Beide Bewegungskonzepte tendieren zu einer individualisierenden Perspektive: das eine in Hinsicht auf Körpertraining, das andere in Hinsicht auf psycho-motorische Ansatzpunkte. Das in der interkulturellen Gesundheitsförderung zu ergänzende soziale Element ist einerseits durch Wahl und Einsatz kommunikationsorientierter und kooperativer Vermittlungsmethoden zu berücksichtigen. Darüber hinaus sind aber unter dem Aspekt z. B. auch

Team-, Mannschafts- oder Sportspiele an dieser Stelle thematisch zu integrieren und mit den unter A und B herausgearbeiteten Gesichtspunkten der Gesundheitsförderung in Beziehung zu bringen: Wie sieht es eigentlich mit Gesundheit und „Fußball spielen" aus – im Hinblick auf Körper, aber auch Gefühl? Was ist das Tolle und Gesunde am Fußballspielen? Tut Fußballspielen nur gut? Warum macht Fußball nicht allen unbedingt Spaß? Wie ist Fußball zu denken und zu spielen, wie zu gestalten, damit auch diejenigen Freude daran finden, die bislang Abneigungen verspüren, und diejenigen, denen Fußball bereits Freude bereitet, diese nicht verlieren?

Schlussbemerkungen

Das Vermittlungsmodell ist für weitergehende praktische Auslegungen, Veränderungen, Konkretionen bewusst offen gelassen worden. Eine beispielhafte Ausarbeitung im Hinblick auf den Grundschulsport erfolgt in der Dissertation der Autorin. In der folgenden Abbildung 1 werden die dargestellten Aspekte nochmals zusammengefasst.

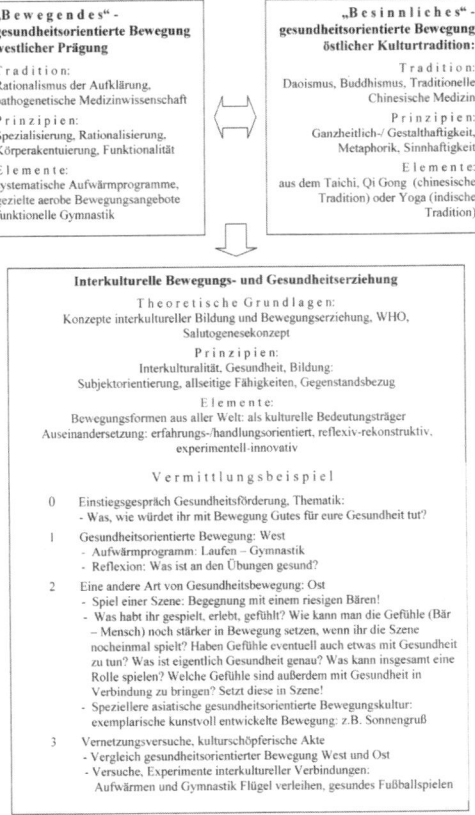

Abb. 1: Bewegungserziehung als Gesundheitsförderung im Rahmen interkultureller Bildung

Norbert Fessler, Elke Haberer

Entspannungsfähigkeit – eine zunehmend gefragte Kompetenz?

Entspannung ist ein „Reaktionsmuster, welches biologisch angelegt ist, zum natürlichen Verhaltensrepertoire des Menschen gehört und unter günstigen Bedingungen leicht hervorzurufen ist" (Vaitl & Petermann, 1993, S. 25). Ferner ist Entspannung „ein kontrollierter, relativ stabiler Erregungszustand, dessen Niveau unterhalb des normalen Wachzustandes liegt und zur Reduktion der Zustände physischer wie auch psychischer Anspannung beiträgt" (Fessler, 2006, S. 292). Entspannung ist demzufolge ein unverzichtbarer Bestandteil unseres biorhythmischen Systems, um physische und psychische Spannungszustände auszugleichen.

Erhöhte individuelle Anforderungen, die sich beispielsweise in dem Drang und dem Zwang nach Beschleunigung in allen Lebensangelegenheiten äußern, führen zu einer Verdichtung des Alltags und lassen wenig Zeit zum Innehalten. Neuere Studien konstatieren, dass auch Kinder und Jugendliche zunehmend der Gefahr ausgesetzt sind, die Orientierung am eigenen biologischen Rhythmus und einem angemessenen Wechsel von An- und Entspannung zu verlieren. Zunehmende Verhaltensauffälligkeiten bei Kindern und Jugendlichen können eine Folge sein. So sind 11,5% der Mädchen und 17,8% der Jungen laut Ergebnisse des Kinder- und Jugendgesundheitssurveys (KiGGS) verhaltensauffällig bzw. grenzwertig auffällig (vgl. Hölling, Erhart, Ravens-Sieberer & Schlack, 2007).

Entspannungfähigkeit als schulisches Lernziel

Es gilt als gesichert, dass eine Förderung von Entspannungstechniken in der Schule, z. B. durch die Implementation bewegungsbasierter Entspannungspausen im Unterricht, nicht nur gesundheitsdienlich ist, sondern auch kognitive Leistungen wie die Konzentrationsfähigkeit zu erhöhen vermag (u. a. Fessler & Haberer, 2008). Entspannungsthematiken bis hin zur expliziten Angabe von zu erlernenden Entspannungsverfahren haben mittlerweile Eingang in die Bildungspläne aller Schularten und Schulstufen gefunden. Eine bundesweit durchgeführte Lehrplananalyse des Karlsruher Forschungszentrums für den Schulsport und den Sport von Kindern und

Jugendlichen (FoSS; Universität Karlsruhe, 2009) hat ergeben, dass Entspannungsthemen wie z. B. das Erlernen von Atemtechniken in 11 von 16 Bundesländern in den Bildungsplänen der Grundschule in Kontexten wie z. B. Gesundheitserziehung oder Körperwahrnehmung aufgenommen sind. Im Sekundarschulbereich werden darüber hinaus zu erlernende Entspannungsverfahren wie Progressive Muskelrelaxation, Yoga oder Tai Chi konkretisiert.

Es ist also notwendig und zukunftsorientiert, das Thema „Entspannungstraining" in verschiedenen Settings sportwissenschaftlich zu untersuchen, zumal der Körper nicht nur, wenn er beschleunigt, sondern auch dann, wenn er sich entschleunigt präsentiert, das Forschungsinteresse wecken sollte.

Körperbasiertes Entspannungstraining für Kinder und Jugendliche

Das FoSS Karlsruhe führt aus den o. g. Gründen das Forschungsprogramm „Bewegtes Entspannen – Entspannte Bewegung" durch. Ziel ist es, körperbasierte Entspannungsmethoden systematisch und theoriefundiert aufzuarbeiten und Kurzprogramme für verschiedene Adressaten- und Altersgruppen in unterschiedlichen Settings zu entwickeln.

Die derzeitigen Untersuchungsgänge (2006–2009) konzentrieren sich auf die Zielgruppe Kinder und Jugendliche im Setting Schule: So wurden Studien zu Entspannungsformen wie Autogenes Training, Progressive Muskelrelaxation, Hatha-Yoga, Feldenkrais und Eutonie mit Kindern im Alter von sechs bis zehn Jahren durchgeführt und geeignete Kurzprogramme entwickelt. Bei Jugendlichen zwischen zehn und sechzehn Jahren wurden weiterhin Pilates, Qigong und Hatha-Yoga didaktisch aufbereitet und in verschiedenen schulischen Kontexten implementiert und evaluiert. Einen Eindruck vermitteln die Abbildungen.

Die FoSS-Studien zeigen, dass eine Umsetzung ausgewählter Entspannungsverfahren in den Schulalltag gelingen kann, wobei insbesondere körperbasierte Verfahren wie Yoga oder Progressive Muskelrelaxation geeignet sind. Bei der Lehr- und Lernbarkeit von Entspannungstechniken ist grundsätzlich darauf zu achten, dass die Techniken im Rahmen von Kurzprogrammen durchführbar sind und sich für ein Gruppentraining in Schulklassen eignen. Nur in diesem Rahmen ist eine systematische Einbindung von Entspannungsthematiken in Lehrerfortbildungsprogramme und vor allem in Ausbildungsgängen, die mit dem Körper arbeiten (z. B. Lehramtsstudiengänge im Fach Sport), möglich.

Insgesamt kann als Ergebnis festgehalten werden, dass nicht alle fernöstlichen und westlichen Entspannungsverfahren schulisch relevant sind, d. h. z. B. in Form von Kurzprogrammen in den schulischen Alltag wie auch in sportunterrichtlichen Situationen eingearbeitet werden können. Deshalb verwundert, dass komplexe Entspannungstechniken wie Tai Chi in einzelnen Lehrplänen verankert sind, ohne dass dies in entsprechenden Implementationsstudien überprüft wurde und ohne dass dies in der bisherigen Lehrerausbildung wie auch -fortbildung ausreichend berücksichtigt würde.

Ausblick

Die bisherigen Studien des FoSS-Forschungsprogramms zielten darauf ab, Kurzprogramme für Kinder und Jugendliche in Settings wie der Schule didaktisch-methodisch zu entwickeln und deren Praktikabilität in Unterrichtssituationen zu überprüfen. Parallel dazu wurde damit begonnen, didaktisch aufbereitete Lehrfilme zu Fortbildungszwecken in Print- und elektronischen Medien wie z. B. Lehr-CD-ROMs zu entwickeln.

Aufgrund bislang weithin fehlender und wenig aussagekräftiger empirischer Studien zu körperbasierten Kurzprogrammen für Kinder und Jugendliche in der Schule steht nun die Prüfung der Effizienz im Zentrum des Forschungsinteresses. Mit unterschiedlichen Messmethoden sollen körperliche Veränderungen wie beispielsweise Lungenvolumen, Tonusveränderung, periphere Gefäßerweiterung oder Veränderungen der Hirnstromaktivitäten gemessen werden, die als positive Folgen von Entspannung angenommen werden. Ergänzend dazu werden Veränderungen psychischer Parameter wie Wohlbefinden und Gelöstheit mittels standardisierter Fragebögen erfasst und mittels strukturierter Beobachtung aufgezeichnet.

Da Entspannungsfähigkeit nicht nur in der Schule eine zunehmend gefragte Kompetenz ist, zielen weitere Aktivitäten in diesem Forschungsprogramm darauf ab, Settings der vorschulischen Erziehung wie auch der betrieblichen Gesundheitsförderung in den Fokus zu nehmen. Dies gründet auf der Überlegung, dass die Kunst des aktiven, selbst eingeleiteten Entspannens in jedem Lebensalter eine wichtige verfügbare Ressource des persönlichen Wohlbefindens und der Gesunderhaltung sein sollte.

VII

Spielideen
und
Sportangebote

ULF GEBKEN, BASTIAN KUHLMANN, JULIKA VOSGERAU

Hilfe, meine Kinder wollen Fußball spielen!
Mit Begeisterung kicken auch immer mehr Mädchen mit Migrationshintergrund

Fallbeispiel Delmenhorst-Wollepark

Delmenhorst Wollepark. Hohe Betonbauten ragen in den Himmel, dicht an dicht stehen die Häuser, doch die meisten Fenster sind kahl und dunkel. 50 Prozent der Wohnungen stehen leer, ganze Blöcke des Soziale-Stadt-Gebietes sind unbewohnt. „Wer hierher zieht, versucht meist, so schnell wie möglich wieder wegzukommen,“ sagt ein Sozialarbeiter. Arbeitslosigkeit, hohe Fluktuation und eine Vielzahl an sozialen Problemen prägen das Zusammenleben der Menschen, die aus 35 verschiedenen Nationen stammen. Spiel- und Freiflächen gibt es wenige, die Angebote für Kinder und Jugendliche sind begrenzt, Begegnungsstätten häufig Vandalismus ausgesetzt (so wurde das Jugendhaus kürzlich von zwei Zehnjährigen in Brand gesteckt).
Die Kinder des Wolleparks besuchen die Parkschule, die am Rande des Viertels liegt. 85% der Schüler haben hier einen Migrationshintergrund. Als wir unser Projekt vorstellen, ist der Schulleiter zunächst reserviert, sagt später einmal: „Eigentlich wollten wir nicht mitmachen und dachten: ‚Nicht noch ein Projekt!‘“
Als wir dann zwei Monate später mit vollem Ballnetz vor ihm stehen, um den Mädchen das Angebot der Mädchenfußball-AG zu präsentieren, ist er überzeugt: „Wissen Sie, was ich gut finde an Ihrem Projekt? – Sie reden nicht stundenlang, sondern gucken, wo Bedarf ist und kommen gleich zur Sache!“
Zur Sache geht es auch beim ersten AG-Termin: 22 Mädchen sind gekommen, viele türkische, aber auch Mädchen afghanischer, irakischer und kenianischer Herkunft. Sie haben die Halle mit ihren Bällen erobert. Die AG-Leiterin, selbst noch Schülerin, aber auch bereits Trainerin im kooperierenden Verein, hat alle Mühe, die Gruppe unter Kontrolle zu bringen.
Die Resonanz auf das AG-Angebot ist enorm, die Begeisterung für das Fußballspielen bei allen teilnehmenden Mädchen sehr groß und doch hat bislang nur ein einziges Mädchen den Weg in den Sportverein gefunden.

Die Parkschule in Delmenhorst stellt in Deutschland keine Ausnahme mehr dar. Viele Mädchen mit Migrationshintergrund wollen Fußball spielen. An den Standorten des vom DFB initiierten Forschungsprojekts „Soziale Integration von Mädchen durch Fußball“ und des vom Niedersächsischen Innenminister geförderten gleichnamigen Projekts werden flächendeckend geeignete weibliche Übungsleiterinnen und Betreuerinnen gesucht.

Was bedeutet Integration?

Integration wird alltagssprachlich mit Geborgenheit und Be-Achtung durch die Mitmenschen verbunden. *Integer* bedeutet heil, ganz. Unter *integrare* wird Eingliedern, Herstellen bzw. Wiederherstellen eines Ganzen verstanden. Sport birgt Möglichkeiten, Gemeinsamkeiten zwischen Mitgliedern der Mehrheitsgesellschaft und zugewanderten Menschen herzustellen und das Zusammenleben zwischen verschiedenen Ethnien zu erleichtern. Spiel, Sport und Bewegung bieten darüber große Potenziale für Begegnung, Zusammenführung und Aktivierung der Menschen mit bi- oder multikulturellem Hintergrund. Der Sport kann zudem durch verbesserte Teilnahmechancen besonders viele Kinder und Jugendliche erreichen und sie als Mitspieler/innen, Schiedsrichter/innen, Übungsleiter/innen oder Vereinsmitarbeiter/innen teilhaben lassen. Gebraucht werden Schlüsselpositionen, die Brückenfunktionen zwischen Einheimischen und Zugewanderten übernehmen und in das jeweils andere Milieu hineinwirken. Am einfachsten gelingt dies den Übungsleiterinnen; sie fungieren oft als Türöffner zwischen den Kulturen.

Seit Oktober 2006 rollt das ambitionierte und komplexe Modellprojekt „Soziale Integration von Mädchen durch Fußball" durch Deutschland (vgl. Gebken, 2007). In Stadtteilen mit schwerwiegenden sozialen Problemlagen, in denen sehr viele Kinder und Jugendliche mit Migrationshintergrund leben, sollen über die Zusammenarbeit von Schule und Sportverein Mädchen mit Migrationshintergrund in schulischen Arbeitsgemeinschaften für den Mädchenfußball begeistert werden. Zudem werden jugendliche Mädchen im Alter von 14 bis 17 Jahren zu so genannten Fußballassistentinnen ausgebildet und anschließend als Übungsleiterinnen und Betreuerinnen eingesetzt. Ergänzt werden diese Maßnahmen durch schulinterne oder übergreifende, niedrigschwellige Fußballturniere.

Können über die Zusammenarbeit von Schule und Sportverein mehr Mädchen mit Migrationshintergrund den Weg in den Sportverein schaffen?

Trotz der bundesweiten Landeskooperationsprogramme wissen die benachbarten Schulen und Sportvereine in den sozial prekären Stadtteilen nur wenig voneinander und arbeiten gar nicht bzw. in einer geringen Intensität zusammen. Die Projektaktivitäten geben den Anstoß für eine gegenseitige Information und ein erstes Kooperationsvorhaben. Die Schulen verbinden mit der Aufnahme eines Mädchenfußballangebots nicht nur eine Erweiterung ihres Profils, sondern auch die Hoffnung, das außerunterrichtliche Angebot zu verbessern. Die Vereine verfolgen das Ziel, für Mädchen ein attraktives Vereinsangebot einzurichten.

Als eine besondere Integrationschance erweist sich die Zusammenarbeit der Schulen mit den Migrantenvereinen wie zum Beispiel Türkiyemspor Berlin, SV Burgund-Hürriyet und SV Rhenania Hamborn. Durch die Kooperationen erhalten die Vereine für ihre Kinder- und Jugendarbeit eine Anerkennung, die ihnen durch die Bevölkerungsmajorität häufig noch nicht gegeben wird. Zudem erschließen sich über die ethnischen Vereine die Zugänge zu den Eltern und insbesondere den Vätern der

Mädchen mit Migrationshintergrund, und es gelingt eine Öffnung gegenüber jungen Mädchen z. B. aus dem alevitischen und sunnitischen Milieu, die bislang nur sehr selten den Weg in den organisierten Sport finden.

Bedeutung der schulischen Arbeitsgemeinschaften

Im Diskurs „Integration und Sport" spielen schulische Arbeitsgemeinschaften trotz des verstärkten Auf- und Ausbaus vieler Einrichtungen zu Ganztagsschulen bisher eine untergeordnete Rolle (vgl. auch Frohn, 2007; Vosgerau, 2008). Dabei bieten gerade AGs, wenn Schulleitungen und Lehrkräfte diese empfehlen und unterstützen, einen überzeugenden und niedrigschwelligen Zugang zum Sport. Die Kooperation von Schule und Sportverein kann in diesem sozialen Milieu nur erfolgreich sein, wenn sie einen regelmäßigen Austausch über die Beteiligung an der AG, deren Verlauf und Perspektiven einschließt.

Die Schule als vertrauensstiftender Rahmen für Eltern

Die Institution Schule ist für die Eltern ein vertrauter Ansprechpartner. Sie vermittelt Zuverlässigkeit und Sicherheit bei der Betreuung ihrer Kinder. „Ein schulisches Angebot hat für die Eltern eine klare Linie und gut definierte Regeln. Sie wissen, dass ihre Mädchen in dem schulischen Mädchenfußballangebot gut aufgehoben sind!", bilanziert ein beteiligter Schulleiter. Mit dem Sportvereinsleben dagegen sind viele Eltern der migrantischen Mädchen bislang nicht vertraut; Skepsis, Misstrauen und auch Ängste stehen dem organisierten Sporttreiben der Töchter oftmals im Wege. Erst durch das Zuschauen bei den durch Begeisterung geprägten Spielen und Turnieren mindern sich die anfänglich bestehenden Vorbehalte gegenüber dem Fußballspiel.

Wie können junge Menschen mit Migrationshintergrund für Aufgaben in der Übungsleitung und Betreuung gewonnen werden?

Die ersten lokal durchgeführten Ausbildungen zu Fußballassistentinnen richteten sich an jugendliche Mädchen mit Zuwanderungsgeschichte, die über die im Stadtteil gelegenen weiterführenden Schulen angesprochen wurden. Es zeigte sich jedoch, dass ein Großteil dieser aus dem sozial benachteiligten Milieu stammenden Jugendlichen bislang noch über zu wenig Erfahrung im Fußball verfügt, um im organisierten Sport Akzeptanz zu erfahren, was zur Folge hatte, dass es nicht allen Mädchen gelang, sich durchzusetzen. Anerkennung im Verein und bei den fußballspielenden Kindern und Eltern ist Voraussetzung für eine gelingende Partizipation von jugendlichen Fußballassistentinnen, so dass das Kriterium für die Teilnahme an der Ausbildung nun die Fußballerfahrung ist.

Die Schülerinnen werden im Rahmen ihrer dreitägigen Ausbildung zur aktiven Teilnahme und Gestaltung des Zusammenlebens in Schule und Verein gefördert und übernehmen Aufgaben bei der sportbezogenen Betreuung junger Menschen. Durch die Qualifizierung und den Einsatz in Schule oder Verein entwickeln die Mädchen eine Verbundenheit mit der Gruppe und der Institution. Als ein erstes Ergebnis des Projektes kristallisiert sich heraus: Integration kann nachhaltig nur über Partizipation gelingen. Und doch darf Partizipation nicht Überforderung bedeuten und muss ebenso wie Integration als Prozess verstanden werden. Die Mädchen mit Migrationshintergrund, die heute anfangen, Fußball zu spielen, können morgen jugendliche Fußballassistentinnen werden.

Unter welchen Bedingungen kann Integration durch den Mädchenfußball gelingen?

Steuerung durch die Schulleitung

Für das Gelingen einer Kooperation von Schule und Sportverein ist eine aktive und steuernde Rolle der Schulleitung unabdingbar. Schulische Ressourcen (Hallenzeiten, Spielmöglichkeiten im Freien, Sportgeräte, Schlüsselgewalt, kurze Informationswege) sind unabdingbare Voraussetzungen für eine gelingende Zusammenarbeit von Schule und Verein.

Fußballtrainerinnen in Schulen und Vereinen suchen und qualifizieren

„Wir könnten viele AGs für den Mädchenfußball anbieten, aber uns fehlen die Übungsleiterinnen!" Dies ist der Standardspruch der Schulleiter an allen Standorten. Für den Deutschen Fußballbund wird es zu einer wesentlichen Aufgabe werden, junge Frauen als Trainerinnen zu begeistern. Noch laden die Strukturen, insbesondere durch das männliche Übergewicht in den ÜL-Ausbildungen, mögliche Interessentinnen zu wenig ein. Nicht nur muslimische Eltern erwarten Trainerinnen und Übungsleiterinnen. Sie fehlen bundesweit. Aus unserer Sicht gibt es keine Alternative zur Ausbildung von jugendlichen Fußballerinnen, auch um das nach der Frauen-Fußball WM 2011 erwartete steigende Interesse am Mädchenfußball auffangen zu können.

Heterogene Gruppen meistern

Schulische Arbeitsgemeinschaften zu leiten, bedeutet, eine heterogene Gruppe zu meistern. Für einige Schülerinnen ist die AG der Höhepunkt der Woche. Andere Mädchen testen mögliche Grenzen aus, halten die vereinbarten Regeln nicht ein und vergessen ihr Sportzeug. Besonders Arbeitsgemeinschaften in Ganztagsschulen können zu pädagogischen Herausforderungen werden.

Tandemmodell für Übungsleiterinnen nutzen

Wir plädieren deshalb für ein Tandemmodell. In Delmenhorst wird eine junge Übungsleiterin von einem pensionierten Vereinsvorsitzenden unterstützt. In Oldenburg-Ohmstede leiten zwei 15-jährige Schülerinnen gemeinsam die AG. Und in Wolfsburg-Westhagen bewerkstelligen eine Fußballweltmeisterin und eine fußballbegeisterte Erzieherin die nicht leichte Aufgabe mit den Mädchen aus unterschiedlichen Kulturen. Durch das Tandemmodell lässt sich auch die Vertretung einer AG-Leitung im Verhinderungsfall (Urlaub, Klassenfahrt, Krankheit usw.) zügiger lösen.

Welche politischen Entscheidungen sind zu treffen?

Schulische Mädchenfußball-Arbeitsgemeinschaften in allen sozialen Problembezirken ausbauen

Fußball als Massenphänomen fordert einfach und schlicht zum Mitspielen auf. Es erfordert wenige Vorkenntnisse und bietet einen einfachen Zugang zum organisierten Sport. Wettkämpfe und Turniere setzen Ziele, die gemeinsam gemeistert werden müssen. Voraussetzung für einen gelingenden Mädchenfußball ist die Trennung von den Jungen. Nur in einem geschlechtshomogenen pädagogischen Rahmen erfahren die Schülerinnen Erfolgserlebnisse, stärken ihr Selbstbewusstsein im Fußball und trauen sich das Kicken zu. Mädchenfußball-AGs und nicht geschlechtsheterogene Gruppen sollten deshalb der Einstieg für die dargestellte Zielgruppe sein.

In die Sportstätten an den Schulen investieren

Die lokalen Rahmenbedingungen in den Schulen lassen Fußballspielen häufig nicht zu. Beispiele: In Leipzig sind Ballspiele in 50% der Turnhallen nicht erlaubt. In der Vineta-Grundschule in Berlin-Wedding sowie in der Karl-Liebknecht Grundschule in Neuruppin müssen zwei Klassen gleichzeitig in einer nicht-teilbaren Turnhalle unterrichtet werden. Die Halle der Berliner Schule ist nicht größer als ein Volleyballfeld. In der Nürnberger Wiesenschule ist Fußballspielen für 550 Grundschülerinnen und -schüler auf einer 500 Quadratmeter großen Pausenhoffläche ausgeschlossen. Investitionen in die Porträume der „Brennpunktschulen" sind zwingend erforderlich.

Und in Delmenhorst, wie geht es dort weiter?

Das Mädchenfußballprojekt wird die Lebenssituation der Mädchen im Wollepark nicht grundlegend verbessern können. Nach kurzer Zeit können wir dennoch bilanzieren: Dem Fußball gelingt es, über Anerkennung und Erfolge mit dem Team, das Selbstvertrauen und Selbstbewusstsein der jungen Menschen zu stärken. Ein erhöhtes Selbstwertgefühl kann jedoch durchaus positive sozialisatorische Effekte haben, die weit über den sportlichen Bereich hinausreichen. Schule, soziales Umfeld, Familie und auch die Mitschüler nehmen Anteil am Können der jungen Fußballerinnen.

Zudem spornt die Begeisterung der zugewanderten Mädchen die Verantwortlichen an. Der rollende Ball transportiert Lebensfreude ins Schulleben und in den Sozialraum. Gemeinsam und sicherlich nicht immer konfliktfrei wird gespielt, gefeiert und manchmal auch geschimpft. In Delmenhorst zeigen weitere Schulen und Vereine Interesse, sich an diesem Mädchenfußballprojekt zu beteiligen. Damit viele Mädchen mitkicken können, werden Übungsleiterinnen gesucht. Die Qualifizierung jugendlicher Fußballassistentinnen ist ein erster Schritt, diese Lücke zu schließen. Wir sollten diese Chance nutzen.

HERBERT LANGER, CORINNE FERIÉ

„Lass die Pfunde fliegen" – „swinging emotions' beim Training von Ausdauer, Koordination und Kraft auf dem Trampolin und Rebounder

Gerade für Kinder, insbesondere für die übergewichtigen, hat das Trampolinspringen einen hohen Aufforderungscharakter und motiviert sie, sich darauf zu bewegen. Auch Erwachsene sind in gleicher Weise für das Trampolinspringen zu begeistern. Vor dem Hintergrund der hohen Motivation verbunden mit den zu erreichenden positiven Wirkungen, ist das Trampolinspringen für praktisch jede Altersgruppe sehr zu empfehlen.

Das Springen auf dem Trampolin inklusive der Minitrampoline und deren Spezialform „Rebounder" haben vielfache positive Wirkungen auf die Systeme unseres Körpers:
* Training der gesamten Muskulatur, des Gleichgewichtssystems und der Feinmotorik,
* Durchblutungssteigerung und damit auch positive Effekte für die Haut und das Bindegewebe,
* Verbesserung der Knochensubstanz (Osteoporoseprävention),
* Stabilisierung der Gelenke,
* Verbesserung des Atmungs-, Nerven- und Herz-Kreislauf-Systems,
* Versorgung der Bandscheiben mit Gewebeflüssigkeit,
* Aktivierung des Lymphsystems und der inneren Organe (z. B. Darmtätigkeit)
(vgl. Buschmann & Luginbühl, 2004; Roschinsky, 2008; Aktion gesunder Rücken e.V., 2008; von Kunhardt, 2008).

Training auf dem Rebounder beugt wirksam Osteoporose vor bzw. verbessert die Auswirkungen von Osteoporose bedingten Schäden (vgl. Schulz, 2006). Schon 1980 wurde erkannt, dass der Wirkungsgrad des Trampolinspringens bei gleicher Herzfrequenz und gleicher Sauerstoffaufnahme größer ist als beim Laufen (vgl. Bhattacharya, McCutcheon, Shvartz & Greenleaf, 1980). Damit ist das Trampolinspringen ein ideales Übungsgerät für Übergewichtige, die auf den Geräten gelenkschonend laufen und springen können.

Praxisinhalte

Auf allen Geräten kann die Gerätegewöhnung und die körperliche Erwärmung über das Schwingen, d. h. die Füße behalten Kontakt mit dem Sprungtuch, erfolgen. Als Variation kann das Körpergewicht verlagert werden. Zur Steigerung von körperlicher Intensität und koordinativer Beanspruchung können verschiedene Armbewegungen kombiniert werden. Der Armeinsatz sollte nach den methodischen Prinzipien (z. B. kurzer Hebel – langer Hebel, leicht – schwer) systematisch aufgebaut sein.

Nach Gerätegewöhnung und körperlicher Erwärmung kann die körperliche Bean-spruchung durch Sprungformen gesteigert werden. Schluss-, Schritt-, Grätschsprün-ge sind, wie beim Schwingen mit verschiedenen Armbewegungen, die methodisch systematisch aufeinander aufbauend sind, kombinierbar.

Methodik

Individuelle Belastungssetzung ist bei gleichem Rhythmus (sowohl beim Schwingen wie auch beim Springen) möglich. Dieses wichtige methodische Prinzip ist beim Trampolinschwingen und -springen durch unterschiedliche Bewegungsamplituden, wie kurzer oder langer Hebel bei Armbewegungen, kleine oder weite Beinbewegungen oder durch den Wechsel zwischen Einfach- oder Komplexbewegungen möglich.

Der Musikeinsatz beim Trampolinschwingen und -springen soll die Bewegungsaus-führung unterstützen, ruhige Musik soll zu langsamen, kontrollierten Bewegungen anleiten; schnelle Musik mit flottem Rhythmus soll die Intensitätssteigerung beglei-ten. Entspannungsmusik soll die Entspannung auf dem Trampolin unterstützen.

Der Einsatz von Kinderliedern beim Trampolinschwingen und -springen ermöglicht die Bewegungsumsetzung der Liedtexte und kann die Kinder anregen, kreativ und vielfältig das Gehörte in Bewegung umzusetzen (s. Tab. 1).

Die Auswahl der Musik erfolgt altersgerecht, sodass neben dem hohen Aufforde-rungscharakter des Trampolins zusätzliche Motivation durch die Musik erreicht wird. Mit diesen zwei Faktoren bewegen sich die Kinder mit Begeisterung, ohne auf die körperliche Belastung zu achten. Um eine Überlastung zu vermeiden, sind einerseits die Übungen zu variieren und regelmäßig Belastungskontrollen durchzu-führen (subjektives Belastungsempfinden nach BORG-Skala abfragen, evtl. Puls-messung).

Wichtig ist der Hinweis an die Kinder, die Übungen mit verminderter Intensität durchzuführen, wenn es individuell zu anstrengend wird.

Um nicht nur Ausdauer zu trainieren, sondern auch sensomotorische Fähigkeiten zu verbessern, sollte innerhalb eines Liedes in der Gruppe bei Blockaufstellung und dem großen Trampolin das Gerät gewechselt werden, sodass unterschiedliche Fe-dereigenschaften wahrgenommen werden. Nach einem Lied rotiert die gesamte Gruppe im Uhrzeigersinn, sodass die Unterschiede zwischen großem Trampolin, Minitrampolin und Rebounder genutzt werden können.

Vorsichtsmaßnahmen

Um Verletzungen vorzubeugen sollten folgende Vorsichtsmaßnahmen beim Schwin-gen und Springen beachtet werden:
- Bei Rücken- und Kniebeschwerden vor dem Springen eine Unbedenklichkeits-erklarung eines Arztes einholen,
- grundsätzlich langsam vom Sprunggerät absteigen – niemals vom Gerät springen (Rezeptoren der Achillessehne haben sich auf lange Bremswege eingestellt),
- zur Verletzungsvermeidung beim Springen keinen Schmuck, Uhren etc. tragen,
- kein Kaugummi, Bonbons oder ähnliches während des Springens essen (Ersti-ckungsgefahr),

- kontrolliert/konzentriert schwingen und springen,
- mit rutschfesten Socken, Noppensocken oder Gymnastikschuhen springen,
- beim Indoor-Einsatz des Rebounders auf Deckenhöhe im Zimmer achten,
- für sicheren Stand des Rebounders sorgen.

Geräte

Die Trampoline unterscheiden sich hinsichtlich ihrer Schwungeigenschaften. Die großen Trampoline haben die größte Amplitude (Auslenkung) und erlauben entsprechend hohe Sprünge. Am härtesten sind die Minitrampoline (Absprung) und Rebounder mit Stahlfedern.
Durch die unterschiedlichen Federeigenschaften der Geräte ist auch der Rhythmus bei unterstützender Musik unterschiedlich.

Großes Trampolin

Große Trampoline haben in der Regel geflochtene Tücher. Die Federeigenschaften des Geräts sind abhängig von der Bandbreite. Im Kinderturn- und Therapiebereich werden meist Tücher mit 45 mm Breite eingesetzt, im Wettkampfbereich 6 mm.
Bei Anfängern sind hohe Sprünge und Toben auf den Geräten untersagt. Falls mehrere TN gleichzeitig auf einem Gerät springen, sind die Übungen so aufzubauen, dass man sich an die Federeigenschaften gewöhnt und dann langsam die Intensität steigert.

Minitrampolin (Absprungtrampolin)

Die Standardminitrampoline (Absprungtrampoline) haben in der Regel ein quergestelltes Tuch. Die Flächen können gerade gestellt werden.
Normalerweise haben die Minitrampoline Gummizüge. Es gibt mittlerweile auch Geräte mit Stahlfedern, die härter sind und höhere Absprünge erlauben.

Rebounder

Es gibt Rebounder von verschiedenen Herstellern mit unterschiedlicher Qualität (z. B. Abb. 1). Damit Rebounder adressatengerecht eingesetzt werden können, müssen sie verschiedene Anforderungen erfüllen:
Die Elastizität muss bezüglich Körpergewicht des Teilnehmers und Grundfläche genormt sein. Es sollten Rebounder für Personen unter 50 kg (Kinder, Frauen), 50–90 kg und darüber bestellbar sein. Harte Rebounder sind für sportliches Training geeignet, während weichere für Teilnehmer mit muskulären Schwächen bzw. Schäden zu bevorzugen sind.
Auch hier sollten drei Härtegrade bestellbar sein.

Abb. 1: Bellicon Swing Rebounder

Ebenfalls empfehlbar sind unterschiedliche Durchmesser von 1,00 m bis 1,30 m, um z. B. unterschiedlichen Größen der Teilnehmer bei Übungen im Sitzen und Liegen gerecht werden zu können.

Detaillierter Stundenaufbau

Die Musterstunde mit Musik und zeitlichem Ablauf ist Tabelle 1 zu entnehmen. In der Stunde wurden die o. g. methodischen Prinzipien umgesetzt.

Ausgehend vom Einschwingen finden unterschiedlich starke Belastungssetzungen und Erholungsphasen statt. Die Stunde endet mit Entspannung und Dehnübungen auf den Geräten. Die Musik unterstützt wirkungsvoll die Übungen. Damit die Übenden die Anweisungen klar verstehen, sollten die Übungsleiter über ein Headset und einen leistungsfähigen Lautsprecher verfügen. Um unterschiedliche Geräte kennen zu lernen und durch die differierenden Geräteeigenschaften neue Anpassungsreaktionen zu erzeugen, wird nach jedem Musikstück das Gerät gewechselt. In Abhängigkeit des Übungsziels werden die Geräte unterschiedlich aufgebaut (Abb. 2, 3, 4)

Abb. 2: Rebounding und Trampolinspringen

Tab. 1: Stundenaufbau

Dauer [Min]	Phase	Aufbau (MT)	Übung	Hinweise	Musik
5	Begrüßung	Block	gehen	Vorsichtig über Geräte gehen, nicht hüpfen	
10	Theorie				
10 4:11 2:26	Warm up	Block	Grundstellung schwingen beidbeinig, links-rechts, vor-rück, einbeinig – LuBa gehen	Grundstellung kontrollieren, Wechsel des Geräts bei Musikpause, Partner Imitation Bewegungen	Clouds Marimba Dreams
3:02	Hauptphase 1 Low impact	Block	Lied Texte umsetzen	Versuch das Lied nachzuspringen	Theo Theo
4:15	Hauptphase 2 High impact	Block	Lied Texte umsetzen Hüpfen Skigym-Übungen	Text umsetzen	Sport hält Tiere fit
6:14 3:36	Hauptphase 3 Very High impact	Kreis	Aerobic	Achtet auf Referentenanweisung, Borg Skala 12–14	3.0 Prelude So what
3:03 3:36	Hauptphase 4 Low Impact Middle Impact	Kreis Reihe	schwingen, hüpfen, Variationen Musiktext in Bewegung umsetzen	Rhythmus finden, Fuß-Armbewegungen Liedtext umsetzen, je nach Leistung: Schwingen oder springen	Körperzellen Rock Fliegerlied
15 3:36 3:16 3:36	Cool Down	Reihe	Partnerweise mit/ohne Theraband, Spannungsübungen Ausschwingen, Dehnen, Entspannung	Sanfte Bewegung mit Partner Loslassen vorsichtig dehnen Augen schließen	Bright sight of life Shut your eyes Get here Air
10	Nachbesprechung Feedback				

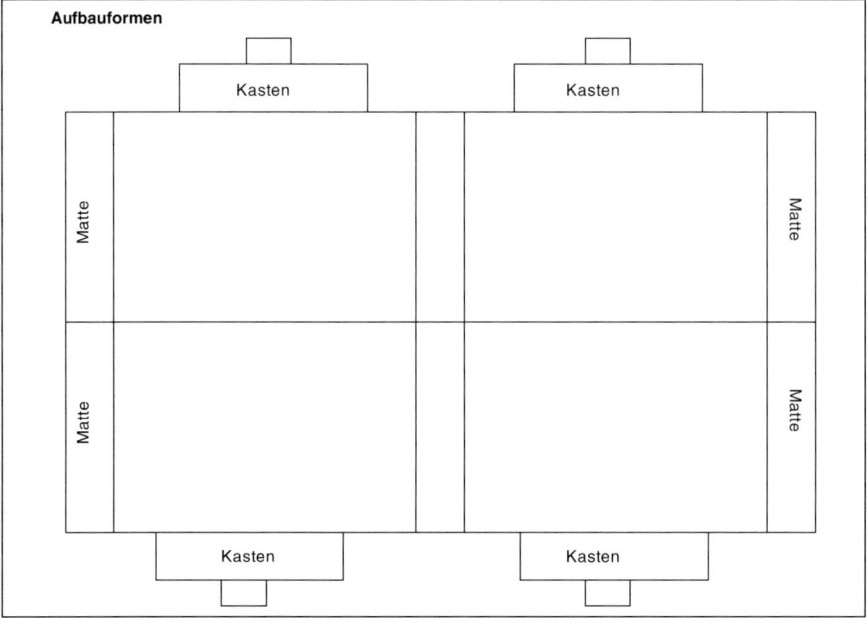

Abb. 3: Große Trampoline, Blick von oben

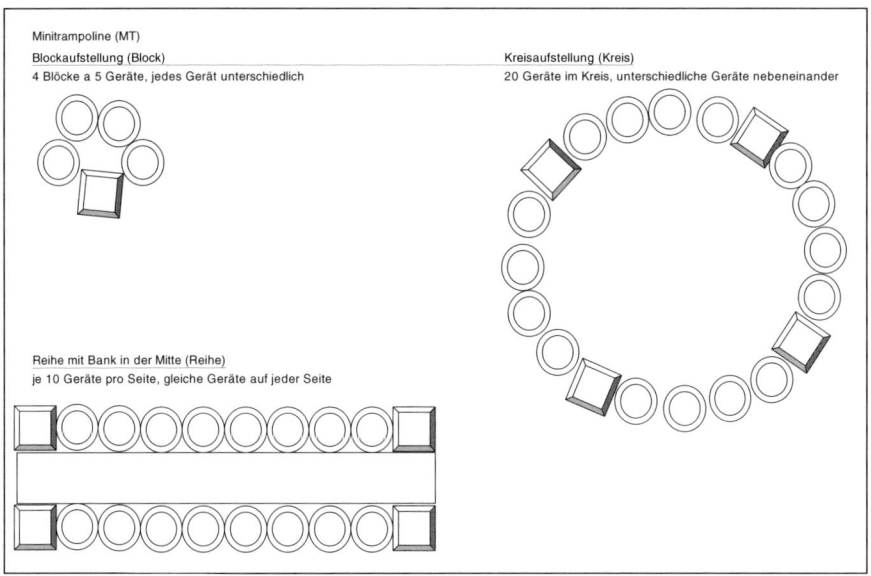

Abb.4: Verschiedene Trampolinaufbauten

Fazit

Schwingen, Hüpfen, Springen und Laufen auf unterschiedlichen Trampolinen hat hohen Motivationsgehalt für Kinder (wie auch für Erwachsene) und ist – auch für Übergewichtige – ein effektives Training, das die individuellen Voraussetzungen berücksichtigt und Spaß bereitet.

CORINNE FERIÉ, HERBERT LANGER

„Toben, Rennen, Laufen ist toll!" –
Lustige Ausdauerspiele für (übergewichtige) Kinder

Viele Kinder haben heute zu wenig Bewegung und ihre motorischen Fähigkeiten liegen oft unter dem Altersdurchschnitt. Die Ursachen dafür sind mannigfaltig und vorrangig auf unsere moderne, technisierte Lebenswelt zurückzuführen. Im Medienzeitalter wachsen viele Kinder heute mit Gameboy, Computer, Video und Fernseher auf. Ihr Bewegungsverhalten hat sich entsprechend angepasst und wird mit als eine Ursache für die Zunahme motorischer Defizite und Übergewicht bei Kindern verantwortlich gemacht.

Entscheidend für Übergewicht bei Kindern ist, dass sie mehr Energie in Form von Nahrung zu sich nehmen als sie als Folge von Bewegungsmangel und passiver Freizeitgestaltung verbrauchen. Auch in Deutschland hat die Zahl der übergewichtigen bzw. adipösen Kinder und Jugendlichen ein besorgniserregendes Ausmaß angenommen. Die Ergebnisse des Kinder- und Jugendsurveys des Robert-Koch Instituts zeigen, dass 9% der Kinder und Jugendlichen im Alter von 3 bis 17 Jahren übergewichtig sind, 6% sind bereits adipös (vgl. Bundeszentrale für gesundheitliche Aufklärung, 2008).

Die Ursachen für die Entwicklung von Übergewicht und Adipositas bei Kindern und Jugendlichen sind komplex. Neben genetischen Faktoren werden insbesondere soziale und soziokulturelle Faktoren diskutiert, die einen starken Einfluss auf das Ess- und Bewegungsverhalten in der Familie ausüben. Beispiele dafür sind veränderte familiäre Strukturen, ethnische Zugehörigkeit oder ein niedriger sozialer Status. Sie alle führen zur ungünstigen Ernährungsweise und mangelnder körperlicher Bewegung. Kommt es zu einem Missverhältnis von aufgenommener Energie zu verbrauchter Energie, mündet dies langfristig in einer vermehrten Ansammlung von Körperfett (vgl. ebd.).

Ausdauerbelastungen

Aerobe Ausdauerbelastungen sind hinsichtlich der Art der energetischen Prozesse und zur Erhöhung des Kalorienverbrauchs bei übergewichtigen und adipösen Kindern als ideal anzusehen. Damit Kinder Motivation für das Ausdauertraining gewinnen und dann auch beibehalten, ist es entscheidend, dass sie über motivierende Spielformen, bei denen eine individualisierte Belastungsgestaltung möglich ist, sukzessive an längere Belastungszeiten herangeführt werden (vgl. Koch, 2004).

Methodische Hinweise

Methoden

Für die aerobe Ausdauerförderung eignen sich:
- die Dauer-Methode (kontinuierliche und nicht kontinuierliche, z. B. Wechseltempo, Fahrtspiel) und
- die extensive Intervall-Methode bzw. Intervallspielformen (vgl. Gaschler, 1999).

Die verschiedenen Methoden sollen genutzt werden, um die Ausdauerförderung abwechslungsreich zu gestalten.

Belastungssteuerung

Die Ruhepuls-Werte (Herzfrequenz) bei Kindern unterscheiden sich in Abhängigkeit vom Alter. Sie sind bei Kindern im Vorschulalter höher und sinken mit zunehmendem Alter. Die Ruheherzfrequenz (gemessen in Schläge/Minute) ist eine Orientierung für eine altersgerechte, gesunde Herzleistung:

- Vorschulalter: 85–115 Schläge in der Minute
- Grundschulalter: 80–90 Schläge in der Minute (vgl. Mediz.Info, 2009).

Bei Ausdauerbelastungen sollte die Intensität so gewählt werden, dass die Herzfrequenz bei Kindern deutlich oberhalb der Ruheherzfrequenzen liegt. Dordel (2003) gibt für Kinder im Grundschulalter (im Sportförderunterricht) für die Dauermethode Werte für die Herzfrequenz von 150 bis 160 und für die extensive Intervallmethode Werte bis 180 Schläge/Minute an.

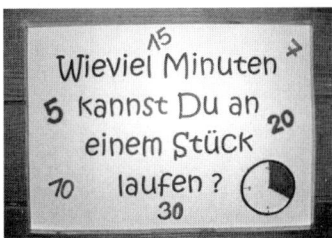

Konkrete Trainingspulswerte für Kinder können jedoch aufgrund der individuellen körperlichen Gegebenheiten und der wachstumsbedingten physiologischen Veränderungen nicht klar definiert vorgegeben werden. Hinzu kommt, dass Kinder ihren Pulswert nicht verlässlich auszählen können, was durch die im Vergleich zu Erwachsenen höhere Herzfrequenz zusätzlich erschwert wird und so eine Belastungsüberprüfung ohne Pulsmessgeräte nicht sicher möglich ist.

Für das Ausdauertraining (Leitsätze und Hinweise vgl. Abb. 1–4) ist daher für ältere Kinder ab etwa 10 Jahren sowohl zur Förderung der Belastungswahrnehmung als auch zur Belastungssteuerung der Einsatz der Borg-Skala (s. u. Abb. 5) zu empfehlen. In Stufen von 6 (= überhaupt keine Anstrengung) bis 20 (= größtmögliche Anstrengung) unterteilt die Borg-Skala fein abgestimmt das Belastungsempfinden. Kinder sollten im unteren bis mittleren Belastungsbereich trainieren, den sie als „recht leicht" bis ein „kleines bisschen anstrengend" bewerten. Bei dem subjektiven Belastungsgefühl z. B. „sehr anstrengend" sollen sie bewusst die Intensität reduzieren und bei dem Gefühl, dass die Beanspruchung

Abb. 1–4: Leitsätze und Hinweise

„sehr leicht" ist, entsprechend die Intensität steigern. Die Realisation und Einschätzung der Beanspruchung ist abhängig von der Fähigkeit der Körperwahrnehmung. Deshalb ist es wichtig, diese mit Kindern intensiv und wiederholt zu üben. Beispielsweise bedeutet Liegen „überhaupt keine Anstrengung", maximal schnell Laufen entspricht der „größtmöglichen Anstrengung". Abstufungen können z. B. über das Autospiel Gehen/Laufen mit verschiedenen Geschwindigkeiten erarbeitet werden.

Eine wichtige Hilfe zur Belastungseinschätzung ist der (einfache und kindgerechte) Tipp, sich miteinander unterhalten zu können. Damit ist eine gleichmäßige, fließende Atmung gewährleistet, die darauf hindeutet, dass man sich im aeroben Bereich befindet (vgl. Hahmann, 1992).

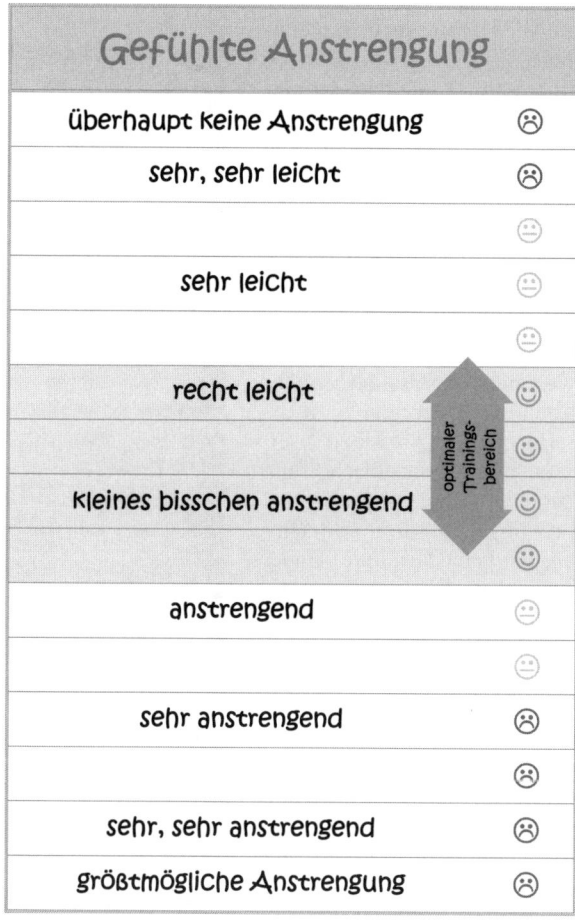

Abb. 5: BORG-Skala, modifiziert für Kinder (Ferié & Langer, 2006)

Eine ruhige, fließende Atmung für eine ausgeglichene Sauerstoff-Lage (=> steady state) und nicht zu hohes Bewegungstempo sind beim Ausdauertraining Orientierungsgrößen, die dem Kind helfen sollen, die individuell adäquate Belastung für sein persönliches, selbstbestimmtes, intrinsisch motiviertes Ausdauertraining zu finden. Daher dienen zur Unterstützung der Kinder in diesem Prozess der zu lernenden selbstbestimmten Trainingssteuerung u. a. Leitsätze und Hinweise wie „Erzähl mir was beim Laufen!" oder „Nicht so schnell, dann können wir länger laufen!!!" (vgl. Abb. 1–4) eingesetzt werden. Diese werden in der Halle gut sichtbar angebracht. Weiterhin soll das Kind für sich ein Trainingsziel definieren und dieses mit Unterstützung der Lehrkraft erreichen (z. B. 10 Minuten laufen können mit einer Anstrengung, die das Kind als „recht leicht" empfindet – vgl. Abb. 5).

Anzeichen von Herz-Kreislauf-Schwäche-bedingter Überlastung

Bei Kindern ist auf Anzeichen von körperlicher Überlastung aufgrund von Herz-Kreislauf-Schwäche zu achten. Diese zeigen sich in verschiedenen Symptomen, wie beispielsweise:

- rasche Ermüdung, auch im täglichen Bewegungsverhalten
- flache Atmung in Ruhe
- lange Erholungszeiten nach Belastungen
- erhöhte Pulsfrequenzen in Ruhe und bei submaximaler Belastung
- unkoordinierte Bewegungsabläufe
- starkes Schwitzen, kalter Schweiß bei geringen Belastungen
- kraftlose, fehlerhafte und unkoordinierte Bewegungen
- weißes Mund-Nasen-Dreieck bei hochrotem Kopf unter Belastung (Achtung: Überlastung!)
- (vgl. Gaschler, Lauenstein, Pförtner & Schieb, 2006)

Ferner sollte insbesondere bei adipösen Kindern vorher abgeklärt sein, dass keine kardiovaskulären Risiken bei derartigen Belastungen bestehen.

Ausdauerförderung und Salutogenese

In Anlehnung an den Salutogenese-Ansatz von Antonovski (1997) ist es u. a. ein Ziel innerhalb der Gesundheitsförderung sogenannte Schutzfaktoren aufzubauen. Bewegung kann hierzu gerade im Kindesalter hervorragend beitragen. Über Ausdauerbeanspruchungen erfahren Kinder bewusst ihre körperliche Leistungsfähigkeit und lernen diese durch Ausdauertraining zu verbessern. Eine verbesserte Fitness kann als ein Schutzfaktor für Gesundheit gesehen werden. Eine erfolgreiche Steigerung der Leistungsfähigkeit durch Ausdauertraining kann Kindern positive Körpererfahrungen vermitteln (vgl. Zimmer & Cicurs, 1993; Gaschler, 1999), die wiederum zur Stärkung ihres Selbstkonzeptes beitragen können (vgl. Zimmer, 2001). In diesem Zusammenhang bedeutet Ausdauerförderung mehr als eine ausschließliche Fokussierung auf das Vermeiden von Herz-Kreislauf-Risikofaktoren! Ferner kann diese positiv erfahrene Leistungssteigerung durch Training Kindern bewusst machen, dass sie die Fähigkeit haben, ihren körperlichen Zustand und ihr

Wohlbefinden durch Ausdauertraining zu verändern (Selbstmanagement). Diese Fähigkeit der Selbstregulation, die – wenn sie bewusst vermittelt und wahrgenommen wird – mit dem Gefühl der Selbstwirksamkeit verbunden ist, kann das Selbstvertrauen steigern, die Fähigkeit zu konstruktivem Denken fördern und so zur Stärkung eines positiven Selbstwertgefühls des Kindes beitragen.

Bezüglich des Kohärenzsinnes (vgl. Antonovski, 1997) spielt die Sinnhaftigkeit und Handhabbarkeit eine große Rolle. Übertragen auf das Praxisbeispiel sollen Kinder die Möglichkeit haben, Bewegungssituationen mitzugestalten (z. B. Herstellen der Tierfiguren oder Mitgestaltung der Regeln), sodass sie die Möglichkeit haben, für sich die Inhalte als sinnhaft wahrzunehmen. Über eine individuelle Belastungsdifferenzierung (im Beispiel kann jedes Kind sein eigenes Tempo wählen) wird Ausdauerförderung so gestaltet werden, dass sie nicht als Über- oder Unterforderung erlebt wird, d. h. dass die Belastung für die Kinder bewältigbar/handhabbar ist. Damit können u. a. Ausdauerspiele unter Beachtung dieser methodischen Besonderheiten die Stärkung von Resilienz beitragen (vgl. Fthenakis, 2002) und die Kinder unterstützen, gesund heranzuwachsen.

Die Zielsetzung „Entdecken der körperlichen Leistungsfähigkeit und die Möglichkeiten erfahren diese selbst zu verändern und damit eine Stärkung des Selbstkonzeptes zu bewirken" ist nur durch entsprechende Methodik zu erreichen. Insbesondere über die Körperwahrnehmung kann dem Kind seine Leistungsfähigkeit bewusst gemacht und eine selbst bestimmte Belastungssteuerung vermittelt werden.

Darüber hinaus ist es wichtig, den Kindern motivierende Bewegungsangebote anzubieten, bei denen sie Spaß haben, sich auf eine Ausdauerbelastung einzulassen.

Das nachfolgende Ausdauerbewegungsspiel (Abb. 6) zeigt exemplarisch auf, wie die beschriebenen kindgemäßen Ausdauertrainings-Grundsätze in die Praxis umgesetzt werden können:

„Mit Gegensätzen fit"	© Corinne Ferié
Spielidee	Jedes Kind – oder zu zweit als Spieler-Paar – hat einen Kartensatz und hat zu den auf den Karten geschriebenen Begriffen den Gegensatz-Begriff zu bestimmen und die Karte zu der Station mit dem Gegensatz-Begriff zu bringen und dort abzulegen.
Spielmaterial	➤ Je Kind/Spieler-Paar ein Kartensatz mit Begriffen (s. u.: Herstellung des Spielmaterials) ➤ Stationskarten mit Gegensatzbegriffen (s. u.)

Vorbereitung	Die Gegensatz-Stationskarten sind auf der zur Verfügung stehenden Bewegungsfläche (Sporthalle/Sportplatz) zu verteilen.
Spielverlauf	Jedes Kind/Spieler-Paar erhält einen Kartensatz mit Begriffen. Die Karten sind nacheinander zu den Stationen mit den Gegensatz-Begriffen zu bringen und dort abzulegen.
Spielregeln	Es wird immer eine Karte zu der jeweiligen Gegensatz-Begriff-Station transportiert und danach erst die nächste Karte zur nächsten Gegensatz-Begriffs-Station gebracht. ! Die Karten sollten von den Kindern/Spieler-Paaren nicht vorsortiert werden, um dadurch Laufwege zu reduzieren.
Ende des Spiels	Das Spiel ist zu Ende, wenn ein Kind/Spieler-Paar alle Karten den Gegensatz-Begriffs-Stationen zugeordnet und damit abgelegt hat. Das Spiel kann auch jederzeit vom Spielleiter beendet werden. Wenn von den Kindern/Spieler-Paaren eine Auswertung/Vergleich gewünscht wird, können bei vorzeitiger Spielzeitbeendigung durch den Spielleiter die bei den Mitspielern verbliebenen Karten gezählt werden.
Spielvariation	➤ Die Kinder/Spieler-Paare starten von einer festen Stelle/Station, an der sich ihre Karten befinden und kommen von der Gegensatz-Begriffs-Station immer an ihre Kartensatz-Stelle zurück, von der die neue Begriffs-Karte abgeholt wird.
Gruppengröße	Die Gruppengröße ist unter Berücksichtigung der Raumsituation für das Bewegungsspiel und der zur Verfügung stehenden Bewegungsstrecken relativ beliebig unter der Voraussetzung, dass ausreichend Begriffs-Kartensätze zur Verfügung stehen.
Alter der Teilnehmer	Kinder, die lesefähig sind, sowie auch Erwachsene
Einsatzbereich	☒ Indoor ☒ Outdoor
Tipps	Die Gesamt-Bewegungsfläche, auf der sich die Gesamtgruppe bewegt und in der sich die Stationen befinden, sollte nicht kleiner als 300 qm sein.
Herstellung des Spielmaterials	➤ Für die Kartensätze Begriffe auf festes Papier (z. B. Kartei- oder Metaplan-Karten, s. Foto) schreiben und für die Stationskarten die jeweiligen Gegensatz-Begriffe in großer Schrift auf Papier, das als Aufsteller gefaltet gut sichtbar im Bewegungsraum (Sport-halle/Sportplatz) schnell auffindbar ist. ➤ Begriffspaare: aktiv – passiv, früh – spät, klein – groß, Sonne – Mond, rechts – links, schmal – breit, vorne – hinten, dünn – dick, unten – oben, Tag – Nacht, an – aus, kurz – lang, nass – trocken, gut – schlecht, leicht – schwer, waagerecht – senkrecht, jung – alt, schön – hässlich, lustig – ernst, rund – eckig, langsam – schnell, hoch – tief, Frau – Mann, heiß – kalt, voll – leer, traurig – fröhlich, weiß – schwarz, laut – leise, süß – sauer, steif – beweglich, auf – zu.

Abb. 6: Mit Gegensätzen fit

ANDREAS WILLI HEUER

Toben, Ringen und Raufen –
Lasst uns wild sein!

Was heißt Ringen und Raufen bei uns?

Dies ist es nicht:

- kein Erlangen von Kompetenzen, um Gewalt aus den Medien nachzuspielen
- keine Vorbereitung zur Selbstverteidigung (von Mädchen)
- keine Austragung von Konflikten mit legalen Mitteln

Ziele sind:

- spielerische regelgeleitete Kampfformen
- Animieren zum lustvollen Bewegen
- körperliche Leistungsfähigkeit verbessern
- soziale Kompetenzen verbessern

Allgemeine methodische Hinweise

- Lehrkraft muss Sozialgefüge der Gruppe kennen
- Regelmäßige Reflexionsgespräche

- Regeln und Rituale sind wichtig und müssen gemeinsam mit der Gruppe entwickelt werden (Niemandem wird wehgetan, Stoppsignal = sofortiger Abbruch des Kampfes
- Spaß steht im Vordergrund
- Freiwilligkeit

Die empfohlene Reihenfolge an Kampfspielen:
- Körperkontaktspiele (von den Gliedmaßen zum Rumpf)
- Kräftemessen (Zieh- und Schiebekämpfe)
- Kämpfe mit dem Ball (Körper noch nicht direktes Angriffsziel)
- Kämpfe mit dem Partner
- Kämpfe in der Gruppe (gut zum Abschluss der Stunde)

Vor diesen ersten Kämpfen müssen die wichtigsten Regeln geklärt werden:
- Ich tue meinem Partner nicht weh!
- Stoppsignal: Sofortiges Ende des Kampfes
- Vor einem Kampf begrüßen wir uns
  (Zeichen für die Anerkennung des Partners/Signal, dass man sich an die Regeln hält)

Körperkontaktspiele

Atomspiel mit Zusatzaufgabe
Zur Musik laufen die TN quer durch die Halle. Bei Musikstopp zeigt die Lehrkraft die Menge an, zu wie vielen sich kleine Gruppen bilden sollen. Dann nennt er die Menge der Körperteile, die den Boden berühren sollen, wie zum Beispiel: drei Hände und vier Füße. Die Gruppe soll dies gemeinsam ausführen ohne den Körperkontakt zueinander zu verlieren.

Hai Alarm
Wieder laufen die TN zur Musik quer durch die Halle. Bei Musikstopp soll jeder so schnell wie möglich in einen Reifen gelangen (ohne Ausscheiden). Nach jedem Durchgang wird die Anzahl der Reifen reduziert, so dass zunehmend mehr TN in einen Reifen müssen. Aufgabe: Alle müssen sich in die Reifen retten – also helft Euch!
Variante ohne Musik: Die TN schwimmen (Armbewegung) beim Laufen. Die Lehrkraft ruft laut „Hai-Alarm", worauf alle TN schnell in die Reifen müssen.

Ideen zum Kräftemessen

Pfütze ziehen
Zwei TN stehen um einen Reifen herum und fassen sich im Handgelenksgriff. Nun versuchen sie sich gegenseitig in den Reifen (die Pfütze) zu ziehen.
Wichtig: Nicht plötzlich loslassen.

Von der Matte schieben

Je zwei TN sind auf einer Turnmatte. Nun versuchen sie sich gegenseitig von der Matte zu schieben:

Sitzend: Rücken an Rücken
Kniend: an den Schultern fassen
Stehend: an den Schultern fassen

Nun sollte besser auf einer Weichbodenmatte weitergekämpft werden, um die komplett Bodenmatten gelegt werden. Es gehen auch Judomatten mit einer markierten Kampfzone.

Ideen für Kämpfe um den Ball

Ein TN bekommt einen Ball.
Der Andere versucht, diesen zu berühren
Der Andere versucht, diesen zu entreißen.

Ideen für Partnerkämpfe

Schildkröte wenden

TN A legt sich auf den Bauch, TN B versucht ihn in die Rückenlage zu bekommen!
(Vorsicht, wenn am Arm gegriffen/gezerrt wird – Gefahr einer Schulterverletzung)

Robuster Hund

TN A geht in die Bankstellung. TN B versucht, ihn in die Bauchlage zu bekommen.
TN A geht in die Bauchlage. TN B versucht, ihn in die Bankstellung zu bekommen.

Hengstkampf

Beide TN gehen in die Bankstellung und versuchen sich gegenseitig von der Weich-bodenmatte zu bekommen (sie dürfen maximal in den Kniestand – nicht höher).

Ringen

Die TN versuchen sich gegenseitig in folgende Positionen zu bekommen:
In die Bauchlage
In die Rückenlage
Eine Schulter auf den Boden
In oder über eine bestimmte Markierung

Ideen für Gruppenkämpfe

Rüben ziehen

Alle TN legen sich bäuchlings in einen Kreis und fassen sich an den Händen.
Ein/e Bauer/Bäuerin zieht an den Füssen und versucht so, dass diese eine Person beide Handfassungen lösen muss. Sobald solch eine „Rübe" gezogen worden ist, hilft sie dem Bauern/der Bäuerin.
Achtung:
Die TN müssen flach am Boden gezogen werden (sonst Hohlkreuzstellung).
Nur einfaches Ziehen ist erlaubt, kein ruckartiges Ziehen oder andere Tricks!

Gesprengter Kreis

Alle TN begeben sich in einen engen Innenstirnkreis und haken sich mit den Ell-bogen ein.
Auf Signal der Lehrkraft gehen sie einen kleinen Schritt zurück, danach einen wei-teren usw.
Der Kreis soll so lange wie möglich intakt bleiben.

ANDREAS KOSEL, HEIKE STANOWSKI

Hör' auf Dein Herz –
Ausdauerschulung spannend verpacken

Planeten anfliegen

In einem Spielfeld liegen von 1 bis 20 nummerierte Hütchen (Planeten) gleichmäßig verteilt. Die Kinder laufen (fliegen) der Zahlenreihenfolge nach von Planet zu Planet. Bevor die Kinder zum nächsten Planeten fliegen dürfen, müssen sie zur Ausgangsbasis immer wieder zurückkehren (einen kleinen Kasten umlaufen).

Variationen:
– Die Zahlen aufsteigend/absteigend anfliegen.
– Die geraden/ungeraden Zahlen aufsteigend/absteigend anfliegen.
– Zusatzaufgaben am kleinen Kasten vergeben.
– Mit Partner im Wechsel laufen.

Spiele mit dem Seil

Seilgarten

Materialien: Springseile, Musik (falls vorhanden)

Spielbeschreibung: Jedes Kind hat ein Springseil. Die Springseile werden beliebig im Raum verteilt. Die Kinder laufen durch den Raum, ohne die Seile zu berühren und führen verschiedene Aufgaben aus, z. B.:
– jedes Seil umlaufen (vorwärts/rückwärts/seitwärts)
– alle „roten" Seile überspringen (einbeinig/beidbeinig)
– alle gelben Seile im Vierfüßlergang umrunden

Laufen im Seilgespann

Materialien: Springseile, Musik

Spielbeschreibung: Es werden Paare gebildet. Jedes Paar läuft mit zwei Seilen als Gespann hintereinander. Die Seilgespanne führen bei Musikstopp unterschiedliche Übungen aus.

Übungen:
– Seilgespann ablegen – anderes Seilgespann – suchen – aufnehmen – weiterlaufen
– Seilgespann ablegen – eigenes Seilgespann fünfmal überspringen – anderes Seilgespann suchen und aufnehmen – weiterlaufen
– Seilgespann ablegen – sich Rücken an Rücken durch die Beine abklatschen – anderes
– Seilgespann suchen und aufnehmen – weiterlaufen
– …

Seil-Kommando-Spiel

Materialien: Springseil

Spielbeschreibung: Die Seilgespanne laufen durcheinander. Die Lehrkraft ruft Kommandos, die Kinder führen dann entsprechende Übungen aus. Bei Kommando „eins" Seilgespann ablegen – sich umdrehen – Gespann aufnehmen – weiterlaufen; bei Kommando „zwei" Seilgespann ablegen – Positionen tauschen – Gespann aufnehmen – weiterlaufen; bei Kommando „drei" Seilgespann ablegen – Positionen wechseln und sich um 180° drehen – Gespann aufnehmen – weiterlaufen

Glück gehabt

Materialien: Spielkarten, Musik

Spielbeschreibung: Jedes Kind zieht vor Beginn des Spiels eine Spielkarte und behält diese. Alle Kinder laufen durcheinander (Hopserlauf, rückwärts, vorwärts) zur Musik. Bei Musikstopp bleiben die Kinder stehen und die Lehrkraft ruft z. B. „alle Könige und alle Damen". Kinder, die diese Karten haben, dürfen allen anderen Kindern, die von der Lehrkraft gestellte Aufgabe vormachen. Sie hatten eben „Glück gehabt".

Mögliche Aufgaben:
– drei Mal hinsetzen und wieder aufstehen
– drei Mal auf den Bauch legen und wieder aufstehen
– nur auf Linien laufen
– zehn verschiedene Kinder abklatschen
– zehn verschiedene Kinder im Hopserlauf umlaufen
– alle vier Ecken anlaufen
– ...

Würfeln und Laufen

Material: Würfel, Markierungshütchen

Spielbeschreibung: Mit dem Markierungshütchen für jede Gruppe die gleiche Laufstrecke festlegen. Idealerweise Kleingruppen von sechs Kindern bilden. Jede Gruppe hat einen Würfel. Wie oft jede Gruppe würfelt, legt die Lehrkraft fest. Jedes Kind bekommt eine Zahl zugewiesen und merkt sich, was bei der Zahl die gesamte Gruppe tun muss. Wird eine Zahl gewürfelt, läuft das entsprechende Kind vor und die Gruppe macht die Übung nach. Z. B. bei einer 1 = Anfersen, 2 = Hopserlauf, 3 = Kniehebellauf, 4 = Seitgalopp, 5 = rückwärts laufen, 6 = Hopserlauf rückwärts)

Variationen:
– gewürfelte Augenzahl gleich Anzahl der Läufer, die eine bestimmte Strecke zurücklegen
– gewürfelte Augenzahl gleich Anzahl der Runden, die von allen Kindern zu laufen sind
– Augenzahl gleich Laufminuten, die von allen Kindern zu laufen sind

Zehn Treffer zählen

Materialien: Würfel, Stift, Arbeitsblatt, Stationskarten

Spielbeschreibung: Es werden Mannschaften mit z. B. 5 Spielern gebildet. Jedes Team erhält einen Würfel, einen Stift und ein Arbeitsblatt, auf dem sie ihre Punkte notieren sollen. Alle Teams beginnen gleichzeitig vom Mittelkreis aus. Der erste Spieler jeder Gruppe würfelt. Würfelt er eine 1, 3 oder 5, muss er eine koordinative Aufgabe absolvieren. Er hat nur einen Versuch. Gelingt ihm die Aufgabe, bekommt er einen Punkt. Würfelt er eine 2, 4 oder 6, muss er eine Ausdauerübung ausführen. Bei den Ausdauerübungen kann man keine Punkte erzielen. Sobald der Erste gewürfelt hat, würfelt der Zweite usw. Haben die Kinder die erwürfelte Aufgabe erfüllt, gehen sie zu ihrer Ausgangsposition zurück und würfeln erneut. Gewinner ist das Team, das zuerst zehn Punkte erzielt hat.

Koordinative Aufgaben

Augenzahl „1" (Abb. 1)

Materialien: kleine Kästen, Sandsäckchen

Aufgabe: Versuche den Sandsack von einer Markierung aus in den umgedrehten kleinen Kasten zu werfen!

Augenzahl „3" (Abb. 2)

Materialien: Matten, Bierdeckel

Aufgabe: Versuche den Bierdeckel von der Markierung aus, auf eine kleine Matte zu werfen!
Dabei muss der Bierdeckel auf der Matte liegen bleiben.

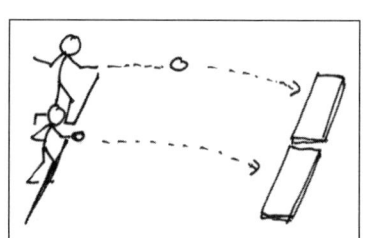

Augenzahl „5" (Abb. 3)

Materialien: 4-teiliger großer Kasten ohne Deckel, Basketball

Aufgabe: Versuch einen Basketball indirekt von einer Markierung aus in den großen Kasten zu werfen.

Ausdauerübungen

Augenzahl „2" (Abb. 4)

Materialien: kleiner Kasten, Hütchen, Teppichfliese

Kinder schieben einen umgedrehten kleinen Kasten eine Runde um die Hütchen. Unter dem kleinen Kasten befindet sich eine Teppichfliese.

Augenzahl „4" (Abb. 5)

Materialien: Tennisbälle, Hütchen

Kinder laufen mit einem Ball von Hütchen zu Hütchen und tauschen ihren Ball aus.

Augenzahl „6" (Abb. 6)

Materialien: Hütchen

Kinder absolvieren einen Achterlauf.

Versuch und Irrtum

Materialien: pro Mannschaft 10 Bierdeckel, ein Arbeitsblatt (Abb. 7)

Spielbeschreibung: Die Halle wird in mehrere Spielfelder geteilt. In jedem Spielfeld liegen 10 Bierdeckel. Unter jedem Bierdeckel befindet sich ein Kärtchen, versehen mit einer Nummer von 1–10 und einer Bewegungsaufgabe. Bei Start geht es los – immer ein Spieler einer Gruppe läuft los und darf unter einen Bierdeckel schauen. Ist die Nummer 1 nicht darunter, muss das Kärtchen wieder zugedeckt werden und nach Handabschlag an der Start- und Ziellinie darf ein anderer Spieler aus der Gruppe sein Glück versuchen. Ziel ist es, die Kärtchen in der Reihenfolge 1–10 zu holen. Gelingt es, das richtige Kärtchen zur Gruppe zu bringen, muss erst die Bewegungsaufgabe von allen Spielern gelöst werden, bevor der nächste Spieler startet.

Jeder Spieler absolviert 5 Hampelmänner. **1** 	Jeder Spieler springt 5 x auf dem linken und 5 x auf dem rechten Bein. **6** 
Jeder Spieler muss jeden, mit Handschlag „Guten Tag" sagen. **2** 	Jeder Spieler legt sich 3 x schnell auf den Bauch und steht wieder auf. **7** 
Jeder Spieler absolviert 10 Schlusssprünge. **3** 	Jeder Spieler muss jeden rückwärts durch die Beine mit beiden Händen abschlagen. **8** 
Jeder Spieler muss sich 30 x auf den Boden setzen und wieder aufstehen ohne die Hände zu benutzen. **4** 	Jeder Spieler muss jeden, im Liegestütz mit einer Hand begrüßen. **9** 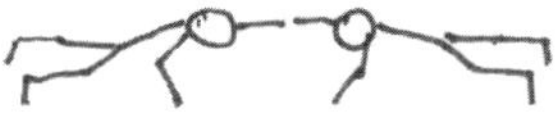
Jeder Spieler muss jeden, Schulter an Schulter begrüßen. **5** 	Kreisaufstellung mit Handfassung und laut 3 x „Sieger" rufen und dabei die Hände nach oben nehmen. **10** 

Abb. 7

KARIN SCHAFFNER

Schnelle Spiele ohne Verlierer

Schnelle Spiele ohne Verlierer sind Spiele, in denen alle gemeinsam die Gewinner sind.
Ohne Leistungsdruck entwickeln auch schwächere Kinder eine große Lust auf Leistung und verbessern ihre Bewegungs- und Belastungskompetenz.
Verliererängste oder -situationen können ein Kind blockieren. Es ist für Kinder reizvoll, neue Spiele zu erleben oder bekannte Spiele mit veränderten Regeln zu spielen, an deren Ende statt „Gewinnen oder Verlieren" z. B. Kreativität gefragt ist.
Das Thema der Spiele ist „Im Märchen- und Zauberland". Diesem Thema werden die Spiele angepasst und aus früheren „Auslesespielen" werden z. B. „Helferspiele".

Zauberball

Der Zauberer versucht, mit dem Zauberstab die Kinder abzuschlagen, die dann verzaubert im Grätschstand stehen bleiben. Die freien Kinder krabbeln durch die gegrätschten Beine und lösen dadurch den Zauber.
Die Kinder denken sich weitere „Verzauberungen" und „Erlösungen" aus, z. B. Bauchlage/Überspringen oder Bankstellung.

Hurrikan

Der Windzauberer „Hurrikan" versenkt Schiffe durch Abwerfen mit dem Softball. Die gesunkenen Schiffe-Kinder sitzen am Boden und werden von den freien Kindern durch Hochziehen gerettet.

Vampirbiss

Der Vampir schlägt die Kinder mit dem Biss-Stab ab, die dann erstarrt stehen bleiben. Die freien Kinder lösen die Erstarrung durch „Streicheln der Wunde".

Im Luftmatratzenland

Lauter glückliche Luftmatratzen laufen, springen und hüpfen im Luftmatratzenland herum bis ein Bösewicht – der „Stöpselzieher" – kommt und die Stöpsel heraus zieht. Ohne Stöpsel entweicht die Luft – pfff –, sie sinken schlapp zusammen, bis freie Kinder sie wiederaufpumpen (Arm heben und senken).
(Die Spiele 1–4 basieren alle auf dem alten Jägerballspiel).

Wir backen eine Zaubertorte

Die Tortenböden (Reifen) liegen auf der Kreislinie. In der Mitte liegen die Backzutaten (Kleinmaterialien wie bunte Joghurtbecher, Bierdeckel, Korken, Kronkorken, Filmdöschen, Gardinenbleischnüre, Schuhbendel, Sandsäckchen, Rundhölzer usw.)

Hinter jedem Reifen stehen 2 Hexen/Hexer. Die Kinder laufen auf Zuruf so schnell wie möglich zur Mitte und sammeln so viele Zutaten wie möglich. Es darf aber immer nur eine Zutat transportiert werden. Danach kommt der kreative Teil, und die Zaubertorte (Reifen) wird von den Paaren künstlerisch gestaltet. Zuletzt werden die Zaubertorten gemeinsam bewundert. Die Herz-Kreislaufbelastung kann variiert werden: Abstand zwischen Reifen und Mitte vergrößern – statt zu Paaren einzeln spielen – die Menge der Zutaten vergrößern.

Hexen – Zaubererjagd

Zwei Gruppen stehen sich als Hexen bzw. Zauberer im Abstand von ca. zwei Metern gegenüber und bilden je eine Linie. Die vom Magier aufgerufene Gruppe ist „Ausreißer" und läuft vor der anderen Gruppe weg hinter eine vereinbarte Linie. Wer gefangen wird, wechselt in die andere Gruppe. Der jeweilige Magier kann andere Ausgangsstellungen bestimmen (Bauchlage, Sitz, Rückenlage usw.).

Die Zauberfamilie

Alle Kinder stehen in Fünfer- oder Sechserreihen als „Familie" jeweils hintereinander wie bei einer Staffel.
Rollen verteilen: Je ein Zauberpapa, eine Zaubermama, der Höllenhund und die übrigen sind die 1–3 Zauberkinder. Immer wenn in der Geschichte das Wort „Zauberer" kommt, laufen alle Zauberer um ihr Mal (Reifen), bei „Zauberin" die Zauberinnen, bei „Kinder" die Kinder, bei „Höllenhund" die Hunde und bei „Familie" alle.
Geschichte: *Es ist Morgen. Der Zauberer* wacht auf und läuft eine Runde um sein Zauberschloss. Der *Höllenhund* läuft hinterher. Die *Zauberin* bereitet das Frühstück und die *Kinder* zaubern sich die Zähne sauber. Der *Zauberer* und der *Höllenhund* kommen zurück. Dann frühstückt die ganze *Familie*. Nach dem Frühstück steigt der *Zauberer* auf den Turm und schaut nach dem Wetter aus. Der *Höllenhund* läuft knurrend hinterher. Die *Zauberin* zaubert die Küche sauber und die *Kinder* helfen mit. Hokuspokus!!! Da kommt der *Höllenhund* zurück. Als auch der *Zauberer* wieder kommt, setzt sich die ganze *Familie* auf den fliegenden Teppich und macht einen Ausflug. Nach längerem Flug landet die ganze *Familie* auf einer Wiese. Die *Kinder* spielen Fangen mit dem *Höllenhund*. Die *Zauberin* packt den Picknickkorb aus und der *Zauberer* poliert seinen Zauberstab. Dann picknickt die ganze *Familie*. Endlich sind die letzten gegrillten Rattenschwänze in den Bäuchen der *Kinder* verschwunden und der *Höllenhund* hat seinen Knochen abgeknabbert. Zufrieden fliegt die ganze *Familie* wieder ins Zauberschloss. Der *Zauberer* setzt sich in seinen Lehnstuhl, die *Zauberin* holt sich ihr Zauberbuch und die *Kinder* kraulen den *Höllenhund*. Das war ein schöner Tag für die ganze *Zauberfamilie!*

Vampirschrei

Ein Vampirkind versucht mit der Haushaltsrolle andere Kinder abzuschlagen. Wer getroffen ist, wird neues Vampirkind. Die übrigen können sich durch Zweierumarmungen und lautes, schrilles Schreien retten.

Zauberstupps

Offene Aufstellung zu Paaren hintereinander. Die Hände des hinteren Kindes liegen auf den Schultern des Vorderkindes. Ein Zauberkind bleibt übrig. Alle laufen kreuz und quer. Das Zauberkind hängt sich an ein Paar hinten an und das nun mittlere Kind stuppst das Vorderkind weg. Dieses wird neues Zauberkind.

Hexenwäsche

Im Kreis zu Zweien abzählen. Alle Einser stehen als „Waschmaschine" mit Handfassung im Kreis. Alle Zweier stehen außen herum und kommen nach und nach als Wäschestücke in die Waschmaschine. Was muss denn gewaschen werden? (Hexenschürze, -rock, -kopftuch, -strumpf, Zauberhut, -mantel, -hose, -handschuhe usw.) Wenn alle Wäsche in der Waschmaschine (im Kreis) ist, wird sie eingeschaltet und die Wäschekinder laufen im sich drehenden Kreis herum. Brrrr!!!
Dann löst sich der Kreis auf, alle Einser nehmen ihr „Zweier-Wäschepartnerkind" und legen es zurecht (Bauchlage). Die Wäsche wird glatt gestrichen, gezupft und gebügelt (Körperwahrnehmung), sie wird evtl. gefaltet (Arme oder Beine bewegen) oder in den Kleiderschrank gehängt (Arme über imaginären Kleiderbügel hängen). Zuletzt wollen die Hexen/Hexer ihre Kleidungsstücke anziehen. Diese wollen aber nicht wieder schmutzig werden und reißen aus. Schnell fangen!
(Wechseln nicht vergessen!)

HEIKE BECKMANN

Wurfobjekte segeln durch die Luft

In diesem Workshop wurde der Frage nachgegangen, warum offensichtlich Mädchen schlechter werfen können als Jungen. Ist Werfen für Mädchen kein spannendes Thema? Sowohl Beobachtungen in der Praxis als auch wissenschaftliche Untersuchungen zeigen, dass die Weitwurfleistungen von Mädchen im Durchschnitt weit hinter denen der Jungen zurück bleiben.

Theoretische Grundlagen

„Wann lernen Mädchen endlich werfen?" (Günter, 2008, S. 6). Mit dieser provokanten Frage überschreibt Sandra Günter einen Aufsatz, in dem sie sich aus verschiedenen wissenschaftstheoretischen Perspektiven mit der weit verbreiteten Meinung, dass Mädchen schlechter werfen als Jungen, auseinandersetzt. Günter leitet ihre Überlegungen mit folgendem Beispiel ein:

„Matze, Phillip, Melli und ich stehen in der Frühlingssonne und halten kleine Lederbälle in der Hand. Matze setzt an, zeigt mit der linken Hand seine Wurfbahn an und wirft entsprechende 30 Meter mit der rechten. Boah, denke ich. Phillip wirft noch weiter. Kann ich auch, denke ich. Die Jungs machen High Five und Jubellaute. Melli läuft nach vorne, macht einen kleinen Sprung und – knallt den Ball schwungvoll drei Meter vor sich ins Gras. >Hahha, Mädchen können halt nicht werfen!<, rufen die Jungs. Die Sportlehrerin nickt [...] ich schaue sie ratlos an" (Günter, 2008, S. 6). Obwohl dieses Phänomen in der Sportwissenschaft seit Jahrzehnten bekannt ist, hat sich offensichtlich nichts verändert. Günter kommt aufgrund ihres Diskurses zu der plausiblen Feststellung, dass „Mädchen so lange nicht werfen lernen, solange sie und ihre Umwelt davon ausgehen, dass sie es nicht können und Lehrende [...] dieses auch bestätigen und damit verstärken" (Günter, 2008, S. 9).
Diese Aussage lässt sich auch aufgrund spezifischer Ausführungen im „Zweiten Deutschen Kinder- und Jugendsportbericht" bestätigen. „Befunde zu geschlechtstypischem Verhalten im Sport [...] korrespondieren, auch nach Jahrzehnten einer dynamischen Entwicklung der Geschlechterverhältnisse, mit tradierten sozialen Rollenbildern" (Gieß-Stüber, Neuber, Gramesbacher & Salomon, 2008, S. 65). Wissenschaftliche Untersuchungen belegen, dass bis zum Eintritt in die Pubertät keine biologisch determinierten Unterschiede in der motorischen Leistungsfähigkeit zwischen

Jungen und Mädchen feststellbar sind. Die dennoch vorhandenen Unterschiede mit besseren feinmotorischen Leistungen und besseren rhythmischen Fähigkeiten bei den Mädchen und einer besseren Wurffähigkeit und Ballspielfähigkeit bei den Jungen, „sind danach vor allem sozialisationsbedingt zu erklären. Ganz offensichtlich spielen bereits im Kindesalter soziale Konstruktionen von ‚weiblichem' und ‚männlichem' Sport eine so zentrale Rolle, dass sie Auswirkungen auf Teilbereiche der motorischen Leistungsfähigkeit von Mädchen und Jungen haben. Neue Forschungsarbeiten weisen darauf hin, dass das Geschlecht allein sportliche Fähigkeiten und Interessen nicht erklären kann. Einflüsse ergeben sich vielmehr auch durch das soziale Milieu, den ethnischen Hintergrund oder andere biographische Aspekte" (Gieß-Stüber, Neuber, Gramesbacher & Salomon, 2008, S. 67).

Wurfobjekte bauen

Für das Selbstbauen von Wurfobjekten lassen sich zwei Begründungen anführen: Einerseits können dadurch kostengünstig interessante Wurfgeräte erstellt werden, andererseits schafft das Selbstbauen in unserer konsumorientierten Welt eine andere Wertschätzung für die Geräte. Gerade bei Mädchen, die – sozialisationsbedingt – besonders an gestalterischen Aufgaben interessiert sind, entsteht durch das Bauen und Gestalten ein anderer Bezug, der dann auch die Motivation zur motorischen Auseinandersetzung mit dem Gerät positiv beeinflussen kann.

Praktische Beispiele für Wurfobjekte:

Zeitungsstäbe

Material: Zeitungen, Klebefolie (Paketband oder breites Tesakrepp)

Zeitung (ca. 6–8 Doppelseiten) möglichst fest aufrollen, mit 2 Klebestreifen an den Enden fixieren, zusätzlich in Längsrichtung mit langem Klebestreifen fixieren.

Schweifbälle

Material: Tennisball, Baustellenband

Tennisball an einer Naht mit Küchenmesser ca. 1 cm einritzen (Achtung: Nicht von Kindern machen lassen!); ca. 1m Baustellenband an einem Ende knoten; Knoten mit Schraubendreher in das Loch des Tennisballs drücken.

Tütenball

Material: Schaumstoff-, leichter Plastikball oder auch Tennisball, 3 kleine Müllbeutel, Klebeband

1. Müllbeutel über den Ball ziehen, mit Klebeband verschließen, so dass ein ‚Schweif' übersteht. 2. Müllbeutel an einer Seite etwas einschlitzen, den Schweif des 1. Beutels durchziehen und mit Klebeband fixieren, Beutel verschließen (2. Schweif). 3. Müllbeutel an beiden Seiten einschlitzen, beide Schweife durch die Schlitze ziehen, fixieren und Beutel verschließen (3. Schweif).

Stofffrisbee

Material: Stoffreste, Bleiband

Stoff doppelt legen, Kreis ausschneiden; Stoffscheiben am Rand mit zwei Nähten im Abstand von ca. 1,5 cm zusammen nähen, eine kleine Öffnung in der äußeren Naht lassen; Bleiband einziehen und zusammen nähen.

Kabelring/Kabelfrisbee

Material: Kabelleerrohr, Paketklebeband

Mit ca. 1 m Kabelleerrohr einen Kreis bilden; mit Klebeband umwickeln.
1. Variante: Vor dem Schließen eine Handvoll Kieselsteine in das Rohr füllen.
2. Variante: 2 Klebebandstreifen über der Mitte des Kabelrings kreuzen.

Styrodur-Scheiben

Material: Styrodur-Platte (30 mm Stärke)

Scheiben von ca. 25–40 cm Durchmesser mit Stichsäge oder heißem Draht ausschneiden (aus einer Platte kann man etwa 8 Scheiben ausschneiden).

Geschicklichkeitswürfe

Mit den Wurfobjekten wurden folgende Geschicklichkeitsaufgaben erprobt:

Zuwerfen mit Partner (Gassenaufstellung)

• Zeitungsstäbe/Schweifbälle aneinander vorbei werfen
• Frisbee zuwerfen und abwerfen/treffen
• Schweifbälle/Tütenbälle mit Hütchen auffangen

Zielwürfe (Stationen)

• Frisbee/Zeitungsstab durch Tor aus Kastenteil werfen
• „Tontaubenschießen" – Scheibe mit Tütenball abwerfen
• Dosen mit Schweifball abwerfen
• Kabelring über Fahnenstange werfen
• „Ditschen" – Frisbeescheibe möglichst nah an eine Wand werfen

Zum Weitwerfen motivieren

Sich mit sich selbst vergleichen

Wurfweiten (gemessen in Zonen) beim Werfen mit verschiedenen Wurfobjekten (z. B. Tennisball, Zeitungsstab, Frisbee, Tütenschleuderball) werden auf einem Zettel notiert. Ziel ist, sich selbst zu übertreffen, nachdem man das Werfen eine Zeit lang geübt hat.

Meine weitesten Würfe

Datum	Wurfgerät	Zone 1	Zone 2	Zone 3	Zone 4	Zone 5
	Tennisball					
	Zeitungsstab					
	Schleuderball					
	Frisbee					
	Tennisball					
	Zeitungsstab					

Der Unterschied zwischen meinem weitesten Tennisballwurf beim ersten und letzten Versuch beträgt .... Zone(n).

Ranglistenvergleich

Der einfachste Vergleich mit anderen Werferinnen erfolgt natürlich über das Messen der erreichten Wurfweite (in Metern oder auch in Zonen). Anhand der absoluten Zahlen kann eine Rangliste erstellt werden. Eine weitere Rangliste kann man erstellen, wenn jede – wie oben beschrieben – die Differenz zwischen z. B. ihrem ersten und letzten Tennisballwurf ausrechnet. Da eine Zoneneinteilung recht grob ist, sollte hierfür allerdings in Metern gemessen werden.

Partnerwettkampf

Etwa gleich starke Paare bilden. Die Paare stellen sich jeweils vor einer Wand auf. Dabei kann der Abstand zur Wand und die Abwurflinie von jedem Paar individuell festgelegt werden. Die Aufgabe besteht darin, einen Tennis- oder kleinen Gymnastikball möglichst kräftig gegen die Wand zu werfen. Der Auftreffpunkt des Abprallers wird mit einem Hütchen markiert. Der Partner versucht anschließend die Weite des Abprallers zu übertreffen.

Zonenwurf als Vielseitigkeitswettkampf

Es werden mehrere Zonen markiert. Jeder Zone wird eine Punktzahl zugeordnet. Jede Gruppe bekommt mehrere Wurfgeräte (z. B. Schweifball, Tennisball, Frisbeescheibe). Diese werden entweder alle von jedem Gruppenmitglied geworfen oder jeder wirft ein Gerät. Dafür muss die Gruppe entscheiden, wer mit welchem Gerät die meisten Punkte holen kann. Z. B. kann ein geschleuderter Schweifball auch von schwachen Werfern weit geworfen werden.

Schulmeisterschaft

Über einen bestimmten Zeitraum kann jede Schülerin Würfe messen und in einer Liste notieren lassen. Das Messen und Eintragen in die Liste(n) sollte von ausgewählten und eingewiesenen Schülerinnen vorgenommen werden. Zu einem vorher festgelegten Zeitpunkt (z. B. letzter Tag vor den Sommerferien) werden dann die beste Einzelwerferin und die beste Klasse bekannt gegeben.

Für das Werfen sollte auf dem Schulgelände eine bestimmte Fläche vorgesehen sein, in der regelmäßig, z. B. in der täglichen Bewegungszeit oder in den Pausen, das Werfen problemlos durchgeführt werden kann. Die Würfe können nur mit einem bestimmten oder auch mit verschiedenen Wurfgeräten durchgeführt werden.

Wertungen können sehr vielfältig vorgenommen werden:

– Durch Addition aller Einzelergebnisse kann festgestellt werden, wie viel Kilometer die ganze Schule geworfen hat.
– Ebenso kann festgestellt werden, wie weit die einzelnen Klassen geworfen haben.
– Es können Schulmeisterinnen im Frisbeewerfen, im Schweifballwerfen usw. ermittelt werden.
– Es können die besten Vielseitigkeitswerfer/-innen geehrt werden.
– Es kann die beste Klasse ermittelt werden. Dafür kann durch Addition der Einzelwürfe die Gesamtweite errechnet werden. Dieser Wert wird durch die Anzahl der Werfer/-innen dividiert und so ein Mittelwert errechnet. Außerdem wird die prozentuale Beteiligung der Schüler/-innen einer Klasse in die Wertung einbezogen, um dadurch eine möglichst große Beteiligung zu erreichen. Die Prozente werden durch 10 dividiert und dann in Metern zum Mittelwert addiert.

Beispiel:
Eine Klasse besteht aus 22 Schüler/-innen; am Wurfwettbewerb teilgenommen haben 10 Schüler/-innen, entsprechend 45% = 4,5 Bonus-Meter; Summe der Einzelwurfweiten : 250 m

250 : 10 = 25 (Mittelwert) + 4,5 = **29,5 m**

Eine andere Klasse besteht auch aus 22 Schüler/-innen, teilgenommen haben 18 Schüler/-innen, entsprechend 81% = 8,1 Bonus-Meter; Summe der Einzelwurfweiten: 400 m

400 : 18 = 22 (Mittelwert) + 8,1 = **30,1 m**

HEIKE STANOWSKI, ANDREAS KOSEL

Aus der Puste bringen – Spiel und Spaß mit Farben und Zahlen

Der Besuch in Farblingen

Post für Farblingen

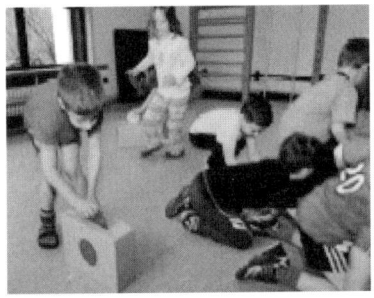

Materialien: farbige Bierdeckel, Briefkästen (Kartons)

Spielbeschreibung: Bunte „Briefkästen" werden irgendwo in der Halle aufgestellt. Im Postzentrum (Turnhalle) herrscht Chaos. Überall liegen kreuz und quer viele bunte Briefe (Bierdeckel) herum. Jeder Postzusteller (Kind) nimmt sich immer einen Brief (Bierdeckel) und steckt ihn in den richtigen Briefkasten. Hat es seinen Brief verteilt, geht es zum Postzentrum zurück und holt sich einen neuen Brief. Ziel ist es, alle Briefe der Farbe entsprechend in den richtigen Briefkasten zu stecken.

Variation: an jedem Wochentag werden die Briefe anders transportiert, z. B.
– am Montag darf nur rückwärts zum Briefkasten gelaufen werden
– am Dienstag darf nur seitwärts zum Briefkasten gelaufen werden
– am Mittwoch darf der Brief nur im Schlusssprung zum Briefkasten transportiert werden
– …

Streit der Postzusteller

Materialien: Bierdeckel

Spielbeschreibung: Es werden zwei Mannschaften, A und B, gebildet. Im Raum liegen viele Briefe (Bierdeckel). Gruppe A versucht, die Bierdeckel so umzudrehen, dass die farbige Seite nach oben zeigt. Gruppe B dagegen versucht, dies zu verhindern, indem sie alle farbigen Briefe (Bierdeckel) umdreht. Welche Mannschaft hat nach zwei Minuten die meisten Briefe (Bierdeckel) in ihrer Farbe liegen?

„Wo sind wir?"

Jeder Mannschaft gehören fünf Bierdeckel der gleichen Farbe. Jede Mannschaft soll vier ihrer Bierdeckel mit der Farbe nach unten wahllos im Spielfeld verteilen. An der Startlinie ist für jede Mannschaft der fünfte Bierdeckel offen hingelegt, damit sie jederzeit sicher ist, welche Farbe ihre ist.

Ablauf: Das erste Kind jeder Gruppe läuft auf Zeichen los und dreht einen Bierdeckel um. Gehört er zu den Bierdeckeln seiner Gruppe, nimmt es ihn mit und legt ihn an die Startlinie. Hat es einen Bierdeckel einer anderen Gruppe erwischt, legt es ihn wieder verkehrt herum auf den Boden und kehrt unverrichteter Dinge zurück. Es schlägt den nächsten Mitspieler ab, der seinerseits sein Glück versucht.

Gewonnen hat die Gruppe, die zuerst alle Bierdeckel ihrer Farbe gefunden hat und an der Start-/Ziellinie abgelegt hat.

Bierdeckelpool-Vertrauensspiel

Materialien: farbige Bierdeckel, Masken

Spielbeschreibung: In einem abgegrenzten Spielfeld sind farbige Bierdeckel verteilt. Die Kinder bilden Zweier-Gruppen und fassen sich an der Hand. Ein Kind ist blind (trägt eine Maske) und wird von dem sehenden Partner geführt. Auf ein Startzeichen hin sollen möglichst viele Bierdeckel einer Farbe aufgesammelt werden. Dabei darf nur der Blinde die Bierdeckel aufheben. Die Hände dürfen dabei nicht gelöst werden.

Besuch in Zahlingen

Bitte finden!

Materialien: Würfel-/Zahlenbilder, Musik

Spielbeschreibung: Jedes Kind hat ein Würfelbild. Die Kinder laufen im Spielfeld umher und tauschen ständig ihre Karte. Bei Musikstopp suchen die Kinder ihre passenden Partner zu ihrer Karte. Es kommen immer alle Einser, alle Zweier, alle Dreier,… zusammen. Wenn sich alle Partner gefunden haben, absolvieren die Kinder eine Aufgabe, die zuvor von der Erzieherin angesagt wurde (die Karten werden mitgenommen).

Aufgaben:

a) der Erste legt sich hin und wird von dem Nächsten übersprungen, der sich ebenfalls hinlegt, dann springt der Nächste der Gruppe über die auf dem Boden liegenden Kinder usw.

b) wie Aufgabe a), nur stehen alle Kinder im Grätschstand und krabbeln durch die Beine.

Mensch-ärgere-Dich-nicht!

Materialien: Mensch-ärgere-Dich-nicht-Spiel, Spielsteine, pro Mannschaft ein Würfel, Markierungshütchen

Spielbeschreibung: Es werden vier Gruppen gebildet. Jeder Mannschaft wird ein Spielstein und eine Farbe zugeordnet. Die Kinder würfeln einzeln. Nach dem Würfeln setzt jedes Kind den Spielstein um die entsprechenden Felder weiter. Die Augenzahl des Würfels bestimmt, wie viele Runden das Kind anschließend durch ein Laufparcours laufen muss, bevor es erneut würfeln darf. Es wird nach vereinfachten Regeln gespielt: – es darf keiner herausgeworfen werden, – es wird keine 6 benötigt, um ins Spiel zu kommen. Welche Mannschaft hat zuerst ihren Stein im Haus untergebracht?

Zahlentanz

Beim „Zahlentanz" kommt es darauf an, dass die Kinder in einer Kreisaufstellung die Hände nicht lösen. Alle Kinder bewegen sich in einer Richtung. Auf Kommando:
3 = Kinder laufen 3 x in die Mitte und wieder zurück
2 = Kinder gehen 2 x in die Hocke
1 = Kinder legen sich 1 x auf den Bauch
Alle Kinder zählen die Bewegungen immer laut mit.

Zahlen-Lotto

Es gibt 6 Übungsstationen. Jede Station hat eine andere Farbe. Die Lottospieler gehen an eine beliebige Station und machen dort die vorgegebene Übung. Danach zur Belohnung dürfen sie würfeln und die gewürfelte Zahl auf ihrem Lottoschein ankreuzen. Dann gehen sie zur nächsten freien Station und verfahren in der gleichen Weise. Alle Stationen müssen von den Lottospielern durchlaufen werden. Zum Schluss erfolgt die Ziehung der Lottozahlen durch die Erzieherin (für jede Farbe/ Station wird gewürfelt). Wer hat die meisten Treffer?
Hinweis: Ist ein Kind frühzeitig fertig, kann es noch einmal zu einer oder mehreren beliebigen Stationen gehen und wie oben verfahren. Dann hat es mehr Kreuze auf seinem Lottoschein und größere Gewinnchancen bei der Lottoziehung.

Station 1/rote Farbe – Iglu

Materialien: 6 Reifen, Würfel, Stift

Aufgabe: Kinder kriechen durch einen Reifen-Iglu

Station 2/blaue Farbe – Briefkasten

Materialien: Briefkasten (Karton), Bierdeckel, Kastendeckel, Würfel, Stift
Aufgabe: Kind befindet sich im Liegestütz,
die Beine liegen auf einem Kastendeckel. Es
versucht im einarmigen Liegestütz, 10 Briefe
(Bierdeckel), die auf dem Boden liegen, in
den Briefkasten (Karton) zu stecken.

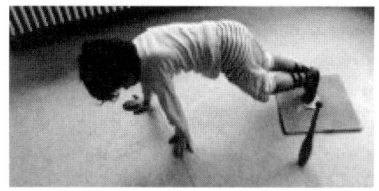

Station 3/grüne Farbe – Brücke

Materialien: Langbank, Luftballon, Würfel, Stift
Aufgabe: Kind balanciert über eine Bank und versucht dabei,
einen Luftballon in der Luft zu halten.

Station 4/orange Farbe – Flussüberquerung

Materialien: Fernglas, Bierdeckel, Würfel,
Stift
Aufgabe: Kind schaut durch ein Fernglas
und versucht, durch eine Bierdeckelgasse zu
laufen. Dabei darf es nur auf die Bierdeckel
treten.

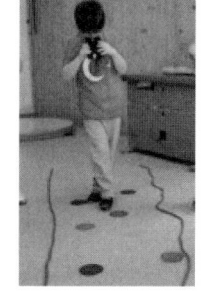

Station 5/gelbe Farbe – Raupe

Materialien: 1 Teppichfliese, 2 Markierungs-
hütchen, Würfel, Stift
Aufgabe: Kind absolviert 3 Runden um die
Markierungshütchen im Vierfüßlergang. Da-
bei befindet sich eine Teppichfliese unter den
Füßen.

Station 6/weiße Farbe – Storch

Materialien: 2 Langbänke, Krepp, Würfel,
Stift
Aufgabe: Kind klettert über das Kreppband,
ohne es zu berühren.

Lottoschein

	1	2	3	4	5	6
(dunkelgrau)	●	●● (diag)	●●● (diag)	●●/●●	●●/●/●●	●●/●●/●●
(grau)	●	●● (diag)	●●● (diag)	●●/●●	●●/●/●●	●●/●●/●●
(hellgrau)	●	●● (diag)	●●● (diag)	●●/●●	●●/●/●●	●●/●●/●●
(grau)	●	●● (diag)	●●● (diag)	●●/●●	●●/●/●●	●●/●●/●●
(hellgrau)	●	●● (diag)	●●● (diag)	●●/●●	●●/●/●●	●●/●●/●●
(weiß)	●	●● (diag)	●●● (diag)	●●/●●	●●/●/●●	●●/●●/●●

Katja Tietz

„Mengen und Zahlen – bewegt erfahren"

Sortierspiele im Raum

Rückkehr aus dem Urlaub: Farbsortierspiele

Material: Je nach Gruppengröße ca. 200 bis 300 Mathebärchen in verschiedenen Farben; Sortierteller bzw. farbige Pappen; ggf. einige Gerätstationen, Tische oder Stühle

Alle Bärchen haben sich im Urlaub am See (Matte) getroffen, doch nun heißt es Abschied nehmen, denn die Familien wollen in ihre eigenen Häuser (Schalen/farbige Pappen) zurück. Die Kinder sind die Flugzeuge, die die Familien in ihre Dörfer zurückbringen. Aber es können bei jedem Flug nur eine bestimmte Anzahl oder Mitglieder einer bestimmten Familie transportiert werden.

Alle Bärchen liegen auf einer Matte am Rand der Halle. Im Raum bzw. auf den Geräten sind die Häuser verteilt. Zur Musik laufen die Kinder durch die Halle. Bei Musikstopp nennt die Übungsleiterin eine Zahl oder eine Farbe. Entsprechende Bärchen werden von den Kindern vom „See" (der Matte) abgeholt und in die „Dörfer" gebracht. Wahlweise kann die Übungsleiterin insbesondere für jüngere Kinder auch eine Farbseite eines großen Farbwürfels bzw. ein Würfelbild zeigen.

Variation: Es wird erst für jedes „Haus" ein „Dorf" (eine Gerätestation) aufgebaut. Dies kann ggf. mit vorsortiertem Material auch durch die Kinder geschehen. Dann wird kein Musikstopp durchgeführt, sondern die Kinder würfeln mit einem Farb- oder Zahlenwürfel, welche Bärchen sie wohin transportieren müssen.

Zwillingsfamilien

Material: 2 Dosen Mathebärchen; je ca. 30 rote und grüne Häuser mit oder ohne Stellplatzmarkierung

Für die erste Runde verteilen die Kinder die grünen Häuser im ganzen Raum, sollten dort Geräte oder Tische stehen, gerne auch darauf oder darunter. Dann laufen die Kinder zu Musik durch den Raum. Bei Musikstopp nehmen sie sich die angesagte Anzahl von Bärchen und verteilen sie auf die Häuser. Achtung: In keinem Haus sollten mehr als 3–4 Bärchen stehen, sonst wird es nachher zu schwierig. Gerade für jüngere Kinder kann es daher sinnvoll sein, in den Häusern mit farbigen Punkten die „Stellplätze" zu markieren.

Für die zweite Runde werden die roten Häuser neben die grünen Häuser gelegt. Nun müssen bei Musikstopp in die roten Häuser genau die gleichen Bärchen (Farbe, Größe und Anzahl) gestellt werden, wie sie sich im grünen Nachbarhaus befinden. U. U. beschränkt man sich zunächst auf die ganz großen und ganz kleinen Bärchen oder begrenzt die Farben.

Herstellung: Aus roter und grüner Pappe ca. 10 x 10 cm große Häuser ausschneiden, die zum Schutz laminiert werden können. Mit Markierungspunkten oder schwarzem Edding markiert man auf der einen Seite der Häuser 3–4 Stellplätze. Dann kann man spontan entscheiden, ob man die Seite mit oder die ohne Markierung nutzen möchte.

Mathe-Stationen

Hungrige Zahlenmännchen:

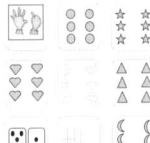

Material: einige Zuckerzangen, Zahlenmännchen mit den Ziffern 1–6 jeweils in Rot, Grün, Gelb und Blau, viele rote, grüne, gelbe und blaue Schwämme in einem Behälter

Die Zahlenmännchen müssen gefüttert werden. Manche haben großen Hunger (= große Zahlen) andere weniger (= kleine Zahlen). Das Kind nimmt mit einer Zuckerzange einzelne Schwämme und trägt sie damit zu einem farblich passenden Zahlenmännchen. Aber Achtung: Neben keinem Zahlenmännchen dürfen mehr Schwämme liegen (gerne auch als Türme gestapelt), als es die Zahl hergibt.

Zahlenlotto I

Material: je nach Gruppengröße 2–4 Zahlenlottogrundkarten (1–6 oder 1–10) sowie die dazugehörigen Deckkärtchen mit Zahlenbildchen (z. B. 5 Herzen, Sternen, …); ein Hindernisparcours aus Turnhallengeräten, Kleinmaterialien oder Tischen und Stühlen

Aus den Geräten wird eine Hindernisstrecke gebaut. Die Deckkärtchen mit den Zahlenbildchen liegen verdeckt am Anfang der Strecke, die Lottogrundkarten am Ende. Das Kind zieht ein Bildkärtchen, transportiert es über die Hindernisstrecke und legt es am Ende entsprechend der enthaltenen Anzahl der kleinen Bildchen auf der passenden Zahl ab.

Zahlenlotto II

Material: 2 Lottogrundkarten mit den Ziffern 1–10 sowie die Deckkärtchen mit den Zahlenbildchen in 5er-Bündelungen; Auf den Lotto-
grundkarten sind alle freien Plätze mit Kletthaken versehen, die Deckkärtchen sind im Gegenstück dazu mit Klettflauschies versehen, so dass sie durch Andrücken auf der Grundkarte halten. Beliebige Geräte zum Klettern oder Überwinden

Aus beliebigen Geräten, z. B. mit Sprossenwand, wird eine Kletterstrecke gebaut, die Lottogrundkarten werden z. B. oben an die Sprossenwand geklebt, die Deckkärtchen befinden sich verdeckt am Anfang der Station. Das Kind zieht ein Bildkärtchen, klettert über die Hindernisstrecke zur Sprossenwand und klettet es entsprechend der enthaltenen Anzahl der kleinen Bildchen neben der passenden Zahl an. Dann folgt es der Kletterstrecke zum Ende.

Bärchenfahrt

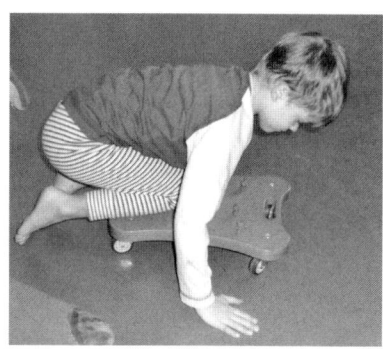

Material: 55 bunte Mathebärchen, 2 Rollbretter, von klein bis groß „wachsende" Häuser von 1 – 10, Zahlen-/Farbwürfel, Geräte als Hindernisse oder Tunnel

Diese Mathebärchen waren in der Stadt. Nun warten sie auf den Bus, um nach Hause zu fahren. Auch in diesen Bussen können nur eine bestimmte Anzahl von Bärchen bzw. Mitglieder einer bestimmten Familie transportiert werden. Die Kinder würfeln wahlweise mit dem Farb- oder Zahlenwürfel und stellen entsprechende Bärchen auf ihr Rollbrett. Mit diesen fahren sie vorsichtig die Straße entlang und durch die Tunnel, denn sie wollen ja nicht, dass die Familien umkippen. Am Ende der Fahrt warten die Häuser, in die die Familienmitglieder passend einsortiert werden. Im Dach steht die Anzahl der Bewohner, die in jedem Haus höchstens wohnen dürfen.

Zahlenformen 1–10

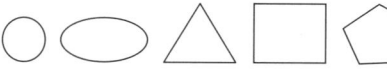

Material: 55 (bei größeren Gruppen 110) Kleinstmaterialien z. B. Muggelsteine, 1 – 2 x die Zahlenformen von 1 – 10 (Kreis für 1, Oval für 2, Dreieck für 3 usw.); 2 Würfel; beliebige Geräte, Tische, Stühle als Hindernisse

Aus einigen Geräten wird eine Hindernisstrecke gebaut. In einer Kiste/einem Reifen befinden sich am Anfang der Strecke die Kleinstmaterialien sowie die Würfel. Am Ende der Strecke liegen die Zahlenformen. Das Kind würfelt, nimmt sich entsprechend viele von den Kleinstmaterialien und transportiert sie über die Hindernisstrecke. Am Ende legt es seine Materialien auf die Ecken (beim Kreis=1 in die Mitte, beim Oval an die 2 schmalen Seiten). Ggf. muss es das Material auf mehrere Formen verteilen, wenn an einer nicht genügend Ecken frei sind.

Zahlenbecher

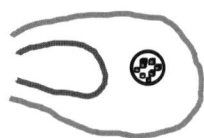

Material: 40 kleine Plastik-Schnapsbecher (10 Becher mit rotem Edding mit den Zahlen 1 – 10 versehen, entsprechend 10 mit grünem, 10 mit gelbem, 10 mit blauem Edding); je 55 Muggelsteine in Rot, Grün, Gelb, Blau; je 10 Zahlenstrahlhäuser in Rot, Grün, Gelb, Blau; einige Seile, 2 Rollbretter, 1 Reifen

Aus den Seilen wird eine Rundstrecke (siehe Skizze) gelegt, in deren Mitte der Reifen mit den Muggelsteinen platziert wird. Dabei muss an den Seiten der Reifen noch mit dem Rollbrett vorbeigefahren werden können. An der einen Öffnung der Straße befinden sich die Becher sowie die Rollbretter, an der anderen die Zahlenstrahlhäuser. Das Kind wählt einen beliebigen Becher, stellt ihn auf das Rollbrett und schiebt das ganze durch die Straße zu dem Reifen. Dort sammelt es so viele Muggelsteine in der Farbe in den Becher, wie es die darauf geschriebene Zahl vorgibt. Nun fährt es zu den Zahlenstrahlhäusern. Dort platziert es seinen Becher bei der passenden Zahl im Dach, nimmt die Muggelsteine, legt diese auf die Ringe im Haus und kann so leicht feststellen, ob es richtig gezählt hat (wenn nicht, wartet es entweder auf ein Rollbrett und holt dann die fehlenden Steine bzw. bringt sie zurück oder aber es darf vorsichtig zu Fuß zum Muggelsteinreifen gehen).

Bunte Fischsuppe

 *Material: viele rote, grüne, gelbe und blaue Pappfische mit Büroklammern o. Ä. versehen; „Fischsuppenrezeptkarten" auf denen in einen Topf einige bunte Fische gemalt sind; einige Blankotopfbilder, auf die die Kinder selber „Fischsuppenrezepte" malen können; rote, grüne, gelbe, blaue Buntstifte; Magnetangeln (z. B. Hufeisenmagnet an Seil gebunden); einige Geräte/Tische, die als Schiff zusammengestellt werden können, ggf. Matten*

Aus den vorhandenen Geräten wird ein Schiff gebaut. Die bunten Fische liegen auf dem Boden um das Schiff. Das Kind nimmt entweder eine fertige Fischsuppenrezeptkarte oder malt sich selber ein Rezept. Dann nimmt es eine Magnetangel, klettert auf das Schiff und angelt die entsprechend seines Rezeptes benötigten Fische. Dann klettert es vom Schiff runter und legt am vereinbarten Platz seine Rezeptkarte sowie daneben die geangelten Fische auf dem Boden ab. Fehlen noch Fische oder sind es zu viele/die falschen darf es sich noch einmal zum Schiff begeben und das Benötigte holen/weglegen.

Reihenfolgen

Material: 1–2 Dosen Mathebärchen, Reihenfolgenkärtchen für Bärchen, 6 Reifen, einige Kleinmaterialien als Balancierstrecke (Seile, Fliesen, Moosgummifüße, …)

Aus den Kleinmaterialien werden zwei Balancierstrecken gelegt. Zwischen die Strecken werden 6 Reifen platziert. In jeden Reifen kommen die Bärchen der gleichen Farbe. Das Kind nimmt sich eine Reihenfolgenkarte und begibt sich auf eine der Balancierstrecken. Es hält neben den Reifen an, in deren Farbe es Bärchen braucht und nimmt sich die benötigte Anzahl und Größe. Dann balanciert es zum Ende der Strecke. Dahinter legt es seine Reihenfolgenkarte und stellt die passenden Bärchen auf die Karte oder darunter in der richtigen Reihenfolge. Fehler dürfen selbstverständlich korrigiert werden.

Zahlenländer

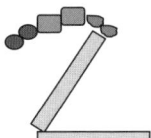 *Material: je 1 x die Ziffern 1-6 auf passend farbigem DIN-A-3-Papier, je 3 x alle Zahlenbildchen, große Zahlen- und Farbwürfel, ggf. Klämmerchen, wenn keine Klettverbindungen vorbereitet wurden, beliebige Geräte, Tische, Stühle oder auch nur Kleinmaterialien*

Die Form der Ziffern sollen durch großflächige Bewegungen und den Einsatz von entsprechend vielem Material nachempfunden werden. Die Übungsleiterin entscheidet zunächst, welche Ziffern aufgebaut werden sollen, das können in kleinen Räumen z. B. nur die Ziffern 1–3 sein, in größeren die Ziffern 1–6. Es kann sinnvoll sein, die Ziffern vor der Stunde mit Tesakrepp auf den Boden zu kleben. So ist sowohl der Ort klar, als auch eine ungefähre Größe.

Nun werden die Kinder in entsprechend viele Grüppchen wie aufzubauende Ziffern eingeteilt. Sie sichten das vorhandene Material, diskutieren, was sie benutzen wollen und bauen ihr Zahlenland auf. Ggf. werden besonders beliebte Geräte gemeinsam mit der Übungsleiterin aufgeteilt. Wichtig: Es müssen immer genauso viele gleiche Geräte zum Bauen benutzt werden, wie die Ziffer es vorgibt, also die 2 z. B. aus: 2 Bierdeckeln, 2 Teppichfliesen, 2 Säckchen und 2 Bänken.

An beliebiger Stelle wird im jeweiligen Zahlenland die farbige A3-Zahl angeklebt. In der Mitte der Halle liegen verdeckt die kleinen Zahlenbilder sowie ggf. die Klämmerchen. Die Kinder ziehen ein Kärtchen, gehen zu dem passenden Zahlenland, überwinden es und klammern/kletten ihr Kärtchen an. Wenn ein Würfel in der Mitte liegt, kann das Zahlenbild auch erwürfelt werden.

CHRISTIANE BOHN

„Auf Schatzsuche mit Schnuffi Schnuffel"

Eingebettet in die Bewegungsgeschichte des fiktiven Detektivs Schnuffi Schnuffel durchlaufen die Kinder verschiedene Stationen, an denen die Wahrnehmung und Motorik im Vorschulalter gefördert wird. An einzelnen Aufbauten wird durch eine Bewegungsanregung die Lösung zur Überwindung des Geräts offen gelassen und dem Recht des Kindes auf selbstbestimmte Bewegungen entsprochen. Andere Stationen fördern durch eine Bewegungsanweisung ganz gezielt und isoliert einzelne Fähigkeiten, in diesem Fall Basiskompetenzen zum Erwerb der Kulturtechniken Lesen und Schreiben. Die Bewegungsgeschichte bietet einen Rahmen, um die einzelnen Übungen motivierend miteinander zu verknüpfen. Anzumerken ist, dass:
• Geräteaufbauten und Materialien alters- und entwicklungsgerecht sein sollten,
• anregungsreiche Gerätekombinationen angeboten werden müssen,
• der Parcours bewegungsanregenden und auffordernden Charakter hat,
• die Kinder sich in der Auseinandersetzung mit den Aufgaben selbstständig und möglichst ohne Hilfe betätigen können (vgl. Kretschmer, Maurer & Minnich, 2008).
Gerade durch die Vielseitigkeit eines Aufbaus können alters- und leistungsunterschiedliche Kinder gemeinsam Spaß haben; die Auseinandersetzung mit dem Material kann das soziale Miteinander fördern und die Bewegungsfreude wecken (vgl. Jost, 2007).
Die dargestellten Stationen sind für Vorschulkinder konzipiert, können durch Variation des Schwierigkeitsgrads aber auch an Grundschulkinder angepasst werden. Diesbezügliche Hinweise sind in der Vorstellung der Stationen gegeben.
Die Geschichte von Schnuffi Schnuffels (im Folgenden kursiv) wird von der Pädagogin, dem Pädagogen motivierend erzählt und kann durch kindgerechte Musik begleitet werden. Die Kinder können sie mitspielen, durch Bewegungen und Geräusche untermalen und eigene Ideen einbringen.
Privatdetektiv Schnuffi Schnuffel erhält einen geheimnisvollen Auftrag. In einem alten, englischen Schloss soll ein Schatz verborgen sein. Doch der Weg zum Schatz ist gespickt mit kniffeligen Aufgaben. Gut, dass Schnuffi ein Team hat, das ihm bei der Lösung helfen wird. Los geht's. Die Koffer sind gepackt, die Ausrüstung überprüft und alle fliegen nach England, fahren mit einem alten, klapprigen gelben Taxi durch das nebelige Moor und stehen vor dem geheimnisvollen verlassenen Schloss. Was wohl alles passieren wird?
Vor Beginn der Geschichte kann sich das „Team" vorstellen, indem sich jedes Kind als Expertin oder Experte für eine „Spezialaufgabe" darstellt („Uli ist der Spezialist für das Ausschalten von Alarmanlagen", „Tina kann alle Geheimschriften lesen" etc.) Auch das Spiel „Kofferpacken" zur Erweiterung des aktiven Wortschatzes ist möglich, die Kinder benennen Dinge, die sie mitnehmen möchten („Taschenlampe", „Tresorschlüssel").

Der Parcours wird immer zu zweit durchlaufen, die Kinder starten an unterschiedlichen Stationen, um mögliche Staus zu vermeiden. An der letzten sammeln sich alle und bergen den Schatz gemeinsam. An allen Stationen werden kleine Gegenstände (z. B. kleine Bälle) gesammelt, welche die Detektive an der Hallenseite „zwischenlagern können" (z. B. in einem umgedrehten Kasten), damit Kleinmaterial nicht umherliegt. Erst wenn alle Bälle gesammelt und zusammengetragen sind, hilft ihr Gewicht, die schwere Schatztruhe zu heben. Grundschulkinder können wahlweise auch Buchstaben sammeln, die ein Lösungswort ergeben.

Im Folgenden werden die Stationen beschrieben. In Klammern finden sich die Kompetenzen, die hauptsächlich gefördert werden sollen. Die Bezeichnung der Stationen stellt einen direkten Bezug zur Detektivgeschichte her.

1. „Über die Hängebrücke in den Schlossgarten" (Gleichgewichtsfähigkeit)

Zwischen die Holme eines Parallelbarrens werden Seile geknüpft, die Schlaufen berühren fast den Boden, um Verletzungen im Falle eines Fehltritts zu verhindern. Der Barren wird mit Gerätturnmatten gesichert. Ein kleiner Kasten dient jeweils als Auf- und Abstiegshilfe. Die Detektive balancieren mit Griff an den Holmen von Schlaufe zu Schlaufe durch den Barren.

2. „Durch das dichte Unterholz" (räumliche Orientierungsfähigkeit)

In einem begrenzten Feld werden unterschiedlich große Papprohren aufgestellt, der Abstand wird so gewählt, dass ein Kind auf einem Rollbrett hindurchpasst. Die Kinder sollen dieses Labyrinth bäuchlings auf einem Rollbrett durchqueren, ohne anzustoßen. Die Röhren dürfen nicht zu groß oder zu schwer sein; im Falle eines Umkippens darf keine Verletzungsgefahr von den Röhren ausgehen.

3. „Im Teich nach wichtigen Hinweisen fischen" (Auge-Hand-Koordination, Farbwahrnehmung, Handlungsplanung)

In einem Kreis aus Gymnastikseilchen werden farbige Bälle verteilt, welche die Detektive mit Hilfe von weiteren Seilchen, Reifen etc. „angeln" müssen. Die Bälle werden nach Farben in entsprechend farbige Gymnastikreifen sortiert.

4. „Über die Maulwurfshügel" (Bewegungsgrundformen wie Rollen, Klettern, taktile Wahrnehmung)

Unter eine Mattenbahn aus Gerätturnmatten werden kleine Kästen quer gestellt, wobei der Abstand zwischen den Kästen mindestens die Länge zweier Gerätturnmatten beträgt. Die Detektive sollen die Kästen individuell überwinden.

5. „Durch ein Kellerfenster ins Schloss gelangen" (Gleichgewichtsfähigkeit, Kraftausdauer, kinästhetische Differenzierungsfähigkeit)

In eine Sprossenwand werden zwei Turnbänke eingehängt und durch kleine Kästen gestützt, Sturz- und Landebereich sind mit Matten zu sichern. Die Detektive rutschen mit einer Teppichfliese die Bänke hinunter. Die Höhe der Bänke richtet sich nach den Fähigkeiten der Kinder, die Rutschbewegung muss zu jeder Zeit gefahrlos abzubrechen sein.

6. „Unter der Alarmanlage durchtauchen"
   (räumliche Orientierungsfähigkeit, kinästhetische
   Differenzierungsfähigkeit)

Zwei Bänke werden parallel gestellt und mit Wollfäden, Tüchern etc. belegt. Ein Detektiv legt sich auf ein Rollbrett und fährt rücklings durch den entstandenen Tunnel, er darf nirgendwo anstoßen. Wahlweise kann sein Partner ihn auch durch den Tunnel schieben.

7. „Die Alarmanlage ausschalten" (Auge-Hand-Koordination, Konzentration)

Zwischen zwei kippfesten Großgeräten wie Sprossenwand, Pauschenpferd etc. wird ein festes Seil gespannt, auf welches Toilettenpapierrollen aufgefädelt sind. Sie müssen von der einen zur anderen Seite „geschoben" werden, ohne das Seil zu berühren, ggf. ist ein Glöckchen am Seil befestigt, das bei Seilberührung klingelt. Bei kleinen Kindern kann eine größere Röhre mit geringem Gewicht verwendet werden.

8. „Durch das Spinnenetz im Keller" (Formwahrnehmung, Körperschema)

Zwischen zwei kippfeste Großgeräte wird aus farbiger Wolle ein Spinnennetz geknüpft, durch das sich die Detektive winden können.

9. „Den Flur entlang tasten" (taktile Wahrnehmung).

Aus Bierdeckeln oder Teppichfliesen wird eine Straße gelegt, die mit den Händen oder Füßen ertastet werden muss.

10. „Den Geheimgang herunterkugeln"
   (Bewegungsgrundformen wie Klettern, Rollen, taktile Wahrnehmung etc.)

Eine Weichbodenmatte wird hochkant in einen Parallelbarren gestellt und über einen Holm geklappt, dass eine schräge Ebene entsteht. Davor wird ein weiterer Weichboden gelegt, eine Kastentreppe dient als Aufstiegshilfe. Der Sturzbereich ist mit Gerätturnmatten zu sichern.

11. „Eine geheime Spur verfolgen"
   (Formwahrnehmung, Gleichgewichtsfähigkeit)

Aus Seilchen, Wollfäden etc. werden verschiedene Figuren gelegt, welche die Detektive mit den Füßen abgehen sollen. Im Schulkindalter können auch Buchstaben und Zahlen gelegt und benannt werden.

12. „Die Geheimschrift entziffern"
   (Formwahrnehmung, visuelles Gedächtnis)

Ein Detektiv legt aus Kleinmaterial wie Wäscheklammern, Wollfäden eine Figur oder ein Muster, das sein Partner nachlegen soll. Die Figur kann auch mit einem Tuch abgedeckt und aus dem Gedächtnis reproduziert werden.

13. „Durch das kleinste Loch zwängen"
(taktile Wahrnehmung, Körperschema)

Aus festen Gymnastikreifen und zwei Gerätturnmatten wird eine „Rolle" gebaut, durch welche die Detektive kriechen können. Die Menge der verwendeten Reifen richtet sich nach Größe und Gewicht der Kinder.

14. „Vorsichtig über den Flur schleichen"
(Kinästhetische Differenzierungsfähigkeit)

Aus Gerätturnmatten wird ein Mattenquadrat gelegt, das mit Luftballons gefüllt wird. Darüber wird eine weitere Matte gelegt. Über diese kann behutsam gekrabbelt werden.

15. „Auf dem wackeligen Dachboden" (Gleichgewicht)

Unter einer Niedersprungmatte, die durch doppelte Gerätturnmatten an allen Seiten gesichert wird, liegen feste Bälle. Die Matte kann im Krabbeln etc. überwunden werden.

16. „Die Schatztruhe bergen"
(Selbstwirksamkeit erfahren, das Prinzip von Ursache und Wirkung erkennen)

Auf einer Wippe steht eine kleine Schatztruhe. Auf die andere Seite der Wippe werden die gesammelten Bälle gelegt, bis sich die Truhe nach oben bewegt – jetzt kann der Schatz geborgen werden. In der Truhe befindet sich eine kleine Überraschung für die fleißigen Detektive.

Die Möglichkeiten zur Durchquerung des Parcours können z. B. durch alleiniges Ausprobieren, das Durchlaufen in einer Kleingruppe etc. variieren. Zeigen die Kinder Schwierigkeiten in der Umsetzung offener Angebote, bietet sich folgendes an:

• Ein Detektiv macht etwas an den Stationen vor, sein Partner muss immer etwas anderes machen. Damit wird bei heterogenem Fähig- oder Fertigkeitsniveau die Bloßstellung des nachmachenden Kindes vermieden.
• Die Detektive verändern die einzelnen Stationen, indem sie neue Figuren legen, die Bierdeckelstraße variieren u.v.m. Da sich durch die Veränderung mögliche Verletzungsgefahren ergeben können, muss die Pädagogin, der Pädagoge die Stationen vor Übungsbeginn erneut auf die Betriebssicherheit überprüfen und ggf. korrigieren.
• Die Detektive müssen ungefährliches Material wie z. B. Sandsäckchen durch den Parcours transportieren, ohne dieses zu verlieren.
• Die Geschichte kann mit einer Entspannungsübung, einem Lied etc. abschließen.

ANTONIS KAMBAS, PANAGIOTA XANTHI

Graphomotorik: „Action-time" für Kinder

Theoretische Grundlagen und empirische Befunde

Schreiben ist eine komplexe perzeptuell-motorische Fertigkeit, die vom allgemeinen Reifungsprozess und der Integration von kognitiven, perzeptuellen und motorischen Fertigkeiten abhängt (vgl. Hamstra-Bletz & Blote, 1993). Kinästhetische Rückmeldung (vgl. Luria, 1966), motorische Planung und Handlung (vgl. Fitts & Posner, 1967) und visuo-motorische Koordination (vgl. Levine, 1987) sind wichtige graphomotorische Komponenten (vgl. Kandel, Soler, Valdois & Gros, 2006), die zugleich der grobmotorischen Entwicklung zugrunde liegen (vgl. Gallaghue, 1997).

Das vorliegende Konzept beinhaltet theoretische Grundlagen und praktische Beispiele zur graphomotorischen Förderung. Basis ist die Theorie der motorischen Kontrolle, im Rahmen derer die hierarchischen Modelle von Schmidt (1975) im Fokus stehen. Darüber hinaus unterstützen auch neuere Theorien, wie beispielsweise die Theorie der Dynamischen Systeme von Smith und Thelen (1993), den hier zugrunde liegenden Ansatz.

Das Konzept geht davon aus, dass kleine Kinder über breit angelegte Bewegungsmuster verfügen müssen (General Motor Programmes), um später spezifische Bewegungen ausführen zu können. Schmidt nennt für sein Konzept und die Schema-Theorie folgende Konstanten und veränderliche Größen:

Motorische Programme beziehen folgende Konstanten ein:
– die Abfolge der Elemente einer Bewegungsfertigkeit,
– die zeitlichen Relationen der Muskelkontraktionen und
– die Relationen der während des Bewegungsablaufs produzierten Kräfte (Schmidt, 1975).

Veränderliche Größen hingegen sind:
– die absolute Dauer,
– der absolute Krafteinsatz,
– die beteiligten Muskelgruppen.

Ausführungen desselben motorischen Programms können demzufolge je nach veränderlicher Größe erheblich differieren.

Es liegen ausreichend empirische Befunde vor, um zu belegen, dass grobmotorische Muster die Basis für neue feinmotorische Bewegungen darstellen (vgl. Armstrong, 1970; Hollerbach, 1978; Raibert, 1977). Eine Reihe weiterer Forschungserkenntnisse verstärken vorliegendes Konzept. Anerkannt ist, dass im vorschulischen Alter nicht mehr sitzend graphomotorische Übungen ausgeführt werden sollen. Viel mehr sollen graphomotorische Kompetenzen mit dem ganzen Körper und allen Sinnen gefördert werden.

Praktische Beispiele

(1)   Kinästhetische Aktivitäten sind:

Entwicklung von Körper- und Raumbewusstsein durch einfache kinästhetische Spiele. Dabei wirken Aktivitäten mit geschlossenen Augen Stress reduzierend und sind unterhaltsam und anregend.

Folgende Auswahl kinästhetischer Aktivitäten wird von Kindern sehr gerne angenommen:

Blind Objekt aufstellen, Suchen und Wiederfinden

Sitzend vor einem Tisch stellt das Kind ein Spielzeug irgendwo auf dem Tisch. Die Hände sind unter dem Tisch und die Augen mit einem Tuch verbunden. Das Spielzeug soll nun mit geschlossenen Augen gefunden werden. Mit der linken Hand fängt die Suche an. Nachdem das Spielzeug gefunden wurde, stellt es das Kind wieder mit der linken Hand irgendwo auf dem Tisch. Nun wird mit der rechten Hand gesucht und verstellt/versteckt.

Kartenhaufen stapeln und umstellen

Das Kind sitzt vor einem Tisch und hat vor sich rechts und links von der Körpermitte zwei Stapel mit roten und blauen Karten. Das Kind schließt die Augen und stellt die Stapel um, sodass die roten und blauen Karten jeweils auf der anderen Seite liegen.

Fallenlassen und auffangen

Das Kind hält die Oberarme seitlich am Körper, die Unterarme zeigen nach vorne. Dabei bilden die Ellenbogengelenke 90° Winkel (palm-up und palm-down Position). In einer Hand hält das Kind einen Ball, den es fallen lässt und mit geschlossenen Augen entweder mit der gleichen Hand oder mit der anderen Hand auffängt. Zuerst werden leichte Bälle verwendet, nach und nach werden die Bälle schwerer. Die Übung kann vielfältig variiert werden, wichtig ist dabei, dass der Ball fallengelassen und rechtzeitig wieder aufgefangen wird.

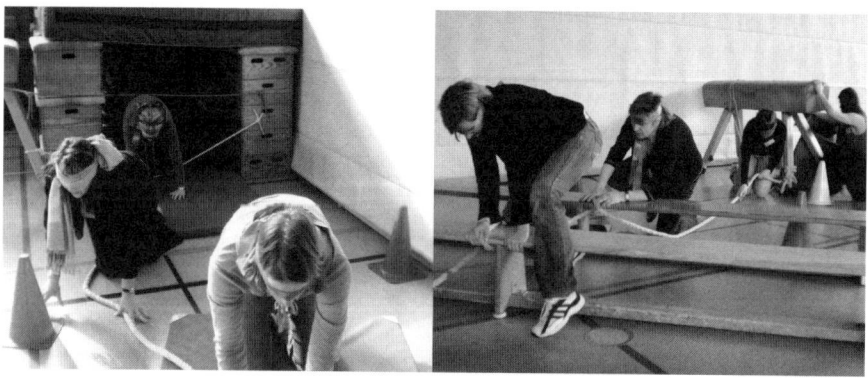

(2) Grobmotorische Aktivitäten:

Grobmotorische Aktivitäten stellen die Basis für das feinmotorische Lernen dar, welches in der Eingangsstufe im Vordergrund steht. Lateralität, Gleichgewicht und Steuerung des Rumpfes, der Schultern und Arme sind die Grundlage für das Erarbeiten der feinen Bewegungsfertigkeiten. Differenzierung, Orientierung und Rhythmisierung werden zunächst in den grobmotorischen Bereichen, dann in den feinmotorischen Bereichen erarbeitet.

Eine Kombination der Grobmotorik und der kinästhetischen Differenzierung macht das Spielen noch interessanter.

Painting

Fußpainting, Bodypainting und Painting-Orientierungs-Spiele machen sehr viel Spaß und helfen Kindern ihre Grob- und Feinmotorik zu kombinieren.

Für feinmotorische Vorbereitungsspiele wird vorgeschlagen, stehend zu arbeiten und auf eine vertikale Ebene zu malen oder zu zeichnen. Verwendet werden können beispielsweise eine Tafel oder ein Dreifuß (Staffelei). Das Stehen fördert die Gleichgewichtsfähigkeit, während die Balance durch Rumpf, Becken und untere Extremitäten immer wieder hergestellt wird. Darüber hinaus sind Arme und die Hände frei beweglich. Die vertikale Schreiboberfläche erfordert das Ausstrecken der Handgelenke und die ausgedehnte Handgelenkposition erleichtert das Halten von Kreide, Zeichenstiften oder Pinseln. Die Schultern, als Drehverbindungen, erlauben Bewegungsfreiheit in alle Richtungen. Die zu bemalende Oberfläche sollte groß genug sein, damit das Kind volle bilaterale, vertikale, horizontale und diagonale Bewegungen und Zeichnungen durchführen kann. Dies begünstigt die Verbindung von grobmotorischer zu feinmotorischer Orientierung.

Spinnennetz für Orientierungserfahrung

Um die Motivation zu erhalten und Angst vor schwachen Leistungen zu vermeiden, kann das Gemalte oder Gezeichnete immer wieder vom Kind gelöscht und neu begonnen werden.
Das Arbeiten mit beiden Händen gleichzeitig hilft dem Kind, eine Bewusstheit für seine bevorzugte Hand zu entwickeln. In diesem Stadium, also bevor am Tisch mit Papier und Bleistift weitergeübt wird, sollte sich die Handpräferenz entwickeln.

(3)   Beispiele und Hinweise für Aktivitäten mit den oberen Extremitäten:

Schulter

Die Stärkung und Stabilisierung der Schulterpartie ist ein wichtiges spezifisches Ziel der graphomotorischen Förderung. Tätigkeiten, die Gewichtsverlagerung erfordern, wie beispielsweise das Klettern sind für die Entwicklung dieser proximalen Verbindungen ideal.

Ellbogen

Ellbogenbeweglichkeit, wobei die Rotation eine wichtige Rolle spielt, erlaubt dem Kind ein Spielzeug oder ein Werkzeug im natürlichsten und bequemsten Winkel zu kontrollieren oder zu manipulieren. Beweglichkeitsprobleme mit dem Ellbogen können beobachtet werden, wenn das Kind die Schere zum Schneiden von der falschen Seite positioniert oder nicht imstande ist, einen Türdrehknopf weit genug zu drehen, um die Türe zu öffnen.

Eine große Hilfe für das System Schulter-Ellbogen-Handgelenk

Tätigkeiten, die die Ellbogenbeweglichkeit verbessern, sind beispielsweise Bälle oder Säckchen werfen, Zielen mit verschiedenen Gegenständen oder Prellen eines Balles mit Hand oder Schläger.

Handgelenk
Aktivitäten, die die Handgelenkbeweglichkeit verbessern sind: Zeichnen, Ausmalen, Bälle prellen, Bohnen oder Linsen auf eine Hand geben und in die andere Hand rieseln lassen oder Zeichnen auf vertikale Oberflächen über Augenhöhe.

Handgelenk/Finger
Aktivitäten, die die Fingerbeweglichkeit verbessern sind: Malen mit den Fingern, Faden durch ein Nadelöhr ziehen, Spiele mit Fingerpuppen, rechtsrum und linksrum schrauben mit Schraubenzieher oder Holzzylinder, Spiele mit „verlängerten Händen" oder „Hilfswerkzeugen" (beispielsweise Pinzette oder Angel).

SOPHIA STEIDL-BOLZANO

Offene Bewegungsangebote für den motorischen Basisunterricht in Kindergarten, Schule und Verein – „Mut tut gut" – Bewegungskarten

Kinder können viel mehr, als ihnen zugetraut wird. Sie wollen sich bewegen, riskieren und etwas erleben. Auch im Turnsaal. „Mut tut gut" (vgl. Steidl-Bolzano, 2009) – das aktuelle Unterrichtsmittel in Form von Bewegungskarten bringt frischen Wind in diesen Raum, fördert die Eigeninitiative und stärkt das Selbstvertrauen. „Nicht vorschreiben, sondern anbieten" ist die einfache Zauberformel. Bei diesen offenen Bewegungsangeboten, die für den Bewegungsunterricht in Kindergarten, Schule und Verein gedacht sind, stehen freie und erlebnisorientierte Handlungen im Vordergrund und nicht leistungsorientierte Fertigkeiten. Der Unterricht ist vielfach – und manchmal ist das den Pädagogen und -innen gar nicht bewusst – ausschließlich auf konkurrenzorientiertes Handeln hin ausgerichtet. Oft empfindet man es als störend oder lästig, das Lerntempo zugunsten derer zu reduzieren, die sich nicht so schnell auf eine neue Situation einstellen oder eine neue Technik aneignen können (vgl. Redl, zit. nach Wolf 1995, S. 557).

„Mut tut gut" bietet für konkurrenzorientiertes Handeln keinen Platz, im Gegenteil: die Kinder müssen zusammenhalten und sich gegenseitig helfen. Das Lerntempo ist variabel, da bei jeder Station gleichzeitig verschiedene Schwierigkeitsgrade angeboten werden können. So erleben sowohl leistungsstarke als auch -schwache Kinder erlebnisreiche Stunden, das Selbstwertgefühl des einzelnen kann verbessert werden. Das Kind kann sich selbst als subjektiv leistungsfähig empfinden und, in dieser Leistungsfähigkeit gefestigt, auch im regulären Turnunterricht besser mithalten (vgl. Redl, zit. nach Wolf 1995, S. 558). Die didaktischen Grundsätze – Vielfalt, Bewegungsreichtum, Freude und Partnerschaft – sind durch diese einfache Lehr- und Lernhilfe ebenfalls erfüllt.

1. Freude, Lust und Kreativität in der Bewegungserziehung

Während vieler Jahrzehnte war der Bewegungsunterricht in den Kindergärten und Schulen weitgehend auf bestimmte Lernziele fixiert und hatte stark disziplinierenden Charakter. Das sah in der Praxis so aus, dass als Stundenziel zum Beispiel die Rolle vorwärts auf dem Programm stand. Die gewandteren Kinder übten etwas längst Bekanntes, die eher zurückhaltenden fühlten sich ausgestellt und entmutigt. Heutzutage gibt es zum Glück Alternativen. So stellt „Mut tut gut!" seine Bewegungsstationen dem direktiven Unterricht gegenüber. Mit einer reizvollen Anordnung der Geräte, welche die Kinder zum Mit- und Weiterdenken ermuntert, wird gezeigt, wie in einem offenen Unterricht Freude, Lust und Kreativität zur Regel werden können. Die Vorteile solchen „Lehrens" liegen auf der Hand: Jedes Kind kann sich gemäß seinem individuellen Entwicklungsstand stressfrei bewegen. So gibt dieses „Unterrichtsmittel" den Lehrpersonen einen Leitfaden in die Hand, der sie ermutigen soll, die Selbsttätigkeit und die Eigeninitiative der Kinder zu unterstützen und damit Freude an der Bewegung, Selbsteinschätzung und Selbstbewusstsein zu fördern. Dabei gehen sie vom Standpunkt aus: „Kinder können sehr viel mehr, als die meisten Erwachsenen ihnen zutrauen „Ziel des „Unterrichtsmittels" ist es, den Pädagogen und -innen die nötige Sicherheit zu geben und Mut zu machen, ungewohnte und freiere Formen der Gestaltung des Bewegungsunterrichts auszuprobieren.

Das „Unterrichtsmittel" unterscheidet sich nicht nur inhaltlich, sondern auch in seiner Form von den herkömmlichen. Es besteht aus 80 stabilen Karten im Format von 15 mal 10 Zentimetern. Diese zeigen auf der Vorderseite Kinder bei einer Aktivität im Bewegungsunterricht. 80 verschiedene Stationen mit unterschiedlichen Geräten und Hilfsmitteln sind auf diese Weise fotografisch festgehalten und animieren zum Bewegen, Nachahmen, Ausbauen und Erweitern, je nach Können und Kreativität der Kinder und der Lehrperson. Die Rückseite enthält eine Skizze zur Organisation und knappe Erläuterungen zur gezeigten Übung. Gleichzeitig dient sie als Anleitung für die Kinder zum Aufbau der Geräte. In der beigelegten, handlichen Broschüre im Kleinformat werden verschiedene Organisationsformen gezeigt und nützliche Tipps gegeben. Wer Schlüsselbegriffe der allgemeinen Erziehungsziele des Kindergartens und der Schule wie Selbsttätigkeit, Aufbau von Selbstbewusstsein, Selbstvertrauen, realistische Selbsteinschätzung und Risikoeinschätzung, Eigenverantwortung, Verbesserung der Kontakt- und Kooperationsfähigkeit, Toleranz und Rücksichtnahme, Erweiterung der motorischen Fähigkeiten und Fertigkeiten ernst nimmt, der wird im Bewegungsunterricht häufig mit offenen Bewegungs- und Spielgelegenheiten arbeiten. Diese ermöglichen es den Kindern vermehrt, selber Akteure ihrer Erziehung zu sein.

2. Variable Lernziele und mutige Lehrpersonen

Die „Mut tut gut" – Bewegungskarten sollen den Lehrpersonen die Vorbereitung und Durchführung von intensiven, lustbetonten und herausfordernden Bewegungsstunden erleichtern, denn alle Bewegungsangebote haben sich in der Praxis bewährt. Die Unterrichtsvorbereitung wird durch die beiliegenden Geräteskizzen vereinfacht, welche auch den Kindern beim Aufbau der Geräte nützlich sein können und unterschiedlichste Lernzielsetzungen zulassen. Deshalb sind die Bewegungsangebote auch bewusst nicht einzelnen koordinativen oder konditionellen Lernzielen zugeordnet, den Lehrpersonen und Kindern wird die Freiheit gegeben, eigene Ziele zu verwirklichen. „Mut tut gut" ermutigt Lehrpersonen, die bei Kindern schon vorhandenen Fähigkeiten zur selbstständigen Gefahreneinschätzung und -bewältigung weiter zu fördern und nicht einzuschränken, die Kinder mutig sein zu lassen oder ihnen helfen, mutig zu werden, den Kindern zu vertrauen, ihnen viel zuzutrauen und sie „loszulassen „, die Grenzen der eigenen Ängstlichkeit neu zu definieren, vermehrt auf offene Bewegungsangebote zu setzen, sich aus dem Mittelpunkt zu nehmen und vermehrt den in Motorik und Verhalten auffälligen Kindern zuzuwenden, vermehrt Großgeräte einzusetzen, gewählte Bewegungsangebote und Organisationsformen öfters zu wiederholen (Rituale) etc.

3. Gefahren und Risiken

Im Merkblatt „Verantwortlichkeit und Haftpflicht der Lehrpersonen" des Dachverbandes Schweizer Lehrerinnen und Lehrer" (Dachverband Schweizer Lehrerinnen und Lehrer (LCH), 1998) ist zu diesem Thema Folgendes zu lesen: „Der altersgemässe Umgang mit Gefahren und Risiken gehört zu einer normalen Entwicklung des Menschen. Er bildet wichtige körperliche und geistige Kräfte, baut natürliche Aggressionen ab und fördert die angemessene Einschätzung anforderungsreicher Situationen. Lebensnaher Unterricht baut den Umgang mit Gefahren und Risiken sorgfältig und altersgemäß auf und leistet damit einen wesentlichen Teil zu einer ganzheitlichen Erziehung. Die Hinführung zur Gefahreneinschätzung ist die beste Schadensprävention. Überbehütung, Gefahrenverdrängung und Ängstlichkeit hingegen verhindern lebenswichtige Erfahrungen und begünstigen das Unfallgeschehen. Den Massstab bilden die Möglichkeiten der Kinder und nicht die Erwartungen der Erwachsenen. Der angemessene Umgang mit Gefahren und Risiken kann nur an diesen selbst erlernt werden, was sorgfältiges Abwägen seitens der Erziehenden voraussetzt" (S. II). Risiken eingehen ist ein grundlegendes menschliches Bedürfnis. Risiken entstehen vor allem bei Ablenkung des Handelnden. Lehrpersonen und Eltern, die es nicht riskieren, dass sich die Kinder in ihrem persönlichen Risikobereich bewegen dürfen, riskieren, dass die Kinder in Risikosituationen einem markant höheren Risiko ausgesetzt sind. Mit einer solchen Haltung riskiert man wenig, tut den Kindern aber wenig Gutes!

FREDRIK VAHLE

Zur Integration von Sprache, Bewegung und Singen

Als ich mein erstes Kinderlied schrieb, waren Bewegungslieder noch selten. Da fiel einem am ehesten „Wer will fleißige Handwerker seh'n?" und „Brüderchen, komm, tanz mit mir" ein. Und so etwas wirkte gerade damals sehr traditionell und hausbacken. In neuen Kinderliedern ging es eher um soziales Lernen und gegen aufgeblasene Autoritäten und alles, was der Emanzipation des Kindes entgegenstand. Spaß und Nonsens gab es natürlich auch. Heute sieht das alles ganz anders aus. Bestimmte Themen kommen in neuen Kinderliedern nicht gerade häufig vor. Es gibt inzwischen sehr viele Kinderliedermacher, weniger Kinderliedermacherinnen. Und ein Riesenangebot an neuen Kinderliedern. Unter diesen dominieren die Bewegungslieder. Kein Liedermacher, der sich nicht um dieses Genre intensiv bemühen würde.

Das sollte eigentlich eine gute Voraussetzung für eine intensive und stabile Integration von Sprache, Bewegung und Singen sein. Dem ist aber m. E. nicht so. Das Bestreben ist groß, mit den eigenen Tonkonserven ein möglichst breites Publikum zu erreichen, sich an den Mainstream der Unterhaltungsmusik anzuschließen, solche Bewegungsmuster zu verwenden, die schnell abrufbar sind und keine intensive motorische Einstimmung verlangen. Ein Minimalangebot also, das manchmal etwas aufgesetzt wirkt, weil es einfach darauf ankommt, die Kinder überhaupt in Bewegung zu bringen. Von der Verwendung der Sprache lässt sich Ähnliches sagen.

In dieser Angelegenheit also einige Anregungen und Erfahrungen, die zur Intensivierung der Integration von Sprache, Bewegung und Singen beitragen können.

Es ist gut, energie- und geistanregend mit Händen und Fingern zu beginnen und dabei die Polarität von langsam und schnell zu beachten. Handübungen sind ein unproblematischer Einstieg und sollen keine reine Formsache für Hand- und Fingerfitness sein. Hand- und Fingerübungen können im Schneckentempo verlangsamt und mit Atemübungen verbunden werden (Beispiel: „Die friedliche Faust"). In langsamem Tempo können die Handbewegungen besser variiert und gestaltet werden, und das kann Kindern durchaus Spaß machen. Es fördert Konzentration und Aufmerksamkeit von ganz alleine. In der Forschung ist immer wieder auf den uralten Zusammenhang der Feinmotorik der Hände und der Artikulationsorgane hingewiesen worden. Hand und Sprache sind eng miteinander verbunden. Und diese Verbindung reicht auch in den Bereich des Singens hinein. Man nimmt an, dass Sprache in ihrer Ursprungsform viel melodischer und musikalischer war als heute, dass sie wahrscheinlich aus dem Gesang entstand. Und dass außerdem Gesten und Gebärden (also Bewegung) hier eine wesentliche Rolle gespielt haben. Bei den alten Ägyptern z. B. waren die Sänger zugleich auch die Gesten- und Gebärdenkünstler.

Nun neigen Kinder heutzutage nicht gerade zu intensiven und langsamen Bewegungen. Fängt man eine Bewegungsfolge langsam an, werden sie schnell schneller. Deshalb ist Langsamkeit sehr wichtig und sinnvoll, braucht aber nicht die einzige Praxisform zu sein. In schneller Bewegung erfahren Kinder ihre eigene Bewegungsfreude und können gegebenenfalls ihre Reaktionsgeschwindigkeit überprüfen. So wie die Hände lassen sich auch die Füße als Lern- und Gestaltungsmedium entdecken. Mit den Füßen kann man unendlich viel mehr machen als trampeln, gehen und hüpfen. Fußfiguren können das Schreiben vorbereiten, Fußbewegungen können mit Wortfindungsaktivität, überhaupt mit kognitiven Handlungen verbunden werden. Sie können durch bestimmte Fußhaltungen unterschiedliche Klänge erzeugen und Rhythmus gestalten. Da gibt es noch viel zu entdecken. Der obere Körperbereich, Hände und Arme werden viel häufiger motorisch angesprochen. Und die Füße werden in diesem Kontext meist gröblich vernachlässigt. Auch in Hinsicht auf das, was sich energetisch im Fußbereich machen lässt. Und darunter leiden besonders die Jungen. Kein Wunder, dass außer Fußball und rumtreten – vom Schuhplattler rede ich hier nicht – für Jungenfüße wenig Attraktives geboten wird. Und Tanzen – so was interessiert einen „richtigen Jungen" doch nicht! – Meine Reisen nach Neuseeland und Südindien haben mir gezeigt, dass es durchaus Kulturen gibt, in denen mit den Füßen eine Menge gemacht wird. Die Maoris auf Neuseeland z. B. hatten ursprünglich keine Trommeln. Deshalb benutzten sie ihre Füße zum Musikmachen. Aus diesen Bereichen können wir uns Anregungen und Impulse holen. Fußrhythmen zu praktizieren, erfordert Konzentration und auch in gewisser Weise ein Loslassen. Ich habe mich sehr gewundert, als ich auf dem Osnabrücker Kongress relativ komplizierte Flamenco-Rhythmen vorgab und der gemeinsame Rhythmus mit immerhin mehr als tausend Teilnehmern auf Anhieb klappte.
Ähnliches kann ich auch vom Singen berichten. Das kulturelle Prestige und die pädagogische Bedeutung des Singens ist in den letzten Jahren aufgrund von Ergebnissen der modernen Hirnforschung (vgl. z. B. Hüther, 2008), der kritischen Aufarbeitung der einseitigen Pisaorientierung und wohl auch durch Spielfilme wie „Wie im Himmel", „Die Kinder des Monsieur Mathieu" und „Heimatklänge" enorm gestiegen.
Leider wird Singen aber immer noch mit Lieder-Singen gleichgesetzt. In fertiger Form also, meist auch als Tonkonserve schon vorhanden, überarrangiert und gegebenenfalls mit mächtigem Playback präsentiert.
Dabei wird meist vergessen, dass Lieder eine Einstimmung brauchen, dass Singen nicht mit dem Lied, sondern mit dem Summen und Tönen beginnt. Und dass das Lied ursprünglich Gefühlsausdruck und Anrufung ist, und dahin muss es erst einmal kommen.
Stimmen können sich entwickeln und miteinander verschmelzen. Und das ist ein wunderbares Erlebnis. Dazu muss man nicht angestrengt Mehrstimmigkeit einüben. Ruflieder und einfache Gesänge aus unterschiedlichen Traditionen können zu einem intensiven Musikerlebnis werden. Ein Experiment, was ich in Osnabrück zum ersten Mal mit einer so großen Gruppe machte: Einen tragenden Rhythmus in nur einem Akkord (z. B.: A Dur) vorgeben und dann einfach tönen und singen,

a) was kommt,
b) was sich ergibt,
c) was sich unterschiedlich entfaltet,
d) was zusammenkommt.
In Osnabrück entstand sogar so etwas, wie ein gemeinsamer Gesang – ganz aus dem Augenblick heraus. Und das hat Spaß gemacht und ging unter die Haut.

WOLFGANG HERING

Kunterbunte Tanzspielhits

Kinder tanzen in der Regel gerne. Sie haben Freude an Bewegung und greifen dankbar Anregungen und Themenvorgaben auf. Bereitwillig tragen sie eigene spannende Spielideen und Tanzvorschläge zum Geschehen bei. Ich habe mit der Tanzpädagogin Helga Zachmann in mehreren kleinen Projekten Lieder und Spiele gemeinsam mit Kindern entwickelt. Wir gingen dabei von eher allgemeinen Themen aus wie: Farben, Freundschaft, Hexen, Wind, altes Schloss, Dinos, Waldgeister, Überkreuzbewegungen etc. In einem gemeinsamen Prozess mit Musik-Tanzelementen, Lyrik und Bewegung wurden Spielanregungen konkretisiert und festgehalten. Wir haben Ideen der Kinder protokolliert und ausgearbeitet. Entstanden sind neue Tanzlieder und viele kreative Sprach-, Spiel- und Bewegungsstücke zu den unterschiedlichsten Themen, die originell Motorik, Rhythmik und Sprachförderung miteinander kombinieren.

Wir gehen davon aus: Kreativität entfaltet sich überall dort, wo sie einen geeigneten Rahmen gesetzt bekommt. Der rhythmische Bereich bietet sich an mit seiner reichhaltigen Vielfalt von Gestaltungsmöglichkeiten, Kinder auf ganzheitliche Weise anzusprechen. Sind die Spielanregungen von den Kindern verstanden und ausprobiert worden, fragen wir nach deren Wünschen und probieren ihre Vorschläge aus. Wurde eine Spielgeschichte umgesetzt, lassen wir die Kinder die Handlung weiterspinnen. Unser Wunsch war, die Kinder bei der tänzerischen Umsetzung der Songs zu beteiligen. Dies geschieht einfach, indem wir als Erwachsene uns im praktischen Tun zurücknehmen und nur verbale Anregungen geben oder Fragen stellen. Die kindlichen Ausdrucksformen sollten den Vorrang vor dem erwachsenen Vorbild bekommen.

Auch das Beobachten der Kinder beim Darstellen liefert wertvolle Ansätze, um nachzufragen und mehr über die Bedürfnisse der einzelnen Kinder zu erfahren. So wächst ein Thema, und das Angebot verschmilzt mit den Wünschen der Kinder zu einem gemeinsamen Projekt. Wahrnehmungsübungen bringen Kinder zu sich selbst und lassen einen gemeinsamen Bezug zum Thema entstehen. „Hör' mal! Woher kommt dieses Geräusch?" Oder: „Fühl' mal! Welcher Dino ist im Korb?"

Kinder können im Spiel viel lernen: Autonomie und Flexibilität, Problemlösungsfähigkeit und Kreativität sowie Verständnis für die Sichtweise anderer. Sehr oft wird zu Paaren oder in Kleingruppen agiert. Die Kinder lernen sich unterschiedlich einzubringen oder zurückzunehmen. Regeln und Fairness werden in immer wieder neuen Variationen geübt. Gemeinschaftsgefühl und Feedback durch die Gruppe ermöglichen positive Lernerfahrungen. Wir möchten die Kinder dabei als Individuen wahrnehmen und ihnen differenzierte, individuelle und sachbezogene Rückmeldungen geben. Wünschenswert sind geeignete Raumbedingungen und ein gegenseitiger Respekt.

Wir wollen dabei Kreativität fördern durch:
– Vielfältige Schaffung von Spiel- und Bewegungsangeboten
– fantasievoller Einsatz von Sprache
– Einsatz von Musik und Rhythmik
– Aufgreifen von Bedürfnissen und Vorschlägen der Kinder
– Aufgabenstellungen begrenzen, ein überschaubares Handlungsfeld schaffen
– Gestaltungsfreiräume einräumen
– Wahrnehmungsübungen anbieten und reflektieren
– Konformitätsdruck abbauen, Unterschiede positiv vermerken
– Abbau von Hemmungen durch eine freundliche und konkurrenzfreie Atmosphäre
– Vorrang haben kindliche Ausdrucksmöglichkeiten
– Reflektieren mit Kindern, Akzeptieren anderer Sichtweisen
– differenzierte, individuelle und sachbezogene Rückmeldungen

Motorik, Rhythmik, Sprache – eine Zauberformel!

Unser weiteres Anliegen besteht darin, eine lustbetonte Verbindung zwischen den Bereichen Motorik, Sprache und Musik herzustellen. Die Psychomotorik hat den engen Zusammenhang von sensorischer Integration, Entwicklung der Motorik und dem eigenen Selbstvertrauen erkannt. Unter sensorischer Integration ist das Filtern und Verarbeiten von Sinneseindrücken im Gehirn zu verstehen; was wiederum zu sinnvollem Reagieren und Handeln führt.

Von ganz entscheidender Bedeutung ist es, dass das Kind ausreichend Zeit und Möglichkeiten vorfindet, seinen Gleichgewichtssinn und sein Körpergefühl optimal zu entwickeln. Ein Kind, das ständig noch Aufmerksamkeit darauf verwenden muss, sein Gleichgewicht zu halten und sich im Raum zurechtzufinden, hat weniger Kapazitäten frei, um den anderen Entwicklungsaufgaben gerecht zu werden. Diese Kinder sind öfter abwesend und haben eine geringere Konzentrationsspanne. Entwicklungsverzögerungen bei Kindern haben oft ihre Ursachen in einer gestörten Verarbeitung der Sinnesreize im Gehirn.

Sprache ist eine der Schlüsselkompetenzen für die Schule. Rhythmische Verse, zu denen geklatscht und gesungen wird, bieten Kindern einen geeigneten Einstieg ins Verstehen und Sprechen von Sprache. Dabei ist die Selbsttätigkeit der Kinder von Entscheidung. Auch für das Lesen- und Schreibenlernen ist ein lustvoller und rhythmischer Einstieg äußerst hilfreich. Wir haben versucht, Themen aufzugreifen, die Kinder interessieren. Zu unseren Themen haben wir Spiele, Rhythmiksprüche, Klatschspiele, Mitmach- oder Klanggeschichten, Gedichte und Fingerspiele entwickelt. Uns ist es wichtig, auch die Begriffsbildung und Phantasie der Kinder zu unterstützen. Wie viel Information Ihre Lerngruppe vertragen kann, müssen Sie selbst einschätzen. Die Erfahrung zeigt, dass Kinder für Wiederholungen dankbar sind. Unsere entstandenen einzelnen Projektvorschläge können als Unterrichtseinheit verwendet werden. Es ist aber genauso möglich, einzelne Bausteine herauszugreifen.

Im Folgenden habe ich zwei Bewegungslieder aus unserer Projektarbeit (Hering & Zachmann, 2008) ausgewählt: „Fred, der Knochenmann" und „Das alte Schloss".

Fred, der Knochenmann   Text + Musik: Wolfgang Hering/Helga Zachmann

Ja, das ist Fred, der Kno-chen-mann, der strahlt dich an, wenn er nur tan-zen kann.

Hüp-fen und Sprin-gen, das mag er sehr,— das tut ihm gut, da will er

im-mer mehr.— Ja, das ist Fred,— der Kno-chen-mann, der so

su-per-lus-tig tan - zen kann. Er klap-pert mit den Zäh-nen und

kann so schrecklich gähnen. Er wac-kelt mit dem Schopf, schüttelt wild den kah-len Kopf.

Refrain:

Ja das ist Fred, dein Knochenmann,
der strahlt dich an, wenn er nur tanzen kann.
Hüpfen und Springen, das mag er sehr,
das tut ihm gut, da will er immer mehr.
Ja, das ist Fred, dein Knochenmann,
der so superlustig tanzen kann.

Er klappert mit den Zähnen
und kann so schrecklich gähnen
Er wackelt mit dem Schopf,
schüttelt wild den kahlen Kopf.

Er bewegt die Finger
die dünnen Krabbeldinger
Er dreht mit sehr viel Fleiß,
die Arme gern im Kreis.

Er benutzt die Zehen,
auf Fersen kann er gehen.
Er tippt mit seinem Fuß
und winkt dabei zum Gruß,

Er hebt gern seine Beine,
er schlackert sie alleine
und greift nach andren Händen,
der Tanz will gar nicht enden.

Zu diesem Lied können sich die Kinder mal so richtig austoben. Nachdem ausprobiert wird, wie sich Knochenmännchen bewegen, z. B. mit eckigen und wackligen Bewegungen, kann es losgehen. Der Refrain wird von den Kindern genutzt, um sich frei im Raum zu bewegen. Sie können versuchen, mal „alles" zu bewegen, was sie haben: Arme, Schultern, Beine und Gesichtsmuskulatur gleichzeitig oder auch zum Kinderhopser vorwärts übergehen. Zu den Strophen werden dann dem Text entsprechend bestimmte Körperteile aktiv.

Das zauberhafte Schloss   Text + Musik: Wolfgang Hering

Liebe Leute, hallo aufgepasst,
kommt als Paar zum Tor hinein.
Wir führ'n euch nun durch unser Schloss,
und laden zum Rundgang ein.

Jetzt heißt es erstmal den Kopf einziehen,
wir spazieren ins Zimmer Liliput,
dort bückt ihr euch, seid klitzeklein,
macht dabei nur nichts kaputt.

Nun streckt euch erneut, den Blick nach vorn,
weiter geht's in den Säulengang,
dort werdet ihr alle riesengroß,
macht euch dabei richtig lang.

Wir kommen dann in den Spiegelsaal
an diesem wunderschönen Tag.
Schaut genau, was nun der Partner tut,
macht ihm einfach alles nach.

Betretet nun den größten Raum,
im Ballsaal wird heut viel gelacht.
Der Spaß ist groß und ihr dreht euch im Kreis
und tanzt durch die ganze Nacht.

Streckt euch erneut, den Blick nach vorn,
wieder geht's in den Säulengang,
dort werdet ihr noch mal riesengroß,
macht euch alle richtig lang.

Wieder heißt es nun den Kopf einziehen,
wir spazieren durch das Zimmer Liliput,
dort bückt ihr euch, seid klitzeklein,
macht dabei nur nichts kaputt.

Jetzt sagen euch alle auf Wiedersehn,
ruht euch ein wenig aus.
Wir hoffen, es hat euch Spaß gemacht
und ihr kommt gut nach Haus.

Die Kinder bilden Paare, die im gesamten Stück zusammenbleiben. Das Eingangstor kann ebenfalls von Gruppenmitgliedern dargestellt werden. Der Text wird in die entsprechenden Aktionen umgesetzt. Zu den ersten drei Strophen können die Hände gefasst bleiben. Dann werden die Spielideen frei interpretiert. Die konzertante Musik unterstützt die Aufforderung. Überlegen Sie vorher mit der Gruppe, wie kleine und große Bewegungen, das Spiegeln und der Kreistanz in Szene gesetzt werden können.

Literaturverzeichnis

Ainsworth, M. D. S. (1979). Attachment as related to mother-infant interaction. In J. Rosenblatt et al. (Hrsg.), *Advances in the study of behaviour* (Bd. 9, S. 1–51). San Diego, CA: Academic Press.

Ainsworth, M. D. S. (2003). Feinfühligkeit versus Unfeinfühligkeit gegenüber den Mitteilungen von Babys. In K. E. Grossmann & K. Grossmann (Hrsg.), *Bindung und menschliche Entwicklung. John Bowlby, Mary Ainsworth und die Grundlagen der Bindungstheorie* (S. 414–421). Stuttgart: Klett-Cotta.

Aktion Gesunder Rücken e.V. (2008). *Newsletter. Aktuelle interdisziplinäre Information. Bellicon Mini-Trampoline jetzt mit AGR Gütesiegel.* Zugriff am 20.10.2009 unter http://www.bellicon.com/uploads/tx_belmatrix/AGR_News_Letter_Deutsch_bellicon.pdf

Alesch, T. (2004). *Ob Sonn, ob Reen, ob Wand. Natur erliewen an der Schoul.* Luxembourg: Centre de Technologie de l'Éducation (CTE).

Antonovsky, A. (1997). *Salutogenese. Zur Entmystifizierung der Gesundheit.* Tübingen: dgvt.

Appel, S. (2005). *Handbuch Ganztagsschule.* Schwalbach/Ts.: Wochenschau.

Aries, P. (1975). *Geschichte der Kindheit.* München: Hanser.

Armstrong, T. R. (1970). *Feedback and perceptual-motor skill learning: A review of information feedback and manual guidance training techniques* (Technical Report No. 25). Michigan: Human Performance Center, University of Michigan.

Axline, V. (1972). *Kinder-Spieltherapie.* München: Reinhardt.

Balster, K. (2008). *Individuelle Förderung von Kindern im Sport.* Duisburg: Sportjugend Nordrhein-Westfalen.

Barker, R. G. & Wright, H. F. (1951). *One boy's day: A specimen record of behavior.* New York: Harper.

Bauer, J. (2006a). Spiegelneurone. Nervenzellen für das intuitive Verstehen sowie für Lehren und Lernen. In R. Caspary (Hrsg.), *Lernen und Gehirn. Der Weg zu einer neuen Pädagogik* (S. 36–53). Freiburg i.B.: Herder.

Bauer, J. (2006b). *Warum ich fühle, was du fühlst.* Hamburg: Hoffman und Campe.

Baumert, J., Tillmann, K.-J. & Weiß, M. (Hrsg.). (2001). *PISA 2000. Basiskompetenzen von Schülern im internationalen Vergleich.* Opladen: Leske & Budrich.

Baur, J. (1989). *Körper- und Bewegungskarrieren. Dialektische Analyse zur Entwicklung von Körper und Bewegung im Kindes- und Jugendalter.* Schorndorf: Hofmann.

Baur-Fettah, Y. (2007). Lernen durch Bewegung – eine Chance zu erkennen, zu erfahren, zu begreifen und zu verstehen. In R. Hildebrandt-Stramann (Hrsg.), *Bewegte Schule – Schule bewegt gestalten* (S. 182–194). Baltmannsweiler: Schneider.

Bayrisches Staatsministerium für Arbeit und Sozialordnung, Familie und Frauen; Staatsinstitut für Frühpädagogik München (2007). *Der Bayrische Bildungs- und Erziehungsplan für Kinder in Tageseinrichtungen bis zu Einschulung.* Berlin: Cornelsen Scriptor.

Becker, A., Michel, M. & Laging, R. (Hrsg.). (2009). *Bewegt den ganzen Tag. Bewegungskonzepte in der ganztägigen Schule.* Baltmannsweiler: Schneider.

Beckmann, H. (2008). Weitwerfen erlebnis- & erfahrungsorientiert entwickeln. *Betrifft Sport 30* (3), S. 22–26.

Beher, K., Haenisch, H., Hermens, C., Nordt, G., Prein, G. & Schulz, U. (2007). Die offene *Ganztagsschule in der Entwicklung. Empirische Befunde zum Primarbereich in Nordrhein-Westfalen.* Weinheim: Juventa.

Beins, H. J. & Cox, S. (2002). *„Die spielen ja nur!?"* *Psychomotorik in der Kindergartenpraxis* (2. Aufl.). Dortmund: Borgmann.

Beins, H. J. (Hrsg.). (2007). *Kinder lernen in Bewegung.* Dortmund: Borgmann

Belke, G. (2003). *Mehrsprachigkeit im Deutschunterricht.* Baltmannsweiler: Schneider.

Belke, G. (2007). *Mit Sprache(n) spielen. Kinderreime, Gedichte und Geschichten für Kinder zum Mitmachen und Selbermachen.* Baltmannsweiler: Schneider.

Bengel, J., Meinders-Lücking, F. & Rottmann, N. (2009). *Schutzfaktoren bei Kindern und Jugendlichen.* Köln: Bundeszentrale für gesundheitliche Aufklärung (BZgA).

Bengel, J., Strittmatter, R. & Willmann, H. (2001). *Was erhält Menschen gesund? Antonovskys Modell der Salutogenese – Diskussionsstand und Stellenwert* (erw. Neuauflage). Köln: Bundeszentrale für gesundheitliche Aufklärung (BZgA).

Benner, D. (1996). *Allgemeine Pädagogik.* Weinheim: Juventa.

Bensel, J. & Haug-Schnabel, G. (2009). *Kindergarten heute spezial. Kinder beobachten und ihre Entwicklung dokumentieren.* Freiburg: Herder.

Bertrand, L. (1982). Die Entwicklung des Raum-Zeitbegriffs beim Kinde. *Motorik, 4,* 136–142.

Beudels, W., Lensing-Conrady, R. & Beins, H. J. (2008). *... das ist für mich ein Kinderspiel. Handbuch zur psychomotorischen Praxis* (10. Aufl.). Dortmund: Modernes Lernen.

Bhattacharya, A., McCutcheon, E. P., Shvartz, E. & Greenleaf, J. E. (1980). Body acceleration distribution and O2 uptake in humans during running and jumping. *Journal of Applied Physiology, 49* (5), S. 881–887.

Bilden, H. (1998). Geschlechtsspezifische Sozialisation. In K. Hurrelmann & D. Ulich (Hrsg.), *Neues Handbuch der Sozialisationsforschung* (S. 279–301). Weinheim: Beltz.

Blaseio, B. (2009). Natur in den Bildungsplänen des Elementarbereichs. In R. Lauterbach, H. Giest & B. Marquardt-Mau (Hrsg.), *Lernen und kindliche Entwicklung. Elementarbildung und Sachunterricht* (S. 85–92). Bad Heilbrunn: Klinkhardt.

Bleuel, H. P. (1981). *Kinder–und die Welt, in der sie leben.* Braunschweig: Hahner V.-G.

Böhmer, N. & Näpel, A. (2009). Gesundes Arbeiten in Kindertagesstätten – Status Quo und Ansatzpunkte für das Gesundheitsmanagement. In K. Fröhlich-Gildhoff, I. Nentwig-Gesemann & R. Haderlein (Hrsg.), *Forschung in der Frühpädagogik II* (S. 13–36). Freiburg: FEL.

Bohn, C. (2007). „Monster verboten" – Spielideen für emotional verunsicherte Kinder. In I. Hunger & R. Zimmer (Hrsg.), *Bewegte Kindheit. Bewegung, Bildung und Gesundheit* (S. 332–334). Schorndorf: Hofmann.

Bosch-Stiftung (2008). *Frühpädagogik Studieren – ein Orientierungsrahmen für Hochschulen.* Stuttgart: Robert Bosch Stiftung GmbH.

Bowlby, J. (1980). *Attachment and loss* (Vol. 3). New York: Basic Books.

Brand, M. & Markowitsch, H. J. (2004). Lernen und Gedächtnis. Praxis der Naturwissenschaften. *Biologie in der Schule, 7,* 1–7.

Bräuer, G. (1990). Zur Bedeutung des Rhythmisierens in der Elementarstufe. In E. Bannmüller & P. Rötig (Hrsg.), *Grundlagen und Perspektiven ästhetischer und rhythmischer Bewegungserziehung* (S. 72.84). Stuttgart: Klett.

Bruner, J. (2002). *Wie das Kind sprechen lernt.* Bern: Huber.

Büchner, P. (2001). Kindersportkultur und biographische Bildung am Nachmittag. In I. Behnken & J. Zinnecker (Hrsg.), *Kinder – Kindheit – Lebensgeschichte* (S. 894–908). Seelze Velber: Kallmayer.

Bundesministerium für Familie, Soziales, Frauen und Jugend (2009). *Gute Kinderbetreuung.* Zugriff am 21. 03. 2009 unter http://www.bmfsfj.de/bmfsfj/generator/BMFSFJ/Kinderund-Jugend/kinderbetreuung.html

Bundeszentrale für gesundheitliche Aufklärung (2008). *Qualitätssicherung in der Versorgung von übergewichtigen und adipösen Kindern und Jugendlichen. Kinderübergewicht.* Zugriff am 20.10.2009 unter http://www.bzga-kinderuebergewicht.de/adipo_mtp/grundlagen/index.htm

Burk, K. (2006a). Mehr Zeit in der Schule – der Rhythmus machts. In K. Höhmann & H. G. Holtappels (Hrsg.), *Ganztagsschule gestalten* (S. 92–104). Seelze-Velber: Kallmeyer.

Burk, K. (2006b). Zeit und Rhythmus in der Ganztagsschule. In K. Burg & H. Deckert-Peacemann (Hrsg.), *Auf dem Weg zur Ganztags-Grundschule* (S. 28–42). Frankfurt: Grundschulverband.

Burk, K. & Deckert-Peaceman, H. (2006). Einführung. In K. Burg & H. Deckert-Peacemann (Hrsg.), *Auf dem Weg zur Ganztags-Grundschule* (S. 9–27). Frankfurt: Grundschulverband.

Buschmann, B. & Luginbühl, I. (2004). *Dynamic Rebounding: Das beschwingte Training für mehr Energie und Lebensfreude.* Köln: Bellicon Deutschland GmbH.

Chlosta, C., Ostermann, T. & Schroeder, C. (2003). Die „Durchschnittsschule" und ihre Sprache. Ergebnisse des Projekts Sprachenerhebung Essener Grundschulen (SPREEG). *Essener Linguistische Skripte, 1,* 43–139.

Ciompi, L. (2005). *Die emotionalen Grundlagen des Denkens. Entwurf einer fraktalen Affektlogik* (3. Aufl.). Göttingen: Vandenhoeck & Ruprecht.

Danish, S. & D'Augelli, A. (1995). Kompetenzerhöhung als Ziel der Intervention in Entwicklungsverläufe über die Lebensspanne. In S. Filipp (Hrsg.), *Kritische Lebensereignisse* (S. 156–73). Weinheim: PVU.

de Mause, L. (1977). *Hört ihr die Kinder weinen. Eine psychogenetische Geschichte.* Frankfurt a. M.: Suhrkamp.

Demuth, C. (2008). *Talking to infants: How culture is instantiated in early mother-infant interactions. The case of Cameroonian farming Nso and North German middle-class families.* Doctoral thesis, University of Osnabrück, Faculty of Human Sciences, Department of Culture & Psychology.

Deutsches Institut für Internationale Pädagogische Forschung (DIPF) (2003). *Wirkung ganztägiger Schulorganisation. Bilanzierung der Forschungslage. Literaturbericht im Rahmen von „Bildung Plus".* Frankfurt a. M.: DIPF.

Deutsches Jugendinstitut (Hrsg.). (1993). *Was für Kinder. Aufwachsen in Deutschland.* München: Kösel.

Deutsches Jugendinstitut (2000). *Wie Kinder multikulturellen Alltag erleben. Ergebnisse einer Kinderbefragung.* Zugriff am 30.10.2008 unter http://www.dji.de/bibs/DJI_Multikulti_Heft4.pdf

Dietrich, K. (1993). Interkulturelles Lernen. *Sportpädagogik, 18,* 20–25.

Dordel, S. (2000). Kindheit heute: Veränderte Lebensbedingungen = reduzierte motorische Leistungsfähigkeit? *sportunterricht, 49* (11), 341–349.

Dordel, S. (2003). *Bewegungsförderung in der Schule–Handbuch des Sportförderunterrichts.* Dortmund: Modernes Lernen.

Eggert, D. & Bertrand, L. (2002). *RZI – Raum-Zeit-Inventar.* Dortmund: Borgmann.

Eggert, D., Reichenbach, C. & Bude, S. (2003). *Das Selbstkonzept Inventar (SKI) für Kinder im Vorschul- und Grundschulalter.* Dortmund: Borgmann.

Ehni, H., Kretschmer, J., Scherler, K. und Weichert, W. (1982). *Kinderwelt: Bewegungswelt.* Seelze-Velber: Kallmeyer.

Eisenbarth, I., Popp, V., Quante, S., Thieme, I., Biemann, A. & Ungerer-Röhrich, U. (2006). Schatzsuche im Kindergarten – Stärken von Kindern, Erzieherinnen und Eltern im Fokus. *Haltung & Bewegung 4* (26), 16–22.

Elflein, P. (2004). Innovativer Sportunterricht. Grundlagen und Aspekte innovationbezogener Sportdidaktik. In P. Elflein, I. Hunger & R. Zimmer (Hrsg.), *Innovativer Sportunterricht* (S. 11–50). Baltmannsweiler: Schneider Hohengehren.

Elflein, P. (2007a). Bewegung, Bildung, Gesundheit. Analysen und Verbindungsversuche in pädagogischem und didaktischem Ansinnen. In R. Zimmer & I. Hunger (Hrsg.), *Bewegte Kindheit* (S. 102–116). Schorndorf: Hofman.

Elflein, P. (2007b). *Sportpädagogik und Sportunterricht*. Baltmannsweiler: Schneider Hohengehren.

Eliot, L. (2001). *Was geht da drinnen vor? Die Gehirnentwicklung in den ersten fünf Lebensjahren*. Berlin: Berlin.

Elkind, D. (1991). *Das gehetzte Kind*. Hamburg: Kabel.

Ellneby, Y. (2001). *Kinder unter Stress. Was wir dagegen tun können*. München: Beust.

Engin, H. (2007). Sprach- und Lesekompetenz in mehreren Sprachen – Chance oder Einbahnstraße? In Verein zur Förderung der Bürgerstifung Neukölln e.V. (Hrsg.), *Neues aus Babylon. Eine Dokumentation* (S. 68–74). Berlin: Verein zur Förderung der Bürgerstifung Neukölln e.V.

Engin, H., Müller-Böhm, E., Steinmüller, U. & Terhechte-Mermeroglu, F. (2004). *Kinder lernen Deutsch als zweite Sprache. Prinzipien, Sequenzen, Planungsraster. Minimalgrammatik*. Berlin: Cornelsen.

Erdmann, R. (Hrsg.). (1999). *Interkulturelle Bewegungserziehung*. St. Augustin: Academia.

Erickson, M. (1985). *Meine Stimme begleitet Sie überall hin*. Stuttgart: Klett-Cotta.

Faust-Siehl, G., Garlichs, A., Ramseger, J., Schwarz, H. & Warm, U. (1996). *Die Zukunft beginnt in der Grundschule. Empfehlungen zur Neugestaltung der Primarstufe*. Reinbek: Rowohlt.

Ferié, C. & Langer, H. H. (2006). *Cardio-Fit – Gesundheitsförderungskurskonzept Cardio-Training* (Kursmanual und Teilnehmerunterlagen). Melle: Niedersächsischer Turner-Bund e.V.

Fessler, N. (2003). Sport, Spiel und Bewegung in der Ganztagsschule: Freizeitgestaltung oder Schulprogramm. *Engagement–Zeitschrift für Erziehung und Schule, 3,* 210–225.

Fessler, N. (2006). Entspannungsfähigkeit. In K. Bös & W. Brehm (Hrsg.), *Handbuch Gesundheitssport* (S. 290–306). Schorndorf: Hofmann.

Fessler, N. & Haberer, E. (2008). Bewegte(re) Körper – bewegte(re) Köpfe. *Journal für Begabtenförderung, 1,* 47–57.

Feuerstein, R. (1986). Learning to Learn. Mediated Learning Experiences an Instrumental Enrichment. *Special Services in the Schools, 3,* 48–81.

Fischer, K. (1996). *Entwicklungstheoretische Perspektiven der Motologie des Kindesalters*. Schorndorf: Hofmann.

Fischer, K. (2004). *Einführung in die Psychomotorik*. München: Reinhardt.

Fitts, P. M. & Posner, M. I. (1967). *Human Performance*. Belmont, CA: Brooks/Cole.

Frohn, J. (2007). *Mädchen und Sport an der Hauptschule. Sportsozialisation von Mädchen mit niedrigem Bildungsniveau*. Baltmannsweiler: Schneider.

Fthenakis, W. E. (2002, März). *Lebendiges Lernen – ist unser Bildungskonzept noch zeitgemäß?* Vortrag beim Evangelischen Kindertagesstättenverband & Fachverband Kindertagesstätten, Hamburg.

Fthenakis, W. E. (Hrsg.). (2003). *Elementarpädagogik nach PISA. Wie aus Kindertagesstätten Bildungseinrichtungen werden können*. Freiburg i. B.: Herder.

Fthenakis, W. E. (2009). *Neudefinition von Bildung und Sicherung von hoher Bildungsqualität: von Anfang an ein Plädoyer für die Stärkung prozessualer Qualität*. Berlin: das netz.

Fuchs, M. & Röber, C. (2005). *Wo ist der Floh?* [Arbeitsheft zur CD]. Freiburg: Pädagogische Hochschule.

Furman, B. (2005). *Ich schaffs! Spielerisch und praktisch Lösungen mit Kindern finden – Das 15-Schritte-Programm für Eltern, Erzieher und Therapeuten*. Heidelberg: Carl-Auer.

Fürstenau, S., Gogolin, I. & Yamur, K. (Hrsg.). (2003). *Mehrsprachigkeit in Hamburg. Ergebnisse einer Sprachenerhebung an den Grundschulen in Hamburg*. Münster: Waxmann.

Gallaghue, D. L. (1997). *Understanding Motor Development: Infants, Children, Adolescents, Adults.* Columbus, OH: McGraw-Hill.

Gaschler, P. (1999). Ausdauertraining im Primarbereich der Schule. In Bundesarbeitsgemeinschaft für Haltungs- und Bewegungsförderung (Hrsg.), *Tips & Tops für eine ganzheitliche Bewegungsförderung im Grundschulalter* (S. 94–117). Wiesbaden: Bundesarbeitsgemeinschaft f. Haltungs- u. Bewegungsförderung.

Gaschler, P., Lauenstein, C., Pförtner, S. & Schieb, C. (2006). *Kinder fördern durch Bewegung und Sport. Haltung. Ausdauer* (Bd. 2). Hannover u. Wiesbaden: NKM u. BAG.

Gasse, M. & Dobbelstein, P. (2003.) *Lernen braucht Bewegung. Die Bedeutung der Motorik für Verarbeiten, Speichern, Erinnern.* forum schule, 2. Zugriff am 30.10.2008 unter http://archiv.forum-schule.de/archiv/11/fs11/magtma_1.html

Gebken, U. (2007). *Soziale Integration durch Mädchenfußball. Erfahrungen und Ergebnisse in Oldenburg-Ohmstede.* Oldenburg: Didaktisches Zentrum.

Gerlach, E. & Brettschneider, W.-D. (2008). Sportengagement, Persönlichkeit und Selbstkonzeptentwicklung im Kindesalter. In W. Schmidt, R. Zimmer & K. Völker (Hrsg.), *Zweiter Deutscher Kinder- und Jugendsportbericht* (S. 193–208). Schorndorf: Hofmann.

Gesell, A. & Amatruda, C.S. (1947). *Developmental diagnosis: Normal and abnormal development.* Hagerstown, MD: Hoeber.

Geulen, D. (Hrsg.). (1989). *Kindheit – neue Realitäten und Aspekte.* Weinheim: Deutscher Studien Verlag.

Gewerkschaft Erziehung und Wissenschaft (2007). *Wie geht's im Job? Kita-Studie der GEW.* Frankfurt a. M.: GEW.

Gieß-Stüber, P., Neuber, N., Gramesbacher, E. & Salomon, S. (2008). Mädchen und Jungen im Sport. In W. Schmidt (Hrsg.), *Zweiter Deutscher Kinder- und Jugendsportbericht. Schwerpunkt : Kindheit.* (S. 63–83). Schorndorf: Hofmann.

Gisbert, K. (2004). *Lernen lernen. Lernmethodische Kompetenzen von Kindern in Tageseinrichtungen fördern.* Weinheim: Beltz.

Gogolin, I. & Krüger-Potratz, M. (2006). *Einführung in die Interkulturelle Pädagogik.* Opladen: Leske & Budrich.

Göpfert, M. & Klimsch. S. (2006). *Analyse des Bewegungsverhaltens von Vorschulkindern in der Stadt Leipzig.* Unveröffentlichte Diplomarbeit, Universität Leipzig.

Grau, U., Möller, J. & Rohweder, N. (1990). *Erfolgreiche Strategien zur Problemlösung im Sport.* Münster: Philippka.

Grawe, K. (1998). *Psychologische Therapie.* Göttingen: Hogrefe.

Griebel, W. & Niesel, R. (2004). *Transitionen. Fähigkeiten von Kindern in Tageseinrichtungen fördern, Veränderungen erfolgreich bewältigen.* Weinheim: Beltz.

Grimm, H. (2003). *SSV. Sprachscreening für das Vorschulalter. Kurzform des SETK 3-5 – Manual.* Göttingen: Hogrefe.

Groot-Wilken, B. & Kaseric, T. (2009). *Sprechanlass Alltag. Kindorientierte Angebote und Projektarbeit zur Sprachförderung in Kindertageseinrichtungen.* Berlin: Cornelsen Scriptor.

Grossmann, K. & Grossmann, K. E. (2004). *Bindungen – das Gefüge psychischer Sicherheit.* Stuttgart: Klett-Cotta.

Gründler, E.C. & Schäfer, N. (2000). *Naturnahe Spiel- und Erlebnisräume.* Neuwied: Luchterhand.

Grupe, O. (1982). *Bewegung, Spiel und Leistung im Sport.* Schorndorf: Hofmann.

Günter, S. (2008). Wann lernen Mädchen endlich werfen? Geschlecht, Bewegung und Raum. *SportPraxis 49* (4), 6–9.

Hagemann-White, C. (1984). *Sozialisation: Weiblich – männlich?* Opladen: Leske & Budrich.

Hahmann. H. (1992). *Lehr- und Übungsbuch Sportförderunterricht.* Bonn: Dümmler.

Hamstra-Bletz, L., & Blote, A.W. (1993). A longitudinal study on dysgraphic handwriting in primary school. _Journal of Learning Disabilities, 26,_ 689–699.

Hasenberg, R. & Zinnecker, J. (1998). Sportive Kindheiten. In J. Zinnecker & R. Silbereisen (Hrsg.), _Kindheit in Deutschland. Aktueller Survey über Kinder und ihre Eltern_ (2. Aufl., S. 105–136). Weinheim: Juventa.

Haug-Schnabel, G. (2002). _Wie Kinder sauber werden können – Was Sie als Eltern wissen müssen, damit das Sauberwerden klappt._ Ratingen: Oberstebrink.

Haug-Schnabel, G. (2007). Was ist Entwicklung? Entwicklungspsychologische Grundlagen. In A. Krenz (Hrsg.), _Psychologie für Erzieherinnen und Erzieher_ (S. 86–157). Berlin: Cornelsen Scriptor.

Haug-Schnabel, G. & Bensel, J. (2005). _Grundlagen der Entwicklungspsychologie. Die ersten 10 Lebensjahre._ Freiburg: Herder .

Haug-Schnabel, G. & Bensel, J. (2006). _Kinder unter 3 – Bildung, Erziehung und Betreuung von Kleinstkindern._ Herder: Freiburg.

Haug-Schnabel, G. & Schmid-Steinbrunner, B. (2002). _Wie man Kinder von Anfang an stark macht. So können Sie Ihr Kind erfolgreich schützen – vor der Flucht in Angst, Gewalt und Sucht._ Ratingen: Oberstebrink.

Haug-Schnabel, G. & Schnabel, N. (2008). _Pubertät – Eltern-Verantwortung und Eltern-Glück._ Ratingen: Oberstebrink.

Hebenstreit-Müller, S. & Lepenies, A. (2007). _Early Excellence: Der positive Blick auf Kinder, Eltern und Erzieherinnen. Neue Studien zu einem Erfolgsmodell._ Berlin: Dohrmann.

Heft, H. (1988). Affordances of children's environments: A functional approach to environmental description. _Children's Environments Quarterly, 5,_ 29–37.

Hellmich, F. (2008). Förderung mathematischer Vorläuferfähigkeiten im Kindergarten in dem Programm „Spielend Mathe". In F. Hellmich & H. Köster (Hrsg.), _Vorschulische Bildungsprozesse in Mathematik und Naturwissenschaften._ Bad Heilbrunn: Klinkhardt-Verlag.

Hengst, H. (1981). _Kindheit als Fiktion._ Frankfurt a. M.: Suhrkamp.

Hering, W. & Zachmann, H. (2008). _Kunterbunte Tanzspielhits._ Münster: Ökotopia.

Hildebrandt-Stramann, R. (2003). Vom Kopf auf die Füße – Lehren und Lernen in einer bewegten Lernkultur. In R. Zimmer & I. Hunger (Hrsg.), _Wahrnehmen, Bewegen, Lernen. Kindheit in Bewegung_ (S. 90–97). Schorndorf: Hofmann.

Hildebrandt-Stramann, R. (2008). Bewegungsorientierte Ganztagsschulforschung – eine Einführung. In V. Oesterhelt, J. Hofmann, M. Schimanski, M. Scholz & H. Altenberger (Hrsg.), _Sportpädagogik im Spannungsfeld gesellschaftlicher Erwartungen, wissenschaftlicher Ansprüche und empirischer Befunde_ (S. 131–133). Hamburg: Czwalina.

Hildebrandt-Stramann, R. (2009a). Die Kraft von Luft und Wasser spüren – ein fächerübergreifendes Unterrichtsbeispiel für ein Lernen durch Bewegung. _Lehrhilfen für den Sportunterricht, 58,_ 7–12.

Hildebrandt-Stramann, R. (2009b). Lernen mit Geist und Seele. _sportunterricht, 58,_ 3–7.

Hildebrandt-Stramann, R., Laging, R. & Teubner, J. (2005). _Forschungsantrag zum Thema: Studie zur Entwicklung von Bewegung, Spiel und Sport in der Ganztagsschule._ Unveröffentlichtes Manuskript.

Hill, K., & Hurtado, A. M. (1996). _Ache life history. The ecology and demography of a foraging people._ New York: Walter de Gruyter.

Höhmann, K. Holtappels. H. G. & Schnetzer, T. (2004). Ganztagsschule – Konzeptionen, Forschungsbefunde, aktuelle Entwicklungen. In H. G. Holtappels, W. Bos, H. Pfeiffer, H.-G. Rolff & R. Schulz-Zander (Hrsg.), _Jahrbuch der Schulentwicklung, Daten, Beispiele und Perspektiven_ (Bd. 13, S. 253–289). Weinheim: Juventa.

Hollerbach, J. M. (1978). *A study of human motor control through analysis and synthesis of handwriting.* Master Thesis, Massachusetts Institute of Technology.

Hölling, H., Erhart, M., Ravens-Sieberer, U. & Schlack, R. (2007). *Verhaltensauffälligkeiten bei Kindern und Jugendlichen. Erste Ergebnisse aus dem Kinder- und Jugendgesundheitssurvey (KiGGS).* Zugriff am 01.02.09 unter http://www.kiggs.de/experten/downloads/Basispublikation/Hoelling_Verhaltensauffaelligkeiten.pdf

Holtappels, H. G., Klieme, T., Rauschenbach, T. & Stecher, L. (2007). *Ganztagsschule in Deutschland. Ergebnisse der Ausgangserhebung der Studie zur Entwicklung von Ganztagsschulen (StEG).* Weinheim: Juventa.

Honig, M.-S. (1999). *Entwurf einer Theorie der Kindheit.* Frankfurt a. M.: Suhrkamp.

Huh, Y. (2005). Interkulturelle Bildung im Kontext von Bewegung, Spiel und Sport. In R. Laging & Pott-Klindworth (Hrsg.), *Bildung und Bewegung im Schulsport* (S. 160–170). Butzbach-Griedel: Afra.

Hundeloh, H. (2002). Sicherheitsförderung im Schulsport. In G. Friedrich (Hrsg.), *Sportpädagogische Forschung* (S. 186–191). Hamburg: Czwalina.

Hunger, I. (2000). *Handlungsorientierungen im Alltag der Bewegungserziehung.* Schorndorf: Hofmann.

Hunger, I. (2007). Typisch Mädchen – Typisch Junge!? Bewegungserziehung und geschlechtsspezifische Sozialisation. *Motorik, 30* (1), 12–16.

Hunger, I. & Zimmer, R. (Hrsg.). (2007). *Bewegung, Bildung, Gesundheit. Entwicklung fördern von Anfang an.* Schorndorf: Hofmann.

Huppertz, N. (2004). *Handbuch Waldkindergarten – Konzeption, Methodik, Erfahrungen.* Oberried: PAIS.

Hurrelmann, K. (2004). Entwicklungs- und Gesundheitsprobleme von Kindern. Warum die Bewegungsförderung so wichtig ist. In R. Zimmer & I. Hunger (Hrsg.), *Wahrnehmen, Bewegen, Lernen. Kindheit in Bewegung* (S. 19–31). Schorndorf: Hofmann.

Hüther, G. (2006). Wie lernen Kinder? Voraussetzungen für gelingende Bildungsprozesse aus neurobiologischer Sicht. In R. Caspary, (Hrsg.), *Lernen und Gehirn. Der Weg zu einer neuen Pädagogik* (S. 70–84). Freiburg: Herder.

Hüther, G. (2008). Singen ist „Kraftfutter" für Kindergehirne. Die Bedeutung des Singens für die Hirnentwicklung. *Zeitschrift Frühes Deutsch, 13,* 8–9.

Illner, R. (2006). *Naturwissenschaften und Sprache. Erarbeitung eines Konzepts zur Verknüpfung des Bildungsbereichs Naturwissenschaften mit der sprachlichen Förderung in Kindertagesstätten.* München: Deutsches Jugendinstitut.

Jasmund, C. (2007). Bewegungsorientierte Raumgestaltung in Kindertagesstätten. *Motorik, 1,* 23–26.

Jessel, H. (2008a). *Psychomotorische Gewaltprävention – ein mehrperspektivischer Ansatz.* Dissertation, Philipps-Universität Marburg. Zugriff am 20.10.2009 unter http://archiv.ub.uni-marburg.de/diss/z2008/0125/

Jessel, H. (2008b). Wirkkomponenten der psychomotorischen Gewaltprävention. *Motorik, 1,* 3–10.

Jost, M. (2007). Vom Stehaufmännchen zum Klettermax. Erlebnisturnen für Kinder zwischen 1,5–3,5 Jahren. In H. J., Beins (Hrsg.), *Kinder lernen in Bewegung* (S. 9–36). Dortmund: Borgmann.

Kahl, R.(1992). *Das Schwinden der Sinne* [Filmdokumentation]. Hamburg: NDR.

Kahl, R. (2004). *Treibhäuser der Zukunft. Wie in Deutschland Schulen gelingen.* Weinheim: Beltz.

Kambas, A. & Aggeloussis, N. (2004). „Grapho-Tennis für Kinder": Graphomotorische Kompetenz durch Tennisschulung? Auswirkungen eines Übungsprogrammes auf spezifische graphomotorische Fähigkeiten und Fertigkeiten – Eine experimentelle Untersuchung bei Kindergartenkindern. *Motorik, 27* (3), 155–159.

Kandel, S., Soler, O., Valdois, S. & Gros, C. (2006). Graphemes as motor units in the acquisition of writing skills. *Reading and Writing, 19,* 313–337.

Keienburg, U. (1998). Dass ich mich habe, darauf wäre ich nie gekommen. Aspekte der Tanz- und Ausdruckstherapie im Dienste einer Realitätsüberprüfung. *Zeitschrift für Humanistische Psychologie, 21*(2), 61–73.

Keilmann, A. & Schöler, H. (2004). *Erstdiagnostik bei Sprachentwicklungsstörungen in der klinischen Ambulanz (Arbeitsberichte aus dem Forschungsprojekt „Differenzialdiagnostik").* Heidelberg: Abt. Psychologie in sonderpädagogischen Handlungsfeldern, Institut für Sonderpädagogik, Pädagogische Hochschule.

Keller, H. (Hrsg.). (2003). *Handbuch der Kleinkindforschung* (3. erw., überarb. Aufl.). Bern: Huber.

Keller, H. (2005). Kulturelle Entwicklungspfade: die ersten drei Lebensjahre im Kulturvergleich. *Kinderärztliche Praxis, 76*(2), 31–41.

Keller, H. (2007a). *Cultures of infancy.* Mahwah, NJ: Erlbaum.

Keller, H. (2007b). Sozialisation durch Sprache zur Sprache. Kulturspezifische Entwicklungspfade. *Interdisziplinär, 15,*(3), 175–181.

Keller, H., Kärtner, J., Borke, J., Yovsi, R., & Kleis, A. (2005). Parenting styles and the development of the categorical self: A longitudinal study on mirror self-recognition in Cameroonian Nso and German families. *International Journal of Behavioral Development, 29*(6), 496–504.

Kern, A. (1951). *Sitzenbleiberelend und Schulreife.* Freiburg: Herder.

Kiener, S. (2004). *Kindergärten in der Natur – Kindergärten in die Natur?* Lizenziatsarbeit, Institut für Psychologie, Universität Fribourg.

Kindl-Beilfuß, C. (2008). *Fragen können wie Küsse schmecken. Systemische Fragetechniken für Anfänger und Fortgeschrittene.* Heidelberg: Carl-Auer.

Klein, L. (1998). *Neue Wege in der Elternarbeit (Teil 3). Erziehungspartnerschaft.* Zugriff am 17.04.06 unter http://www.kindergartenpaedagogik.de/524.html.

Klupsch-Sahlmann, R. (2001). Themenerschließendes Bewegen. *Grundschule, 10,* 41–42.

Koch, B. (2004). Die besondere Situation übergewichtiger und adipöser Kinder bei Bewegung und Sport. *Haltung und Bewegung, 24,* 29–38.

Köckenberger, H. (2001). *Hyperaktiv mit Leib und Seele.* Dortmund: Borgmann.

Köckenberger, H. (2007). *Kinder Stärken.* Dortmund: Borgmann.

Köckenberger, H. (2008). *Vielfalt als Methode.* Dortmund: Borgmann.

Köckenberger, H. & Hammer, R. (2004). *Psychomotorik. Ansätze und Arbeitsfelder. Ein Lehrbuch.* Dortmund: Modernes Lernen.

Kogel, K. (2007). Kompetenzen der Erzieherinnen. Oder die Frage: Wer genügt wann und wie den bildungstheoretischen Anforderungen? *klein & groß, 7–8,* 45–49.

Königswieser, R. & Hillebrand, M. (2006). Haltung. In H. Hillebrand, E. Sonuç & R. Königswieser (Hrsg.), *Essenzen der systematischen Organisationsberatung. Konzepte, Kontexte und Kommentare* (S. 107–117). Heidelberg: Carl-Auer.

Konsortium Bildungsberichterstattung (2006). *Bildung in Deutschland. Ein indikatorengestützter Bericht mit einer Analyse zu Bildung und Migration.* Bielefeld: Bertelsmann.

Korczak, J. (1987). *Wie man ein Kind lieben soll* (9. Aufl.). Göttingen: Vandenhoeck & Ruprecht.

Koschel, D. & Ferié, C. (2005). *Wirbelsäulengymnastik* (3. Aufl.). Aachen: Meyer & Meyer Sport.

Krappmann, L. & Oswald, H. (1989). Freunde, Gleichaltrigengruppen, Geflechte. Die soziale Welt der Kinder im Grundschulalter. In M. Fölling-Albers (Hrsg.), *Veränderte Kindheit – veränderte Grundschule* (S. 94–102). Frankfurt a. M.: Arbeitskreis Grundschule.

Krenz, A. (1996). *Mit Kindern jeden Tag erleben.* Modautal: Peter Höll.
Krenz, A. (2007a). Die Erzieherin als Person. In A. Krenz (Hrsg.), *Psychologie für Erzieherinnen und Erzieher* (S. 12–41). Berlin: Corneslen Scriptor.
Krenz, A. (2007b). *Was Kinder brauchen. Aktive Entwicklungsbegleitung im Kindergarten* (5. Aufl.). Mannheim: Cornelsen Scriptor.
Krenz, A. (2008). *Kinder brauchen Seelenproviant. Was wir ihnen für ein glückliches Leben mitgeben können.* München: Kösel.
Krenz, A. (2009). Die Persönlichkeit der Erzieherin. Dreh- und Angelpunkt jeder guten Pädagogik. *klein & groß, 6,* 50–53.
Kretschmer, J. (2006). Und sie bewegen sich doch. In A. Fritz, R. Klupsch-Sahlmann & G. Ricken (Hrsg.), *Handbuch Kindheit und Schule* (S. 84–96). Weinheim: Beltz.
Kretschmer, J., Maurer, M. & Minnich, K. (2008). Bewegungslandschaften auf dem Prüfstand. *Sportpädagogik, 3,* 40–45.
Krüger, F. W. (2001). Ausbildungskonzepte an Berufsfachschulen und Fachschulen für Sozialpädagogik im Bereich Bewegungserziehung/Sport. In R. Zimmer (Hrsg.), *Kindheit in Bewegung* (S. 195–202). Schorndorf: Hofmann.
Krüger, F. W. (2007). Bewegung/Bewegungserziehung als Bildungsbereich im Kindergarten: Berufsalltag und Erzieherausbildung zwischen Anspruch und Wirklichkeit. In I. Hunger & R. Zimmer (Hrsg.), *Bewegte Kindheit. Bewegung, Bildung, Gesundheit* (S. 153–157). Schorndorf: Hofmann.
Krus, A. (2004). *Mut zur Entwicklung. Das Konzept der psychomotorischen Entwicklungstherapie.* Schorndorf: Hofmann.
Kubli, F. (2002). *Plädoyer für Erzählungen im Physikunterricht.* Köln: Aulis Deubner.
Kuhl, J. (2001). *Motivation und Persönlichkeit.* Göttingen: Hogrefe.
Kuhn, P., Medick, B. & Dudek, W. (2000). Kinderwünsche für eine Bewegte Schule. In E. Balz & P. Neumann (Hrsg.), *Anspruch und Wirklichkeit des Sports in Schule und Verein* (S. 67–73). Hamburg: Czwalina.
Kükelhaus, H. (1979). *Organismus und Technik. Gegen die Zerstörung der menschlichen Wahrnehmung.* Frankfurt a. M.: Fischer.
Kükelhaus, H. & zur Lippe, R. (2008). *Entfaltung der Sinne. Ein Erfahrungsfeld zur Bewegung und Besinnung.* Wiesbaden: Schloss Freudenberg.
Kultusministerkonferenz (2001). *Kultusministerkonferenz erzielt Einigung mit Lehrerverbänden über Konsequenzen aus der PISA-Studie. Sieben Handlungsfelder stehen zunächst im Zentrum. Pressemitteilung.* Zugriff am 16.10. 2009 unter http://www.kmk.org/presse-und-aktuelles/pm2001/einigung-mit-lehrerverbaenden.html
Kultusministerkonferenz (Hrsg.). (2004). Gemeinsamer Rahmen der Länder für die frühe Bildung in Kindertageseinrichtungen. Beschluss der Jugendministerkonferenz (Mai 2004) und Kultusministerkonferenz (Juni 2004). *KiTa aktuell NRW, 13* (12), 258–259.
Kunhardt, G. von (2008). *Kleiner Aufwand – Grosse Wirkung. Phänomen Trampolin.* Köln: Bellicon Deutschland GmbH.
Kunz, T. (1990). *Psychomotorische Förderung – ein neuer Weg der Unfallverhütung im Kindergarten.* Dissertation, Johann-Wolfgang-Goethe Universität, Frankfurt a.M.
Laewen, H.-J. & Andres, B. (2002). *Forscher, Künstler, Konstrukteure.* Weinheim: Beltz.
Laewen, H.-J., Andres B. & Hedervari, E. (2006). *Ohne Eltern geht es nicht. Die Eingewöhnung von Kindern in Krippen und Tagespflegestellen* (4. Aufl.). Berlin: Cornelsen Scriptor.
Laging, R. (2005). Bewegung und leibliche Bildung – bewegungspädagogische Überlegungen zum Bildungsbeitrag des Schulsports. In J. Bietz, R. Laging & M. Roscher (Hrsg.), *Bildungstheoretische Grundlagen der Bewegungs- und Sportpädagogik* (S. 159–179). Baltmannweiler: Schneider.

Laging, R. (2006). Kind und Körper. Bewegen in der Grundschule. In K. Burg & H. Deckert-Peacemann (Hrsg.), *Auf dem Weg zur Ganztags-Grundschule* (S. 77–89). Frankfurt: Grundschulverband.

Laging, R. (2008). Bewegte Schule bewegt Lernen. *Praxis Schule, 6,* 6–10.

Laging, R. & Hildebrandt-Stramann, R. (2007). Ganztagsschulen bewegungsorientiert entwickeln–Zwischen Schul- und Sportperspektive. In N. Fessler & G. Stibbe (Hrsg.), *Standardisierung, Profilierung, Professionalisierung* (S. 92–116). Baltmannsweiler: Schneider.

Landau, G. & Sobczyk, B. (2003). *Das mobile Klassenzimmer.* Immenhausen bei Kassel: Prolog.

Landesregierung NRW (2007). *Ergebnisse des ersten landesweiten Sprachtests für Vierjährige: 34.000 Kinder erhalten zusätzliche Sprachförderung.* Pressemitteilung. Zugriff am 20.10.2009 unter http://www.schulministerium.nrw.de/BP/Presse/Meldungen/PM_2007/pm_09_08_2007_pdf.pdf

Landessportbund Nordrhein-Westfalen (2005). *Sport im Ganztag 3. Schwerpunkte, Praxis, Perspektiven* [Broschüre]. Duisburg.

Landschaftsverband Rheinland (LVR) & Landschaftsverband Westfalen-Lippe (LWL) (Hrsg.). (2005). *Aufsichtspflicht in Tageseinrichtungen für Kinder.* Köln, Münster: LVR.

Largo, R. (2007). *Babyjahre.* München: Pieper.

Dachverband Schweizer Lehrerinnen und Lehrer (LCH) (1998). *Verantwortlichkeit und Haftpflicht der Lehrpersonen.* Zugriff am 20.10.2009 unter http://www.lch.ch/dms-static/0d1b7f59-20f2-4470-b933-3633546e9f7a/061121_mm_Haftpflicht.pdf

Lensing-Conrady, R. (2001). *Von der Heilsamkeit des Schwindels. Gleichgewichtswahrnehmungen als Motor für Entwicklung und Lernen.* Dortmund: Borgmann.

Levine, M. D. (1987). *Developmental Variation and Learning Disorders.* Cambridge, Massachusetts: Educators Publishing.

Levine, J. A., Lanningham-Foster, L. M., McCrady, S. K., Krizan, A. C., Olson, L. R., Kane, P. H., Jensen, M. D. & Clark, M. M. (2005). Interindividual variation in posture allocation: possible role in human obesity. *Science, 307,* 584–586.

Levine, P. A. & Kline, M. (2007). *Verwundete Kinderseelen heilen. Wie Kinder und Jugendliche traumatische Erlebnisse überwinden können* (3. Aufl.). München: Kösel.

Liebisch, R. & Quante, S. (2002). Was Kinder gesund macht! Psychomotorik und Salutogenese: Schnittpunkte in Theorie und Praxis. In S. Schönrade, H.-J. Beins, R. Lensing-Conrady (Hrsg.), *Kindheit ans Netz? Was Psychomotorik in einer Informationsgesellschaft leisten kann* (S. 57–86). Dortmund: Borgmann.

Liebisch, R. & Quante, S. (2006). „Abenteuer im Weltall" – Wie kann der salutogenetische Ansatz in der Psychomotorik umgesetzt werden? In K. Fischer, E. Knab & M. Behrens, *Bewegung in Bildung und Gesundheit* (Bd. 5, S. 384–393). Lemgo: Aktionskreis Literatur und Medien.

Lück, G. (2000). Naturwissenschaften im frühen Kindesalter. Untersuchungen zur Primärbegegnung von Vorschulkindern mit Phänomenen der unbelebten Natur. In A. Gramm, K. Möller, E. Sumfleth, H.-J. Schlichting & N. Just (Hrsg.), *Naturwissenschaft und Technik – Didaktik im Gespräch* (Bd. 33). Münster: LIT.

Lück, G. (2003). *Handbuch der naturwissenschaftlichen Bildung. Theorie und Praxis für die Arbeit in Kindertagescinrichtungen.* Freiburg: Herder.

Lück, G. (2007). *Forschen mit Fred. Naturwissenschaften im Kindergarten.* Oberursel: Finken.

Lück, G. (2009). *Experimentierfreunde 1/2. Experimentieren, Beobachten, Begreifen.* Oberursel: Finken.

Ludwig, H. (2005). Die Entwicklung der modernen Ganztagsschule. In V. Ladenthin & J. Rekus (Hrsg.), *Die Ganztagsschule – Alltag, Reform, Geschichte, Theorie* (S. 261–278). Weinheim: Juventa.

Luria, A. R. (1966). *Higher Cortical Functions in Man.* New York: Basic Books.

Mahlke, W. & Schwarte, N. (1997). *Raum für Kinder. Ein Arbeitsbuch zur Raumgestaltung in Kindergärten.* Weinheim: Beltz.

Mandler, J. & Zimmer, R. (2006). Sprach- und Bewegungsentwicklung bei Kindern. *Motorik, 29,* 33–40.

Mansel, J. (1996). (Hrsg.). *Glückliche Kindheit – Schwierige Zeit.* Opladen: Leske & Budrich.

Martzy, F. (2006). Evaluation in der Psychomotorik. In K. Fischer, E. Knab & M. Behrens (Hrsg.), *Bewegung in Bildung und Gesundheit.* Lemgo: Aktionskreis Literatur und Medien.

Matthews, G. B. (1993). *Philosophische Gespräche mit Kindern.* Berlin: Frese.

Mc Graw, M. (1935). *Growth: A Study of Johnny and Jimmy.* New York: Appleton Century Crofts.

Mediz.Info (2009). *Was sind Herzrhythmusstörungen?* Zugriff am 12.5.2009 unter http://www.mediz.info/Kardiologie/Herzrhythmusstorungen/Was-sind-Herzrhythmusstorungen.html

Metz-Göckel, S. (1993). Jungensozialisation oder Zur Geschlechtsdifferenz aus der Perspektive der Jungenforschung. *Zeitschrift für Frauenforschung, 11* (1–2), 90–110.

Michaelis, R. (2003). Motorische Entwicklung. In H. Keller (Hrsg.), *Handbuch der Kleinkindforschung* (3. überarb., erweiterte Aufl., S. 815–860). Bern: Huber.

Michaelis, R., Erlewein, R. & Michaelis, U. S. (1996). Variabilität und Individualität in der motorischen Entwicklung. *Motorik, 19* (1), 4–11.

Michalik, K. (2009). Sprachförderung durch Sachbegegnung – Experimentieren mit Kindern im Elementarbereich. In R. Lauterbach, H. Giest & B. Marquardt-Mau (Hrsg.), *Lernen und kindliche Entwicklung. Elementarbildung und Sachunterricht* (S. 181–188). Bad Heilbrunn: Klinkhardt.

Miklitz, I. (2005). Der *Waldkindergarten. Dimensionen eines pädagogischen Ansatzes.* Berlin: Cornelsen Scriptor.

Ministerium für Kultus, Jugend und Sport Baden-Württemberg (2007). *Orientierungsplan für Bildung und Erziehung für die baden-württembergische Kindergärten-Pilotphase.* Berlin: Cornelsen Scriptor.

Ministerium für Schule, Jugend und Kinder des Landes Nordrhein-Westfalen (2003). *Bildungsvereinbarung NRW. Fundament stärken und erfolgreich starten* (Heft 10). Düsseldorf: msjk.

Montessori, M. (1974). *Die Entdeckung des Kindes* (4. Aufl.). Herder: Freiburg.

Muchow, M. & Muchow, H. H. (1980). *Der Lebensraum des Großstadtkindes.* Bentheim: Juventa.

Müller, C. (2008). *Bewegter Kindergarten. Anregungen für mehr Bewegung im Kindergarten – besonders in den Gruppenräumen.* Meißen: Unfallkasse Sachsen.

Nellessen, U. (2007). Offener Unterricht bewegt – Überlegungen und Erkenntnisse aus der Praxis eines „bewegten Unterrichts" in der Grundschule. In R. Hildebrandt-Stramann (Hrsg.), *Bewegte Schule – Schule bewegt gestalten* (S. 235–245). Baltmannsweiler: Schneider.

Neuber, N. (2008). Ganztagsschule – Bewegungs-, Spiel- und Sportangebote in Kooperation von schulischen und außerschulischen Partnern. In H. Lange & S. Sinning (Hrsg.), *Handbuch Sportdidaktik* (S. 260–275). Balingen: Spitta.

Neumann, K. (1981). *Kindsein – Zur Lebenssituation von Kindern in modernen Gesellschaften.* Göttingen: Vandenhoeck & Ruprecht.

Nickel, H. (1999). Einschulung. In C. Perleth. & A. Ziegler (Hrsg.), *Pädagogische Psychologie. Grundlagen und Anwendungsfelder* (S. 149–159). Bern: Huber.

Niesel, R., Griebel, W. & Netta, B. (2008). *Nach der Kita kommt die Schule. Mit Kindern Übergänge schaffen.* Freiburg: Herder.

Ochmann, F. (2003). Die Macht der Gefühle. *Stern, 35,* 96–107.

Oelkers, J. (2003). Ganztagsschulen, Gesamtschulen und demokratische Schulkultur. Überlegungen zur Schulreform in Deutschland. *Pädagogik, 55,* 36–40.

Opitz-Gerz, A. (2008). Die Bedeutung der Körperdimension für die Traumaarbeit. *Trauma & Gewalt, 4,* 278–287.

Opp, G. & Fingerle, M. (2007). *Was Kinder stärkt. Erziehung zwischen Risiko und Resilienz.* München: Reinhardt.

Opper, E., Worth, A., Wagner, M. & Bös, K. (2007). Motorik-Modul (MoMo) im Rahmen des Kinder- und Jugendgesundheitssurveys (KiGGS). *Bundesgesundheitsblatt – Gesundheitsforschung – Gesundheitsschutz, 50* (5/6), 879–888.

Passolt, M. & Pinter-Theiss, V. (2006). „*Ich hab eine Idee ...*" – *Psychomotorische Praxis planen, gestalten, reflektieren* (2. Aufl.). Dortmund: Modernes Lernen.

Penner, Z. (2006). *Von der Silbe zum Wort. Rhythmus und Wortbildung in der Sprachförderung.* Siegburg: Bildungsverlag EINS.

Petermann, F. & Wiedebusch, S. (2008). *Emotionale Kompetenz bei Kindern.* Göttingen: Hogrefe.

Pfaffenberger, R. S., Wing, A. L. & Hyde, R. T. (1978). Physical Activity as an index of heart attack risk in college alumni. *Americal Journal of Epidemiology, 108,* 161–175.

Pfister, G. (1996). „Als Mädchen darf mann kein Fußball spielen". Über das Einüben der Geschlechterrollen im Sportunterricht. In R. Valtin & U. Warm (Hrsg.), *Frauen machen Schule. Probleme von Mädchen und Lehrerinnen in der Grundschule.* Frankfurt a. M.: Bartels und Wernitz.

Pikler, E. (2001). *Laßt mir Zeit. Die selbständige Bewegungsentwicklung des Kindes bis zum freien Gehen. Untersuchungsergebnisse, Aufsätze und Vorträge.* München: Pflaum Verlag

PISA-Konsortium Deutschland (Hrsg.). (2004). *PISA 2003. Der Bildungsstand der Jugendlichen in Deutschland – Ergebnisse des zweiten internationalen Vergleichs.* Münster: Waxmann.

PISA-Konsortium Deutschland (Hrsg.). (2007). *PISA 2006: Die Ergebnisse der dritten internationalen Vergleichsstudie.* Münster: Waxmann.

Prengel, A. (1995). *Pädagogik der Vielfalt. Verschiedenheit und Gleichberechtigung in interkultureller, feministischer und integrativer Pädagogik.* Opladen: Leske & Budrich.

Projektgruppe „Bewegungsorientierte Ganztagsschule" (2008). Mit Bewegung Ganztagsschulen gestalten. Das Schulportrait als Instrument bewegungsorientierter Schulentwicklung. In V. Oesterhelt, J. Hofmann, M. Schimanski, M. Scholz & H. Altenberger (Hrsg.), *Sportpädagogik im Spannungsfeld gesellschaftlicher Erwartungen, wissenschaftlicher Ansprüche und empirischer Befunde* (S. 131–147). Hamburg: Czwalina.

Prüß, F., Kortas, S. & Schöpa, M. (Hrsg.). (2009). *Die Ganztagsschule: von der Theorie zur Praxis.* Weinheim: Juventa.

Raczek, J. (2002). Entwicklungsveränderungen der motorischen Leistungsfähigkeit der Schuljugend in drei Jahrzehnten (1965–1995). *Sportwissenschaft, 32* (2), 201–216.

Radisch, F. & Klieme, E. (2003). *Wirkung ganztägiger Schulorganisation. Bilanzierung der Forschungslage.* Frankfurt a. M.: Deutsches Institut für internationale pädagogische Forschung.

Raibert, M. H. (1977). *Control and Learning by the State Space Model: Experimental Findings (Artificial Intelligence Memo No. 412).* Massachusetts: Massachusetts Institute of Technology.

Redl, S. (1995). Leibesübungen. In W. Wolf (Hrsg.), *Kommentare zum Lehrplan der Volksschule.* Wien: öbv.

Reich, H. H. (2000). *Fachdidaktik interkulturell: ein Handbuch.* Opladen: Leske & Budrich.

Reich, K. (2002). *Systemisch-konstruktivistische Pädagogik. Einführung in die Grundlagen einer interaktionistisch-konstruktivistischen Pädagogik* (4., durchges. Aufl.). Neuwied, Kriftel.

Reinhardt, I. (2003). *Storytelling in der Pädagogik. Eine Einführung in die Arbeit mit Geschichten.* Stuttgart: Ibidem.

Ridley, K. & Olds, T. S. (2008). Assigning energy costs to activities in children: a review and synthesis. *Medicine & Science in Sports & Exercise, 40,* 1439–1446.

Riebel, J. & Säger, R. (2008). Kompetenzen von Schulanfängern- Was sollten Schulanfänger können? *Psychologie in Erziehung und Wissenschaft, 55,* 132–142.

Risch, B. & Lück, G. (2004). Stiefkinder des Sachunterrichts. Lehrplananalyse des naturwissenschaftlichen Anfangsunterrichts. *Grundschule, 10,* 63–66.

Röber-Siekmeyer, C. & Tophinke, D. (Hrsg.). (2003). *Schriftspracherwerbskonzepte zwischen Sprachwissenschaft und Pädagogik. Diskussionsforum Deutsch* (Bd. 9). Hohengehren: Schneider.

Rogers, C. (1993). *Entwicklung der Persönlichkeit.* Stuttgart: Klett.

Rolff, H.-G. & Zimmermann, P. (1997). *Kindheit im Wandel.* Weinheim: Beltz.

Roschinsky, J. (2008). *Spring dich fit.* Aachen: Meyer & Meyer Sport.

Roth, G. (2003). *Aus Sicht des Gehirns.* Frankfurt: Suhrkamp.

Roth, G. (2003). *Fühlen, Denken, Handeln.* Frankfurt a. M.: Suhrkamp.

Roth, G. (2007). *Persönlichkeit, Entscheidung, Verhalten. Warum es so schwierig ist, sich und andere zu ändern.* Stuttgart: Klett-Cotta.

Roth, G. & Dicke, U. (2006). Funktionelle Neuroanatomie des limbischen Systems. In H. Förstl, M. Hautzinger & G. Roth (Hrsg.), *Neurobiologie psychischer Störungen* (S. 1–74). Heidelberg: Springer.

Roth, G. & Strüber, D. (in Druck). Neurobiologische Aspekte reaktiver und proaktiver Gewalt bei den antisozialen Persönlichkeitsstörung und „Psychopathie". *Zeitschrift f. Kinder- und Jugendpsychiatrie.*

Roth, H. (1963). *Pädagogische Psychologie des Lehrens und Lernen.* Hannover: Schroedel.

Roth, K. (1982). *Strukturanalyse koordinativer Fähigkeiten.* Bad Homburg: Limpert.

Rotthaus, W. (2005). Zur Einführung: Systemische Kinder- und Jugendlichenpsychotherapie – eine Erweiterung der therapeutischen Handlungskompetenz. In W. Rotthaus (Hrsg.), *Systemische Kinder- und Jugendlichenpsychotherapie* (S. 9-17). Heidelberg: Carl-Auer.

Rüdiger, D., Kormann A. & Peez, H. (1976). *Schuleintritt und Schulfähigkeit.* München: Reinhardt.

Saarni, C. (1999). *Development of emotional competence.* New York: Guilford Press.

Schäfer, G. E. (2005). *Bildung beginnt mit der Geburt.* Weinheim: Beltz.

Schaffner, K. (1997). *Mit allen Sinnen die Welt erfahren – Geschichten und Spielanregungen für Kinder und Eltern.* Freiburg: Herder.

Schaffner, K. (2004). *Der Bewegungskindergarten: Kinder stark machen – mit Praxisvorschlägen.* Schorndorf: Hofmann.

Schekatz-Schopmeier, S. (2009). *Storytelling – eine narrative Methode zur Vermittlung von Naturwissenschaften im Sachunterricht der Grundschule.* Unveröffentlichtes Manuskript, Universität Bielefeld.

Scherler, K. (2004). *Sportunterricht auswerten – eine Unterrichtslehre.* Hamburg: Czwalina.

Scheuring, W.-D. (2000). *Qualität und Evaluation im Kindergarten – Beispiel Waldkindergarten.* Oberried: PAIS.

Schiffer, E. (2001). *Wie Gesundheit entsteht. Salutogenese: Schatzsuche statt Fehlerfahndung.* Weinheim: Beltz.

Schlippe, A. von & Schweitzer, J. (2002). *Lehrbuch der systemischen Therapie und Beratung.* Göttingen: Vandenhoeck & Ruprecht.

Schmid, W. (2003). „Ich hab mich selbst so lieb ...“ – Über die Lebenskunst der Kinder. *Psychologie Heute, 10*, 40–45.

Schmidt, R. A. (1975). A schema theory of discrete motor skill learning. *Psychological Review, 82*, 225–260.

Schmidt, W. (2002). *Sportpädagogik des Kindesalters*. Hamburg: Czwalina.

Schmidt, W. (2006a). Kindersport-Sozialbericht des Ruhrgebiets. In *Kinder, Jugend, Sport, Sozialforschung* (Bd. 4). Hamburg: Czwalina.

Schmidt, W. (2006b). *Kindersport-Sozialbericht des Ruhrgebiets. Sonderband: Sozialstrukturelle Daten*. Unveröffentlichtes Manuskript, Universität Duisburg-Essen.

Schmidt, W. (2008). Sport als soziale Chance. In Innenministerium NRW & Hessisches Ministerium des Innern und für den Sport (Hrsg.), *Kinder l(i)eben Sport* (S. 28–31). Düsseldorf: IM NRW.

Schmidt, W., Hartmann-Tews & I., Brettschneider, W. (2008). *Erster Deutscher Kinder- und Jugendsportbericht* (3., unveränderte Auflage). Schorndorf: Hofmann.

Schneewind, J. (2008). Die Welt erschließt sich auch über Gefühle – Zur Entwicklung emotionaler Kompetenz im Kindergarten. In S. Weber (Hrsg.), *Die Bildungsbereiche im Kindergarten*. Freiburg: Herder.

Schulz, J. (2006). *Trampolin-Springen – nicht nur für junge Hüpfer*. Zugriff am 03. Juni 2008 unter http://www.osteoporose.de/Osteoporose_News/Archiv/2006/03/91_Trampolin.html

Seewald, J. (2004). Über die Genese des „Verstehenden Ansatzes“ in der Motologie. In A. R. Eckert & R. Hammer (Hrsg.), *Der Mensch im Zentrum. Beiträge zur sinnverstehenden Psychomotorik und Motologie* (S. 27–58). Lemgo: AKP.

Senatsverwaltung für Bildung, Jugend und Sport Berlin (Hrsg.). (2004). *Berliner Bildungsprogramm für die Bildung, Erziehung und Betreuung von Kindern in Tageseinrichtungen bis zum Schuleintritt*. Berlin: das netz.

Smith, L. B. & Thelen, E. (1993). *A dynamic systems approach to development: Applications*. Cambridge, MA: MIT Press.

Spangler, G., & Schwarzer, G. (2008). Kleinkindalter. In M. Hasselborn & R. Silbereisen (Hrsg.), *Entwicklungspsychologie des Säuglings- und Kleinkindalters* (S. 127–175).Göttingen: Hogrefe.

Sozialpädagogisches Institut Nordrhein-Westfalen (SPI NRW) (Hrsg.). (2006). *Partner machen Schule – Bildung gemeinsam gestalten*. Köln: Selbstverlag.

Spitzer, M. (2003). Medizin für die Pädagogik. *Die Zeit, 39*. Zugriff am 30.10.2008 unter http://www.zeit.de/2003/39/Neurodidaktik

Spitzer, M. (2007). *Lernen. Gehirnforschung und die Schule des Lebens*. Heidelberg: Spektrum.

Stadt Essen (im Auftrag des Oberstadtdirektors) & Kinderbüro (Hrsg.). (1999). *Kinderbericht 1999. Informationen zur Lebenssituation Essener Kinder. Beschlussentwürfe für eine kindgerechte Stadt*. Essen: Stadt Essen.

Stadt Essen (im Auftrag des Oberstadtdirektors) & Kinderbüro (Hrsg.). (2003a). *Kinderbericht 2003. Zur Lebenslage von Kindern in Essen. Kurzfassung*. Unveröffentlichtes Manuskript, Stadt Essen.

Stadt Essen (im Auftrag des Oberstadtdirektors) & Kinderbüro (Hrsg.). (2003b). *Kinderbericht 2003· Zur Lebenslage von Kindern in Essen. Langfassung*. Unveröffentlichtes Manuskript, Stadt Essen.

Steidl-Bolzano, S. (2009). *Mut tut gut*. Zugriff am 20.10.2009 unter http://www.muttutgut.at/index.htm

Sutterlüty, F. (2003). *Gewaltkarrieren. Jugendliche im Kreislauf von Gewalt und Missachtung* (2., durchges. Aufl.). Frankfurt a. M.: Campus.

Sutton-Smith, B. (1978). *Die Dialektik des Spiels*. Schorndorf: Hofmann.

Textor, M. (2009). *Familienfreundliche Kindertagesstätten.* Zugriff am 30.05.09 unter http:// www.kindergartenpaedagogik.de/1068.html

Thiele, J. (1999). „Un-Bewegte Kindheit?" – Anmerkungen zur Defizithypothese in der aktuellen Körperdiskussion. *sportunterricht, 48* (4), 141–149.

Thiele, J. (2007). Bewegung als Beitrag zur Schulentwicklung/-qualität im Setting Grundschule – Erfahrungen aus dem Pilotprojekt „Tägliche Sportstunde an Grundschulen in NRW". In I. Hunger & R. Zimmer (Hrsg.), *Bewegung, Bildung, Gesundheit. Entwicklung fördern von Anfang an* (S. 146–149). Schorndorf: Hofmann.

Thienes, G. (2008). *Trainingswissenschaft und Sportunterricht.* Berlin: Pro Business.

Thiessen, B. (2005). Inter- und Transdisziplinarität als Teil beruflicher Handlungskompetenzen. Gender Studies als Übersetzungswissen. In H. Kahlert, B. Thiessen & I. Weller (Hrsg.), *Quer denken – Strukturen verändern: Gender Studies zwischen Disziplinen* (S. 248–273). Wiesbaden: VS Verlag für Sozialwissenschaften.

Thomas, U. (1994). Das VARUSSELL – viel Bewegung auf engstem Raum. *Praxis der Psychomotorik, 2,* S. 102.

Thünemann- Albers, M. (2007). Körperintelligenz und Körperidentität: Der Körper als Lern-, Fühl- und Erfahrungsort. In I. Hunger & R. Zimmer (Hrsg.), *Bewegung, Bildung, Gesundheit. Entwicklung fördern von Anfang an* (S. 263–266). Schorndorf: Hofmann.

Thüringer Kultusministerium (2006). *Thüringer Bildungsplan für Kinder bis 10 Jahre. Erprobungsfassung* (Heft 9). Berlin: das netz.

Tietze, W. & Viernickel, S. (Hrsg.). (2007). *Pädagogische Qualität in Tageseinrichtungen für Kinder. Ein nationaler Kriterienkatalog* (3. Aufl.). Berlin: Cornelsen.

Tillmann, K.-J. (2005). Ganztagsschule: die richtige Antwort auf PISA? In K. Höhmann, H. G. Holtappels, I. Kamski & T. Schnetzer (Hrsg.), *Entwicklung und Organisation von Ganztagsschulen. Anregungen, Konzepte, Praxisbeispiele* (S. 45–58). Dortmund: IFS.

Tillmann, K.-J. (2006). Ganztagsschulen: Die schulpädagogische Perspektive. In K. Höhmann & H. G. Holtappels (Hrsg.), *Ganztagsschule gestalten* (S. 34–39). Seelze-Velber: Kallmeyer.

Tophinke (2008). *Sprachförderung im Kindergarten – Julia, Elena und Fatih entdecken gemeinsam die deutsche Sprache.* Berlin: Cornelsen.

Totzke, C. (2007). *Modellprojekte zum täglichen Sportunterricht an Grundschulen. Kritisch-konstruktive Analysen und Schlussfolgerungen aus sport- und gesundheitspädagogischer Sicht.* Unveröffentlichtes Manuskript, Universität Osnabrück.

Touwen, B. C. L. (1984). Normale neurologische Entwicklung: Die nichtbestehenden Inter- und Intra-Item-Beziehungen. In R. Michaelis, R. Nolte, M. Buchwald-Saal & G.H. Haas (Hrsg.), *Entwicklungsneurologie* (S. 17–24). Stuttgart: Kohlhammer.

Touwen, B. C. L. (1993). How normal is variable, or how variable is normal? *Early Human Development, 34* (1), 1–12.

Tracy, R. (2007). *Wie Kinder Sprachen lernen. Und wie wir sie dabei unterstützen können.* Marburg: Francke.

Trautner, H. M. (1992). *Lehrbuch der Entwicklungspsychologie. Band 1: Grundlagen und Methoden* (2. Aufl.). Göttingen: Hogrefe.

Trumpfheller, M. (2004). *Das Körpererfahrungskonzept – eine didaktische Analyse.* München: Grin.

Tudor-Locke, C. & Bassett Jr, D. R. (2004). How many steps/day are enough? Preliminary pedometer indices for public health. *Sports Medicine, 34,* 1–8.

Ulich, D. (1998). Schulische Sozialisation. In K. Hurrelmann & K. Ulich (Hrsg.), *Handbuch der Sozialisationsforschung* (5. Aufl., S. 377–396). Weinheim: Beltz.

Ulich, D. (2001). *Einführung in die Sozialpsychologie der Schule.* Weinheim: Beltz.

Ungerer-Röhrich U., Eisenbarth, I., Thieme, I., Quante, S., Popp, V. & Biemann, A. (2007). Schatzsuche im Kindergartenein ressourcenorientierter Ansatz zur Förderung von Gesundheit und Bewegung. *Motorik. Zeitschrift für Motopädagogik und Mototherapie 1*(30), 27–34.

Universität Bayreuth (2009). *Schatzsuche im Kindergarten. Das Institut für Sportwissenschaften der Universität Bayreuth und die Techniker Krankenkasse bringen Bewegung und Gesundheit in den Elementarbereich.* Zugriff am 17.10.2009 unter http://www.schatz suche.uni-bayreuth.de/index.htm

Universität Karlsruhe (2009). *Forschungszentrum für den Schulsport und den Sport von Kindern und Jugendlichen (FoSS).* Zugriff am 20.10.2009 unter http://www.sport.uni-karlsru he.de/foss/

Vahle, F. (2008). *Hupp Tsching Pau. Das Bewegungsliederbuch.* Weinheim: Beltz.

Vaitl, D. & Petermann, F. (1993). *Handbuch der Entspannungsverfahren* (Bd. 1). Weinheim: Beltz.

Van der Kolk, B. A. (2006). Geleitwort II. In G. Marlock & H. Weiss (Hrsg.), *Handbuch der Körperpsychotherapie* (S. VII–XII). Stuttgart: Schattauer.

Verlinden, M. (1995). *Mädchen und Jungen im Kindergarten.* Köln: SPI.

Vetter, M., Kuhnen, U. & Lensing-Conrady, R. (2004). *„Bonner Risikostudie": Können gezielte Bewegungsangebote Risikokompetenzen stärken und Unfälle vermeiden?* Unveröffentlichter Abschlussbericht, Förderverein Psychomotorik e.V. Bonn.

Vetter, M., Kuhnen, U. & Lensing-Conrady, R. (2008). *RisKids – wie Psychomotorik hilft, Risiken zu meistern.* Dortmund: Borgmann.

Völkel, P. (2006). Entwicklung und Bildung in der frühen Kindheit aus konstruktivistischer Perspektive. In R. Balgo & H. Lindemann (Hrsg.), *Theorie und Praxis systemischer Pädagogik* (S. 46–62). Heidelberg: Carl Auer.

Völker, K. (2008). Wie Bewegung und Sport zur Gesundheit beitragen – Tracking-Pfade von Bewegung und Sport zur Gesundheit. In W. Schmidt, R. Zimmer & K. Völker (Hrsg.), *Zweiter Deutscher Kinder- und Jugendsportbericht* (S. 89–106). Schorndorf: Hofmann.

Vortisch, E. & Wendler, M. (1993). Vom Körperraum zum Lebensraum. *sportunterricht, 42,* 113–121.

Vosgerau, J. (2008). *Soziale Integration durch Mädchenfußball.* Oldenburg: Didaktisches Zentrum.

Wabitsch, M. (2004). Kinder und Jugendliche mit Adipositas in Deutschland – Aufruf zum Handeln. *Bundesgesundheitsblatt Gesundheitsforschung Gesundheitsschutz, 47,* 251–255.

Wamser, P. & Leyk, D. (2003). Einfluss von Sport und Bewegung auf Konzentration und Aufmerksamkeit: Effekte eines „Bewegten Unterrichts" im Schulalltag. *sportunterricht, 52* (4), 108–113.

Warwitz, S. (2001). *Sinnsuche im Wagnis. Leben in wachsenden Ringen.* Hohengehren: Schneider.

Watzlawick, P., Weakland, J. H. & Fisch, R. (1974). *Lösungen. Zur Theorie und Praxis menschlichen Handelns.* Stuttgart: Huber.

Wehowsky, A. (2006). Wirkprinzipien der Körperpsychotherapie. In G. Marlock & H. Weiss (Hrsg.), *Handbuch der Körperpsychotherapie* (S. 188–201). Stuttgart: Schattauer.

Wehrmann, I. (2004). *Kindergärten und ihre Zukunft.* Weinheim: Beltz.

Wehrmann, I. (2008). *Deutschlands Zukunft: Bildung von Anfang an.* Berlin: das netz.

Welter-Enderlin, R. & Hildenbrand, B. (Hrsg.). (2006). *Resilienz – Gedeihen trotz widriger Umstände.* Heidelberg: Auer.

Wendler, M. (2001). Diagnostik und Förderung der Graphomotorik. Inauguraldissertation, Universität Marburg. Zugriff am 30.10.2008 unter http://deposit.ddb.de/cgi-bin/dokserv? idn=976275880&dok_var=d1&dok_ext=pdf&filename=976275880.pdf

Werner, E. (1999). Entwicklung zwischen Risiko und Resilienz. In G. Opp, M. Fingerle, & A. Freitag (Hrsg.), *Was Kinder stärkt. Erziehung zwischen Resilienz und Risiko* (S. 25–36). München: Reinhardt.

Wingen, M. (1987). *Kinder in der Industriegesellschaft – wozu?* Zürich: Edition Interforum.

Winter, B., Breitenstein, C., Mooren, F. C., Voelker, K., Fobker, M., Lechtermann, A., Krueger, K., Fromme, A., Korsukewitz, C., Floel, A. & Knecht, S. (2007). High impact running improves learning. *Neurobiology of Learning and Memory, 87* (4), 597–609.

Wopp, C. (2000). *Zukunftswerkstätten im Sport.* Aachen: Meyer & Meyer.

Wopp, C. (2005). Bildung und Bewegung. In M. Fiegert & I. Kunze (Hrsg.), *Lehrerbildung an der Universität Osnabrück: Geschichte – Gegenwart – Zukunft.* Münster: Lit.

World Health Organization (WHO) (2001). *International Classification of Functioning, Disability and Health (ICF).* Geneva: WHO.

World Health Organization (WHO) (2007). *International Statistical Classification of Diseases and Related Health Problems. ICD-10* (10th Revision). Geneva: WHO.

World Health Organization (WHO) (2005). *European Health Report. Public Health Action for Healthier Children And Populations.* Copenhagen: World Health Organization/Regional Office for Europe.

Wustmann, C. (2004). *Resilienz. Widerstandsfähigkeit von Kindern in Tageseinrichtungen fördern.* Weinheim: Beltz.

Zimbardo, P. G. & Gerrig, R. J. (2004). *Psychologie* (16., aktualisierte Auflage). München: Pearson Studium.

Zimmer, R. (2001). Identität und Selbstkonzept. Zur Bedeutung von Bewegungserfahrungen für die Persönlichkeitsentwicklung. In R. Zimmer & I. Hunger (Hrsg.), *Kindheit in Bewegung* (S.13–23). Schorndorf: Hofmann.

Zimmer, R. (2002). *Schafft die Stühle ab.* Freiburg: Herder

Zimmer, R. (2004). *Toben macht schlau. Bewegung statt Verkopfung.* Freibug: Herder.

Zimmer, R. (2006). *Alles über den Bewegungskindergarten.* Freiburg: Herder.

Zimmer, R. (2007). Braucht Bildung Bewegung? Früh übt sich, wer nicht sitzen bleiben will! In I. Hunger & R. Zimmer (Hrsg.), *Bewegte Kindheit. Bewegung, Bildung, Gesundheit. Entwicklung fördern von Anfang an* (S. 23–29). Schorndorf: Hofmann.

Zimmer, R. (2008a). *Handbuch der Bewegungserziehung. Grundlagen für Ausbildung und pädgogische Praxis.* Freiburg: Herder.

Zimmer, R. (2008b). Sprache und Bewegung. In W. Schmidt, R. Zimmer & K. Völker (Hrsg.), *Zweiter Deutscher Kinder- und Jugendsportbericht* (S. 255–278). Schorndorf: Hofmann.

Zimmer, R. (2009a). *Handbuch der Psychomotorik. Theorie und Praxis der psychomotorischen Förderung von Kindern.* Freiburg: Herder.

Zimmer, R. (2009b). *Handbuch der Sinneswahrnehmung. Grundlagen einer ganzheitlichen Bildung und Erziehung.* Freiburg: Herder.

Zimmer, R. (2009c). *Handbuch Sprachförderung durch Bewegung.* Freiburg: Herder

Zimmer, R. (in Druck.). *MOT 4-8 Screen. Motoriktest für vier- bis achtjährige Kinder. Screening Version.* Göttingen: Hogrefe.

Zimmer, R. & Cicurs, H. (1993). *Psychomotorik. Neue Ansätze im Sportförderunterricht und Sonderturnen* (3., verb. Aufl.). Schorndorf: Hofmann.

Erlebnis ...

... und Abenteuer für Kinder

Arbeitskarten für Erlebnislandschaften in der Turnhalle
Gestaltungs- und Aufbaupläne

von Susanne Halbig / Martina Lutter

Dieser Kartensatz bietet Ihnen 29 farbige stabile Stationskarten mit vielen Informationen zur Gestaltung von spannenden Erlebnislandschaften in Turnhallen; Großformatfotos, zahlreiche Abbildungen, sowie Anleitungen zum Stationsaufbau und zur Unterrichtsgestaltung; Turngerätekombinationen, die weit über den Turnunterricht hinausgehende Ziele berücksichtigen und allen Benutzern extrem viel Spaß und Freude bereiten.

DIN A4, 32 Karten, ISBN 978-3-7780-6060-5, **Bestell-Nr. 6060** € 14.90

Reise ins Abenteuerland
Die allerschönsten Singspiele & Bewegungsgeschichten zum Turnen, Singen und Mitspielen für alle 1- bis 8-jährigen Kinder

von Martina Lutter

Exemplarisch wird mit 5 verschiedenen Stundenentwürfen gezeigt, in welcher einfachen Weise jeder Sportlehrer oder Erzieher eine "Reise ins Abenteuerland" realisieren kann. Die beigefügten Noten und der Begleittext zur Bewegungs- und Spielanweisung ermöglicht eine einfache Verwendbarkeit für jeden Trainer.

16,5 x 24 cm, 136 Seiten, ISBN 978-3-7780-3070-7, **Bestell-Nr. 3070** € 14.90

hofmann. VERLAG

Steinwasenstraße 6–8 · 73614 Schorndorf
Telefon (07181) 402-125 · Telefax (07181) 402-111
E-Mail: bestellung@hofmann-verlag.de · www.hofmann-verlag.de

So werden Sie Psychomotoriker/in

Die neue „Berufsqualifikation Psychomotorik" besteht aus vier aufeinander aufbauenden Kursen mit insgesamt 140 Präsenzstunden, die in einem von Ihnen zu bestimmenden Zeitraum buchbar sind. Die Lehrgänge finden bundesweit statt.

- Ideal zur berufsbegleitenden Weiterbildung für pädagogische und therapeutische Fachkräfte
- Enge und aktive Verknüpfung von Theorie und Praxis
- Direkte Umsetzbarkeit in das eigene psychomotorische Arbeitsfeld
- Neue methodisch-didaktische Zugänge
- Erfahrene und kompetente Dozenten aus der Praxis
- Abschlusszertifikat als Psychomotoriker/Psychomotorikerin

deutsche akademie für psychomotorik

Neben der „Berufsqualifikation Psychomotorik" bietet die Akademie weitere Qualifikationen und Themenkurse an aus den Bereichen:

- Psychomotorische Diagnostik
- Psychomotorische Förderung von Sprache und Kommunikation
- Trampolinspringen in der Psychomotorik
- Zertifizierungen im Arbeitsfeld Kindergarten und Frühförderung sowie im Arbeitsfeld Schulen
- Wochenendkurse zu verschiedenen Themen der Psychomotorik

Fordern Sie das ausführliche Fortbildungsprogramm an bei der:

Deutsche Akademie für Psychomotorik
Kleiner Schratweg 32
32657 Lemgo
Telefon: 05261/970 971
Fax: 05261/970 972
E-Mail: info@dakp.de
Internet: **www.dakp.de**

Weitere Kongressbände

von 2003 & 2006

Bewegung - Bildung - Gesundheit
Entwicklung fördern von Anfang an

von Dr. Ina Hunger / Prof. Dr. Renate Zimmer (Hrsg.)

Das Fundament für alle weiteren Bildungsprozesse wird in der frühen Kindheit gelegt. Über Bewegung erwerben Kinder wichtige Basiskompetenzen, Bewegung ist für ihre Gesundheit und ihr psycho-physisches Wohlbefinden unersetzbar. Wie Bildung, Gesundheit und Entwicklung von Kindern begleitet und über Bewegung nachhaltig unterstützt werden können - darum geht es in vorliegendem Band.

DIN A5, 356 Seiten, ISBN 978-3-7780-6110-7, **Bestell-Nr. 6110** € 19.90

Wahrnehmen - Bewegen - Lernen
Kindheit in Bewegung

von Prof. Dr. Renate Zimmer / Dr. Ina Hunger (Hrsg.)

Lernen im Kindesalter ist in erster Linie Lernen durch Wahrnehmung und Bewegung. Selbsttätigkeit und Eigenaktivität gehören zu den wesentlichen Voraussetzungen dafür, dass Kinder die Welt kennen lernen und sich ein Bild von ihr machen können, sie begreifen und für sich selbst rekonstruieren können. Bewegung und Wahrnehmung sind der Motor der Entwicklung und gleichzeitig die Basis des Lernens.

DIN A5, 296 Seiten, ISBN 978-3-7780-7403-9, **Bestell-Nr. 7403** € 19.90

Steinwasenstraße 6–8 · 73614 Schorndorf
Telefon (07181) 402-125 · Telefax (07181) 402-111
E-Mail: bestellung@hofmann-verlag.de · www.hofmann-verlag.de

Förderung braucht Bewegung!

Im vorliegenden Handbuch stellt Renate Zimmer ihr innovatives und überaus erfolgreiches Konzept theoretisch fundiert und praxisnah vor. Zahlreiche Beispiele aus dem Kita-Alltag zeigen, wie die sprachliche Kompetenz durch Bewegung gefördert werden kann.

Renate Zimmer
Handbuch Sprachförderung durch Bewegung
Grundlagen für Ausbildung und pädagogische Praxis
224 Seiten I Gebunden
€ 22,95
Best.-Nr.: 4321600
ISBN 978-3-451-32160-3

Weitere Titel von Renate Zimmer:

Renate Zimmer
Handbuch der Bewegungserziehung
Grundlagen für Ausbildung und pädagogische Praxis
224 Seiten I Gebunden
€ 24,90
Best.-Nr.: 4284204
ISBN 978-3-451-28420-5

Renate Zimmer
Handbuch der Sinneswahrnehmung
Grundlagen einer ganzheitlichen Bildung und Erziehung
224 Seiten I Gebunden
€ 24,90
Best.-Nr.: 4288205
ISBN 978-3-451-28820-3

nifbe (Hg.)
Auf die ersten Jahre kommt es an
Mit 32 sw-Bildtafeln
80 Seiten I Kartoniert
€ 16,95
Best.-Nr.: 4323234
ISBN 978-3-451-32323-2

Bestellen Sie versandkostenfrei auf **www.herdershop24.de**
Oder telefonisch unter: **(+49) 0761 / 2717 474**

HERDERShop24.de

Spiele

für Kindergarten und Schule

Spielerisch fit
Ein Bewegungsprogramm für Kindergarten und Grundschule
von Prof. Dr. Nadja Schott / Astrid Buscher / Claudia Karger

Das Buch enthält 12 Bewegungseinheiten, die sehr anschaulich in Wort und Bild beschrieben werden. Die vielseitigen Stundenmodelle sowie der Einsatz der farbenfrohen Produkte sollen den Bewegungseinstieg erleichtern und den Kindern langfristig Freude an der Bewegung vermitteln. Der Schwerpunkt des vorliegenden Programms liegt auf der Schulung motorischer und sensorischer Fähigkeiten sowie der kognitiven Funktionen.

DIN A5, 124 Seiten, ISBN 978-3-7780-8560-8, **Bestell-Nr. 8560** € 14.90

Spielen - Spiele - Spiel
Handreichungen für den Spielunterricht in der Grundschule
von Heinz Lang

Diese überarbeitete Neuauflage soll Lehrern, die das Fach Sport an der Primarstufe unterrichten, vielfältige Anregungen für einen kind- und altersstufengemäßen Spielunterricht aufzeigen. Dem kurzen Theorieteil mit fast rezeptartigen Empfehlungen und zahlreichen konkreten Hinweisen und Tipps folgen ausführliche bebilderte Praxisbeispiele. Ganz bewusst wird auf eine Problematisierung und Diskussion der im Sportunterricht ablaufenden Prozesse verzichtet.

16,5 x 24 cm, 216 Seiten, ISBN 978-3-7780-3715-7, **Bestell-Nr. 3715** € 19.90

hofmann
VERLAG

Steinwasenstraße 6–8 · 73614 Schorndorf
Telefon (07181) 402-125 · Telefax (07181) 402-111
E-Mail: bestellung@hofmann-verlag.de · www.hofmann-verlag.de